大学国学

邓全明 霍彧 主编

苏州大学出版社

图书在版编目(CIP)数据

大学国学 / 邓全明，霍彧主编. —苏州：苏州大学出版社，2017.8(2022.1 重印)
ISBN 978-7-5672-2198-7

Ⅰ.①大… Ⅱ.①邓… ②霍… Ⅲ.①国学-高等学校-教材 Ⅳ.①Z126

中国版本图书馆 CIP 数据核字(2017)第 195763 号

大学国学
邓全明 霍 彧 主编
责任编辑 施 放 周建兰

苏州大学出版社出版发行
(地址:苏州市十梓街 1 号 邮编:215006)
广东虎彩云印刷有限公司印装
(地址：东莞市虎门镇北栅陈村工业区 邮编：523898)

开本 787×1092 1/16 印张 13.75 字数 301 千
2017 年 8 月第 1 版 2022 年 1 月第 2 次印刷
ISBN 978-7-5672-2198-7 定价:38.00 元

苏州大学版图书若有印装错误，本社负责调换
苏州大学出版社营销部 电话:0512-67481020
苏州大学出版社网址 http://www.sudapress.com

前言 Preface

尽管国学热成为不争的事实，但对于什么是国学，却存在很大的争议。通常来说，国学存在广义与狭义之分，但在广义拓展到什么程度、狭义缩小到什么程度，同样存在争议。舒芜认为所谓的国学“只是儒家的那点东西”，将国学的范围限定在儒家思想的藩篱内，可以说是最狭义的国学。“‘国学’首先应该定义为先秦诸子之学”，将国学的圈子划在春秋战国的诸子百家，范围也是比较狭小的。马一浮的国学，则是指以经学为中心的中国的传统学术，包含在经、史、子、集四部之中的小学（文字学）、经学、诸子学、文学、史学，而并不包括自然科学及工程技术方面的其他学问，范围明显扩大。胡适在《国学季刊》发刊词中曾经给国故下过定义：“中国一切过去的文化历史，都是我们的国故，研究这一切过去的文化历史的学问，就是国故学，省称国学。”显然胡适国学的范围比马一浮要广，可以说是狭义国学的最大的边界。狭义的国学虽然边界不同，但有一个共识：国学是对中国传统文化中人文学科范围内的学术的一个统称，也就是说国学是一种学术研究、学术活动，与通常所说的传统文化的普及与传承不同。广义的国学则几乎与中国传统文化同义，它不仅将胡适所说的“研究这一切过去的文化历史的学问”即中国固有的学术称为国学，也将这些文化历史本身当作国学。故此，有论者指出“广义上的‘国学’实际上就是中国传统文化的总称，其外延可指向‘一国所有之学’，与其等同的还有‘中学’‘国故’这些概念。狭义上的‘国学’当然就指‘儒学’或者以儒学为主体的中国传统思想文化，能够与之等义的自然就是‘儒学’和‘孔学’”。有论者更清楚地指出：“国学是指以儒释道三家学问为主干，文学、艺术、戏剧、音乐、武术、菜肴、民俗、婚丧礼仪等为枝叶的传统中国文化体系。”

本教材的国学，广义、狭义兼有之。教材的第一编学术思想编是全书的统率，所谓学术思想，主要指狭义国学的学术，即将范围主要划定在以儒家为主的哲学思想内，同时兼顾诸子百家及其后的佛教思想。教材的第二编为艺术编，它主要涉及中国古代艺术，从广义说它们本身就属于国学，从狭义上说，则不在国学范围之内。但思想、学术，或者说作为精英的小文化，必须渗透到大文化之中，才有生命力，实际上，小文化也渗透到中国的大文化之中。正是基于这样的考虑，我们将包括艺术编作为国学教育的一个有机部分——说它本身是国学或者说是国学的研究对象都可以。艺术编中包括四章：以音乐为主的乐舞篇、以国画为主的空间艺术篇、文学艺术篇、中国特有的书法艺术篇。前三篇都包括概述与作品鉴赏两部分,概述部分重在介绍三种艺术样式的基本发展轨迹、特点以及内在美学追求、中国精神。作品鉴赏部分主要以经典作品为案例,点面结合介绍古代中国相关的艺术、美学思想,特别是那些具有中国风格的艺术、美学思想。一方面这些艺术、美学思想与第一部分的哲学、学术思想有密切的联系——是前者在艺术领域的具体化。例如天人合一的主客体统一思想、阴阳变易的辩证思想、贵和尚中的和谐思想,往往成为各种艺术的美学原则,体现在艺术创作中;正身修德、与人为善、君子怀德的人格精神,也贯彻在不同的艺术形式中。另一方面,也表明本教材的主旨——国学教育,与一般的艺术鉴赏不同——具有较强的学术性质。另外我们也要考虑到,我们的教育对象为高职院校学生,他们并不需要系统研究国学,也就是说我们的教育目的主要在于普及,而不是学术研究活动。故此,教材中用了很大篇幅鉴赏经典作品,目的也就是通过具体的作品让学生体会到中国艺术的中国特色,而包含在艺术作品中的中国精神则是艺术特色、艺术思想的突出体现。书法篇的体例与前三篇有些不同,前三篇的作品鉴赏部分由书法实践代替,考虑到与第一编的配合,通过书法实践的方式,让学生对包含国学思想的一些经典选段、语录有一个抄写、默识的过程,便于深入理解——其过程本身也具有中国传统人文教育特色。第三编为地方编,主要将太仓作为切入点,开展国学教育。哲学编与地方编,也是一个分总的关系,作为具有悠久历史的太仓,同样承载着中国传统文化,哲学编提到的中国古代的哲学精神、学术思想也不同程度地在太仓得到体现。例如崇文尚教是娄东文化的一个突出特色,同时它也是中国尚人事、以伦理立国的内在精神的典型体现。

谈到国学教育,我们还有必要谈谈为什么要开展国学教育的问题。章太炎认为:“夫国学者,国家所以成立之源泉也。吾闻处竞争之世,徒恃国学固不足以立国矣,而吾未闻国学不兴而国能自立者也。吾闻有国亡而国学不亡者矣,而吾未闻国学不兴而国能自立者也。故今日国学之无人兴起,即将影响于国家之存灭,是不亦视前世为尤岌岌乎?”乍一看,有些危言耸听,但细细想来,确实如此。试想,在历史上曾兴起多少个民族,但许多到现在已湮没无闻,这并不意味着他们的后裔都绝灭了,而是他们没有了自己的文化,融入别的民族中了——作为一个民族则已经消失了。亨廷顿将民族精神作为民族凝聚力强调的也是凸显民族精神对一个民族的意义。对于中国、中华民族来说,国学是中国凝聚力的象征,是中华民族特性的根本精神的表达,国学既是一个关于传统文化的知识体系,又是一个价值体系。因此国学教育既涉及一个民族身份的根本问题,也涉及文化安全问题。对于前者而言,是文化认同、民族自尊心、自信心的问题,是民族内在精神的传承问题,对于后者而言,则是文化安全问题。显然,国学教育对于当下中国——一个迅速崛起、正在实现伟大复兴的国家,具有非常重要和紧迫的意义。当然,国学教育不仅对国家、民族具有重要意义,而且对个人成长、个人修养具有同样的意义。在儒家传统思想中,无论求学还是修身,都不是出于外部的目的,而是自身的内在要求。故孔子说“古之学者为己,今之学者为人”;孟子说“君子深造之以道,欲其自得也。自得之,则居之安……故君子欲其自得也”;程颢说“学不言而自得者,乃自得也。有安排布置者,皆非自得也”。孔子说的“为己”也就是学是为了自己内心的纯洁、安宁，而不是因为外在的驱动。孟子、程颢说的“自得”，意思与孔子类似，程颢所说的“有安排布置”指的就是外在的目的，因此，他强调的也是学的自在性。朱熹强调“修身诚己”，认为“大学之修身、齐家、治国、平天下，其本只是正心、诚意而已”，则是阐明修身——为了提高自身的修养的自在性，即提高修养的最终目的就是诚意。不难看出孔子、孟子、朱熹都强调学习、修身的内在性，对于当代大学生也是如此，加强自身修养是大学教育的重要任务，国学教育的目的也在此。

但值得注意的是，民族文化传统、民族精神有传承，也有发展，传承的目的是发展，国学也是如此。我们开展国学教育，并不尽是因为它是中国精神、文化之标志，更是为了服务当下的发展。社会主义核心价值观既是当下中国精神的集中体现，同时也是中华民族精神的延续，故此本书从社会主义核心价值观为切入点，组织国学资源，也就是说根据社会主义核心价值观的精神对国学经典文献进行筛选，这就形成了本书第一编组织框架。

目录 Contents

哲学编

艺术编

文学篇

音乐篇

美术篇

书法篇

地　方　编

哲学编

第一章　概述

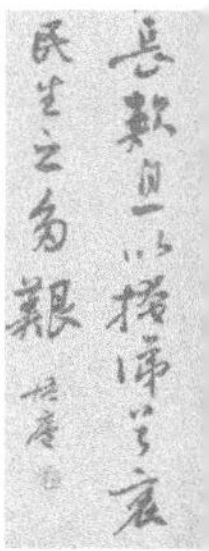

中国哲学渊源久长，而春秋战国诸子百家则是哲学的源头和武库，对中国哲学思想发展产生了深远影响。春秋战国时期是一个社会转型期——由奴隶社会转向封建社会，由于这种社会转换涉及政治、经济、文化各个方面，可以说史无前例，而且，当时的中国也没有其他国家发展经验可以借鉴，故而引发了人们（哲学家）对未来社会广泛的探讨，这是形成诸子百家局面的根本原因。士是周代社会地位较低的贵族，他们为实现个人理想，纷纷著书立说，游说君王，这是诸子百家形成的人为因素。

诸子百家的“百”并非实数，而是形容当时思想之活跃，思想流派之多，其时重要的思想流派有法家、道家、儒家、阴阳家、名家、杂家、农家、小说家、纵横家、兵家等，其中影响最大的是道、儒、法、墨四家。

儒家作为中国三大思想之一，可以说是中国影响最为深远的哲学流派。儒家主要思想可以从个人、社会、国家来认识。过去通常用“内圣外王”来概括儒家的人生理想，其中“内圣”是针对个人讲的。简单地说，“内圣”就是不断加强个人修养，以期成为一个圣人，或者说朝成为圣人的目标奋斗。个人修身的具体内容则是仁、义、礼、智、信等，其中仁、义、礼、智被称为“四端”。仁既是人的本性——即人人都有仁心，也是人最高的目标，实现仁，成为仁人。孟子说：“仁，人心也。义，人路也。”[①]义是人所当行之路，也可以说是作为整体的道德规范。礼是义的具体化，指生活中各种具体的道德行为规范。冯友兰说“智是对仁义礼的了解”[②]，也就是对道德的理性认识，能明辨是非。值得注意的是，在儒家思想中，道德并不是外在的，而是人本质的体现，也是人生的目标，因此《大学》中将“明德”作为学习的最高目标，也是人生的最高目标。

儒家关于人与社会和外部世界关系最核心的思想是“和”。“和”是儒家重要思想之一。“和”是个体处理与外部关系的原则，也是社会的目标。“和”主要包括三方面的内容。一是追求和谐，是儒家处理与外部关系的基本原则——也包括与自然的关系，“礼之用，和为贵”即是此意。二是和谐不是完全相同，否定个人和个性，要做到“和而不同”。

① 朱熹：《四书章句集注》，中华书局，1983 年。

② 冯友兰：《贞元六书》，中华书局，2014 年，第 778 页。

三是“和”并非不讲原则，一团和气，故有子曰：“知和而和，不以礼节之，亦不可行也。”①

儒家国家层面的思想集中体现在“王治”中——即“外王”，主要包括民本、德治、怀柔等内容。民本包括两层意思：人民是国家的根本，决定了国家的兴亡；一切从人民的利益出发，以人民的利益为国家治理的基本目标。德治主要谈的是治理国家的方法问题。儒家基于性本善基本判断和“内圣”的人生目标，特别重视道德及其教育在国家管理中的作用。对统治者而言，德治要求其自己要加强道德修养，以自己的高尚的道德感化人民，实现国家治理。从方法上看，则是与法家形成鲜明对照：不是强调外部的法律的严惩，而是注重内心的自我管理。当然，德治并不意味着没有不需要法治，而是将重点放在人的道德教育上，而不是事后的残酷的惩罚上。怀柔是处理民族、国家关系的原则。儒家并不一味反对战争，当战争用于为民众谋福利时，儒学是认可的。如孟子回答齐宣王关于是否攻打燕国的问题，就体现了这样的思想，但儒家不主张通过战争来实现兼并的目的。“远人不服，则修文德以来之”，是儒家对于对外战争和拓展疆土看法的集中体现。

道家和儒家思想一样，是一种系统的人生观、价值观和世界观。如果说儒家侧重的是社会的人的价值，道家则是侧重个体的人的价值。道家思想体系立足于个体——个体的自由、个体的价值，个体生命是道家思想的最高目标。从这一最高目标出发，道家反对儒家的仁、义、礼，认为它们是对生命的束缚，有违生命的本性。道家主张顺其自然，反对因为外部的功利目标，违背人的自然本性。道家在国家治理上，主张无为而治。无为而治，可以说既是针对儒家的德治，也针对法家的法治，其核心思想是尽量减少对老百姓的各种干预、管理，让其自由生活。作为一种哲学思想，道家最具特点的思想是辩证思想。道家认为任何事物对立的两个方面都是相辅相成，相互转化的，无为而治是其辩证思想的集中体现。

墨家的主要思想包括兼爱、非攻、相利、节用、任贤等。“兼爱”相当于现在说的博爱，是不分等级、亲疏的爱，在这一点上，与儒家形成鲜明的对照——儒家的仁爱是分亲疏、等级的爱。故此，孟子批评墨家说：“墨氏兼爱，是无父母也。”“非攻”就是反对暴力、战争、武力征战，其针对的是当时大国以武力吞并小国的普遍现象。这一点，与道家、儒家有相同的地方，也有不同的地方。儒、道、墨都反对战争，但儒家只反对非正义的战争，而不是所有的战争。“节用”就是反对包括厚葬、奢靡的礼乐等各种形式的铺张、浪费，在这一点上，与儒家也形成了对照。“相利”也就是“交相利”，即现在所说的互惠互利，平等互利。“任贤”就是选拔有才能的人管理社会，这是对贵族等级制度的批判，也包含平等的思想。

法家思想不及儒、道、墨涉及范围之广，其核心在于国家管理。法家是建立在性本恶的人性论和富国强兵的目标上的一种思想主张，也反映了当时贵族等级制度崩溃的社会发展趋势。法家认为人人都是自私自利的，同时又是趋利避害的，而通过法律和惩罚可以使百姓克服人性之恶、保持社会稳定、服从国家富强的最高目标。为了国家富强，法家反对贵族政体，主张法律前面人人平等。值得注意的是，法家的国家是君主一人的国家，君

① 同前页①，本书涉及《论语》《孟子》《大学》《中庸》语句皆出自该书，不一一标明。

主专政的国家，不是人民的国家，因此富国的目的是为了君主的霸业，是尊君。

名家的主要贡献在逻辑学上，惠施和公孙龙是其代表人物。名家的“名”主要指概念，名家学术集中体现在概念的内涵与外延、概念的所指和能指关系的辨析、探讨上，“白马非马”则是其典型命题。阴阳家的代表人物是齐人邹衍，主要思想成就是将自古以来的数术思想与阴阳五行学说相结合，用来建构宇宙图式，解说自然现象的成因及其变化法则。纵横家多为游说诸侯的政客，苏秦、张仪是其代表。纵即“合纵”，指“合众弱以攻一强”，后期主要指六国联合抵制秦国；横即“连横”，指“事一强以攻诸弱”。纵横家多事无定主，说无定辞，而是从现实的政治要求和游说国的情况出发，确定外交策略。兵家是春秋战国“百家”中的一个重要学派，以研究作战、用兵为其主要宗旨，孙武、孙膑是其代表。在一定程度上说，纵横家和兵家都不是哲学家，而是哲学思想在某一社会领域的运用。虽然其中包含哲学思想，但其重点在实践中的运用：纵横家思想主要运用于外交策略，兵家思想主要运用于军事。除上述各家外，农家、小说家、杂家也是当时重要的思想流派。

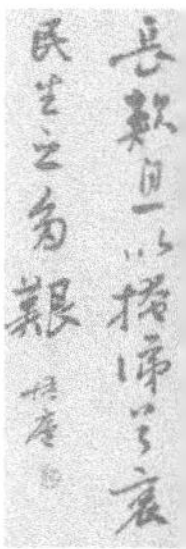

春秋战国时期，诸子百家在相互批判中融汇交流，并随着社会的发展出现消长、融合。秦统一中国后，开始思想上的统一行动。这种统一到汉武帝时期基本完成：汉武帝采纳“罢黜百家，独尊儒术”策略后，儒家以外的思想流派都遭到打压而衰微或消亡，其思想或融入儒家，或退出社会舞台。汉代之后，中国思想史上主要有三大思想流派：儒家、道家和佛家思想。

儒家思想是中国封建社会最重要的官方思想，其发展经历了五个发展阶段。先秦儒学以孔子、孟子、荀子为代表，是儒家思想的形成阶段。其中，荀子的思想与孔子、孟子有较大的差异，突出体现在对人性善恶的看法上——荀子持性本恶观点。另外，荀子人定胜天的观点也不同于孔子。汉代是儒家思想发展的重要阶段：儒家哲学在成为官方哲学的同时，也被一定程度上改造，用于服务统治阶级。董仲舒是汉代儒学的重要人物，他将阴阳、五行思想融入儒家，在天人合一中寻找君王专制统治的合法性。儒家思想在宋代迎来了又一次重要转折——迎来了程朱理学阶段。程氏兄弟和朱熹是程朱理学的代表人物，凸显儒学中的理性的地位、强调知识和学的作用则是程朱理学最突出的特征。明代儒家思想与宋代大不相同，这种不同体现在程朱理学与陆王心学上。陆象山与朱熹为同时期人，他的思想与朱熹相异，但当时他的影响远不及朱熹。明中后期后，继承了陆象山思想的王阳明提出了良知说，成为当时影响最大的儒学大师，陆王心学替代了程朱理学的地位。五四运动后，随着封建社会的灭亡，儒家思想也受到致命的打击，不仅没有了官方哲学思想的地位，而且被视为影响中国现代化最大的障碍。但仍有一些哲学家在研究、弘扬儒学思想，他们被称为新儒家，熊十力、牟宗三、冯友兰、杜维明等，是其中代表。

值得注意的是作为官方哲学的儒家思想与作为知识分子哲学的儒家思想是有区别的，前者更加强调儒家思想中的包含等级思想的礼——以此维护君主至高无上的权力，后者更加强调民本和修身观念。

道家虽然不像儒家思想那样，被多数政权封为国教，但其影响一直存在。道家思想对后世的影响主要体现在两个方面：一是其无为而治的思想成为统治阶级的主导思想，如汉初休养生息政策就是无为而治的思想的政治实践;二是清静无为、追求个人自由的思想影响了许多文人士大夫的人生观念。魏晋时期的玄学本身是道家思想,魏晋名士追求的洒脱、无为是老庄思想的体现。另外,中国许多文人士大夫游走于儒道之间:当仕途顺利时主要以儒家思想作为人生信念,而仕途不顺时,转向以道家思想自慰。道家追求绝对自由的思想,对后世浪漫主义思想、艺术产生了深远影响,如诗人李白、苏轼、陆游,剧作家汤显祖,书法家张旭,画家郑燮、朱耷,都受到道家追求自由的浪漫主义精神影响。

佛教大约在汉代开始在中国流传,在南北朝时进入兴盛时期,并成为多个政权的官方思想。佛家思想对中国本土思想产生了严重的冲击,特别是与儒教产生了尖锐的对立和矛盾,历史上也有过多次灭佛活动,如北魏太武帝灭佛,朱熹弘扬儒学的目的,也是针对佛教的。转世和因果轮回是佛教对中国古代社会影响最深远的思想观念,恶有恶报、善有善报,积德行善、不杀生等在中国民间有巨大的影响力。总体而言,佛教的影响主要在民间。明代以后,儒、道、佛三教思想进一步融合,出现三教合一的现象。

进入现代社会后,儒家、道家、佛家都受到沉重的打击,其思想影响大大弱化。儒家、道家、佛家思想的式微,主要来自三方面的影响。一是现代科技文化。现代科学快速发展,民智开发,科学思想深入人心,道家、佛家中的许多思想与现代科学相冲突。二是西方文化。五四运动以来,西方现代民主思想渐入民心,包括儒家思想中国传统文化指认为落后观念被抛弃。三是社会主义新文化。在"文化大革命"中,建设社会主义新文化中出现了很大的偏差,将传统文化视为糟粕,而没有注意到传统文化的现代性转换。改革开放后,特别是党的"十七"以后,弘扬传统文化得到高度重视,马克思主义中国化、马克思主义与传统文化结合、传统文化的现代性转换成为重要课题。社会主义核心价值观是当代中国思想文化的集中体现,习近平总书记多次强调,培养社会主义核心价值观必须弘扬中华民族的优秀文化,为中国传统思想的现代化指明了方向,提供了动力。

第二章　自我追求

一、经典选读

1

【原文】大学之道,在明明德,在亲民,在止于至善…… 自天子以至于庶人,壹是皆以修身为本。(《大学》)

【译文】大学的本质,在于发现、弘扬人的高尚的德行,在于不断地启发民智,以达到人本该有完善的境界……上至天子，下到普通百姓，都应该把修身作为人生的根本。

2

【原文】志士仁人，无求生以害仁，有杀身以成仁。(《论语·卫灵公篇》)

【译文】一个德行高的人，不会做为了自己活命而违背仁义的事情，而是会为了仁义而牺牲自己的生命。

3

【原文】子曰："君子食无求饱，居无求安，敏于事而慎于言，就有道而正焉。可谓好学也已。"(《论语·学而篇》)

【译文】孔子说："君子，饮食不求饱足，居住不要求舒适，工作勤劳敏捷，说话却小心谨慎，到有道的人那里去匡正自己，这样可以说是好学了。"

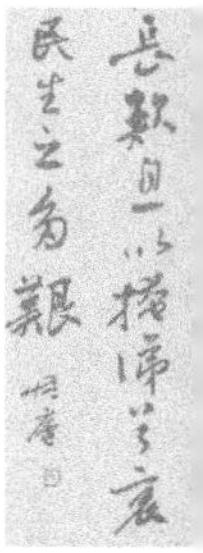

4

【原文】子曰："富而可求也；虽执鞭之士，吾亦为之。如不可求，从吾所好。"(《论语·述而篇》)

【译文】孔子说："如果富贵合乎于道就可以去追求，虽然是给人执鞭的下等差事，我也愿意去做。如果富贵不合于道就不必去追求，那就还是按我的爱好去干事。"

5

【原文】所谓大臣，以道事君，不可则止。(《论语·先进篇》)

【译文】所谓大臣是能够用周公之道的要求来事奉君主，如果这样不行，他宁肯辞职不干。

6

【原文】子路问政。子曰："先之劳之。"请益。曰："无倦。"(《论语·子路篇》)

【译文】子路问怎样管理政事。孔子说："做在老百姓之前，使老百姓勤劳。"子路请求多讲一点。孔子说："不要懈怠。"

7

【原文】樊迟问仁。子曰："居处恭，执事敬，与人忠。虽之夷狄，不可弃也。"(《论语·子路篇》)

【译文】樊迟问怎样才是仁。孔子说："平常在家规规矩矩，对待工作严肃认真，待人忠心诚意。即使到了夷狄之地，也不可背弃。"

二、解读

在中国传统思想中，儒家、道家对个体价值关注最多。儒家的人生观、价值观既超越日常伦理又不脱离日常伦理。儒家认为人生的目标是成为圣人，路径是在日常生活中加强人生修养，不断提高自我的人生境界，达到道德上的完美，“止于至善”“杀身成仁”表明的正是儒家的人生追求和价值体现。道德伦理说到底就是如何处理包括家庭关系、社会关系、君臣关系在内的各种人际关系的规范。对于现代人来说，职业是个人与社会联系最重要的纽带，因此对待职业也是现代人重要的品德。儒家思想中，对于职业精神、职业操守多有论述，对我们现代人仍有借鉴意义。《论语》中写道：“子以四教：文、行、忠、信”，其中的忠，是忠于君上，也是忠于职守，将“忠”作为教育的四大内容之一，可见孔子对于敬业的重视。关于职业精神、职业操守，孔子主要讲到四个方面。一是对自己的职业要心怀敬意，有责任心。所谓心怀敬意，就是要严肃地对待自己的工作，认真履行工作职责，对待自己的工作要一丝不苟，不敷衍、不马虎。孔子上文说的“敬事而信”“执事敬”“敏于事”都是从正面阐释对自己从事的职业要心存敬意；“居简而行简，无乃大简乎”则是批评那些对待自己的工作马马虎虎的人。任何一个职务，都有相应的职责，既然承担了一个职务，就要尽力履行它的职责；如果不能履行职责，就应该辞职，不能尸位素餐，“阵力就列，不能者止”表明的就是这个意思。二要热爱、坚持自己的事业。孔子一生都在为实现自己的理想奔波、奋斗，他的人格魅力之一就是坚持不懈地朝自己的目标奋进。曾子说：“士不可以不弘毅，任重而道远”是对孔子的真实写照。孔子自己也多次说到对事业的坚持。孔子的职业有两个：教师和政治家。子路请教孔子从政的要领时，孔子说了三个方面，即“先之”“劳之”“无倦”，“无倦”就是对待自己的工作、职业要始终如一充满热情，不能懈怠。从政是这样，作为教师也是这样，“默而识之，学而不厌，诲人不倦，何有于我哉？”诲人不倦正是孔子作为一个教师职业精神的体现。三是职业活动不能违背社会公德，即要有社会责任感。孔子是一个政治家、一个臣子，辅佐君王管理国家是他的职业——他以此获得俸禄谋生、实现自己的政治抱负，但孔子不是像张仪、苏秦那样，只要谁用他，他就为谁服务，孔子为自己的职业设置了前提条件。“邦有道，谷；邦无道，谷，耻也”，从中我们可以看出，“道”就是孔子的职业底线——违背了“道”利益即使再多孔子也不会去做。这对我们择业具有很强的现实意义和警示意义。例如，一个学习电子技术的人，当有人雇佣他去做伪基站，一个像孔子这样有职业操守的人，是不去做的，尽管他不一定直接去从事诈骗活动，但显然这样的职业是不道德的。四是职业无贵贱，只要不违背道，都是可以从事的。尽管孔子将人分为“君子”“小人”不同的等次，但其“君子”“小人”的标准并不是职业的贵贱，也不是财富的多少，而是德行的高低，“虽执鞭之士，吾亦为之”正体现他不以职业论贵贱的精神。这对我们选择职业，仍有现实意义。

道家是出世的，其对尘俗的功名利禄不以为然，看重精神的自由。故此庄子说“至人无己，神人无功，圣人无名”，“不以物挫志”。庄子的“逍遥游”所体现的人生观、价值观是一种浪漫的、艺术的人生观、价值观，在现实生活中很难实现，但追求自由的价值取向是任何时代都需要的，自由也是人类不断努力追求的目标。可以说，人不能沦为物的奴隶，而应该成为自己的主人是人本质的体现，故此马克思将资本主义社会物对人的扭曲成为人的异化。自由是社会主义核心价值观的重要内容，须注意的是这种自由是现实社会中的自由，是法律和制度下的自由，而不是绝对的自由。

总体来说，无论是道家还是儒家，都非常重视人的精神，虽然儒家的圣人和道家的圣人区别很大，但一点是相同的，不做物质的奴隶，做精神的主人。中国重视精神生活的民族灵魂也体现在日常生活和艺术中，如中国诗歌重意境、绘画重写意，都是民族精神的体现。

三、链接

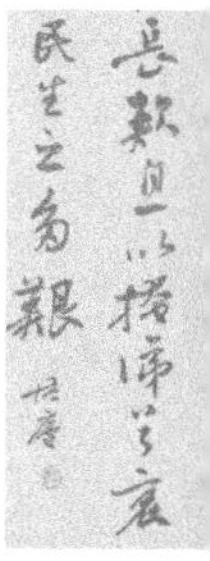

1. 敬业与乐业

梁启超

我这题目，是把《礼记》里头“敬业乐群”和《老子》里头“安其居，乐其业”那两句话，断章取义造出来的。我所说的是否与《礼记》《老子》原意相合，不必深求；但我确信“敬业乐业”四个字，是人类生活的不二法门。

本题主眼，自然是在“敬”字、“乐”字。但必先有业，才有可敬、可乐的主体，理至易明。所以在讲演正文以前，先要说说有业之必要。

孔子说：“饱食终日，无所用心，难矣哉！”又说：“群居终日，言不及义，好行小慧，难矣哉！”孔子是一位教育大家，他心目中没有什么人不可教诲，独独对于这两种人便摇头叹气说道：“难！难！”可见人生一切毛病都有药可医，惟有无业游民，虽大圣人碰着他，也没有办法。

唐朝有一位名僧百丈禅师，他常常用两句格言教训弟子，说道：“一日不做事，一日不吃饭。”他每日除上堂说法之外，还要自己扫地、擦桌子、洗衣服，直到八十岁，日日如此。有一回，他的门生想替他服务，把他这天应做的工悄悄地都做了，这位言行相顾的老禅师，老实不客气，那一天便绝对地不肯吃饭。

我征引儒门、佛门这两段话，不外证明人人都要有正当职业，人人都要不断的劳作。倘若有人问我：“百行什么为先？万恶什么为首？”我便一点不迟疑答道：“百行业为先，万恶懒为首。”没有职业的懒人，简直是社会上的蛀米虫，简直是“掠夺别人勤劳结果”的盗贼。我们对于这种人，是要彻底讨伐，万不能容赦的。今日所讲，专为在职业及正在做职业上预备的人——学生——说法，告诉他们对于自己现有的职业应采何种态度。

第一要敬业。敬字为古圣贤教人做人最简易、直捷的法门，可惜被后来有些人说得太精微，倒变了不适实用了。唯有朱子解得最好，他说：“主一无适便是敬。”用现代的话讲，凡做一件事，便忠于一件事，将全副精力集中到这事上头，一点不旁骛，便是敬。业有什么可敬呢？为什么该敬呢？人类一面为生活而劳动，一面也是为劳动而生活。人类既不是上帝特地制来充当消化面包的机器，自然该各人因自己的地位和才力，认定一件事去做。凡可以名为一件事的，其性质都是可敬。当大总统是一件事，拉黄包车也是一件事。事的名称，从俗人眼里看来，有高下；事的性质，从学理上解剖起来，并没有高下。只要当大总统的人，信得过我可以当大总统才去当，实实在在把总统当作一件正经事来做；拉黄包车的人，信得过我可以拉黄包车才去拉，实实在在把拉车当作一件正经事来做，便是人生合理的生活。这叫做职业的神圣。凡职业没有不是神圣的，所以凡职业没有不是可敬的。唯其如此，所以我们对于各种职业，没有什么分别拣择。总之，人生在世，是要天天劳作的。劳作便是功德，不劳作便是罪恶。至于我该做哪一种劳作呢？全看我的才能何如、境地何如。因自己的才能、境地，做一种劳作做到圆满，便是天地间第一等人。

怎样才能把一种劳作做到圆满呢？唯一的秘诀就是忠实，忠实从心理上发出来的便是敬。《庄子》记佝偻丈人承蜩的故事，说道："虽天地之大，万物之多，而惟吾蜩翼之知。"凡做一件事，便把这件事看作我的生命，无论别的什么好处，到底不肯牺牲我现做的事来和他交换。我信得过我当木匠的做成一张好桌子，和你们当政治家的建设成一个共和国家同一价值；我信得过我当挑粪的把马桶收拾得干净，和你们当军人的打胜一支压境的敌军同一价值。大家同是替社会做事，你不必羡慕我，我不必羡慕你。怕的是我这件事做得不妥当，便对不起这一天里头所吃的饭。所以我做这事的时候，丝毫不肯分心到事外。曾文正说："坐这山，望那山，一事无成。"我从前看见一位法国学者著的书，比较英法两国国民性质，他说："到英国人公事房里头，只看见他们埋头执笔做他们的事；到法国人公事房里头，只看见他们衔着烟卷像在那里出神。英国人走路，眼注望，像用全副精神注在走路上；法国人走路，总是东张西望，像不把走路当一回事。"这些话比较得是否确切，姑且不论；但很可以为敬业两个字下注脚。若果如他所说，英国人便是敬，法国人便是不敬。一个人对于自己的职业不敬，从学理方面说，便亵渎职业之神圣；从事实方面说，一定把事情做糟了，结果自己害自己。所以敬业主义，于人生最为必要，又于人生最为有利。庄子说："用志不分，乃凝于神。"孔子说："素其位而行，不愿乎其外。"所说的敬业，不外这些道理。

第二要乐业。"做工好苦呀！"这种叹气的声音，无论何人都会常在口边流露出来。但我要问他："做工苦，难道不做工就不苦吗？"今日大热天气，我在这里喊破喉咙来讲，诸君扯直耳朵来听，有些人看着我们好苦；反过来，倘若我们去赌钱去吃酒，还不是一样在淘神、费力？难道又不苦？须知苦乐全在主观的心，不在客观的事。人生从出胎的那一秒钟起到绝气的那一秒钟止，除了睡觉以外，总不能把四肢、五官都搁起不用。只要一用，不是淘神，便是费力，劳苦总是免不掉的。会打算盘的人，只有从劳苦中找出快乐来。我想天下第一等苦人，莫过于无业游民，终日闲游浪荡，不知把自己的身子和心子摆在哪里才好，他们的日子真难过。第二等苦人，便是厌恶自己本业的人，这件事分明不能不做，却满肚子里不愿意做。不愿意做逃得了吗？到底不能。结果还是皱着眉头，哭丧着脸去做。这不是专门自己替自己开玩笑吗？我老实告诉你一句话："凡职业都是有趣味的，只要你肯继续做下去，趣味自然会发生。"为什么呢？第一，因为凡一件职业，总有许多层累、曲折，倘能身入其中，看它变化、进展的状态，最为亲切有味。第二，因为每一职业之成就，离不了奋斗；一步一步的奋斗前去，从刻苦中将快乐的分量加增。第三，职业性质，常常要和同业的人比较骈进，好像赛球一般，因竞胜而得快感。第四，专心做一职业时，把许多游思、安想杜绝了,省却无限闲烦闷。孔子说:“知之者不如好之者,好之者不如乐之者。”人生能从自己职业中领略出趣味,生活才有价值。孔子自述生平,说道:“其为人也,发愤忘食,乐以忘忧,不知老之将至云尔。”这种生活,真算得人类理想的生活了。

我生平最受用的有两句话:一是“责任心”,二是“趣味”。我自己常常力求这两句话之实现与调和,又常常把这两句话向我的朋友强聒不舍。今天所讲,敬业即是责任心,乐业即是趣味。我深信人类合理的生活应该如此,我望诸君和我一同受用!

(选自《饮冰室合集》)

2. 古代工匠故事:叶天士故事

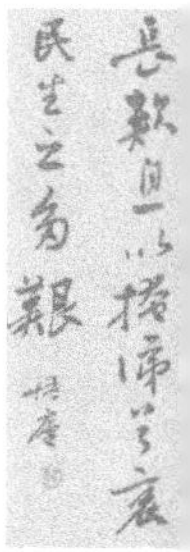

山东有位姓刘的名医,擅长针术,叶天士很想去学,只苦于没人介绍。一天,恰巧有位姓赵的病人,是那位名医的外甥,因为舅舅没法治好他的病,特地来找叶天士医治。叶天士专心诊治,给他服了几帖药就好了。姓赵的很感激。叶天士趁机请他介绍去拜姓刘的那个名医做老师。这个要求得到允诺。叶天士就改名换姓去当学生。他在姓刘的名医那里,每逢临症处方,都虚心谨慎地学习。一天,有人抬来一个神智昏迷的孕妇就诊。姓刘的医生候脉后,推辞不能治。叶天士仔细观察琢磨,发现孕妇因为临产,胎儿不能转胞,是痛得不省人事的。于是,取针在孕妇脐下刺了一下,就叫人马上抬回家去。到家,胎儿果然产下。姓刘的医生很惊奇,便详加询问,才知道这个徒弟原来是早已名震远近的叶天士。叶天士接着便把如何要向他学习的苦心如实说了出来。姓刘的很受感动,终于把自己的针灸医术全部传授给他。

又有一次,一位上京应考的举人,路过苏州,请叶天士诊治。叶天士诊其脉,问其症。举人说:“我无其他不适,只是每天都感口渴,时日已久。”叶天士便劝那位举人不要赴考,说他内热太重,得了糖尿病,不出百日,必不可救。举人虽然心里疑惧,但是应试心切,仍然启程北上。走到镇江,他听说有个老僧能治病,就赶去求治。老僧的诊断和叶天士的诊断一模一样。可是,叶天士当时还拿不出办法,而老僧却能把防治的方案具体地告诉了举人说:“既有其病,必有治方。从今天起,你每天即以梨为生,口渴吃梨,饿了也吃梨,坚持吃一百天,自然会好。”举人按嘱咐每天吃梨,果然一路平安无事。当他衣锦回家时,在苏州又遇见叶天士,便把经过一五一十地说了。叶天士知道老僧的医术比自己高明,就打扮成穷人模样,到庙里拜和尚为师,并改名叫张小三。他每天起早摸黑,除挑水、砍柴等外,就挤时间精心学医。老僧见他勤奋好学,很喜欢他。每次出诊,必带他一起去。经过三年的刻苦学习,叶天士把老僧的医术全部学到手。有一天,老僧对叶天士说:“张小三,你可以回去了,凭你现在的医术,就可赛过江南的叶天士了。”叶天士一听便跪下自认自己是叶天士,老僧很受感动。

碰到自己治不好的病,叶天士乐于倾听同道的意见,那怕是“名未著”的医生,他也虚心吸取其诊病立方的长处。有一次,叶天士的母亲年老患病。他多方治疗总是无效,又遍请县城内外有名的医生治疗,也没有效。病情一天天加剧,叶天士很忧虑,便向仆人说:“本城还有没有学问深而无名气的医生?”仆人说:“后街有个章医生,平日总是夸耀自己的医术比你高明，但是上门请他看病的人，寥寥无几。”叶天士吃惊地说：“敢如此大言不惭，应当会有真才实学的，快去请来！”仆人奉命去请。章医生详细询问病情。仆人说：“太夫人服药无效，病势日危，主人终夜彷徨，口中喋喋不休念着‘黄连’二字。”章医生心中有所领悟，便到叶天士家。诊视叶老太太后，又拿过去的药方仔细看，沉吟很久说：“原药和症相合，照理应当奏效。但太夫人病由热邪郁于心胃之间，药中必须加黄连，才能治愈。”叶天士一听，不觉一跃而起，说道：“我早就想用这味药，因为考虑母亲年纪大，恐怕会灭真火，所以不敢用呀。”章医生说：“太夫人两尺脉长而有神，本元坚固。对症下药，用黄连有何不可？”叶天士表示赞同。结果，服药一剂，病情就大有好转，再服一剂，病就好了。叶天士喜出望外，登门拜谢，并致厚酬。章医生推辞说：“只是我的见解同你的心意偶合，何足道谢？”以后，叶天士经常对病人说：“章医生的医术比我高明，可以请他看病。”可见，叶天士具有虚怀若谷，谦逊向贤的美德，因此，能够摆脱“文人相轻”的陋习，从而医道日益长进。

叶天士最擅长治疗时疫和痧痘等证，是中国最早发现猩红热的人。在温病学上的成就，尤其突出，是温病学的奠基人之一。清代乾隆以后，江南出现了一批以研究温病著称的学者。他们以叶天士为首，总结前人的经验，突破旧框框，开创了治疗温病的新途径。叶天士著的《温热论》，为我国温病学说的发展，提供了理论和辨证的基础。他首先提出“温邪上受，首先犯肺，逆传心包”的论点，概括了温病的发展和传变的途径，成为认识外感温病的总纲；还根据温病病变的发展，分为卫、气、营、血四个阶段，作为辨证施治的纲领；在诊断上则发展了察舌、验齿、辨斑疹、辨白疹等方法。清代名医章虚谷高度评价《温热论》，说它不仅是后学指南，更是弥补了仲景书之残缺，其功劳很大。

“医可为而不可为，必天资敏悟，读万卷书，而后可借术以济世。不然，鲜有不杀人者，是以药饵为刀刃也”。

（选自 http://baike.so.com/doc/1983722－2099457html）

第三章　社会和谐篇

一、经典选读

1

【原文】夫“大人”者与天地合其德，与日月合其明，与四时合其序，与鬼神合吉凶，先天而天弗违，后天而奉天时。天且弗违，而况于人乎？况于鬼神乎？（《周易·乾卦·文

言》)

【译文】那些伟人、圣人,他们圣明德备,他的道德和天地一样(覆载万物),他的圣明如同日月一样(普照万物),他(施理政事)像四时一样井然有序,他示人的吉凶祸福如同鬼神一样奥妙无穷。他若在天时之前行事,天不违背他,若在天时之后行事,也能奉顺天道运行的规律。天都不会违背他,何况人呢?何况鬼神呢?

2

【原文】有子曰:"礼之用,和为贵。先王之道,斯为美。小大由之,有所不行,知和而和,不以礼节之,亦不可行也。"(《论语·学而篇》)

【译文】有子说:"礼的作用,在于使人的关系和谐为可贵。先王治国,就以这样为美,大小事情都这样,有行不通的时候,单纯地为和谐而去和谐,不用礼来节制,也是不可行的。"

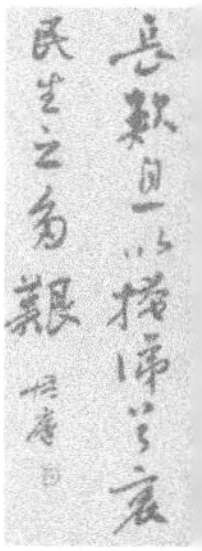

3

【原文】子曰:"君子和而不同,小人同而不和。"(《论语·子路篇》)

【译文】孔子说:"君子讲求和谐而不同流合污,小人只求完全一致,而不讲求协调。"

4

【原文】尔时无有男女、尊卑、上下,亦无异名,众共生世故名众生。(《长阿含经》)

【译文】那时没有男女性别、尊贵卑下、上下级之间的区别,也没有不同的名称,所有的生命共同生活在一个世界,因此叫众生。

5

【原文】曾子曰:"吾日三省吾身:为人谋而不忠乎?与朋友交而不信乎?传不习乎?"(《论语·学而篇》)

【译文】曾子说:"我每天多次反省自己,为别人办事是不是尽心竭力了呢?同朋友交往是不是做到诚实可信了呢?老师传授给我的学业是不是复习、实践了呢?"

6

【原文】有子曰:"信近于义,言可复也;恭近于礼,远耻辱也;因不失其亲,亦可宗也。"(《论语·学而篇》)

【译文】有子说:"讲信用要符合于义,(符合于义的)话才能实行;恭敬要符合于礼,这样才能远离耻辱;所依靠的都是可靠的人,也就值得尊敬了。"

7

【原文】是故诚者,天之道也;思诚者,人之道也。至诚而不动者,未之有也;不诚,未

有能动者也。(《孟子·离娄上》)

【译文】所以,诚信是自然的规律,追求诚信是做人的规律。有了至诚的心意而没有感动别人,是没有的。不真心诚意,是不能感动别人的。

8

【原文】孟子曰:“大人者,言不必信,行不必果,惟义所在。”(《孟子·离娄下》)

【译文】孟子说:“伟大的人,说过的话不一定都兑现,不是所有的行为一定要坚持到底,要不要信守诺言,要不要坚持到底,关键是看它们合不合符义的要求。”

9

【原文】取诸人以为善,是与人为善者也。故君子莫大乎与人为善。(《孟子·公孙丑上》)

【译文】学习别人的优点,来提高自己善良的品德,就是帮助别人行善,有道德的人最优秀的特征是帮助天下的人行善。

10

【原文】子贡问曰:“有一言而可以终身行之者乎?”子曰:“其‘恕’乎!己所不欲,勿施于人。”(《论语·卫灵公篇》)

【译文】子贡向孔子问道:“有没有一句话可以终身奉行的呢?”孔子回答说:“那就是恕吧!自己不愿意的,不要强加给别人。”

二、解读

1

人是社会的动物,人的生存、发展都离不开社会,但只有和谐的社会才能做到,否则,社会对人的发展也会产生负面作用,因此一个和谐的社会对于其中的个体非常重要。对于和谐社会的建设,中国传统哲学中有着丰富的思想资源。“天人合一”是中国古代和谐思想的哲学基础,而友善、诚信、平等则是具体的道德原则。在中国哲学史上,“天人合一”的思想虽然渊源于先秦时代,而正式成为一种理论观点,乃在汉代哲学及宋代哲学中。汉宋哲学中关于“天人合一”主要有三说,一是董仲舒的“天人合一”观,二是张载的“天人合一”观,三是程颢和程颐的“天人合一”观。不仅儒家说“天人合一”,道家也同样倡导之,如老子说:“人法地,地法天,天法道,道法自然。”庄子说:“天地与我并生,而万物与我为一。”“天人合一”思想对中国古代社会产生了深远的影响,一方面,它成为君权神授思想的理论基础,为封建帝王的专制统治提供了合法依据;另一方面,它也影响了中国古代思想文化和社会生活,如中医养生学,其中就体现了“天人合一”思想。“五四”以后,“天人合一”淡化,荀子“人定胜天”的思想占了上风。20 世纪 90 年代,“天人合一”思想,再次引起关注。在现代,人们对于“天”与“人”的理解主要有两种不同的观点。冯友兰认为“天”就是“天命”,是除了人本身的、不能由人支配的外部力量,我们可以理解为包括他人、自然、社会等不能由个体控制的力量,“人”就是“人生”,也就是个人的命运。冯友兰对“天”与“人”关系的理解类似于马克思关于个人与时代关系的理解,即个人的命运与时代的命运是一体的。季羡林认为“天”就是自然,“人”就是人类或个体的人,“天”与“人”关系主要是指人与自然的和谐关系,与西方的征服自然观念相对。

“和而不同”是中国和谐社会的另一重要思想原则。“和而不同”的本意是君子在人际交往中能够与他人保持一种和谐友善的关系,但在对具体问题的看法上却不必苟同于对方,但其所包含的哲学意义远不止如此。和而不同既是人与人交往形成和谐关系的原则,也是不同民族、不同文化交流的原则,与现代所说的多元文化、多元价值意义是相同的。

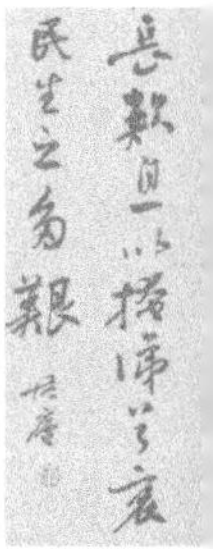

“天人合一”“和而不同”成为社会主义核心价值观“和谐”观的两个重要来源,同时又吸收新的时代内容。社会主义核心价值观的和谐观念大体包含三个方面的主要内容:一是社会层面的和谐,如不同民族之间的和睦相处,不同社会阶层的和谐相处;二是人与自然之间的和谐,即绿色发展、人与自然和谐的可持续发展;三是个人人际关系的和谐,如家庭成员之间的和谐,邻里之间的和谐等。从中我们可以看出社会主义核心价值观的和谐观念既继承了中国传统文化的精髓,也注入了社会主义的时代内涵。如中国古代的“天人合一”观念,或多或少带有一些神秘色彩,至少没有从现代科学的层面阐释其具体内涵,而社会主义核心价值观是建立在现代绿色环保、现代人际关系之上的和谐观。

2

公正是中国古代理想社会的一个重要内容。就其内容来说,首先公正包含作为个人德行层面的公正和社会管理层面的公正两个方面,前者主要指个人、特别是国家管理人员在处理成员之间的关系时要保持公正无私,是一种道德品质;后者则指社会组织、特别是政府应该公正对待每一个成员,不能因为私情或成员的社会等级而偏离原则,是一种社会规范。孔子把公正作为社会的基本原理,故此他说:“政者,正也。子帅以正,孰敢不正?”朱熹也把公正作为社会管理的本质内容,“政,则有公平正大之体,纲纪法度之实焉”是最直接的说明。程颐说:“不偏之谓中,不易谓之庸。中者,天下之正道。”从中我们可以看到程颐所说的“中”,接近我们现在所说的公正,表明程颐试图从哲学的高度阐明公正的重要性。公正是一种德行,但公正同时也是天理,也就是说德不是纯粹主观的东西,纯粹是价值伦理,同时是工具理性的体现。也就是说对个人来说,公正是一种德行,对外部世界来说,公正是一种外在的天理。社会主义核心价值观的公正是中国传统社会管理思想的继承,并把它提到一个新的高度——社会主义制度为社会的公正提供了强有力的保障。

很多人认为,中国古代没有平等思想,如王元化就认为,中国传统思想中的平等、民主资源是非常有限的。实际情况并非如此,实际情况是:和欧洲的等级社会相比,中国封建社会的等级制度远没有那样严重。中国古代社会确实存在严重的不平等——君与臣、官与民地位的不平等、权利的不对等，但这种不平等在某种程度上是平等的游戏规则的结果，而非天生的不平等的体现——中国封建社会世袭贵族基本已不存在。换句话说，中国古代社会的不平等社会中仍有平等的地方。这种平等首先体现在人格的平等上。尽管孟子提出了大人、小人之说——劳心者治人、劳力者治于人，在人与人之间划了一条等级线，但我们要注意这个等级是后天努力、奋斗的结果，不是天生、世袭而来的等级。在儒家思想中，只有道德上的君子、伟人和小人、愚人，没有天生的大人与小人，也就是说儒家思想中的等级并不是天生形成的以家族、遗传为基础的等级，而是个人修身形成的道德上的大人与小人。孔子多次强调大人与小人也只是从修身的结果来区别，而不是天生贵族血统。相反，儒家认为，所有人在人格上是平等的。因此，孟子认为士可以与君成为朋友，而且是地位、人格平等的朋友。因此"治人"与"治于人"接近现代的管理者与被管理者的关系，是职责范围的不同，权力大小不同，但不是人格的不平等。"君臣以义理合者也，故君使臣以礼，臣事君以忠"，"二者皆理之当然，各欲自尽而已"，君臣职责不同，但人格上是平等的。"此言朋友人伦之一，所以辅仁，故以天子友匹夫而不为屈，以匹夫友天子而不为僭"，说明君主与百姓人格上是平等的，君臣因义而和，各有职责，君如不听臣，臣则去，不事君。

其次是法律前面人人平等。在长达两千余年的中国封建社会，儒家思想基本都是处于正统地位，而儒家思想中，人被分为三六九等，无论是在国家体系、社会体系，还是家庭关系中，都极不平等。不过，实际上，中国古代多数时期是外儒内法，法家思想仍在国家治理中占有一定的地位，在法律前面人人平等的观念依然存在，民间普遍流行的"王子犯法与庶民同罪"可以说是法律前面人人平等古代中国版。"王子犯法与庶民同罪"的说法，源自《史记·商君列传》商鞅的故事，商鞅死去之后，他的这个故事一直流传，也表明平等思想在民间的影响，正是因为有这样的思想，才会出现包公依法处决驸马的故事。而且在儒家思想中，也包含法律前面人人平等的思想，这在孟子关于对舜的父亲杀人案得到突出的体现，对此朱熹写道："言皋陶之法，有所传受，非感所私，虽天子之命亦不得而废之也"(《四书章句集注》)，表明朱熹也认为天子没有凌驾于法律之上的权力，也就是说在法律前面人人平等。

三是官僚体制晋升、选拔机会的平等。从隋唐以后，中国以科举取士，而科举取士则是中国古代社会平等的重要体现，在某种程度上，科举前面人人平等。虽然中国封建社会未必像朱熹所说"人生八岁，则自王公以下，至于庶人之子弟，皆入小学……十有五年，则自天子之元子、众子，以至公、卿大夫、元士之适子，举凡民之俊秀，皆入大学"，但大多数贫民子弟都有受教育的机会，而且有可能通过受教育进入社会上层，以至到"一人之下、万人之上"的显赫地位。中国漫长的封建社会，涌现了大量的这样的人，如欧阳修、包拯，他们都出身贫寒，但都通过科举考试成为了官僚组织的高层人士。难怪当欧洲人开启启蒙主义的理性大门时，将眼光投向中国，而科举制度则成为"天堂中国"中耀眼的明灯，因为这种给下层人提供的机会，在欧洲基本上是没有的。实际上，后来西方文官考试制度，也是借鉴了中国古代科举制度而形成的(具体参阅相关链接)。

佛教思想中的平等观念也是中国古代平等思想的组成部分。宋代僧人清远说:“若论平等,无过佛法。唯佛法最平等。”中国佛教的这种“圆融”思想,在吉藏那里被理解为“一切诸法依正不二”。“二”即是“异”,差别、对立、矛盾。不二,亦即无差异、无矛盾。《大乘义章》解释说:“言不二者,无异之谓也,即是经中一实义也。一实之理,妙理寂相,如如平等,亡于彼此,故云不二。”“如如”是真如之意;亡于彼此即无分别之意;实义则指宇宙万物的实相。因此,一切现象的真如、实相离(不是)一切差别相,而是超越二与不二的分别,一如无二、平等无二。吉藏在这种“如如平等,亡于彼此”的基础上推论出无情众生也有佛性的观点。吉藏论证说:“以依正不二故,众生有佛性,则草木有佛性。以是义故,不但众生有佛性,草木亦有佛性也。若悟诸法平等,不见依正二相故,理实无有成不成相,假言成佛。以此义故,若众生成佛时,一切草木亦得成佛。”吉藏在这里明确地表明,一切众生都是处在相互依赖、相互制约的因果关系中,离开无情众生,有情众生就不可能存在。因此,生命主体同生命环境是一个不可分割的有机整体。佛法中所谓的众生平等,是指众生法性平等,对众生的慈悲喜舍心平等,在因果规律面前,众生平等,而非说众生的际遇平等,地位平等。

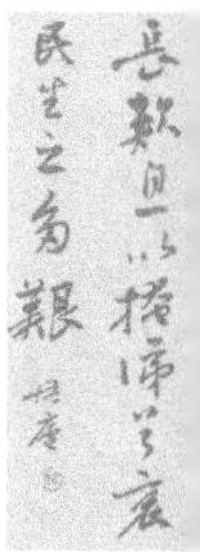

社会主义核心价值观的平等使中国的平等思想进入一个新的发展时期,因为社会主义公有制为人人平等奠定了坚实的经济基础。

3

诚信是人类基本而普遍的道德原则。朱熹说“诚者,真实无妄之谓,天理之本然也”(《四书章句集注》),诚就是无伪,就是真,也就是恢复人的本真之性,本真之理,因此程子说:“所谓诚者,止是诚实此三者,三者之外,更别无诚”,所谓三者,就是知、仁、勇,也就是说所谓诚实就是恢复人的这些天性——天理的体现。诚就是返回本身,也就和无私统一了。总体而言,“诚”可以从三个维度认识:诚就是真相,与假象相对;诚是真实,与虚妄相对;诚是真理,是真善美的真,在其中包含价值判断。诚是内在的,而信则是外显的,朱熹说“以诚实之谓之信”,清楚地阐明了诚与实的关系:将诚落实在现实生活中、行动中就是信。言为心声,因此,将心中的诚转换为外部行为就是兑现、信守诺言。诚信是中国古代道德伦理的核心内容,在儒家思想体系中,特别重视诚信:《大学》将诚作为修养的一个重要环节,《中庸》《论语》《孟子》都论及诚实。据统计,《论语》中 32 处提到“信”——即诚信,可见孔子对诚信、守信的重视。孔子关于诚信、守信主要讲到两个方面:一是诚信的重要性。“人而无信,不知其可也。大车无輗,小车无軏,其何以行之哉?”(《四书章句集注》)人不守信用,就寸步难行,就像车没有轮子一样。信用也是成就一个君子的重要品格,故此孔子说:“君子义以为质,礼以行之,孙以出之,信以成之。君子哉!”孔子将“信”作为他教育四大内容之一、将“信”作为人生理想的三大内容之一都表明诚信、诚实守信在孔子学说中的地位。不仅在我们的个人生活中要讲诚信,统治阶级、管理者也同样要讲诚信。“君子信而后劳其民,未信则以为厉己也。信而后谏,未信则以为谤己也”,意思是说作为管理者、统治者的“君子”首先必须自己讲信用,只有自己讲信用,才有资格让老百姓服从自己的管理。孔子还讲到信与义、小信与大信的关系。讲信用的基本内涵是信守承诺,对自己承诺过的事情,一定要努力兑现,但如果轻易地承诺,有时会使信守诺言变得进退两难。孔子指出,要避免这种情况,就要使自己的承诺符合“义”的要求,因为只有符合“义”的要求的承诺才容易兑现,即“信近于义,言可复也”。这对于我们大学生来说,对于年轻人来说非常重要。年轻人血气方刚,好冲动,易许诺,往往在许诺的时候,没有考虑到是否符合理性的要求,是否适合我们的道德规范。还有一种情况是,在许诺的时候,发现这样的承诺与其他人的利益冲突,特别是与国家、民族的利益冲突,这就是小信与大信的问题,孔子的“君子贞而不谅”(君子固守正道,而不拘泥于小信)、孟子的“大人者,言不必信,行不必果,惟义所在”,说的也是小信与大信的问题。

社会主义核心价值观的诚信观念,与中国传统文化的诚信可谓一脉相承,它同样要求我们在与他人交往的时候要诚实守信,遵守诺言,在从事商业活动的时候,要将诚实守信、兑现承诺作为基本的职业操守,同时,也涉及“信”“义”的关系。不同的是,“义”被置换为中国特色社会主义的基本精神,如四项基本原则,如改革开放的价值取向等。也就是说我们在讲究诚实守信的时候,我们的“信”不能违背中国特色社会主义基本原则、法制精神。

4

友善包含友好、善良的意思,就是友好、充满善意地对待作为“己”的外部存在的他人甚至事物,与人为善可以说是友善最好的注脚,而与邻为壑则是其对立面(与人为善、与邻为壑都见于《孟子》,但前者最初的意思是与他人一起做善事,以促进他人之善和社会之善)。任何道德规范都是善与真的统一,即好的道德规范都有其合理性,是真的体现,与人为善也是如此。现代医学证明,当我们愤怒、嫉妒、不满时,体内就会分泌有害的分泌物,而当我们宽恕、赞美、感恩或者帮助他人时,体内就会分泌对身体有利的分泌物,这可以说从科学的角度证明与人为善的“真”。友善、与人为善是中华民族的传统美德,也是儒家重要的伦理原则。在儒家思想体系中,与人为善与人性本善是密切相关的,可以说与人为善是建立在人性本善的基础上。作为孔子思想重要继承者和弘扬者的孟子以人性本善为依据,阐述了与人为善道德原则的哲学基础。孟子认为人人都有恻隐之心,正是因为人人都有恻隐之心,人才可能与人为善,友善地对待他人,而不是像西方存在主义一样,认为“他人即地狱”。王阳明继承了孟子的性本善思想,他的“恻怛之心”与孟子的“恻隐之心”同,而且他将“恻怛之心”作为仁来肯定,也就是肯定同情心是人的本质属性的体现。如果说孟子主要论述了与人为善的哲学基础——揭示与人为善的“真”,孔子则主要论述了友善的日常实践。孔子特别重视和谐,要达到人与人的和睦相处,就要妥善处理人际关系,而要形成良好的人际,首先我们自己要做到与人为善,因此孔子主要是从日常生活出发,论及与人为善的原则、方法。孔子认为要做到友善首先是要推己及人、将心比心。《论语》不止一次说到“己所不欲,勿施于人”——强调自己不想要的东西,不要强加于别人,也就是说要换位思考,处在对方的角度想问题。既然我们自己不想要,根据人情相同的原则,他人肯定也不想要,因此我们不能强加于他人。其次是乐于助人。孔子说“君子成人之美”、“己欲立而立人，己欲达而达人”，前者指成就他人的事业，也就是助人为乐，后者指我们在追求个人成功的时候，不能只想到自己，还要帮助身边的人一起成功，大家成功才是真正的成功、长久的成功。孔子还要求人们要成人之美，所谓成人之美，就是成就他人的美名、成功，而不是嫉妒他人的成功、荣誉。再有就是严于律己、宽以待人。孔子把“恕”当作需要终生遵守的道德原则，因此，曾子说“夫子之道，忠恕而已”，将孔子的道概括为“忠恕”二字，可见它的重要性。所谓“恕”，朱熹认为“推己之谓恕”，即推己及人，厚责于己，宽以待人。“躬自厚而薄责于人”也是孔子的道德信条，其内容也是要求我们严于律己、宽以待人。孔子这些与人为善的道德信条，已深植中国人的灵魂之中，成为我们处理人际关系的准则。“一毫之恶，劝人莫做，一毫之善，与人方便”(《增广贤文》之一百五十九)，“与人方便，自己方便”，“得饶人处且饶人”，“送人玫瑰，手有余香”，这些警句名言、俗语格言，都从不同的角度，阐述了与人为善的精神，也正因为此，友善成为我们社会主义核心价值观的重要内容。

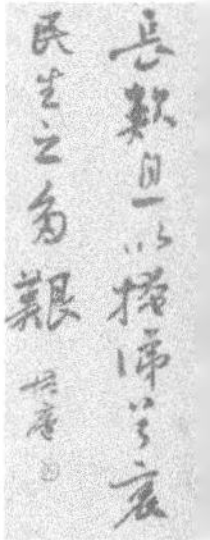

三、链接

1. 天论(节选)(《荀子·天论》)

大天而思之，孰与物畜而制之！从天而颂之，孰与制天命而用之！望时而待之，孰与应时而使之！因物而多之，孰与骋能而化之！思物而物之，孰与理物而勿失之也！愿于物之所以生，孰与有物之所以成！故错人而思天，则失万物之情。

认为大自然伟大而思慕它，哪里及得上把它当作物资积蓄起来而控制它？顺从自然而颂扬它，哪里及得上掌握自然规律而利用它？盼望时令而等待它，哪里及得上因时制宜而使它为我所用？依靠万物的自然增殖，哪里及得上施展人的才能而使它们根据人的需要来变化？思慕万物而把它们当作与己无关的外物，哪里及得上管理好万物而不失去它们？希望了解万物产生的原因，哪里及得上占有那已经生成的万物？所以放弃了人的努力而寄希望于天，那就违背了万物的实际情况。

2. 秦氏还魂配世美(《包公案》第26回)

话说钧州有秀才陈世美，娶妻秦氏，生子名瑛哥，生女名东妹。时值大比年份，世美辞妻赴试，不觉一举登科，状元及第，除授翰林修撰，久贪爵禄，不念妻子。但秦氏自世美一别赴科，二载无音，一日同瑛哥、东妹，往京寻夫。来到张元老家中安歇，秦氏动问：“公公曾识陈世美否？”元老答道：“陈世美老爷乃钧州人，中了头名状元，现任翰林编修，衙门清赛五湖水，断事明如秋夜月，威风凛凛，鬼神皆畏。”秦氏听罢道：“不瞒公公说，妾乃世美妻室，因他别后赴试，永不还乡，特寻至此。仗公公教道，如何见他？”元老道：“小娘子既是陈老爷夫人，不可乱进。今值他十九日降生，那老爷必请同僚，你可扮作弹唱女子到衙门口俟候。翰林院有一个侍讲老爷极好弹唱，今日决然叫唱。那时节你进去把盘古事情弹说一番，他必然认得你是妻室，后来必然接你进府。”秦氏依元老教道，遂手执琵琶，往衙门口俟候。

忽然走出个校尉，叫弹唱的入衙。秦氏入了后堂，果见其夫世美与同僚饮筵。世美睁眼一看，却是秦氏妻室，羞脸难藏，只得隐忍。饮酒罢，同僚辞别，世美喝左右拿那妇人来问。秦氏跪在厅下，世美见了，愈加忿怒，究问：“你与哪个来此？”

秦氏直言：“自君家一别数载，杳无音信，我同孩儿三人，寻取至张元老家安歇。元老说你衙门利害，教妾拨琵琶为由，因此得进府中见你。你今反目，只要天容你！”世美将秦氏棒打一番，赶出府门，又差校尉拿元老来问。世美骂道：“老贼大胆，如何私藏妓女，该死该死！”令左右捆打元老四十，唬得元老连忙归家，叫人赶出秦氏母子。世美写下告示一张，令校尉张挂四门，不许私匿远方妓女，如有容情，察出重究。

秦氏见世美不肯相认，又见告示，母子大哭一番，径奔回家。世美纳闷数日，心生一计，自叹一会，云：

恼恨秦氏太无知，闺门不守妄胡为。

我今不设施谋计，羞杀陈门概族人。

须臾，世美唤管下骠骑将军赵伯纯来衙，暗嘱云：“尔可代我急赶秦氏杀死，追我瑛哥、东妹转府。”伯纯领命前去，赶到白虎山下，遇着秦氏母子，喝道：“妇人休走。”遂拔剑刺死。瑛哥、东妹大哭悲泣。伯纯要他兄妹回府，那兄妹情愿死，不肯转。纯因他们不肯，遂回报与世美知道。世美见杀了秦氏，心中大悦。不觉中元三官菩萨感秦氏贞烈，降下白虎山，唤土地判官看管秦氏尸首，不可损坏。土地放一颗定颜珠，将那尸首养在土穴，以待日后还魂。彼时三官又化作法师，先去龙头岭等瑛哥、东妹来教他们武艺何如。

那兄妹埋了秦氏，遂往龙头岭从师，学武艺以雪母恨。不觉到了其岭，师父姓黄名道空，受他二人在门下，教了十八般武艺。适乌风源海贼竟起，朝廷出榜招纳武士：天下应有收得此盗，官进三品，荫袭后世。瑛哥、东妹闻得此事，拜辞师父，去揭国榜，收除海贼。圣旨降下，封瑛哥为中军都督，封东妹为右军先锋夫人，封母亲秦氏为镇国老夫人，父陈世美为镇国公。

兄妹受了官职，谢了皇恩，遂收拾行李，往白虎山敕葬母亲。不觉来到此山，正祭祀间，忽然见秦氏在土穴中走出来。

兄妹大惊，问：“母亲莫要唬我。”秦氏答云：“蒙中元三官敕赐还魂，故此得生。”母子不胜之喜，正是：一念良善天不亏，还魂再世受恩荣。贞妇凡心明日月，天教母子复团圆。

秦氏云：“孩儿受了官职，不报陈世美之冤，我死也不瞑目。”母子三人，具告包拯台下。时包拯职居太师，在朝理政，公明如镜，天地无私，执法断罪，不论军民，亲疏不避。见镇国夫人母子备诉受陈世美之害，心中大怒，遂具表申奏朝廷，拟决世美罪名。表云：我国家进用人才，惟欲上致其君，下泽其民。迩来翰林陈世美，苟贪爵禄，欺君罔上。谋杀秦氏，忘夫妇之纲常；不认儿女，失父子之大伦。臣忝摄国柄，辅赞圣明，不言此奸若容，败乱纪纲；此奸一殄，朝仪整树。微臣冒奏天廷，伏乞龙颜鉴示，不胜欣忭之至。谨奏。

于是圣旨下：“陈世美逆天盗臣，欺罔圣君，断夫妇之情，灭父子之恩，免死发配充军。”拯领旨，即差张千、李万去拿陈世美、赵伯纯到庭鞫问、拷打一番。世美俯首无语，一直实招。拯拟世美配辽东军，赵伯纯配云南军。令张千、李万押出二人各去着伍。二人去后，世间岂敢忘恩背义。自包公案卷为证。

3. 中国科举制度对西方的影响

科举西传说的来龙去脉（节选）

刘海峰

（1）科举制对法国的影响

由于各种有关中国的书刊的介绍和描述，以及欧洲人对中国的兴趣和好奇，在18世纪下半叶至19世纪上半叶，科举考试制度在欧洲包括在法国知识界已为人们所熟知。当时欧洲人对遥远的中国充满了好奇，对处于另一文明系统的东方古国中国的一切皆感到新鲜，特别是在18世纪，中国成为刺激欧洲文学、哲学和工艺、绘画灵感的重要来源。在许多法国人的著作和书信中，对中国的科举制往往赞赏有加。

例如，1712年9月1日彭德加会士在致印中传教会会士的信件中，谈到了崇明岛上的文人绅士的情况，并说："岛上有近四百名秀才，其中有三人是基督教徒，两名武秀才，七八个举人和三四名进士，还有许多十五六岁至四十岁左右的书生，每隔三年到县堂去参加一次考试，由地方长官出考题。所有的人都希望考上秀才，尽管中者寥寥无几，长期不辍的用功与其说是想使自己变得聪明能干，毋宁说是由金榜题名的雄心所支撑。秀才除了能免除长官的处罚外，还授予其进见长官的特权，可以与长官对坐共食。这在中国被视为极大的荣耀，平民百姓是无此殊荣的。"

1735年，巴黎出版了法国耶稣会士杜·荷尔德的《中国纪实》巨著，该书有若干章节谈到了中国的教育、科举，并详细叙述了秀才的岁试方法和作用。18世纪上半叶开始，在法国兴起了一股推崇中国文明的热潮，而以科举制为核心的中国文官制度和整个中国文明也使伏尔泰、孟德斯鸠、狄德罗、卢梭等一代哲人心悦诚服，如伏尔泰曾受荷尔德书籍的影响而羡慕中国文化，论到中国文官制度，他说："人类的确不可能想象出一个比这更好的政府，在那里一切事务均由相互制约的部门统理，而其成员只有通过层层严格考试后才能录取。中国一切事务都通过这些部门加以调节。"

魁奈是法国重农主义经济学家，他在《中华帝国的专制制度》一书中，认为中国的公开竞争考试制度是一个良好的典范。据说魁奈甚至直接主张欧洲引进中国的科举考试制度。传重农主义者都一致想将"中国精神"推行于法国。许多法国学者认为法国教育的确是以中国竞争性笔试原则为基础的，以竞争考试选拔文官的观念，无疑源于中国。因为这一制度通过哲学家（尤其是伏尔泰）的宣传在法国已是众所周知。法国是从1791年开始实行文官考试制度的，但大革命后渐趋松弛，1840年后法国又重新考虑建立文官制度，至1875年法国文官系统基本形成。美国汉学家卜德在《中国思想西人考》一书中说："法国人对中国的热情在1789年大革命之后逐渐消失了，但科举制仍然是他们从中国学来的一项重要的遗产。"

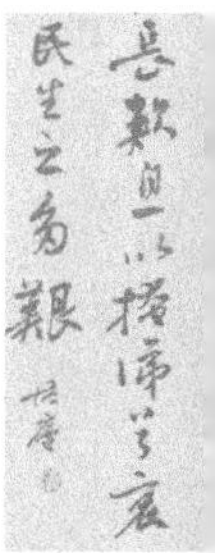

（2）科举制对英国的影响

英国是中国科举制对欧美文官考试制度影响的典型国家和重要中介。17 世纪以后，多数关于中国的书籍都被译成英文在伦敦出版，有大量的英文论著谈到了科举制。例如，1788 年在伦敦出版的《中国概述》第 2 卷中说道："为了提高和鼓励学习，欧洲人怎么也想不到彼此竞争的中国人所居住的区域是多么的辽阔，如果路易十四从那些知道并支持我们看法的人那里获得这些消息，那他就会发现，在教育考试方面，与这些君主们相比，甚至与那些远住在荒远沙漠中的靴靼人相比，都将自叹不如。"作者认为中国通过科举考试选拔人才，使中国的行政管理水平远在其他国家之上，并认为中国历史悠久的文官制度和监察制度值得英国仿效。

1835 年，留居中国的英格尔斯撰文指出："在选择行政官员上，去设计出一种比之前面所述通过科举取士的更完美的方法，从理论上说似乎更公允，但实际上是不可能的……或许它只是中国政府制度的一个部分，但作为一般的制度，它却是古往今来的某个或其他伟大的君主制度所无法相比的。也许这就是他们所创造出来惟一值得保留的制度，而此制度还未被其他国家所采用。"1836 年，默德赫斯特（hledhurst）在《中国：现状与前途》一书第 7 章谈到科举制时说："在任何等级上，该制度被认为能够确保选出一群有学问的官员。假如我们的文职官员和副职官员在得到委任之前，能够采用某种三级考试的选拔，那么他们就不会经常出差错了。中国人将科举制视为他们国家的光荣，并蔑视那些没有实行科举考试的国家。"在该章节的最后，他还提出："如果学习的过程得到改进和扩展，如果所有弊端能认真地加以防范，该制度本身是真正值得赞赏和值得模仿的。至今为止，它是中国保存得最纯洁、创建得最好的制度。"在主张仿行科举制的英国人中，最为热情而执着的是 1842 年到中国的麦杜思。他在 1847 年出版了《中国札记》，该书主要写作目的之一就是强烈呼吁建立起向全体英国臣民开放的竞争性的考试制度，从而提高英国行政官员的水平。他的观点在当时的英国社会具有相当的影响。1853 年，英国任命马考莱组织委员会考察东印度公司已先行采用考试选才的官职任用制度。1854 年 11 月，由马考莱等人共同签署的《印度文官制度报告书》提交议会。该报告的要点为：建议建立一套完整的考试制度，有关考试事宜应由一位权威人士主管的考试中心全权负责；考试必须采取竞争性的笔试办法，对考生的年龄、健康和品行也应定出具体的要求；对于高级职位，应有相当于国内最高教育水平的竞争性考试。所有考试，应定期举行。低级职位的考试可在地方上举行，以利于那些付不起旅费的考生投考。同时文官考试及格后，尚需经过一个严格的试用期再决定可否获准进入行政机构的水平，并促进大英帝国的团结。1856 年，麦杜思出版了另一本著作《中国人及其叛乱者》，在该书中他进一步主张"应该像中国近千年来几乎一成不变的实行科举制那样，只有考试合格者才能获准在英国三大行政部门各个分支机构任职"。麦氏所强调的是中国科举考试制度的原则，并将公平竞争的原则和方法运用于英国。他的观点在当时的英国社会具有相当的影响。很明显，这些建议和方法与中国科举考试的原则十分相似。经过议会辩论后，于 1855 年 5 月开始实行文官考试制度。1870 年 6 月，新上台的帕麦斯顿政府为迎合舆论，颁布了《关于录用王国政府官员的枢密院敕令》,规定凡要进入政府各部门工作,都必须经过竞争性考试。至此,英国文官考试走向制度化和正规化。

当时,就有人认为英国建立的文官考试制度是受到中国的影响。1857 年 4 月,英国著名的权威刊物《威斯敏斯特评论》评论说:“这些中国的‘外夷’(英国人)的确只是从中国科举考试的书籍中学到一页而已。”当然,英国借鉴科举并非生搬硬套,而是取其精华、弃其糟粕,青出于蓝而胜于蓝,吸取了科举制的合理内核,即考试的平等竞争原则和择优录用方法,而舍弃了科举考试空疏无用的古代经典内容,因而后来被其他欧美国家和日本等国所仿效。

(选自《考试研究》,2005 年第 1 期)

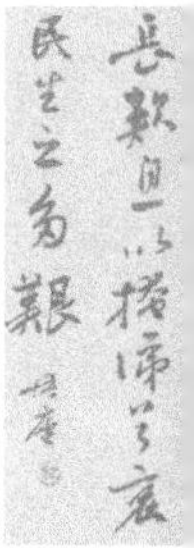

4. 胡雪岩诚信故事

胡雪岩生于 1823 年,卒于 1885 年,安徽省徽州绩溪县湖里村人,幼年时候,家境十分贫困,以帮人放牛为生。但胡雪岩天资聪颖,勤奋好学,不谋私利,加上他胆大心细,自信诚实,很快从一个小伙计一跃而成为阜康钱庄的老板,再跃而成为徽商巨头。咸丰十一年(1861 年),太平军攻打杭州时,胡雪岩从上海、宁波购运军火、粮食接济清军,获得左宗棠的信赖,被委任为总管,主持浙江全省的钱粮、军饷,使阜康钱庄大获其利,也由此走上官商之路。各省设立阜康银号 20 余处,并经营中药、丝茶业务,操纵江浙商业,资金最高达二千万两以上,是当时的“中国首富”,获得慈禧亲授的红顶戴和黄马褂,成为历史上的官商第一人。胡雪岩从一个农家子弟成为“中国首富”,成功的原因自然是多方面的,诚实守信则是其成功的重要原因之一。

胡雪岩贫不夭志,少年时即表现出诚信不贪的品德。小时候有一次给东家放牛,在路上拾得一个包袱,打开一看,里面尽是白花花的银子。他把牛拴在路边吃草,将包袱藏起来,然后坐在路边等待失主。几个时辰后,失主才慌慌张张地找了来,胡雪岩问清情况后,从路边草丛中将包袱取出交还给失主。这位失主原是杭州的大客商,不久,他又来到绩溪,把胡雪岩带到杭州学生意去了。

胡雪岩创办胡庆余堂雪记药号之初,就遇到了杭州城里许广和、叶种德两家药号的明争暗斗。当时,许广和、叶种德两家药号是杭州城里最大最老的药号,不过由于胡雪岩通过组织送药、修合公开、养鹿取茸等措施,很快赢得了顾客的认可,成为一个有力的竞争者。许广和、叶种德两家药号为了击垮胡庆余堂,联手与胡庆余堂打价格战:尽力压价、逼迫实力并不雄厚的胡庆余堂跟着压价。但胡雪岩并没有采用这种不道德的竞争模式,他知道,要压价,特别是相互压价,形成恶性循环,最终会导致药品质量下降,害人害己。因此,他并没有跟随许广和、叶种德两家药号降价,而是打出了“真不二价”的招牌。“真不二价”源自中国古代著名采药人韩康,他以品质过硬赢得了美名。结果,胡庆余堂不但没有被价格战拖垮,反而,名气更大,声望更好了。后来,胡雪岩成为左宗棠与李鸿章斗争的牺牲品,胡庆余堂也成为他人之物,但“真不二价”依然保留下来。

胡雪岩的阜康钱庄开业不久,来了一个特殊的客户:他将一万二千两银子存入阜康钱庄,却不要利息,也不要存折。这位客户叫罗尚德,是驻扎杭州绿营兵的一位千总。罗尚德在四川老家时,是一个赌徒,本来定下了一位有钱人家的小姐为妻,但酷好赌博,前后花费岳丈家一万五千两银子,却迟迟不迎娶小姐。最后女孩家以不要归还银子为条件要求退婚。这反倒激发了罗尚德,他决定同意退婚,并发誓一定归还所欠银子。罗尚德从军十三年,熬到六品武官,并有了一万二千两银子的积蓄。这时,他接到命令,要到江苏与太平军作战。出发前,他听同乡刘二说阜康钱庄信誉很好,以"戒欺"作为信条,决定把钱存入阜康钱庄。之所以不要存折,是因为打仗生死未卜,带在身上也可能出意外,索性将其托付给阜康钱庄,一切听其处置。罗尚德果然在战场上身亡,阵亡前他托付两位同乡取存在阜康钱庄的银子。因为没有任何凭证,阜康钱庄如果要赖账,两位同乡恐怕也没有办法。不过,胡雪岩并没有这样做,不仅给了银子,还照常付了利息,连本带息一共一万五千两银子给了罗尚德的同乡。

(选自《胡雪岩经商智慧》,吉林出版集团公司,2012 年)

5. 金庸小说《射雕英雄传》中郭靖对大信、小信的理解

黄蓉将打狗棒交给洪七公,说道:"师父,打狗棒加九阴神功,跟这老奸贼动手,不必讲甚么仁义道德。"洪七公心想:"单凭我原来武功,要胜他原极不易,待会尚要与黄老邪比武,若与老毒物打得筋疲力尽,就不能敌黄老邪了。"当下点了点头,接过打狗棒,左一招"打草惊蛇",右一招"拨草寻蛇",分攻两侧。欧阳锋与他对敌数次,从未见他使过打狗棒法,当日在大海火船中性命相搏,情势紧迫,洪七公却也一直未用。欧阳锋曾见黄蓉使这棒法时招数精奇,早就不敢小视了,这时见洪七公两招打出,棒夹风声,果然非同小可。当下蛇杖抖处,挡左避右,直攻敌人中宫。他的蛇杖已失落两次,现下手中所持的是第三次新制,杖上人头雕得更是诡奇可怖,只是两条怪蛇虽然毒性无异,但驯养未久,临敌之时却不如最初那两条这般熟习灵动。洪七公当日背心被他怪蛇咬中,又受他狠力一掌,险些送命,直养了将近两年方始康复。那是他一生从所未有之大败,亦是从所未遇之奇险,此仇岂可不报?当下运棒成风,奋力进攻。两人第一次华山论剑,争的是荣名与《九阴真经》;第二次在桃花岛过招,是为了郭靖与欧阳克争婚;那均是只决胜负,不关生死。第三次海上相斗,生死只隔一线,但洪七公手下尚自容让;现下第四次恶战,才是各出全力,再无半点留情。两人均知对方年齿虽增,武功却只有较前更是狠辣,只要自己稍有疏神,中了对方一招半式,难免命丧当地。两人翻翻滚滚的斗了两百余招,忽然月亮隐没,天色转黑。这是黎明之前的昏暗不明,转瞬随即破晓。两人生怕黑暗中着了对方毒手,只是严守门户,不敢抢攻。郭靖与黄蓉不禁担心,踏上数步,若是洪七公有甚差失,立即出手相助。郭靖眼里瞧着二人恶斗,心中思潮起伏:"这二人都是当今一等一的高手,可是一个行侠仗义,一个恃强为恶,可见武功本身并无善恶,端在人之为用。行善则武功愈强愈善,肆恶则愈强愈恶。"到后来天色阴暗,两人招式已瞧不清楚,但闻兵刃破空和窜扑呼喝之声,不禁心中怦怦乱跳,暗想:"师父因运功疗伤,耽误了两年进修。高手功劲原本差不得分毫,这一进一退,莫要由此而输在欧阳锋的手里。若是如此,当初实不该三次相饶。"他又想起丘

处机曾解说“信义”两字，该分大信大义与小信小义之别，若是因全一己的小信小义而亏大节，那就算不得是信义了。想到此处，热血上涌，心道：“虽然师父与他言明单打独斗，但若他害了师父，从此横行天下，却不知有多少好人要伤在他的手里。我从前不明‘信义’二字的真意，以致做了不少糊涂事出来。”当下心意已决，双掌一错，就要上前相助。

第四章　国家富强篇

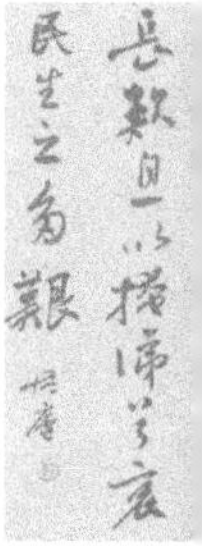

一、经典选读

1

【原文】左右皆曰不可，勿听；诸大夫皆曰不可，勿听；国人皆曰不可，然后察之；见不可焉，然后去之。左右皆曰可杀，勿听；诸大夫皆曰可杀，勿听；国人皆曰可杀，然后察之；见可杀焉，然后杀之。故曰国人杀之也。（《孟子·梁惠王下》）

【译文】左右亲信都说某人不好，不可轻信；众位大夫都说某人不好，还是不可轻信；全国的人都说某人不好，然后去考查他，发现他真不好，再罢免他。左右亲信都说某人该杀，不可轻信；众位大夫都说某人该杀，还是不可轻信；全国的人都说某人该杀，然后去考查他，发现他真该杀，再杀掉他。所以说，是全国人杀的他。

2

【原文】宣王问曰：“或谓寡人勿取，或谓寡人取之。以万乘之国伐万乘之国，五旬而举之，人力不至于此。不取，必有天殃。取之，何如？”

孟子对曰：“取之而燕民悦，则取之。古之人有行之者，武王是也。取之而燕民不悦，则勿取。古之人有行之者，文王是也。以万乘之国伐万乘之国，箪食壶浆，以迎王师。岂有他哉？避水火也。如水益深，如火益热，亦运而已矣。”（《孟子·梁惠王下》）

【译文】齐宣王问道：“有人劝我不要占领燕国，有人又劝我占领它。我觉得，以一个拥有万辆兵车的大国去攻打一个同样拥有万辆兵车的大国，只用了五十天就打下来了，光凭人力是做不到的呀。如果我们不占领它，一定会遭到天灾吧。占领它，怎么样？”

孟子回答说：“占领它而使燕国的老百姓高兴，那就占领它。古人有这样做的，周武王便是。占领它而使燕国的老百姓不高兴，那就不要占领它。古人有这样做的，周文王便是。以齐国这样一个拥有万辆兵车的大国去攻打燕国这样一个同样拥有万辆兵车的大国，燕国的老百姓却用饭筐装着饭，用酒壶盛着酒浆来欢迎大王您的军队，难道有别的什么原因吗？不过是想摆脱他们那水深火热的日子罢了。如果您让他们的水更深，火更热，那他们也就会转而去求其他的出路了。”

3

【原文】“天与之，人与之，故曰：天子不能以天下与人……太誓曰：‘天视自我民视，天听自我民听。’此之谓也。”（《孟子·万章上》）

【译文】是上天把天下交给舜，是人民把天下交给舜，所以说：“天子不能把天下交给他人。……《尚书·泰誓》上说：‘上天所看见的来自于人民所看见的，上天所听见的来自于人民所听见的。’说的就是这个意思。”

4

【原文】法者，编著之图籍，设之于官府，而布之于百姓者也。术者，藏之于胸中，以偶众端而潜御群臣者也。故法莫如显，而术不欲见。是以明主言法，则境内卑贱莫不闻知也，不独满于堂；用术，则亲爱近习莫之得闻也，不得满室。而管子犹曰“言于室，满室，言于堂，满堂”，非法术之言也。（《韩非子·难三》）

【译文】法是编写成文、收藏在官府里并向民众公布的文书。术是藏在君主胸中，用来对付各种各样事情而暗中驾驭群臣的手段。所以法越公开越好，术却不该表露出来。因此，明君谈法时，就是国内卑贱的人也没有不知道的，不仅仅朝廷、官府的人知道；使用术时，就连君主宠幸的亲信也没有谁能听到，更不该让满屋子的人都知道。而管仲却还说“在屋里讲话声让全屋的人听到，在堂上讲话声让全堂听到”，这就不是合乎法术的话了。

5

【原文】明主使其群臣不游意于法之外，不为惠于法之内，动无非法……故以法治国，举措而已矣。法不阿贵，绳不挠曲。法之所加，智者弗能辞，勇者弗敢争。刑过不辟大臣，赏善不遗匹夫。故矫上之失，诘下之邪，治乱决缪，绌羡齐非，一民之轨，莫如法。厉官威名，退淫殆，止诈伪，莫如刑。刑重，则不敢以贵易贱；法审，则上尊而不侵。上尊而不侵，则主强而守要，故先王贵之而传之。人主释法用私，则上下不别矣。（《韩非子·有度》）

【译文】明智的君主让臣子们不能凌驾于法律之上，在法令规定的范围内谋求利益，所做一切都遵循法律法令……所以用法令治国，不过是制定出来、推行下去罢了。法律不偏袒权贵，墨绳不迁就弯曲。法令该制裁的，智者不能逃避，勇者不敢抗争。惩罚罪过不回避大臣，奖赏功劳不漏掉平民。所以矫正上面的过失，追究下面的奸邪，治理纷乱，判断谬误，削减多余，纠正错误，统一民众的规范，没有比得上法的。整治官吏，威慑民众，除去淫乱怠惰，禁止欺诈虚伪，没有比得上刑的。刑罚重了，就不敢因地位高轻视地位低的；法令严明，君主就尊贵不受侵害。尊贵不受侵害，君主就强大而掌握要害。所以先王重法并传授下来。君主弃法用私，君臣之间就没有区别了。

6

【原文】四夷之民，长有重译而至，慕中华之仁义忠信。虽身出异域，能驰心于华，吾不谓之夷矣。中国之民长有倔强王化，忘弃仁义忠信，虽身出于华，反窜心于夷，吾不谓之华矣。窜心于夷，非国家之窜尔也，自窜心于恶也。岂止华其名谓之华，夷其名谓之夷邪？华其名有夷其心者，夷其名有华其心者。是知弃仁义忠信于中国者，即为中国之夷矣。不待四夷之侵我也，有悖命中国，专倨不王，弃彼仁义忠信，则不可与人伦齿，岂不为中国之夷乎？四夷内向，乐我仁义忠信，愿为人伦齿者，岂不为四夷之华乎？记吾言者，夷其名尚不为夷矣，华其名反不如夷其名者也。(《全唐文》卷八二一程晏:《内夷檄》)

【译文】四面八方的少数民族，经常有因思慕中华民族仁义忠信为代表的高度文明而归顺的。他们虽然出生在不同的地方，但由于仰慕中华文化，我不把他们当成蛮夷。中国本土那些不接受本民族的优秀传统，抛弃仁义忠信的传统美德，即使他们出生于中国，但内心不认同于中国文化，我不把他叫中国人。一个人他的内心邪僻，归顺蛮夷，这不是对国家的逃避，而是自己作恶。怎么能说出生在中国就叫中国人、出生在蛮夷就叫蛮夷人呢！生长在中国的人也有野蛮、邪恶的人，出生在蛮夷地区的人也有怀有中国人之心的人。因此我们可以说背弃中国传统美德——仁义忠信——的人，就是中国的蛮夷，不配做中国人。不等周边的蛮夷侵蚀我们，自己违背中华民族的传统文化，于仁义忠信不顾，那么就不可与中国人为伍，这不就是中国的蛮夷吗？周边那些民族，如果乐意接受、认同中华民族的文化，愿意与中国人为伍，难道不就是非汉族的中国人吗？请记住我的话，被称为蛮夷的不一定就野蛮、落后，而称为中国人的人不一定就比那些蛮夷好。

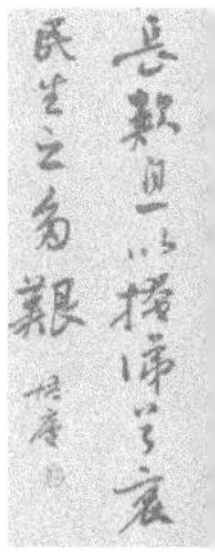

7. 橘颂

屈　原

【原文】后皇嘉树，橘徕服兮。
受命不迁，生南国兮。
深固难徙，更壹志兮。
绿叶素荣，纷其可喜兮。
曾枝剡棘，圆果抟兮。
青黄杂糅，文章烂兮。
精色内白，类任道兮。
纷缊宜修，姱而不丑兮。
嗟尔幼志，有以异兮。
独立不迁，岂不可喜兮？
深固难徙，廓其无求兮。
苏世独立，横而不流兮。
闭心自慎，终不失过兮。

秉德无私，参天地兮。
愿岁并谢，与长友兮。
淑离不淫，梗其有理兮。
年岁虽少，可师长兮。
行比伯夷，置以为像兮。

【译文】辉煌的橘树啊，枝叶纷披。
生长在这南方，独立不移。
绿的叶，白的花，尖锐的刺。
多么可爱啊，圆满的果子！
由青而黄。色彩多么美丽！
内容洁白，芬芳无可比拟。
植根深固，不怕冰雪氛霏。
赋性坚贞，类似仁人志士。
啊，年青的人，你与众不同。
你志趣坚定，竟与橘树同风。
你心胸开阔，气度那么从容！
你不随波逐流，也不故步自封。
你谨慎存心，决不胡思乱想。
你至诚一片，期与日月同光。
我愿和你，永做个忘年的朋友。
不屈不挠，为真理直到尽头！
你年纪虽小，可以为世楷模。
足比古代的伯夷，永垂万古！

二、解读

1

中国古代哲学中，对国家本质的探讨较少，而对国家治理则论述较多。中国古代国家思想主要包括三个方面：民本、法治、爱国。

民本思想是儒家国家思想的精髓，民本就是以民为本，是针对国家、君主而言，其基本原则是国家治理的目标是人民幸福，政权的所有行为都必须围绕人民这一目标，选文 1 和选文 2 都体现了这样的思想。选文 3 则论及君主的合法性和更替问题，孟子认为君主的合法性来自人民和天，但天不能说话，实际上，在实际运作中，君主的更替还是要看民心，故此有“天视自我民视，天听自我民听”（天看的东西来自人民看到的东西，天听到的东西来自人民听到的东西）的说法。孟子还说到“闻诛一独夫矣，未闻弑君也”，朱熹对此的注释为“四海归之，则为天子，四海叛之，则为独夫”，说明无论是孟子还是朱熹，都认为君主的合法性来自人民，人民的拥护，才是君主权力的基础，没有人民，无所谓君主。另外“民为贵，社稷次之，君为轻”，也体现了孟子的民本思想。孟子的这种思想也可以说是朴素的民主思想。当然由于时代的局限，孟子并没有谈到如何去获得民意的问题，如果这一问题在孟子的思想体系中出现，他的民主思想将更加完备。墨子、柳宗元都提到社会的形成问题，他们的思想实际上就是后来西方社会契约论的先声。两人都提到社会是由个人到小团体、到国家的一个结盟、签约过程，这与契约社会的基本原则是相同的。墨子还提到“选天下之贤可者，立以为天子”，虽然孟子没有说明由谁来选天子的问题，但我们如果将墨子的思想与孟子的思想综合考虑，我们可以认为当时已经出现民选思想的萌芽了。另外墨子还指出“天子唯能壹同天下之义，是以天下治也”，天下能够太平的原因就是因为天子能够统一民众的思想，反映他们的利益。虽然孟子、墨子、柳宗元等的思想，没有成为统治阶级的主流思想，但毕竟产生过，并对中国社会产生过一定的影响。

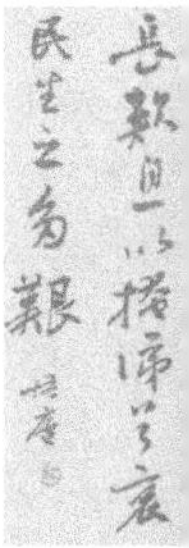

民主思想的核心就是人民是国家的主人、人民是自己的主人，也就是说国家或者说政府是人民用来维护自身权利的工具，没有人凌驾于人民之上，人民自己决定自己社会的管理方式。人民是一个集体名词，是一个抽象的概念，在现代政治组织中，人民的意愿需要通过投票的方式来体现，而且，整体的人民不再出现，出现的是以多数为代表的民众。西方的民主理论有二种不同的观点、体系：一是以洛克、边沁、弥尔为代表的英美经验主义民主理论，一是以卢梭为代表的大陆理性主义民主理论。二者的重要区别在于前者属于小契约论，主张个人在签订社会契约、参加社会组织时仅转让个体的小部分权利，留下了大部分权利，作为只能执行民众授权的政府的权利也就非常有限；后者属于大契约论，认为个人签订契约、参加社会时应把全部权利转让给共同体。卢梭的契约论对巴黎公社、中国社会主义民主理论产生了重要影响。如果说《政府论》《社会契约论》是西方民主社会的理论基础，那么《独立宣言》《人权宣言》则是行动纲领。中国古代孟子、墨子、顾炎武等的民本思想与现代民主思想在以民为本这一点上是相同的，但他们的思想还没有落实到行动层面、国家精神层面，另外作为早期的民主思想也存在局限性，如孟子思想的局限性是没有将君王、大人、小人放在同样的人格上进行对待。

中国现代民主肇始于清末。康有为以民主主义阐释《孟子》经典，认为“民贵君轻”是“孟子立民主之制”，他重申了黄宗羲的民主精神，认为“民为主而君为客，民为主而君为仆”，指出西方民主政体实际上是“天下为公，选贤与能”。梁启超引进“自由”精神诠释中国经典，认为“个体独立之人格”是“浩然之气”的内涵所在。谭嗣同把“仁学”作为自由平等的理论依据，认为“通”是“仁学”的“第一义”。在政治领域就是打破上下等级的尊卑贵贱，实现君臣平等。严复继承了“天生民而立之君”的思想，提出“惟天生民，各具赋畀，得自由者乃为全受”，进而得出“以自由为体，以民主为用”的结论。我们看到维新变法时期的民主思想，是中国传统民主思想资源与西方民主思想的结合。中国社会主义民主思想肇始五四文化运动前后，它是在中国传统民主思想、西方现代民主思想和马克思主义民主理论的基础上诞生的。1940 年，毛泽东发表《新民主主义论》，系统论述新民主主义理论，中国现代民主发展进入新的阶段。中华人民共和国成立以后，我国社会逐步实现了由新民主主义到社会主义的过渡。经过数十年的发展,中国社会主义民主得到不断的完善和发展,人民当家作主得到更好的保障。人民代表大会制度,中国共产党领导的多党合作和政治协商制度,民主集中制的原则,是中国社会主义民主的突出特点,也是中国特色社会主义的体现。

2

谈到中国的法治传统,我们首先就会想到法家。法家是春秋战国诸子百家重要一家,其思想对中国社会产生了深远的影响。法家的产生可上溯到春秋末期的管仲、子产、邓析,如公元前536年子产下令制作我国第一部成文法——铸刑鼎,但是法家学派的真正形成者是李悝。李悝总结了春秋战国时期各诸侯国的立法经验,完成了第一部封建法典《法经》,至此,法家思想才初步形成体系,法家才成为一个学派。法家的代表人物大多是战国时期的政治家、军事家、思想家,其主要代表有战国初期的李悝、吴起;中期的商鞅、慎到、申不害;末期的韩非、李斯等。学术界一般将战国初期和中期的法家称为前期法家,将战国末期的法家称为后期法家。前期法家强调变法,后期法家更注重定法。前期法家中的慎到被称为"重势派"、申不害被称为"重术派"、商鞅则被称为"重法派";后期的韩非在主张"以法为本"的前提下,将"法""势""术"统一起来,集法家之大成。

具体说来,法家思想主要包括以下三个方面的内容。一是法律本身的合理性问题。法家提出了六项具有普遍性的立法原则:顺天道、因民情、随时变、遵事理、量可能、务明易。顺天道就是指法律的制定要符合自然规律和自然环境的要求。法家认为,天地、阴阳、四时等自然界是一个整体,各有各的作用,人生于天地等自然界之中,必然与天地等自然界形成一种和谐的关系。因此,立法必须做到"立公去私"。天道的本性即对万物一视同仁,据此,立法要从公而无私。《管子》认为:"行天道,出公理","法天合德,象地无亲,日月之明无私","法四时",强调的就是立法要遵循自然规律。因民情,就是指法律的制定要以人"好利恶害"的本性为基础。商鞅认为:"人情好爵禄而恶刑罚,人君设二者以御民之志,而立所欲焉。"(《商君书·错法第九》)管子也说:"人主之所以令则行、禁则止者,必令于民之所好,而禁于民之所恶也。"(《管子·形势解》)正是因为法律是以人性为基础,才可以达到治人的目的。随时变,即指立法要顺应时代和社会的发展,遵事理,就是指立法必须遵从事理。法家认为,君主在立法之前必须要考虑事物的内在联系,依"理"立法。量可能,即立法要考虑客观可能性。法家认为,法律要建立在现实可能的基础之上,只有这样,法律才能切实可行。务明易,就是指法律要公布,要明白易懂,这一点对于立法来讲是至关重要。

二是公平、公正执法的问题。法家认为必须做到"任法""从法"。"任法",即要求做到有法必依,执法必信,坚决反对"释法就私""以私害法"。法家要求国君首先要"任法去私",要带头遵守"公法",要把法作为察言、观行、考功、任事的标准,凡是不符合法律的,都要不听、不说、不做;各级官吏尤其是司法官吏都要学习、熟悉法令,并严格按照法律,做到公平、公正执法。选文5中,韩非特别突出了执法的公平公正问题,他认为所有的人都不能凌驾于法律之上。

三是法治的手段、目的问题。有了法律，就要严格执行，也就是我们现在所说的有法必依、执法必严。要严格执行法律，无非二条途径：惩罚与奖赏。法家特别强调严惩，故此，韩非说“是以赏莫如厚而信，使民利之；罚莫如重而必，使民畏之”（《韩非子·五蠹》）。法家也谈到法治的最终目的——“以刑去刑”，也就是通过严厉的惩罚实现消除违法、维护正常社会秩序。

不仅法家重法，作为中国古代封建社会官方思想的儒家也重视法。不过以示与法家的法有别，儒家通常没有将法放在如此突出的位置，并且常以法度、法制等概念替代法。如孟子指出“谨权量，审法度，修废官，四方之政行焉”；朱熹在讲孟子时也突出其法治思想，“讲求法制，璨然备具”、“此言尽法制品节之详，极财成辅相之道”。儒家不仅讲法，也讲刑，“愚按政者，为治之具。刑者辅治之法。德礼则所以出治之本，而德又礼之本也。此其相为始终，虽不可以偏废，然政刑能使民远罪而已，德礼之效，则有以使民日迁善而不自知”（《四书章句集注》）。这表明虽然儒家高度重视德治，但也非不用刑法。当然，在儒家思想体系中，法的地位和内涵与法家并不完全相同。儒家的法是工具，是辅助手段，仁才是目标、本体，而且儒家法的范围比法家法的范围大，它既包括我们现代通常意义的法律，也包括礼仪制度、道德规范等。不仅如此，儒家还注意到法与情之间的对立与变通。如《孟子》中提到舜的父亲杀人有罪，他的部下要按照法度办理，孟子认为，舜当然不能干预，但舜也不能亲自操办，大义灭亲，而是为此放弃王位，回避这一事情，倒有点像现在的回避制度。

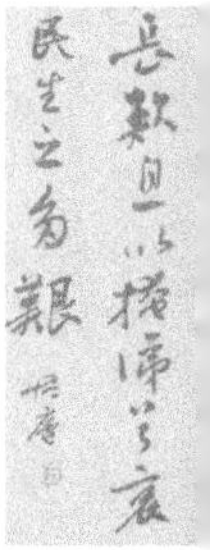

当然无论是法家还是儒家的法治思想都与现代法治思想是有一定的区别的，特别是韩非的思想，是以帝王为出发点的，与现代以民众利益为出发点的现代法治有很大的距离。无论是前期法家，还是后期法家，其最终目的都是一样的：富国强兵，以便在动荡的东周后期得以自保，进而称霸，统一中国。他们认为要实现富国强兵，必须使君主拥有威势和至尊地位，否则，法治及其富国强兵的功利追求就会因缺乏国家强力的支撑而最后落空。因此，法治的最终目的必然是维护国君的权势和至尊地位，使“权制独断于君”。亦因此，法家不遗余力地宣扬国君的至尊地位，并且把维护这种地位作为自己理论的中心。在商鞅看来，君主的命令和国家的法令至高无上，无论是谁，只要违反君令国法，都要受到惩处。要使法令能够顺利推行，就必须尊君，使君主掌握权力并集权于一身。慎到也认为要实行“法治”，就必须尊君。因为，“民一于君，事断于法”是“国之大道也”。也就是说，只有尊君才能使法令统一，才有可能顺利实行“法治”。说到底，法家富国强兵的“国”，是君主一人之国，不是孟子以民为本的“国”，不是人民的“国”。汉朝以后，在中国封建社会中，占统治思想是儒家思想，儒家更强调以德治国，法家依法治国的思想淡化。不过，这并不意味着，古代中国没有法治。实际上，中国封建社会的基本治理模式是儒法结合——“外儒内法”“阳儒阴法”。总体而言，由于儒家的等级思想以及法家本身的出发点的问题，中国古代社会的法治观念并不强，与现代法治社会存在很大的距离。

法律是上层建筑的重要组成部分，也是意识形态的重要内容。社会主义法律具有浓厚社会主义意识形态色彩，中国社会主义核心价值观的法治价值观是中国特色社会主义的重要体现。一方面，中国社会主义法治核心价值观继承了中国古代以法家为主的法治思想，也吸收了西方法治观念的精髓，显示出法治的普遍精神：如法律前面人人平等，以刑去刑等；另一方面，中国社会主义法治核心价值观又有鲜明的特征：它是以人民利益为出发点的法治，与我国封建社会以君王为出发点和资本主义社会的法治有着明显的不同。

3

众所周知，中国是世界上唯一保持五千年文明没有间断的国家。“中国”这一个词的含义经历了一个长期变化的过程。“中国”一词与天下、“大一统”有着密切的联系。中国古代缺乏明确的国家观念，各王朝所持有的是天下观，“溥天之下，莫非王土”，正体现了天下观。尽管“天下”可以泛指全球，但中国古代的天下还是有一个较为稳定的自然疆界。《礼记・王制篇》的四方为：西到葱岭，东抵大海，北至草原大漠，南及海滨，大抵是中华大地的自然疆域，产生于先秦时期的这种看法被历代以正统自居的王朝普遍接受，即便是少数民族入主中原后建立的王朝亦是如此。“大一统”即一统天下，也就是把理想中的国家设计成一个“大一统”模式，天下统一于一个国家，一个君王，这个天下大体就是上文说的地理范围。尽管“中国”的内涵比较复杂，但基本上可归为文化中国和地理中国，前者把继承了中原文化、承认自己是华夏后代、视中原文化为正统、自己是中原文化、政权的基础人的政权都称为“中国”，后者则侧重于地理疆界，即把当时掌握了政权且被视为华夏正统的疆域称为中国，前者相对比较稳定，后者则存在较大变化。“中国”一词在先秦典籍中已经出现，但其含义多不是现在意义的文化中国、国体中国。首先明确将舜及其后人所建夏朝、文王及其后人所建西周称为“中国”的是孟子。春秋战国时期，处于中原地区的诸侯国被视为“中国”，秦统一中国后，西方把“大秦”称为“中国”，“中国”正式成为一个政权国家的名称。两汉六朝时期，汉人强调自己的正统地位，将中原政权作为中国，而不承认北方少数民族的政权为中国——尽管他们也自称是夏的后代。隋唐时代，国家统一，地理中国与文化中国是统一的，而且，唐代特别重视文化在中国的意义。两宋时期，“中国”一词作为国家政权的观念也被广泛应用，不仅两宋政权自称中国，辽夏金等政权也自称中国。元朝尽管是蒙古族入主中原，但也自称中国，而且作为政权的“中国”与国号的“元朝”大体重合。1689 年，清朝在同沙俄签订《中俄尼布楚议界条约》时，正式使用“中国”一词代替“大清”，“中国”与“国号”最终走向了重合，1912 年中华民国成立时，“中国”一词才正式成为具有近代国家意义的国号，“中国”和“国号”最终完成了合二为一的历程。

爱国主义情感，是个人对祖国依赖关系的反映，是基于人们对祖国价值的全面认同而产生的一种肯定性心理倾向，它涉及祖国的一切要素，体现为人们对于自己祖国的整体之爱。一般来说，祖国的要素主要有三方面内容：一是自然要素即国土，指一定区域内的土地、山河、海洋、矿藏、森林、草原等自然资源；二是社会要素即国民，指有共同的经济生活、语言文化、社会心理、历史传统的人民共同体；三是政治要素即国家，指为了维护社会共同体的秩序、安全、主权和稳定而建立起来的阶级统治的工具。相应地，爱国主义情感表现为人们对祖国江河大地、锦绣山川的依恋，表现为对本民族历史文化、风土人情、风俗习惯以及骨肉同胞、祖宗先辈的热爱，更表现为对祖国领土主权、社会制度的维护等，具有自然性、民族性、政治性和阶级性特点。爱国土、爱国民、爱国家这三种情感，相互依存、相互影响地统一为一体。其中，作为一种自然情感，爱国土是爱国主义情感的基本表现；作为一种社会情感，爱国民是爱国主义情感的重要内容；作为一种政治情感，爱国家是爱国主义情感的最高形式，是爱国情感升华为爱国主义情感的根本标志。爱国主义情感，是一个不断由低层次向高层次深化的过程。体现为对祖国的整体之爱的爱国主义情感，经过实践的砥砺和深化，能够升华到一个更高的境界，成为一种更高层次的爱国主义情感，它集中体现为民族自尊心、民族自信心和民族自豪感。

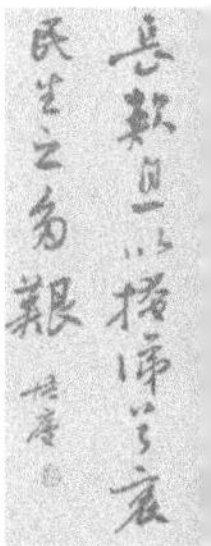

尽管中国古代没有比较系统的爱国主义思想体系，但爱国主义情感无疑是中华民族民族精神的突出体现，它像血液一样流淌在中国人的血脉之中。这种民族精神首先体现在故国、故土、故人的热爱、眷恋上。孔子一生都在为实现自己的政治理想、政治抱负而奋斗，为此，他不得不离开自己的出生地鲁国，周游列国，但孔子并没有忘记鲁国。屈原是中国爱国主义的一面伟大旗帜，其爱国精神也表现在对故国、故土、故人的热爱上。《离骚》是我国古代少有的长篇抒情诗，它既是屈原倾诉衷情、表达理想追求的诗歌，也是一首爱国主义诗篇。“陟升皇之赫戏兮，忽临睨夫旧乡。仆夫悲余马怀兮，蜷局顾而不行。”（太阳冉冉东升一片光明啊，突然间瞥见下面的故乡家园。仆夫悲伤马儿也伤心啊，缩身回头恋恋不肯向前）诗中，屈原驾着由天马拉的车，逍遥于太空，但一看到自己的祖国、故乡，一下子所有的游兴都消失了，黯然神伤，可见他对楚国深深的依恋。“鸟飞返故乡兮，狐死必首丘”，屈原借鸟兽表达了自己对故土的热爱。《橘颂》通过托物言志的手法表达了扎根故土、忠贞不渝的爱国情感人生理想。其次是体现对政权的拥护和勇赴国难的牺牲精神。国家是管理机器，政权是其核心，爱国也表现为对现有政权的拥护以其当政权遇到威胁时自觉承担保卫现政权、保卫国家的责任。屈原的《国殇》是对为国牺牲者的颂歌，陆游、岳飞、辛弃疾、文天祥是我国古代著名的爱国英雄，他们在国家危难之际，挺身而出，抗击侵略者，捍卫民族尊严、维护国家统一，做出了表率。陆游的《示儿》“王师北定中原日，家祭无忘告乃翁”、“嗟哉沮洳场，为我安乐国”，岳飞《满江红》“壮志饥餐胡虏肉，笑谈渴饮匈奴血。待从头、收拾旧山河，朝天阙”，发出了爱国英雄们内心最真实的声音。三是忠君、爱民。在封建社会，君主是最高统治者，也是政权、朝廷的象征，因此爱国行为往往表现为对国君的忠诚。屈原是较早表现忠君思想的爱国诗人，“岂余身之惮殃兮，恐皇舆之败绩”（难道是担心我自己遭受灾难吗？我忧虑的是君王遭到厄运），“指九天以为正兮，夫唯灵修之故也”（我可以对上天发誓，我所做的一切都是为了国君）等诗句突出表现了他的忠君思想。国家的主体是人民，因此爱人民也是爱国思想的重要内容。屈原作为我国第一个爱国主义诗人，他的爱国热情也体现在对人民的爱上。从“长太息以掩涕兮，哀民生之多艰”（发出长长的叹息，满脸泪痕，那是为人民的苦难而感伤）诗句中，我们看到屈原为楚国人民的苦难忧心如焚，“穷年忧黎元，叹息肠内热”则是诗圣杜甫对人民最深沉的爱。

社会主义核心价值观的爱国主义即继承了爱国主义的基本内涵，又赋予了其新的时代意义：拥护祖国统一、拥护社会主义制度、对中华民族传统文化和社会主义文化充满文化自信。

三、链接

1. 独立宣言（选段）

在人类事务发展的过程中，当一个民族必须解除同另一个民族的联系，并按照自然法则和上帝的旨意，以独立平等的身份立于世界列国之林时，出于对人类舆论的尊重，必须把驱使他们独立的原因予以宣布。

我们认为下述真理是不言而喻的：人人生而平等，造物主赋予他们若干不可让与的权利，其中包括生存权、自由权和追求幸福的权利。为了保障这些权利，人们才在他们中间建立政府，而政府的正当权利，则是经被统治者同意授予的。任何形式的政府一旦对这些目标的实现起破坏作用时，人民便有权予以更换或废除，以建立一个新的政府。新政府所依据的原则和组织其权利的方式，务使人民认为唯有这样才最有可能使他们获得安全和幸福。若真要审慎的来说，成立多年的政府是不应当由于无关紧要的和一时的原因而予以更换的。过去的一切经验都说明，任何苦难，只要尚能忍受，人类还是情愿忍受，也不想为申冤而废除他们久已习惯了的政府形式。然而，当始终追求同一目标的一系列滥用职权和强取豪夺的行为表明政府企图把人民置于专制暴政之下时，人民就有权也有义务去推翻这样的政府，并为其未来的安全提供新的保障。这就是这些殖民地过去忍受苦难的经过，也是他们现在不得不改变政府制度的原因。

（选自《美国独立宣言》）

2. 人权宣言

组成国民会议的法兰西人民的代表们，相信对于人权的无知、忽视与轻蔑乃是公共灾祸与政府腐化的唯一原因，乃决定在一个庄严的宣言里，呈现人类自然的、不可让渡的与神圣的权利，以便这个永远呈现于社会所有成员之前的宣言，能不断地向他们提醒他们的权利与义务；以便立法权与行政权的行动，因能随时与所有政治制度的目标两相比较，从而更受尊重；以便公民们今后根据简单而无可争辩的原则所提出的各种要求，总能导向宪法的维护和导向全体的幸福。

因此，国民会议在上帝面前及其庇护之下，承认并且宣布如下的人权和公民权。

第一条　人生来就是而且始终是自由的，在权利方面一律平等。社会差别只能建立在公益基础之上。

第二条　一切政治结合均旨在维护人类自然的和不受时效约束的权利。这些权利是自由、财产、安全与反抗压迫。

第三条　整个主权的本原根本上乃存在于国民。任何团体或任何个人皆不得行使国民所未明白授予的权力。

第四条　自由是指能从事一切无害于他人的行为；因此，每一个人行使其自然权利，只以保证社会上其他成员能享有相同的权利为限制。此等限制只能以法律决定之。

第五条　法律仅有权禁止有害于社会的行为。凡未经法律禁止的行为即不得受到妨碍，而且任何人都不得被强制去从事法律所未要求的行为。

第六条　法律是公意的表达。每一个公民皆有权亲自或由其代表去参与法律的制订。法律对于所有的人，无论是施行保护或是惩罚都是一样的。在法律的眼里一律平等的所有公民皆能按照他们的能力平等地担任一切公共官职、职位与职务，除他们的德行和才能以外不受任何其他差别。

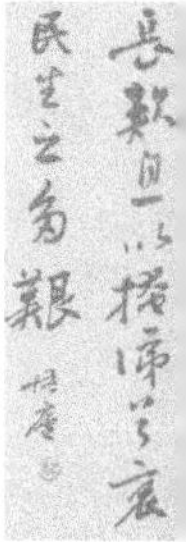

第七条　除非在法律所确定情况下并按照法律所规定的程序，任何人均不受控告、逮捕与拘留。凡请求发布、传送、执行或使人执行任何专断的命令者，皆应受到惩罚；但任何根据法律而被传唤或逮捕的公民则应当立即服从，抗拒即属犯罪。

第八条　法律只应设立确实必要和明显必要的刑罚，而且除非根据在犯法前已经通过并且公布的法律而合法地受到科处，任何人均不应遭受刑罚。

第九条　所有人直到被宣告有罪之前，均应被推定为无罪，而即使判定逮捕系属必要者，一切为羁押人犯身体而不必要的严酷手段，都应当受到法律的严厉制裁。

第十条　任何人不应为其意见甚至其宗教观点而遭到干涉，只要它们的表达没有扰乱法律所建立的公共秩序。

第十一条　自由交流思想与意见乃是人类最为宝贵的权利之一。因此，每一个公民都可以自由地言论、著作与出版，但应在法律规定的情况下对此项自由的滥用承担责任。

第十二条　人权和公民权的保障需要公共的武装力量。这一力量因此是为了全体的福祉而不是为了此种力量的受任人的个人利益而设立的。

第十三条　为了公共武装力量的维持和行政的开支，公共赋税是不可或缺的。赋税应在全体公民之间按其能力平等地分摊。

第十四条　所有公民都有权亲身或由其代表决定公共赋税的必要性，自由地加以批准，知悉其用途，并决定税率、税基、征收方式和期限。

第十五条　社会有权要求一切公务人员报告其行政工作。

第十六条　一切社会，凡权利无保障或分权未确立，均无丝毫宪法之可言。

第十七条　财产是不可侵犯与神圣的权利，除非合法认定的公共需要对它明白地提出要求，同时基于公正和预先补偿的条件，任何人的财产皆不可受到剥夺。

（选自《人和公民权利宣言》）

3. 墨子·尚同(上)

子墨子言曰：古者民始生，未有刑政之时，盖其语人异义。是以一人则一义，二人则二义，十人则十义。其人兹众，其所谓义者亦兹众。是以人是其义，以非人之义，故交相非也。是以内者父子兄弟作怨恶，离散不能相和合；天下之百姓，皆以水火毒药相亏害。至有余力，不能以相劳；腐朽余财，不以相分；隐匿良道，不以相教。天下之乱。若禽兽然。

夫明乎天下之所以乱者，生于无政长，是故选天下之贤可者，立以为天子。天子立，以其力为未足，又选择天下之贤可者，置立之以为三公。天子、三公既以立，以天下为博大，远国异土之民，是非利害之辩，不可一二而明知，故画分万国，立诸侯国君。诸侯国君既已立，以其力为未足，又选择其国之贤可者，置立之以为正长。

正长既已具，天子发政于天下之百姓，言曰："闻善而不善，皆以告其上。上之所是，必皆是之；所非，必皆非之。上有过则规谏之，下有善则傍荐之。上同而不下比者，此上之所赏而下之所誉也。意若闻善而不善，不以告其上；上之所是弗能是，上之所非弗能非；上有过弗规谏，下有善弗傍荐；下比不能上同者，此上之所罚而百姓所毁也。"上以此为赏罚，明察以审信。

是故里长者，里之仁人也。里长发政里之百姓，言曰："闻善而不善，必以告其乡长。乡长之所是，必皆是之；乡长之所非，必皆非之。去若不善言，学乡长之善言；去若不善行，学乡长之善行。"则乡何说以乱哉？察乡之所治者何也？乡长唯能壹同乡之义，是以乡治也。

乡长者，乡之仁人也。乡长发政乡之百姓，言曰："闻善而不善者，必以告国君。国君之所是，必皆是之；国君之所非，必皆非之。去若不善言，学国君之善言；去若不善行，学国君之善行。"则国何说以乱哉？察国之所以治者何也？国君唯能壹同国之义，是以国治也。

国君者，国之仁人也。国君发政国之百姓，言曰："闻善而不善，必以告天子。天子之所是，皆是之；天子之所非，皆非之。去若不善言，学天子之善言；去若不善行，学天子之善行。"则天下何说以乱哉？察天下之所以治者何也？天子唯能壹同天下之义，是以天下治也。

4. 射雕英雄传（选段）

（成吉思汗）忽道："靖儿，我所建大国，历代莫可与比。自国土中心达于诸方极边之地，东南西北皆有一年行程。你说古今英雄，有谁及得上我？"郭靖沉吟片刻，说道："大汗武功之盛，古来无人能及。只是大汗一人威风赫赫，天下却不知积了多少白骨，流了多少孤儿寡妇之泪。"成吉思汗双眉竖起，举起马鞭就要往郭靖头顶劈将下去，但见他凛然不惧地望着自己，马鞭扬在半空却不落下，喝道："你说甚么？"郭靖心想："自今而后，与大汗未必有再见之日，纵然惹他恼怒，心中言语终须说个明白。"当下昂然说道："大汗，你养我教我，逼死我母，这些私人恩怨，此刻也不必说了。我只想问你一句：人死之后，葬在地下，占得多少土地？"成吉思汗一怔，马鞭打个圈儿，道："那也不过这般大小。"郭靖道："是啊，那你杀这么多人，流这么多血，占了这么多国土，到头来又有何用？"成吉思汗默然不语。

郭靖又道："自来英雄而为当世钦仰、后人追慕，必是为民造福、爱护百姓之人。以我之见，杀得人多却未必算是英雄。"成吉思汗道："难道我一生就没做过甚么好事？"郭靖道："好事自然是有，而且也很大，只是你南征西伐，积尸如山，那功罪是非，可就难说得很了。"他生性戆直，心中想到甚么就说甚么。成吉思汗一生自负，此际被他这么一顿数说，竟然难以辩驳，回首前尘，勒马回顾，不禁茫然若失，过了半晌，哇的一声，一大口鲜血喷在地下。

（选自金庸:《射雕英雄传》）

5. 习近平2014年2月24日在中央政治局第十三次集体学习时的讲话

培育和弘扬社会主义核心价值观必须立足中华优秀传统文化。牢固的核心价值观，都有其固有的根本。抛弃传统、丢掉根本，就等于割断了自己的精神命脉。博大精深的中华优秀传统文化是我们在世界文化激荡中站稳脚跟的根基。中华文化源远流长，积淀着中华民族最深层的精神追求，代表着中华民族独特的精神标识，为中华民族生生不息、发展壮大提供了丰厚滋养。中华传统美德是中华文化精髓，蕴含着丰富的思想道德资源。不忘本来才能开辟未来，善于继承才能更好创新。对历史文化特别是先人传承下来的价值理念和道德规范，要坚持古为今用、推陈出新，有鉴别地加以对待，有扬弃地予以继承，努力用中华民族创造的一切精神财富来以文化人、以文育人。要讲清楚中华优秀传统文化的历史渊源、发展脉络、基本走向，讲清楚中华文化的独特创造、价值理念、鲜明特色，增强文化自信和价值观自信。要认真汲取中华优秀传统文化的思想精华和道德精髓，大力弘扬以爱国主义为核心的民族精神和以改革创新为核心的时代精神，深入挖掘和阐发中华优秀传统文化讲仁爱、重民本、守诚信、崇正义、尚和合、求大同的时代价值，使中华优秀传统文化成为涵养社会主义核心价值观的重要源泉。要处理好继承和创造性发展的关系，重点做好创造性转化和创新性发展。

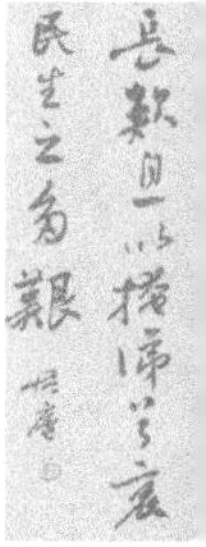

6. 中华人民共和国宪法第五条

中华人民共和国实行依法治国，建设社会主义法治国家。

国家维护社会主义法制的统一和尊严。

一切法律、行政法规和地方性法规都不得同宪法相抵触。

一切国家机关和武装力量、各政党和各社会团体、各企业事业组织都必须遵守宪法和法律。一切违反宪法和法律的行为，必须予以追究。

任何组织或者个人都不得有超越宪法和法律的特权。

7. 法律前面人人平等

——毛泽东复雷经天的信

雷经天同志：

你的及黄克功的信均收阅。黄克功过去斗争历史是光荣的，今天处以极刑，我及党中央的同志都是为之惋惜的。但他犯了不容赦免的大罪，以一个共产党员红军干部而有如此卑鄙的、残忍的、失掉党的立场的、失掉革命立场的、失掉人的立场的行为，如为赦免，便无以教育党，无以教育红军，无以教育革命者，并无以教育做一个普通的人。因此中央与军委便不得不根据他的罪恶行为，根据党与红军的纪律，处他以极刑。正因为黄克功不同于一个普通人，正因为他是一个多年的共产党员，是一个多年的红军，所以不能不这样办。共产党与红军，对于自己的党员与红军成员不能不执行比一般平民更加严格的纪律。当此国家危机革命紧张之时，黄克功卑鄙无耻残忍自私至如此程度，他之处死，是他的自己行为决定的。一切共产党员，一切红军指战员，一切革命分子，都要以黄克功为前车之鉴。请你在公审会上，当着黄克功及到会群众，除宣布法庭判决外，并宣布我这封信。对刘茜同志之家属，应给以安慰与抚恤。

毛泽东

一九三七年十月十日

（注：黄克功为抗日军政大学第六队队长，年仅26岁，是走过长征身经百战的红军老战士了。1937年9月5日，因为恋人陕北公学女生刘茜提出分手，他在强行逼婚不成的情况下，竟然开枪打死了刘茜。）（上二文节选自丁晓平《光荣梦想：毛泽东人生七日谈》）

8. 试论中华民族整体观念的形成与发展

刘正寅

中华民族作为一个有着密切内在联系的统一整体，是在历史的长河中逐渐形成的，并在中国各民族共同发展中不断地发展与巩固。反映在意识形态上，中华民族整体观念也有一个形成与发展的过程，它是中国古代大一统思想体系中的重要组成部分，是中华民族文化的重要内容。萌芽于夏、商、西周的大一统思想，经春秋战国时期的丰富与发展，随着秦汉统一的多民族国家的建立而完善、确立，表现在认识和处理民族关系上就是“华夷一统”。经过两汉四百年的统一，大一统思想根深蒂固，汉族与非汉族、内地与边疆民族地区发展成为不可分割的统一整体，形成了“华夷一体”的观念。东汉以后，匈奴、鲜卑、羯、氐、羌等边疆民族大规模内迁，大一统思想为内迁各少数民族所接受，增强了各民族在政治、文化上的认同性。以后经过魏晋南北朝民族大融合，中华各民族间的内在联系与密不可分的整体性得到进一步加强。隋唐的空前统一与强盛，促进了各民族的交流与融合；辽、西夏、金的汉化与认同，加强了中华民族文化的内在统一，发展了“华夷一体”“共为中华”的思想，使中华民族整体观念得到强化和发展。经过元、明、清的进一步发展，大一统思想和中华民族整体观念深入人心，并在近代全国各族人民反帝反封建的民族解放斗争中得到升华，成为凝聚各族人民的重要的精神力量。

一

中华民族整体观念的起源可追溯至三代。史前史研究表明，中华民族还在其起源时代即表现出交流与统一的趋势。处在文明前夜的尧舜禹时代，黄河中下游地区已经发展成为一个文明程度高于四方的具有一定凝聚力的核心。夏启废“禅让”而“家天下”，建立起高于部落联盟的原始政治机构。殷商甲骨卜辞及文献记录已反映出萌芽状态中的一统“天下”的思想。在文献中，商又被称作“中商”“大邑商”，又称“土中”或“中土”，而四方诸侯称东土、南土、西土、北土，反映了商在当时认识所及的范围内具有突出的核心地位。至西周，这种萌芽期的一统思想得到进一步的发展，其在现实社会中的体现就是：“溥天之下，莫非王土，率土之滨，莫非王臣。”而“天下”就是当时的“四方”或“万邦”。天下一统思想反映在民族问题上即是华夷一统。周人虽起于戎狄间，但自称夏人。迨其克商以后，奄有夏商之地，统一了黄河中下游东西两大文化区，促进了部族间的融合与文化的交流，在原夏人、商人、周人的基础上，吸收其他部族集团的成分，形成了华夏民族的雏形，政治、经济、文化各方面更趋统一。

经过西周的发展，形成中的华夏民族共同体逐渐巩固，享有较高的礼乐文明，经济文化诸方面优越于非华夏民族。西周晚期至春秋时期，非华夏各族内徙，尤其是北方与西北各族，纷纷迁入黄河中下游，在中原造成了各族交结杂处的局面。异族的进攻无疑加强了华夏民族的认同感，民族意识空前高涨。同时华夏民族也感受到了异族文明给华夏礼乐文明所带来的严重危机。然而，此时周室衰微，“礼崩乐坏”，天子地位一落千丈，只在名义上保持着“天下宗主”的地位，再无力号令诸侯。面对这种形势，齐桓公首倡“尊王攘夷”，打着周天子的旗帜号令诸侯，“霸诸侯，一匡天下”。“尊王攘夷”的重点似乎不在“攘夷”而在“尊王”，实质是以“尊王”之名行称霸之实。步齐之后，晋、楚等诸侯大国相继争霸，但“攘夷”的色彩逐渐淡化。而在武力上威胁华夏诸侯的异族，如南方的楚、吴、越，西北的戎、狄和秦，虽然政治上逐渐强大，但在文化上却被享有较高文明的华夏所融合。

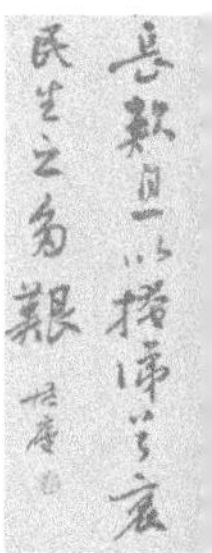

春秋时期强调“夏夷之辨”，然而区分夏夷的最高标准却是文化，即以是否行华夏礼乐文明亦即是否合乎周礼来辨别华夷。孔子作《春秋》，主张大一统，强调在大一统下明“华夷之辨”。孔子崇尚周文化，认为周礼优越于其他文明，因而强调“裔不谋夏，夷不乱华”。孔子夏夷的区分即是以文化作为最高标准。这个作为最高标准的文化，不但包括语言、风俗、经济等基本要素，而且更包括了周礼这种更深层次的文化内涵。孔子又主张夏夷可变，夷用夏礼，即夷的行为符合周的礼乐文明，夷则进而为夏，夏用夷礼，则退而为夷。楚庄王问鼎中原，被视为“非礼”，而至晋楚之战，《春秋》却礼楚而夷晋。春秋诸家中，以孔子为代表的儒家“夏夷之辨”最为明确，然而儒家思想在明“夏夷之辨”的同时，从不排斥异族。孔子说：“远人不服，则修文德以来之，既来之，则安之。”又说：“夷狄之有君，不如诸夏之无也。”孔子相信夷狄也是可以教化的，亦即夷狄可以进为华夏。他在《春秋》中对夷夏都是同等胪叙，即“中国外夷，同年共世，备载其事，形于目前”。儒家的夏夷观以礼乐为标准，实际是要一统于礼乐文明为核心的周礼，是大一统思想在华夷关系上的反映。经过春秋战国时期的民族融合与文化交流，在春秋时期被称为夷狄的许多民族融于华夏，至战国时期最后形成了一个稳定的古代民族共同体———华夏族。民族的融合与地区性的统一，为以华夏族为核心的大一统的出现奠定了基础。进入战国以后，旧的夷狄已成华夏，夷狄的概念包含了新的内容；周室沦为大国的附庸，一统于周的观念已成过去。于是思想家们纷纷探讨政治统一、华夷一统等当时亟待解答的问题，陆续出现了一些反映大一统理想制度的著作及学说。其中《礼记·礼运》更首倡“天下为公”的大同学说，成为大一统理想的极致。诸子百家中最讲究华夷之辨的儒家，到战国时期形成了孟、荀两个主要派别。孟子、荀子所处的是一个周室为附庸、“夷狄进于爵”的新时代，王无可尊而夷已变为夏，各大国再不去谋霸业，而是直接称王。但这种各自称王不是为了分裂而是为了更进一步的统一,天下渴望统一,而强国在谋求建立新的一统。这种形势已完全不同于实不一统而尚可"文一统"的春秋时代。置身于此的孟、荀等思想家也就不再如孔子那样赞誉齐桓公的"尊王攘夷""霸天下",而积极主张大国"王"天下,认为齐、晋、楚、越皆可以"王"而不必"尊王"于周。这是荀、孟对新形势下一统理论的丰富与发展。一统理论具体到华夷关系上,孟子承认华夷在起源上的不可分离,古之圣贤如舜和周文王也具有夷的血统,"舜生于诸冯,迁于负夏,卒于鸣条,东夷之人也;文王生于岐周,卒于毕郢,西夷之人也"。在处理华夷问题上,孟子虽不排斥夷狄,但又不完全同于孔子。孟子说:"吾闻用夏变夷者,未闻变于夷者也。"孔子认为夷夏可以互变,但孟子只同意以夏变夷,以华夏文明教化落后的夷狄。这主要大概是由于时代不同造成的。孔子所处的春秋时代,夏夷都还处在形成之中,相对并不稳定,正所谓"居夏而夏,居楚而楚",夷夏相差不大,故是否合乎周礼成为二者区分的最高标准。孟子处于战国时代,夏夷的概念已不同于前,旧的夷狄已与夏融合成一个稳定的民族共同体,新的夷狄居于周边地区,"非先王之道",与华夏存在着很大的差别。这时的民族的概念也已清晰、稳定,周室式微,统无所尊,再不可能以是否合乎周礼来区分夷夏。当时各国并立,统一还只在理想之中,未来只能一统于华夏而不可一统于较落后的夷狄,故在华夷关系上,孟子强调"用夏变夷"而反对夏"变于夷"。荀子是战国末年的大儒,在继承儒学的同时又批判地吸收了诸子百家的思想。荀子所处的时代,整体统一的大趋势较孟子时代更加明朗,而华夷一统观念也正处于酝酿形成之中。荀子讲礼治,政治思想方面更侧重于"一天下"。荀子说:"彼王者之制也,视形势而制械用,称远迩而等贡献,岂必齐哉! … …故诸夏之国,同服同仪,蛮夷戎狄之国,同服不同制,封内甸服,封外侯服,侯卫宾服,蛮夷要服,戎狄荒服。甸服者祭,侯服者祀,宾服者享,要服者贡,荒服者终王。日祭月祀,时享岁贡,夫是之谓视形势而制械用,称远迩而等贡献,是王者之至也。"秦统一中国,一统由理想变为现实。汉承秦制,实际是秦一统制度的延续与发展。秦汉是中国多民族统一国家的形成与发展时期。经夏商周的发展而最后形成于春秋战国时期的华夏民族,进一步吸收边疆民族成分,在这一时期发展成为一个新的人数更加众多的稳定的民族共同体——汉族。她以空前繁荣的经济文化、众多的人口和广大的地域成为中华民族的主体及凝聚的核心。秦汉的统一与边疆开发,奠定了我国疆域的基础,创造了各民族共为一体的"华夷一统"的现实,促进了多民族国家内部政治、经济、文化、风俗、伦理等各方面的进一步统一,边疆与内地、"中国"与"四夷"一统的观念得到加强。《礼记·曲礼》曰:"君天下为天子。"郑玄笺曰:"天下,谓外及四海也。今汉于蛮夷称天子,于王侯称皇帝。"这种国家元首称号的含义充分体现了华夷的大统一。

汉武帝"罢黜百家,独尊儒术",完成了思想上的统一;而公羊学说以其"大一统"理论尤受重视。公羊学倡"三世"说,以"大一统"为宗旨,将《春秋》所记 242 年的历史分为三个阶段,即所传闻世、所闻世、所见世,以所传闻世比乱世,"内其国而外诸夏";以所闻世比升平世,"内诸夏而外夷狄";以所见世比太平世,"夷狄进至于爵,天下大小若一"。其太平世"王者无外",与大同说合,是理想的"大一统"。公羊学说产生于战国末年而盛于西汉,实际里面包含着汉儒对"大一统"思想的发展。董仲舒是汉前期著名的公羊学大师。他把战国以来各家学说以及儒家各派在孔子名义下、在春秋公羊学名义下统一起来，使儒学成为“霸王道杂之”、合于汉家制度的学说；进一步阐发了公羊学说的大一统思想，建立了一整套适应专制主义中央集权体制发展需要的天人合一的政治理论，从而使大一统发展成为一种先天合理、不可逆转的永恒法则。秦汉空前统一的政治格局的实现为人们提供了对大一统理论进行思考、总结和提高的现实基础，从而使大一统思想在这一时期进一步完善，构成一个完整体系，并最终确立下来。而其表现于民族关系上的“华夷一统”思想也在各民族大统一的现实中得到充分的发展，形成“华夷一体”的观念。人们不再单纯从理论上进行探索，而是立足于已建立的统一国家的现实，从政治、经济、文化各个方面来认识华夷关系，将华夷看作一个有机的整体，使“华夷一统”思想发展成为“华夷一体”观念。

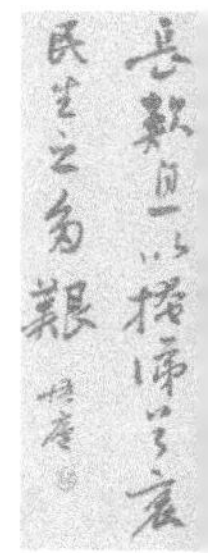

经过两汉四百年的统一，大一统思想和中华整体观念已经根植于人们的内心深处，成为牢固不可动摇的信念。东汉后期，豪强并起，地方割据，但仍然保持着精神上的统一。三国鼎立，自王侯至庶民都明确意识到国家处于分裂状态。人们意识到分裂，恰恰就说明了精神上仍保持着统一。分裂是暂时的、非常的，而统一是永恒的、正常的。意识到目前的分裂，便渴望将来的统一。曹魏“挟天子以令诸侯”，蜀汉以汉室皇胄相号召，孙吴则固守江东而待机。无论扯着什么旗帜，他们都抱定着“统一天下”这个共同的最终目的而进行着不懈的努力。正是这种大一统思想和三国各自实际上完成的局部统一，奠定了以后西晋的大统一。

二

东汉末年，随着政治的日益腐败，统一的多民族的大帝国陷入分裂割据状态。经历了三国鼎立之后，曾出现了西晋的短暂统一，然而不久这种统一就被更加严重的混乱与割据所代替。自东汉以来，匈奴、鲜卑、羯、氐、羌等边疆民族大规模内迁，在北方地区形成了各族杂居的局面。晋“八王”之乱，各族乘机掀起大规模的反晋战争，迫使晋室东移江左，史称东晋；而在广大的北方地区进入“五胡十六国”混战、割据时期。大一统政治不复存在，政权割据与各族混战的现实，使正统之争和“华夷之辨”突出，成为中国这个多民族国家在分裂时期的思想特点。

“正统”，在这里是一个政治的概念，它源于《公羊传》“君子居大正”“王者大一统”，简称“正统”。何休《解诂》注“居正”之义说：“明修守正最计之要者。”又注“大一统”说：“统者，始也。……莫不一一系于正月，故云政教之始。”大一统思想特别强调“统”的重要，认为“统”正则一切皆正。统一天下、一脉相承的政权被称为正统；反之则被斥为“闰统”或“僭窃”。大一统思想确立于汉。按照这种理论，汉为尧后，历虞、夏、商、周，而又复归于作为尧后的刘汉；汉是“继尧运”而建帝业，因而是无可争辩的正统王朝。东汉以后，统一的帝国分裂，“大一统”现实已不复存在，而大一统的思想却已成为人们根深蒂固的信念。现实非一统而理念上一统，于是便强调正统，以正统代大一统，即《公羊传》所谓“实不一统而文一统”，保持精神上的“大一统”。正统政权在精神上就成为天下一统之所在，即天下一统于这个被尊为正统的政权。按照“大一统”理论，“华”“夷”是可变换的，而区别“华”“夷”的最高标准是文化。这个作为标准的文化在当时就是以儒家思想为主体的汉文化。符合这个文化规范的是“华夏”,不符合这个文化规范的是“夷狄”;“夷狄”可进而为“华夏”,“华夏”亦可能退而为“夷狄”。因此大一统思想很容易为陆续内迁的少数民族所接受,并用来作为自己的政治思想武器。在大一统思想的指导下,入主中原的各少数民族一边自称为华夏先王之后,在族源上与汉族认同,一边主动接受汉族文化,在境内努力推行汉化政策,在文化上以中华自居,并加入了正统之争。

首先加入进来的是匈奴贵族刘渊的汉国政权。刘渊,字元海,原为晋匈奴左部都尉,后称汉王,自承汉室正统。刘渊认为“帝王”无常,非华夏所专有,援大禹、文王为依据;又强调实力在得天下中的作用,以为自己实力足可“王天下”。不过他很注重策略,根据“汉有天下世长,恩德结于人心”的实际情况,利用历史上匈奴与汉的甥舅关系,以汉为国号,上接汉统,以此来标榜自己政权的正统性,企图在精神上也压倒南方的晋朝。氐人苻洪称“其先盖有扈之苗裔”,据关中而称帝,都长安,建号秦,亦以华夏正统自居。苻坚继立后,实行了一系列改革措施,一时称治,国内殷实,并在不长的时间内完成了对北方的统一。苻坚自称“朕方混六合为一家,视夷狄为赤子”,俨然一派中华天子的架势。但江左偏安着一个实力弱小而在精神上居于优势的晋朝,毕竟让这位统一了大半个中国、自称华夏正统的氐人皇帝有些心虚。苻坚认为“不建大同之业”,“天下何由一轨”?遂下诏伐晋。不料淝水之败,其国大乱。不仅是统一了北方的苻坚,就连僻居西北的匈奴贵族赫连勃勃也要来争这个正统。他自称是“大禹之后”,“今将应运而兴复大禹之业”,称大夏天王,建立大夏国。为都城取名“统万”,他说:“朕方统一天下,君临万邦,可以统万为名。”同年,又下诏改姓赫连,其曰:“帝王者系天为子,是为徽赫实为天连,今改姓曰赫连氏,庶协皇天之意,永享无疆大庆。系天之尊,不可令支庶同之,其非正统,皆以铁伐为氏。”赫连勃勃企图“兴复大禹之业”,但无统一天下的实力,只好用玩弄文字游戏的方式来满足其“统一”天下的虚荣,过一把“正统”的瘾。

4 世纪末,鲜卑拓跋氏建北魏,将北方民族的融合与汉化推向一个更深的层次。北魏以汉魏正统的继承者自居,重用汉族士人,依靠鲜卑族的武力和汉族的文化,完成了对广大北方地区的统一,结束了“五胡十六国”的混战局面。中国进入南北朝对峙时期,开始由分裂向统一转变。魏晋南北朝是中国历史上的大分裂、大动乱时期,也是民族大迁徙、大融合时期。这种大迁徙、大融合,促进了各民族间政治、经济、文化等各个方面的交流和发展,进一步加强了中华各民族间的内在的联系与密不可分的整体性。边疆各民族,特别是入居中原后的各族,通过与文化水平较高的汉族的接触、交流乃至融合,文化程度不断提高,建立了许多与南方汉族政权相并立的政权,并在汉族士人的协助下,以建大一统之功为己任,展开兼并、统一战争,使北方地区走向统一。在政治上逐渐由割据走向统一的同时,文化不断提高,特别是北魏的汉化,使南北文化差异逐渐消失。这些为后来隋的统一奠定了政治的和文化的基础。

公元 581 年北周权臣杨坚取代北周建立隋朝,是为隋文帝。隋朝统治集团出于北周宇文氏所建立的由鲜卑和汉族相杂而成的关陇集团,而这个关陇集团与北方其他政治集团一样，都是魏晋南北朝以来民族大融合的产物。隋文帝长期生活在鲜卑族中间，在思想文化上都很容易理解、接受少数民族。他建立隋朝，所倚重的也基本上是这类与鲜卑有密切关系的汉人和汉化的鲜卑人，所以在隋的政治思想上很自然地包含了“华夷同重”的观念。隋文帝是一个对时局有清醒认识并能够顺应发展的有为帝王。他的文化背景和生活阅历决定了他既以华夏正统自居，而又能实行比较正确的民族政策。唐承隋制，不但巩固了前朝的统一，而且有所开拓与发展。唐朝皇室祖上长期生活在民族大融合的北朝，世代在北族政权中为官，并与鲜卑族有着密切的血缘关系，这些都决定了唐初统治者在少数民族问题上表现出非常开明、较少歧视的进步的民族观。唐太宗对于边疆民族问题，坚持“中国既安，远人自服”的民族怀柔原则，不急于边功。在政治巩固、经济繁荣、实力增强后，谨慎从事，以实力为后盾而不依赖武力，执行的仍然是以怀柔和羁縻为主旨的民族政策，终于造成了唐前期“四夷宾服”的空前统一的局面。唐太宗的后继者们如武则天、唐玄宗，都是有作为的帝王兼政治家，他们基本上是沿着唐太宗的民族思想和政策而有所发展和补充，进一步促进了大一统政治下的各民族的交流与融合，出现了“绝域君长皆来朝贡，九夷重译相望于道”的壮观场面。唐帝国空前统一，“前王不辟之土悉请衣冠，前史不载之乡并为郡县”，正是各族人民共同创造了大唐盛世的无限辉煌。隋唐是大一统实现的时代，多民族的中央集权的大一统国家的建立，使“华夷一体”的思想得到充分发展。

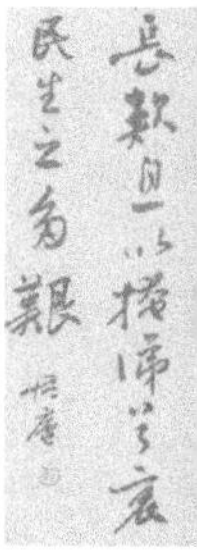

宋朝国力较弱，常为强敌压境，根本不可能建立大一统的政治。但宋据中原，是华夏文化的承继者，文化远比辽、夏及后来的金发达。因此，宋以华夏正统自居。现实不能统一，宋朝野遂在思想上展开一统的探讨。《春秋》大义，尤重“大一统”，宋儒们纷纷钻研，希望能够从中找到实现“一统”的灵丹妙药，于是“春秋学”一时大盛于宋朝。政权的分裂是暂时的，而国家的统一则是必然的；暂时不能实现一统，则以“正统”代一统。与此同时，统治北方的辽、金等非汉族政权亦以中华正统自居，积极推行汉化政策，促进了中华民族文化的内在统一。辽的兴起，正值唐末五代中原动乱时期。辽在与中原文化的冲突和交融中发展、壮大，社会、经济、政治、文化不断发生变化，发展的总趋势是缩小了与中原的差距，乃至最后形成民族间的融合，逐渐形成了一种“以汉文化为核心又带有契丹民族特色和时代特色的辽文化”。为了进一步与汉文化认同，以与中原的宋朝争正统，辽朝君臣还在族源等方面制造舆论。辽朝君臣自称契丹本是炎黄之后，同属华夏一脉。辽代史学家耶律俨，主纂辽国史《皇朝实录》，“称辽为轩辕后”。以《皇朝实录》为蓝本编纂而成的今本《辽史》则以为“辽之先，出自炎帝”。辽朝认同中华，将当时的辽宋并立局面比作南北朝，辽自称“北朝”，称宋为“南朝”。

金初起时尚处于原始社会末期，在灭辽亡宋过程中逐渐接受辽文化与汉文化，仿辽制与汉制建立王朝统治体系。金在南下过程中，将大批俘获的汉人迁往东北，而与此同时，随着辽和北宋的相继灭亡，金的统治区域空前扩大，又有大批女真人迁出故地，散居契丹、汉人地区。这种民族间的迁徙、杂处，促进了民族的融合与文化的交流。在这种交流中，汉族与已基本汉化的契丹族吸收了女真族的文化，但更主要的是文化相对落后的女真族接受汉文化影响，逐渐形成了以汉文化为核心的金文化。入主中原的金朝在接受汉文化，推行汉法的同时，很自然地以中华正统自居。金熙宗为了显示正统，开始尊孔崇儒，封孔子后人为衍圣公。世宗、章宗亦大力尊孔崇儒，章宗下诏各州县建孔庙，避孔子名讳。为认同华夏，金朝祭三皇、五帝，又以阴阳五行说推德运。强盛的金朝自然不会满足于这种字面的正统，主张武力统一南宋的海陵王完颜亮即明确表示："自古帝王混一天下，然后可以为正统。"他挥师南下，企图一举灭亡南宋，实现其"混一天下"的大一统理想，并题诗来抒发其海内一统的大志："万里车书已混同，江南岂有大封疆，提兵百万西湖侧，立马吴山第一峰。"后为部将杀死，统一江南的事业才宣告失败。

辽、西夏、金的汉化与认同，促进了中华民族文化的内在统一，发展了"华夷一体""共为中华"的思想，使中华整体观念得到强化和发展。

三

元朝是中国少数民族建立的第一个全国性的中央政权，它所实现的空前统一，结束了自唐末以来的分裂局面，推动了多民族统一国家的巩固和发展，促进了中华整体观念的加强。以忽必烈为代表的元朝统治者受汉文化影响，在建立政权一统的同时，还建立文化思想方面的统一，实现真正的"大一统"。1260 年忽必烈在即位的次月，即以《即位诏》颁行天下："朕惟祖宗肇造区宇，奄有四方，武功迭兴，文治多缺……祖述变通，正在今日。"明确宣布新政权参用中原王朝的传统体制以改变"文治多缺"局面的决心。次月，即采用中原王朝建元之制，建元中统，诏告天下："朕获缵旧服，载扩丕图，稽列圣之洪规，讲前代之定制。建元表岁，示人君万世之传；纪时书王，见天下一家之义。法《春秋》之正始，体大《易》之乾元。"更明确强调新政权作为皇朝的正统地位。1271 年忽必烈改国号为大元，诏告天下说："诞膺景命，奄四海以宅尊；必有美名，绍百王而纪统。……可建国号曰大元，盖取《易经》'乾元'之义。"忽必烈据汉文化经典而改建国号，进一步表明他所统治的国家，已经不再单是蒙古民族的国家，而是大一统思想支配下的中原封建王朝的继续。元王朝巩固并扩大了中国历史上的边疆，加强了版图内的统治和管理，统一的大帝国的实现，结束了民族间的对立，突破了民族间的政治界线，将各民族置于一个大熔炉中，促进了民族文化交流与民族融合。

在元末农民大起义中崛起的明朝政权是汉族地主阶级的代表，在其倒元时期，为了争取到广大汉族的支持，遂高举起民族反抗的大旗，以"华夷之辨"作为号召反元的思想工具，提出了"驱逐胡虏，恢复中华"的口号。随着时局的转化，元朝败亡已成定局，明朝对元朝的调子就发生了明显的变化，朱元璋所扮演的角色也就由反元的民族英雄，一转而成为代元而有天下的"新主"。朱元璋在明军攻克元都大都之前即告诫诸将说："昔元起沙漠，其祖宗有德，天命入主中国，将及百年。今子孙台荒，罔恤民艰，天厌弃之。君则有罪，民复何辜！"因而命诸将所到之处，"必使市不易肆，民安其居，凡元之宗戚，皆善待之"。当明朝推翻了元朝的统治之后，王朝的正统性成为朱明王朝最为关心的问题，于是便反复强调元朝的正统性："天生元朝，太祖之孙以仁德著称，为世祖皇帝，混一天下，九蛮八夷，海外番国，归于统一。其恩德孰不思慕，号令孰不畏惧，是时四方无虞，民康物阜。"元朝是"受天明命"的正统王朝，朱明继之，自然也就是正统了。明王朝也不再强调"华夷之辨"

了，而是一变而称“华夷一家”，声言“天下守土之臣，皆朝廷命吏，人民皆朝廷赤子”，又强调说：“朕既为天下主，华夷无间，姓氏虽异，抚字如一。”明成祖更加以发挥，宣称：“华夷本一家，朕奉天命为天子，天之所覆，地之所载，皆朕赤子，岂有彼此？”“夫天下一统，华夷一家，何有彼此之间？”这固然是明朝统治者出于对多民族统一国家统治的政治需要，但更重要的是，它充分说明，经过辽、宋、夏、金时期的民族融合与文化认同，又经过元朝大一统的这个民族大熔炉的锻炼，中华整体观念已深入人心。

清朝，仿明朝政体，改革制度，颁布法律。为了树立正统王朝的形象，清廷大力提倡尊孔崇儒。顺治帝进驻北京后，即遣官祭祀孔子，并奉孔子为“大成至圣文宣先师”；又立太学；行科举，使八旗子弟习读经书，提倡程朱理学，积极在满族贵族间推行儒学，以表示清廷对汉文化的尊重与继承。继顺治而立的康熙帝更是对理学大加提倡，推崇朱熹为“绪千百年绝传之学，开愚蒙而立亿万世一定之规”，使程朱理学成为清朝官方学术。

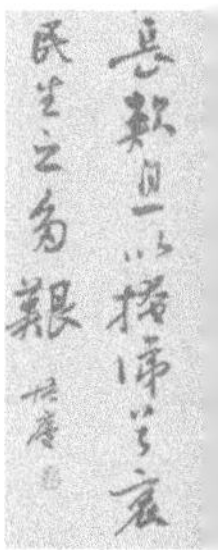

清朝因由满族所建，就必须正视“华夷之分”思想的挑战，从理论上破除“大一统”思想中的“尊王攘夷”观念。康熙帝强调理学的君臣、父子，以君臣关系驳斥“华夷之辨”。而至雍正帝，则更亲撰长文，系统阐发自己的大一统理论，编辑成《大义觉迷录》一书。雍正帝首先提出“有德者可得天下大统”的观点，认为不论何地何人何种族，都有君临天下的合法资格；强调清朝的统治是应受天命，不容毁谤，“夫天地以仁爱为心，以覆载无私为量，是以德在内近者则大统集于内近，德在外远者则大统集于外远。……上天厌弃内地无有德者，方眷命我外夷为内地主”。明确指出以“华夷之分”观念对抗清朝，就是逆天行为，罪大恶极。虽然雍正帝也不完全否认“华夷之别”，但他强调夷狄问题的历史性、可变性，强调“夷狄”可进而为“中国”，由此进一步指出，在清朝“大一统”政治下，再无华夷之别、内外之分。雍正帝认为，这时的所谓华夷，只是地域的不同，“本朝之为满洲，犹中国之有籍贯”。“我朝肇基东海之滨，统一诸国，君临天下，所承之统，尧舜以来中外一家之统也；所用之人，大小文武中外一家之人也；所行之政，礼乐征伐中外一家之政也。内而直隶各省臣民，外而蒙古极边诸部落……孟子曰：‘舜，东夷之人也；文王，西夷之人也。’舜，古之帝圣帝，孟子以为夷；文王，周室受命之祖，孟子为周之臣子，亦以文王夷，然则‘夷’之字样，不过方域之名，自古圣贤不以为讳也……夫满汉名色，犹直隶之各有籍贯，并非中外之分别也。”强调中外一家，否定民族间的差别与歧视。雍正又对《春秋》之义重加解释，认为《春秋》大义在扶纲常、定名分，故曰“孔子成《春秋》而乱臣贼子惧”。这样就抽去了“大一统”中“华夷之辨”的内容，改造为四海之内共尊一君的君主专制大一统观念，从根本上否认了“尊王攘夷”思想。继雍正而立的乾隆皇帝，在其父祖理论宣传的基础上，又考察了历代政权的正统性，提出了一套正统论思想。乾隆在论述《春秋》“大一统”时，将“尊王攘夷”篡改为“尊王黜霸”。而在正统问题上，则推尊“大一统”政权，凡“大一统”政权，无论何种民族建立，何种方式建立，都被视为正统。这种观点对以往各类正统论有改造，有融会，有吸收，并且不抛弃“《春秋》大义、《纲目》大法”的旗帜，其理论特点在于全面剔除传统正统论中的民族偏见成分，形成以推重“大一统”政权为核心、以政权承继关系为主线、取消华夷之别为特征的正统论，并将其贯彻于历史评断之中，使之更有利于清廷的政治统治和思想控制。清朝前期诸帝的“大一统”思想，特别是雍正、乾隆二帝的理论，是处于上升阶段的清王朝随着政治局势的发展变化逐渐形成的，同时对清朝政治产生了很大影响。清初诸帝皆以天下之主自居，不能容忍任何形式、任何程度的分裂割据出现，从而加强了对边疆地区的经营管理，在清朝前期空前地巩固了中国的统一。清起于东北边疆，还在入关前就已统一漠南蒙古，而漠北外藩蒙古喀尔喀诸部也向清进九白之贡，与西蒙古卫拉特诸部同为清的“朝贡之国”。1635 年蒙古各部贝勒与满洲诸贝勒共为皇太极上皇帝尊号，次年满洲诸贝勒、蒙古八固山厄真、外藩蒙古诸贝勒、汉军都元帅、总兵官及文武大臣共上尊号“宽温仁皇帝”（蒙语尊号为博克达彻辰汗）。清入关后，即以宗主视天下，多次表示：“朕统御宇内，率土生民，皆朕赤子。一夫失所，朕心悯焉，虽穷乡异域之民，亦必抚养，俾以安和，各得其所。”密切关注边疆事务、励精图治，苦心经营。完成了对边疆地区的统一，建立起空前巩固、空前统一的大帝国，奠定了近代中国领土疆域的基础。

经过长期的民族融合与文化交流，中华各族逐渐发展成为一个完整的不可分割的统一整体。近代以来，随着外国列强的入侵，造成中国边疆危机、民族危机，中华民族处在最危急的时刻，中国各族人民团结一致，共御外侮，掀起救亡图存运动。在反帝反封建的血与火的斗争中，中华各民族作为帝国主义侵略势力的对立者，其整体性更加突出，各族人民由自发联合走向自觉联合，中华民族由一个自在的整体升华为一个自觉的整体。在中国共产党的领导下，中华民族取得了民族民主革命的彻底胜利，实现了民族平等与民族团结。中华民族整体观念深入人心，升华为凝聚各族人民的强大的精神力量。

（选自《民族研究》2000 年第 6 期）

艺 术 编

文 学 篇

第一章 诗 歌

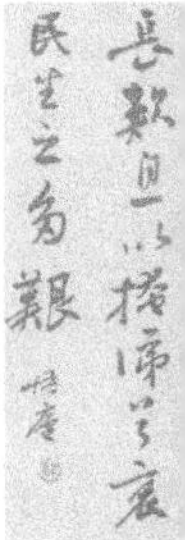

一、概述

中国，一个诗歌的国度。诗歌在中国源远流长，绵延数千年，取得了光辉灿烂的成就，是中国文学史上的一颗璀璨的明珠。中国的诗歌产生于文字发明之前，它是在人们的劳动、歌舞中渐渐形成和发展起来的。

早在西周至春秋时代，我国诗歌就已经产生了大批辉煌篇章，其标志是我国第一部诗歌总集《诗经》的出现。《诗经》收录诗歌 305 篇，分“风”“雅”“颂”三部分，都是可以配乐演唱的。这些乐歌题材十分广泛，从各个方面反映了那个历史时期的社会生活、社会各阶层的精神风貌及各地的风俗习尚，洋溢着浓厚的乡土情韵、人伦情感和人本意识。句式以四言为主，多用重章叠句，为后世文学创作奠定了深厚的人文基础和艺术底蕴。

战国后期，在楚国产生了一种新诗体——楚辞。楚辞句式长短参差，以六言、七言为主，多用“兮”字。楚辞的奠基人和主要作者是我国文学史上第一位伟大的爱国主义浪漫诗人屈原，创作了《离骚》《九歌》等不朽诗篇。其代表作《离骚》，更是我国古代文学史上最为宏伟瑰丽的长篇抒情诗。楚辞的出现，标志着中国诗歌从民间集体歌唱发展到诗人独立创作的更高阶段。

《诗经》和《楚辞》，是后世诗歌发展的两大源头。《诗经》以四句为主，篇章比较短，风格朴素。《楚辞》则篇章宏阔，汪洋恣肆，诗歌结构、篇幅都扩大了，句式参差错落，富于变化，感情热烈奔放，想象丰富奇特，文采华美，风格绚烂。二者在文学史上并称“风骚”，共同开创了我国诗歌现实主义和浪漫主义并驾齐驱、融会贯通的优秀传统。

《诗经》《楚辞》之后，诗歌在汉代又出现了一种新的形式，即汉乐府民歌，这是中国古代诗歌的第二次大发展。汉乐府中著名的篇章有揭露战争灾难的《十五从军征》，有表现女性不慕富贵的《陌上桑》《羽林郎》，当然最为著名的还是长篇叙事诗《孔雀东南飞》。这首诗讲述了一个凄婉的爱情故事。焦仲卿与刘兰芝相爱至深，因为焦母与刘家的逼迫而分手，以致酿成生离死别的人间惨剧。汉乐府民歌多采用口语化的朴素语言表现人物的性格，故人物形象生动，感情真，表现射出强烈的现实主义精神，广泛地反映了当时的现实生活。汉乐府以五言、杂言为主，形式灵活多样，语言通俗，多用叙事写法，对中国古典诗歌的发展具有很大的推动作用。

五言诗是中国古典诗歌的主要形式，它从民间歌谣到文人写作，经过了很长的时间，到东汉末年，文人五言诗日趋成熟。五言诗达到成熟阶段的标志是《古诗十九首》的出现。《古诗十九首》不是一时一人的作品，诗的内容多叙离别、相思以及对人生短促的感触。长于抒情，善用比、兴手法是《古诗十九首》最大的艺术特色。

汉末建安时期，"三曹"（曹操、曹丕、曹植）、"七子"（孔融、陈琳、王粲、徐干、阮籍、应旸、刘桢）继承汉乐府民歌的现实主义传统，并普遍采用五言形式，第一次掀起了文人诗歌的高潮。他们的诗作表现了时代精神，具有慷慨悲凉的阳刚气派，形成后世称作"建安风骨"的独特风格。

两晋时期的诗歌创作逐渐走上形式主义道路，诗歌内容空泛。直到东晋末年的陶渊明才给诗坛带来接近现实的作品。隐居不仕的陶渊明把田园生活作为重要的创作题材，因此历来人们将他称作"田园诗人"。在当时崇尚骈骊、重形式而轻内容的时代气氛中，陶渊明继承乐府的现实主义传统，形成了他单纯自然的田园一体，为古典诗歌开创了一个新的境界，而且五言诗在他的手中得到高度的发展。与陶渊明差不多同时期的谢灵运(385—433)是开创山水诗派的第一人。他的山水诗特点是，能把自己的感情贯注其中，但有些诗字句过于雕琢，描写冗长，用典、排偶不够自然。

南北朝时期是中国诗歌史上的又一发展时期，这表现在又一批乐府民歌集中地涌现出来。它们不仅反映了新的社会现实，而且创造了新的艺术形式和风格。这一时期民歌总的特点是篇幅短小，抒情多于叙事。南朝乐府保存下来的有480多首，一般为五言四句小诗，几乎都是情歌。北朝乐府数量远不及南朝乐府，但内容之丰富、语言之质朴、风格之刚健则是南朝乐府远不能及的。如果说南朝乐府是谈情说爱的"艳曲"，那么，北朝乐府则是名副其实的"军乐""战歌"。在体裁上，北朝乐府除以五言四句为主外，还创造了七言四句的七绝体，并发展了七言古诗和杂言体。北朝乐府最有名的是长篇叙事诗《木兰诗》，它与《孔雀东南飞》并称为中国诗歌史上的"双璧"。

南北朝时最杰出的诗人是鲍照(410—466)。鲍照继承和发扬了汉魏乐府的传统，创作了大量优秀的五言和七言乐府诗。《拟行路难》18首是他杰出的代表作。他成熟地运用七言句法，表现了个人的不幸和对社会不平的抗议。南齐永明年间，"声律说"盛行，诗歌创作都注意音调和谐。这样，"永明体"的新诗体逐渐形成。这种新诗体是格律诗产生的开端，这时期比较著名的诗人是谢朓。

诗歌发展到唐代，迎来了黄金时代——其最大的成就在于律诗的成熟。在唐代近三百年的时间里，留下了近五万首诗，独具风格的著名诗人约五六十个。初唐四杰是唐诗开创时期的主要诗人。这四杰分别是王勃、杨炯、卢照邻、骆宾王。他们的诗虽然因袭了齐、梁风气，但诗歌题材在他们手中得以扩大，五言八句的律诗形式也由他们开始初步定型。

“四杰”之后，陈子昂（661—702）明确提出反对齐、梁诗风，提倡“汉魏风骨”，《感遇诗》38首，即是他具有鲜明革新精神的代表之作。

盛唐时期是诗歌繁荣的顶峰。这个时期除出现了李白、杜甫两位伟大诗人外，还有很多成就显著的诗人。他们大致可分为两类：一类是以孟浩然和王维为代表的山水田园诗人；另一类是边塞诗人，他们中的高适和岑参取得成就最高，王昌龄、李颀、王之涣也是边塞诗人中的佼佼者。王昌龄的边塞诗大部分用乐府旧题抒写战士思念家乡、立功求胜的心情，他的《从军行》《出塞》历来被推为边塞诗的名作。李颀的边塞诗数量不多，成就却很突出，《古意》一首、《古从军行》是他的代表作。王之涣的《凉州词》，写尽了远征人思家的哀怨，另一首《登鹳雀楼》诗意高远，富于启示性。

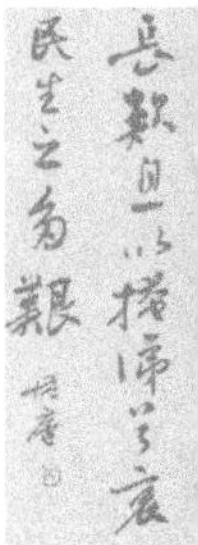

中唐诗歌是盛唐诗歌的延续。这时期的作品以表现社会动荡、人民痛苦为主流。白居易是中唐时期最杰出的现实主义诗人。他继承并发展了《诗经》和汉乐府的现实主义传统，从文学理论上和创作上掀起了一个现实主义诗歌的高潮，即新乐府运动。元稹、张籍、王建都是这一运动中的重要诗人。元稹（779—831）的主要作品是乐府古题19首和新乐府12首。无论从内容还是从形式来说，元诗都非常接近白居易的诗，语言通俗易懂是他们共同的特色，这是源于他们文学观点的一致。张籍和王建虽无明确的文学主张，但他们以丰富的创作，成为新乐府运动的中坚。同情农民疾苦是张籍乐府诗的主题，以《野老歌》最为著名。风格与上述几人十分相近的李绅诗作虽不多，但《悯农》诗二首却为他赢得了广泛的读者。

除新乐府运动之外，这一时期还另有一派诗人，这就是韩愈、孟郊、李贺等人。他们的诗歌艺术比之白居易另有创造，自成一家。韩愈（768—824）是著名的散文家，他善以文入诗，把新的语言风格、章法技巧带入了诗坛，扩大了诗的表现领域，但同时也带来以文为诗，讲才学，追求险怪的风气。孟郊（751—814）与贾岛（779—843）都以“苦吟”而著名，追求奇险，苦思锤炼是他们的共同特点。刘禹锡（772—842）是一位有意创作民歌的诗人，他的许多《竹枝词》描写真实，很受人们喜爱。此外，他的律诗和绝句也很有名。柳宗元（773—819）的诗如他的散文一样，多抒发个人的悲愤和抑郁。他的山水诗情致婉转，描绘简洁，处处显示出他清俊高洁的个性，如《江雪》就历来为人们所传诵。李贺（790—816）在诗歌的形象、意境、比喻上不走前人之路，拥有中唐独树一帜之风格，开辟了奇崛幽峭、浓丽凄清的浪漫主义新天地。《苏小小墓》《梦天》等都是充分体现他的独特风格之作。

晚唐时期的诗歌感伤气氛浓厚，代表诗人是杜牧、李商隐，并称为“小李杜”。杜牧的诗以七言绝句见长，《江南春》《山行》《泊秦淮》《过华清宫》等是他的代表作。这些诗于清丽的辞采、鲜明的画面中见俊朗的才思。李商隐以爱情诗见长。他的七律学杜甫，用典精巧，对偶工整，如《马嵬》就很有代表性；他的七言绝句也十分有功力，《夜雨寄北》《嫦娥》等是其中的名作。晚唐后期，出现了一批继承中唐新乐府精神的现实主义诗人，代表人物是皮日休、聂夷中、杜荀鹤。

诗发展到宋代已不似唐代那般辉煌灿烂，但却自有它独特的风格，即抒情成分减少，叙述、议论的成分增多，重视描摹刻画，大量采用散文句法，使诗同音乐关系疏远。最能体现宋诗特色的是苏轼和黄庭坚的诗。黄庭坚诗风奇特拗崛，在当时影响广于苏轼，他与陈师道一起开创了宋代影响最大的“江西诗派”。宋初的梅尧臣、苏舜钦并称“苏梅”，为奠定宋诗基础之人。欧阳修、王安石的诗对扫荡西昆体的浮艳之风起过很大作用。国难深重的南宋时期，诗作常充满忧郁、激愤之情。陆游是这个时代的代表人物。与他同时期的还有以“田园杂兴”诗而出名的范成大和以写景说理而自具面目的杨万里。文天祥是南宋最后一个大诗人，高扬着宁死不屈的民族精神的《过零丁洋》是他的代表作。

词是在唐代兴起的新诗体。它起源于民间，敦煌曲子词是现存最早的民间词。中唐以后，文人才士倚声填词才渐成风气，温庭筠、韦庄都是晚唐曲子词创作的佼佼者。温庭筠是第一个专力作词的诗人。他的词辞藻华丽，多写妇女的离别相思之情，被后人称为“花间派”。而词人中成就最高的是南唐后主李煜，他早期作品多写宫廷享乐生活，国破被俘以后，以词抒写家国身世之恨，感慨遥深，形象真切，语言朴素自然又珠圆玉润，《虞美人》（“春花秋月何时了”）、《浪淘沙》（“帘外雨潺潺”）等均是小令中妙品。

词发展到宋代，进入了鼎盛时期，成为一代文学的主要标志。据《全宋词》所载，作品有二万余首，词人一千四百余位。唐诗、宋词，堪称中国诗歌文学的双璧。北宋初期，词人晏殊的词风雍容闲雅，有富贵气。晏殊之子晏几道，由于其个人遭遇的不幸，词风有异于晏殊，较多低回感伤的色彩。范仲淹镇守边塞，由于生活经历的不同，他的词中境界开阔、格调苍凉，给宋初词坛注入了一股新鲜感。柳永，开始创作长调的慢词，自此，词的规模发生了显著变化。柳永从都市中下层人民生活中汲取创作素材，以写男女离别相思和个人流落江湖的羁旅之愁见长。他大量创作篇幅较长、结构复杂、音调更为繁复美听的慢词。他的词多用铺叙白描之法，层次分明，语言通俗，从内容到形式都富于平民色彩，在当时市民中传唱极盛。到了苏轼，词的题材又得以进一步发展，怀古伤今的内容进入了他的词作之中。苏轼作为词的革新家，他不满于柳永词沉吟于风花雪月之中，肆力打破诗词界限，把艺术的笔触伸向了广阔的现实生活和个人极其丰富的内心世界，扩大了词的题材，提高了词的意境，丰富了词的表现手法，使词成为独立的抒情诗体，这就是所谓“以诗为词”。苏轼的词达到了“无意不可入，无事不可言”的境界。他用词来写景、抒情、怀古、感旧、记游，甚至说理谈禅风格多样。《江城子》（“十年生死两茫茫”）、《水龙吟》（“似花还似非花”）词笔细腻、风情婉转，《念奴娇》（“大江东去”）、《水调歌头》（“明月几时有”）高歌入云、逸怀浩气，都有很高的艺术成就。苏轼开启了南宋豪放词派，这时的秦观、赵令峙、贺铸、黄庭坚等人也各有自己的成就，他们共同创造了北宋词坛多种风格相互竞争的繁荣局面。

集北宋婉约词之大成的是周邦彦。周邦彦基本承袭了柳永词的余风，仍表现男女恋情和羁愁行役等传统内容，但由于他妙解音律，有很高的艺术修养，在使词艺趋于精美化方面功不可没。在南北宋之交，还出现了我国古代最优秀的女词人李清照。她的词意境深厚，感情宛曲，造句清新，尤其是南渡以后的作品如《声声慢》（“寻寻觅觅”）等，将国破家亡的悲愤与身世漂泊的伤痛融合一气，缠绵抑郁，感人心魄，其审美价值大大超过了早期主要抒写闺情的篇什。

宋室南渡以后，宋词跨入了一个新的发展时期。感时伤乱，抒发爱国情怀，成为词的一大主题。南宋初词人大多亲历靖康之变，故其词作突破了北宋末年的平庸浮靡，表现了鲜明的时代特征。南宋最伟大的爱国主义词人当推辛弃疾。辛弃疾生当南宋衰世，有出将入相之才，满怀抗金报国的凌云之志，但受朝廷妥协苟安政策的羁缚，壮志难酬，郁愤深积，只得将一腔爱国情怀寄之于词，使宋词的思想境界和精神面貌达到了光辉的高度。他继承东坡词的豪放风格而加以发展，辛词又深于寄托，融传统的婉约和豪放于一体，把词的艺术提高到一个新的境界。名篇如《破阵子》（“醉里挑灯看剑”）打破传统的章法结构；《永遇乐》（“千古江山”）壮怀激烈，豪气逼人；而《摸鱼儿》（“更能消几番风雨”）缠绵哀怨之中有“裂帛之声”；《清平乐》（“茅檐低小”）清新活泼，都各具特色。南宋词人姜夔继承周邦彦，走上了尚风雅、主格律的创作道路。他的词作以纪游、咏物、怀人为主要内容，意境清空，格调骚雅，音律严整，在艺术上冠绝一时。词在南宋已达高峰，元代散曲流行，诗词乃退居其后。

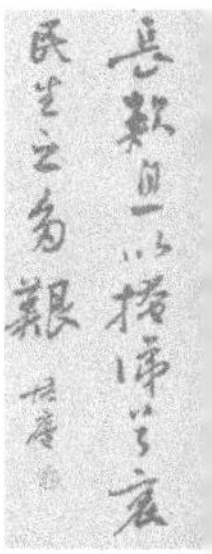

元曲是中华民族灿烂文化宝库中的一朵奇葩，它在思想内容和艺术成就上都体现了独有的特色，和唐诗宋词鼎足并举，成为我国文学史上三座重要的里程碑。一般来说，元杂剧和散曲（包括“小令”和“散套”即“套数”）合称为元曲，前者属于戏剧范畴，后者属诗歌范畴。元曲的发展过程中，关汉卿、马致远、白朴、郑光祖等人的成就最高，并称“元曲四大家”。关汉卿小令活泼深切，晶莹婉丽，套数豪辣灏烂，痛快淋漓。马致远，字千里，晚年号东篱，以示效陶渊明之志。马致远创作题材宽广，意境高远，形象鲜明，语言优美，音韵和谐，被誉为元散曲中的第一大家“曲状元”和“秋思之祖”。

明代诗歌是在拟古与反拟古的反反复复中前行的，没有特别杰出的作品和诗人出现。明初“吴中四杰”中，高启成就最大，《登金陵雨花台望大江》是登览怀古的名篇，其时文坛流行歌功颂德而空洞无物的台阁体诗。茶陵诗派李东阳以台阁重臣的身份首起提倡复古，写诗要学习汉唐。弘治、正德年间涌现李梦阳为首的“前七子”，他们继承李东阳的观点，主张诗歌要复古，学习汉魏盛唐，但是李梦阳主张严守古法，无一字不出汉之前，陷入单纯的模拟。稍后的唐宋派主张学习唐宋，尤其学习宋诗的直抒胸臆、自然流畅，开晚明公安派的诗风文风。再稍后的以李攀龙、王世贞为首的“后七子”承接前七子的思想，重新陷入过分的揣度模拟当中。直到晚明才有公安派提出“性灵说”，主张写诗文要“独抒性灵，不拘格套”，但其诗文过于信口而出；以锺惺、谭元春为首的竟陵派崛起，用幽深奇僻的风格来对公安派过分浅白直露作出反正。公元 1644 年，满人入主中原。顾炎武等遗民诗人用诗歌哀悼最后一个汉族王朝的灭亡；娄东诗派吴伟业以《圆圆曲》为“梅村体”代表作，错金镂彩中蕴含批判力量；虞山诗派钱谦益是诗坛盟主，学得杜甫神髓，风格沉郁悲凉。

清代诗词流派众多，但大多数作家均未摆脱拟古主义和形式主义的套子，难有超出前人之处。顺治、康熙朝王士禛成为第二代诗坛盟主，学王、孟的山幽水远、诗情画意，主张“神韵说”。同时期朱彝尊和王士禛并称“南朱北王”，施闰章和宋琬并称“南施北宋”。乾嘉诗坛人才辈出。沈德潜倡导“格调说”，诗作典雅而平庸；浙派盟主厉鹗宗宋，写遍西湖一草一木;翁方纲倡导“肌理说”,诗如学术;袁枚标榜“性灵说”,抒写性情。清末龚自珍(1792—1841)以其先进的思想,打破了清中叶以来诗坛的沉寂,领近代文学史风气之先。他的诗常着眼于社会、历史和政治的观点来揭露现实,使诗成为现实社会的批判工具。之后虽有清末的“诗界革命”和南社诗人群,但是中国古典诗歌再无高峰,日渐衰微,五四运动合上了中国数千年古典文学的大门,同时打开了文学的崭新天地。

中国古典诗歌是中国古代文学的重要构成部分,共同铸就了中国古代文学的辉煌。从整个世界文学而言,中国古典诗歌也具有很强的民族性,这大体体现在三个方面。一是中国古典诗歌有很强的抒情性,抒情诗的比重和成就都远远大于叙事诗。从流传下来的诗歌作品看,中国古代诗歌没有像《荷马史诗》那样的大型史诗。两汉时期的《孔雀东南飞》、唐代杜甫的“三吏”和“三别”、白居易的《长恨歌》、明末清初著名诗人吴梅村《圆圆曲》算是中国古代最有成就和篇幅最长的诗歌,但与其他民族的大型史诗相比,篇幅短得多;和中国抒情诗的巨大数量和成就相比,也要逊色得多。二是从表现手法上看,中国古典诗歌通常通过营造主客体融合的意境抒发情感,很少直接抒发情感,也就是说意境美是中国古代诗歌的一个重要范畴。意境的思想,从唐代就已经出现,如皎然说的“采其于象外”、“但见性情,不睹文字”,司空图的说“超以象外,得其环中”,都包含意境的思想。王国维是意境美学思想的集大成者,他的《人间词话》集中阐述了意境的美学原理。意境本质是情景合一、物我交融,是无状之状、无象之象,是因小见大、有限中寓无限。从世界文学理论看,意境是一个富于中国特色的美学范畴,与西方的典型相对应。意境是中国文学实践的理论概括,意境美也是中国诗歌的一个突出特点,突出体现了中国古典诗歌的成就,唐诗、宋词、元曲无不体现了意境之美,《诗经》、汉末文人五言诗也大多体现了意境美。三是格律和韵律。一般来说,诗歌更注重形式美,而格律又是形式美的集中体现。世界各国古典诗歌都讲究格律,但中国古典诗歌格律方面的特色和成就更为彰显。如欧洲的十四行诗(Sonnet)就是一种格律诗:一首诗包括 14 句——包括四、四、三、三和四、四、四、二两种结构形式;每行诗句 11 个音节;包括交韵(ABAB)、抱韵(ABBA)、随韵(AABB)、叠韵(AA)四种押韵形式。格律通常包括一首诗的行数、每行诗的字数、押韵、诗句之中音节的变化及与前后句的照应等内容,中国古典诗歌中的律诗几乎在每一个方面都有严格的要求。格律诗是相对于自由体诗而言的,中国古代格律诗经过了一个长期的发展过程。《诗经》作为中国诗歌最早的集子,从形式上看,也是比较讲究格律的,如每行基本是四个字,句末多数押韵,可以说是一种半格律诗歌。从《诗经》到楚辞再到两汉的五言诗,每行诗的字数发生了变化,但半格律诗的基本面貌没有改变。直到唐代,中国诗歌发生了突破性的变化——格律诗完全成熟,而以前的诗歌形式被称为古风。唐代的格律诗包括律诗和绝句两种形态,每种形态又包括五言、七言两种类型。唐代格律诗的主要格律要求有:每首诗有四句或八句构成(前者为绝句,后者为律诗);绝句的二、四句或一、二、四句押韵,律诗的二、四、六、八句或一、二、四、六、八句押韵;通常前后句的平仄要相对。宋词的格律也是比较严格的,只不过句式发生了变化,由简单的五言、七言变为更复杂的句式,也打破了绝句、律诗二种结构方式,而且在某些情况还可打破这个规定。

二、作品鉴赏

1. 诗经·周南·汉广

南有乔木，不可休思；汉有游女，不可求思。汉之广矣，不可泳思；江之永矣，不可方思。

翘翘错薪，言刈其楚；之子于归，言秣其马。汉之广矣，不可泳思；江之永矣，不可方思。

翘翘错薪，言刈其蒌；之子于归，言秣其驹。汉之广矣，不可泳思；江之永矣，不可方思。

【解读】

此诗是一个樵夫所唱。他热恋着一位美丽的姑娘，却得不到她。在汉水之滨砍柴的时候，浩渺的水势触动了他的情怀，遂唱出这支绝妙的诗歌。他明知所爱的人不可得，却仍不能忘怀。其诚挚敦厚，感人肺腑。

首章八句，四曰“不可”，二三章重复首章后四句，又各有两个“不可”。短短的一首小诗，竟浸于一片连接不断的“不可”声中。而歌者的那种无可奈何之情，遂亦沛沛然流注于听者的心田，唤起无限的同情。首章连用了四个比喻，第一个比喻：“南有乔木，不可休思。”乔木的比喻说出所爱之人在自己心目中乃是高不可攀追求不到的，第二个比喻“汉有游女，不可求思”是说对汉水女神徒有爱慕之心却不可求而得之。“乔木”和“游女”都非人间所有，并非凡人可得，只能徒然想象其高大美丽。这两个比喻，一方面是写不可能之事，另一方面又在自己心目中将所爱的人视为极高的理想，足见其倾慕之深、渴望之切与失望之极。“汉之广矣，不可泳思。江之永矣，不可方思”是首章的另外两个比喻。江汉并举，互文见义。江汉既宽且长，既不能浮游而过，也不能乘筏而渡，而对一片汪洋只能长歌浩叹而已。

首章的四个比喻，都是讲不可能之事，但它们又有细微的差别。乔木的不可休，汉女的不可求，是真的做不到，而汉水的不可泳，江水的不可方，并不是真的不可能，只是表现极度失望的心情。不可泳、不可方，着重在说自己和她若有江汉之隔，而无桥梁可通。连泳之、方之的信心和勇气也丧失了。然而他还是幻想有朝一日能得到她，这就是第二章前四句所说的：“翘翘错薪，言刈其楚。之子于归，言秣其马。”“翘翘”二句意思是说：就像砍柴要砍好柴一样，要娶就娶最好的姑娘。“之子于归，言秣其马”意思是说这个美丽的姑娘如肯嫁给我，我甘心替她喂马，当她的马夫。其中的感情正如朱熹所说是“悦之至”而“敬之深”。但这毕竟是不可能的事，所以又重复唱道：“汉之广矣，不可泳思。江之永矣，不可方思。”

第三章重复第二章，只换了两个字。把这章诗重唱了一遍，加强了抒情的效果。这首诗的结构形式和《诗经》中其他许多民歌一样也是重章叠句。而这首诗的韵味主要就表现在“汉之广矣，不可泳思。江之永矣，不可方思”这四句的反复咏唱上。

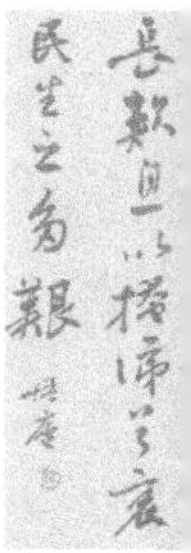

2. 楚辞·九歌·山鬼

屈　原

若有人兮山之阿，被薜荔兮带女萝。既含睇兮又宜笑，子慕予兮善窈窕。乘赤豹兮从文狸，辛夷车兮结桂旗。被石兰兮带杜衡，折芳馨兮遗所思。

余处幽篁兮终不见天，路险难兮独后来。表独立兮山之上，云容容兮而在下。杳冥冥兮羌昼晦，东风飘兮神灵雨。留灵修兮澹忘归，岁既晏兮孰华予。

采三秀兮于山间，石磊磊兮葛蔓蔓。怨公子兮怅忘归，君思我兮不得闲。山中人兮芳杜若，饮石泉兮荫松柏。君思我兮然疑作，雷填填兮雨冥冥，爰啾啾兮穴夜鸣。风飒飒兮木萧萧，思公子兮徒离忧。

【解读】

楚辞亦作“楚词”，本为楚地歌谣。战国后期以屈原为代表的诗人，在楚国民歌基础上开创了一种新诗体：以七言为主，常用感叹词“兮”。《山鬼》采用山鬼内心独白的方式，塑造了一位美丽、率真、痴情的少女形象。全诗有着简单的情节：女主人公跟她的情人约定某天在一个地方相会，尽管道路艰难，她还是满怀喜悦地赶到了，可是她的情人却没有如约前来；风雨来了，她痴心地等待着情人，忘记了回家，但情人终于没有来；天色晚了，她回到住所，在风雨交加、猿狖齐鸣中，倍感伤心、哀怨。

诗的第一节主要从各方面描绘了山鬼的美好。“若有人”一词，准确地传达出山鬼给人的迷离惝恍、来去飘忽之感。“被薜荔兮带女萝”以及下文中的“辛夷车兮结桂旗”“被石兰兮带杜衡”等写山鬼的装束，既活画出山鬼这样一位身为山林之神的自然女儿的形象，又暗示了她外表和内心的美好，这也是屈原善于以香草比美好品德的手法的体现。“既含睇兮又宜笑，子慕予兮善窈窕”，山鬼的这两句突如其来的自夸，就好像演员在舞台上的第一个亮相，其美好形象让读者眼前一亮。值得注意的是，这里没有仔细地描摹山鬼的外貌，而是借她的爱人之口来赞美她的神态之美。这不禁令人想到《诗经·卫风·硕人》对“硕人”美貌的描写：“手如柔荑，肤如凝脂，领如蝤蛴，齿如瓠犀，螓首蛾眉，巧笑倩兮，美目盼兮”，前面几句穷形尽相的比喻固然煞费创作者的苦心，可欣赏者们并不太领情，而“巧笑倩兮，美目盼兮”这能见出“硕人”女儿情态与生命活力的诗句才博得了大家的一致赞誉。《山鬼》中的这句诗也有异曲同工之妙，更何况它是出自山鬼的爱人之口呢！我们似乎可以看到，山鬼在赴约途中，想起爱人对自己的赞誉，不禁满心欢喜，此时更恨不得马上与爱人见面。为了与爱人见面，她还特意准备了礼物：“折芳馨兮遗所思。”

第二节写山鬼在约定处焦急等待爱人的情景，见出她温柔、痴情的性格。天色变了，下起雨来，由于还没见着爱人，山鬼并不甘心就此回家。“岁既晏兮孰华予”一句，写出古今女子共有的心理：对于时时威胁到自己青春容颜的时光流逝，唯一可令她们感到欣慰和放心的就是爱人对她们的欣赏和宠爱；如果爱人不在身边呢，自然容颜暗淡，没有光彩了。这句心理描写，使山鬼形象更多了凡俗气息，更让人觉得她的亲切、可爱。而类似的表达在后世诗歌中是屡见不鲜的，如“古诗十九首”之《行行重行行》里就有“思君令人老，岁月忽已晚”。在长久的等待中,山鬼不免要揣想,他到底因为什么不来赴约呢?“君思我兮不得闲”既是为爱人开脱,也是自我宽解之词吧。

第三节写总也不见爱人到来,山鬼开始心生疑惧,随着希望彻底落空,山鬼对爱人不禁有所怨愤。“山之人兮芳杜若,饮石泉兮阴松柏”赞美山鬼的美好高洁;“君思我兮然疑作”承上“君思我兮不得闲”而来,至此时,山鬼的忍耐已到了极点,她不由自主地要往坏的方面想;天黑了,雷声隆隆,雨大起来了,猿狖也凄厉地鸣叫起来,风飒飒地吹过树林——这一切,让山鬼倍感孤独、凄凉,她怎能不抱怨呢?“思念你只会徒然地让我饱尝忧愁啊!”

这首诗情感线索清晰,与此相应的是,诗人善于借助景物描写来烘托、渲染女主人公的情感变化,这在第二、三节中表现得尤其明显。第二节中,看到爱人并没有如约前来,山鬼愉快的心情蒙上了阴影,而天气也是“杳冥冥兮羌昼晦,东风飘兮神灵雨”;第三节,在爱人终于不至,山鬼无限伤心、哀怨之时,风雨也更猛烈起来,并夹杂着猿狖的哀鸣。

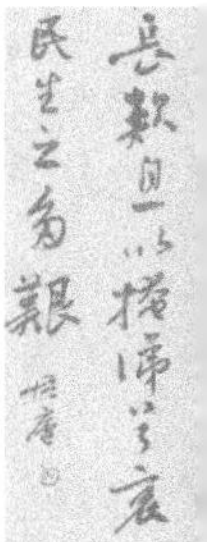

3. 古诗十九首·行行重行行

行行重行行,与君生别离。相去万余里,各在天一涯;道路阻且长,会面安可知?胡马依北风,越鸟巢南枝。相去日已远,衣带日已缓;浮云蔽白日,游子不顾返。思君令人老,岁月忽已晚。弃捐勿复道,努力加餐饭!

【解读】

该诗出自《昭明文选》中的《古诗十九首》,东汉时期,在形式上出现了一种新的变化——五言诗兴起,这在汉乐府中表现非常突出,《孔雀东南飞》就是汉乐府民歌五言诗的代表作品。与此同时文人诗也朝五言诗发展,《古诗十九首》反映了这种变化,这标志着中国诗歌由《诗经》的四言诗、楚辞的七言诗进入到汉末的五言诗解读。这首诗是一首思夫诗。抒发了一名女子对远行在外的丈夫的深切思念。这是一首东汉末年动荡岁月中的相思乱离之歌。尽管在流传过程中失去了作者的名字,但“情真、景真、事真、意真”,读之使人悲感无端,反复低回,为女主人公真挚痛苦的爱情呼唤所感动。

首句五字,连叠四个“行”字,仅以一“重”字绾结。“行行”言其远,“重行行”极言其远,兼有久远之意,翻进一层,不仅指空间,也指时间。于是,复沓的声调、迟缓的节奏、疲惫的步伐,给人以沉重的压抑感,痛苦伤感的氛围,立即笼罩全诗。“与君生别离”,这是思妇“送君南浦,伤如之何”的回忆,更是相思之情再也压抑不住发出的直白的呼喊。诗中的“君”,当指女主人公的丈夫。与君一别,音讯茫然:“相去万余里。”相隔万里,思妇以君行处为天涯;游子离家万里,以故乡与思妇为天涯,所谓“各在天一涯”也。“道路阻且长”承上句而来,“阻”承“天一涯”,指路途坎坷曲折;“长”承“万余里”,指路途遥远,关山迢递。因此,“会面安可知”!当时战争频仍,社会动乱,加上交通不便,生离犹如死别,当然也就相见无期。

4. 辛夷坞

王　维

木末芙蓉花，山中发红萼。
涧户寂无人，纷纷开且落。

【解读】

这是王维田园组诗《辋川集》二十首中的第十八首。苏轼在论及王维的诗时说道："味摩诘之诗，诗中有画；观摩诘之画，画中有诗。"这揭示了王维诗歌的一个突出特征——诗中有画，这也是中国古典诗歌的一个突出特征。所谓"诗中有画"之诗歌中描绘了形象、生动的情景，如同一幅绘画作品。《辛夷坞》的头二句是画的近景——一朵盛开的木芙蓉花，充满勃勃生机。第三句是背景或者说远景：寂静的山谷以及山谷中空寂的人家。第三句所描绘的不全是自然景观，而是有了人文景观：涧户——山谷中的人家，这样就将自然景观与人文景观融为一体。如果说前面三句的景观是静止的、空间性，那么第四句则为诗歌增加了时间维度，画面也开始动起来了——花朵开了又谢、谢了又开。如果说前面三句是实景，真实的境，第四句可以说是虚景，是意景。花开了又谢、谢了又开浓缩了作者的主观情志：一点点落寞，还是置身事外、身处世外桃源自由自在的欣喜。从中我们可以看到，作为画面的境是可以看到的，而作为诗情画意的意要读者去体味，二者的结合就是意境。我们在欣赏中国诗歌时，特别要注意体味作者描写的具体、形象的境背后的作者的情意，这才容易理解中国古典诗歌。

5. 登　高

杜　甫

风急天高猿啸哀，渚清沙白鸟飞回。
无边落木萧萧下，不尽长江滚滚来。
万里悲秋常作客，百年多病独登台。
艰难苦恨繁霜鬓，潦倒新停浊酒杯。

【解读】

被称为近体诗的律诗的格律要求是多方面的。第一要求诗句字数整齐划一，每首分别为五言句、六言句或七言句，简称五律、六律、七律，其中六律较少见。第二对诗句数量有不同限制，通常的律诗规定每首八句。如果仅六句，则称为小律或三韵律诗；超过八句，即在十句以上的律诗，称排律或长律。第三是特定的对偶要求。通常以八句完篇的律诗，每两句成一联，计四联。按照旧时律诗写作的起承转合结构，习惯上称第一联为破题，第二联为颔联，第三联为颈联，第四联为结句。每首的中间两联，即颔联、颈联的上下句都必须是对偶句。排律则除首末两联不对外，中间各联都必须上下句对偶。小律对偶要求较宽，或一二两联，或二三两联，或仅二联要求上下句对偶。第四便是声韵格律的严格要求。以常用的五律、七律为例，首先是押韵，律诗要求全首通押一韵，限平声韵；第二、四、六、八句押韵，首句可押可不押，五律首句多数不押韵，七律首句多数押韵。也有押仄声韵的，有人认为押仄韵的应属古体。其次是声调。古代汉语分平上去入四声。诗歌声律以平声字为一类，以上去入三声字为一类，称“仄声”。律诗每句中用字平仄相间，上下句中的平仄相对，有“仄起”与“平起”两式。

杜甫的这首《登高》被誉为古今七律之冠，对格律的遵守自然是严格的。从押韵看，《登高》为首句、二、四、六、八押韵，押的是“ei”韵（其中“哀”“来”“台”古今音有变化）。从对仗上看，这一首诗四联全都用了对仗，而句之中又有对仗，第一句“风急”对“天高”，第二句“渚清”（“清”谐音“青”）对“沙白”，第七句“艰难”对“苦恨”，第八句“潦倒”对“新停”，都是先在本句自对，再跟对句相对。有趣的是，第一句因为押韵，跟第二句在平仄上就无法完全相对，而在字义上却对得天衣无缝。从平仄上看，《登高》采用的是平起仄是，其规范的格式是：⊙仄平平⊙仄平（韵）/⊙平⊙仄仄平平（韵）/⊙平⊙仄⊙平仄/⊙仄平平⊙仄平（韵）/⊙仄⊙平⊙仄仄/⊙平⊙仄仄平平（韵）/⊙平⊙仄⊙平仄/⊙仄平平⊙仄平（韵），其中“⊙”表示可平可仄。第一第二句的“沙”救了“渚”，“渚”又救了第一句的“风”，但是第一句的“猿”就未救。像这样拗而未救，破坏了一联之中平仄数量的平衡，但是这些都发生在“一三五”的位置上，只要不出现孤平或三平调，就是可以容忍的，确切地说不能算拗。这首诗被誉为古今七律第一，即使仅从形式上看，也当得起此美称。

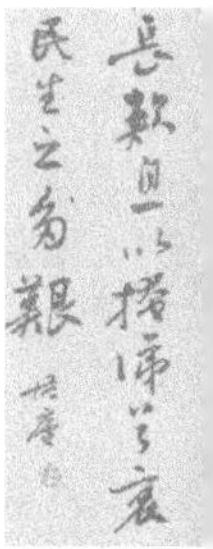

6. 八声甘州

柳　永

对潇潇暮雨洒江天，一番洗清秋。渐霜风凄紧，关河冷落，残照当楼。是处红衰翠减，苒苒物华休。惟有长江水，无语东流。　　不忍登高临远，望故乡渺邈，归思难收。叹年来踪迹，何事苦淹留？想佳人，妆楼颙望，误几回，天际识归舟。争知我，倚阑干处，正恁凝愁。

【解读】

宋代，中国诗歌迎来一个新的发展时期，其中一个突出变化是诗与歌的分离。诗经、楚辞、汉乐府中诗与歌基本是一体的，即当时的诗是可以唱的，诗歌是音乐与文学结合的综合艺术。唐代的诗相当一部分也是可以唱的，但宋代诗基本上与歌脱离，成为纯粹的文学形式，而与音乐结合的形式称为词，这样讲可以唱的诗与不可以唱的是分开来了。词牌是曲子的名称，显示的是音乐元素，依词牌而填的词则是文学元素。宋词和唐诗一样，有比较严格的格律。唐教坊大曲有《甘州》，杂曲有《甘州子》。因属边地乐曲，故以甘州为名。柳永的这首《八声甘州》是从大曲《甘州》截取一段而成的慢词。因全词前后共八韵，故名八声，又名《潇潇雨》《宴瑶池》等。《词谱》以柳永为正体，九十七字，平韵。具体格律要求为：

仄中平仄仄仄平平，中中仄平平（韵）。
仄平平中仄，中平中仄，中仄平平（韵）。
中仄平平中仄，中仄仄平平（韵）。

中仄平平仄,中仄平平(韵)。
中仄中平中仄,仄中平中仄,中仄平平(韵)。
仄平平中仄,中仄仄平平(韵)。
仄平平、中平平仄,仄中平、中仄仄平平(韵)。
平平仄仄平平仄,中仄平平(韵)。

从表现手法上看,宋词与唐诗还是比较相似的:都注重意境的营造,通过借景抒情的方式含蓄表达作者的情感和理性认知。该词上片是登楼凝望所见,无论风光、景物、气氛,都笼罩着悲凉的秋意,触动着抒情主人公的归思。“渐霜风凄紧,关河冷落,残照当楼”三句,在深秋萧瑟寥廓的景象中表现游子的客中情怀,连鄙薄柳词的苏轼也以为“此语于诗句不减唐人高处”。下片是望中所思,从自己的望乡想到意中人的望归:她不但“归楼颙望”,甚至还“误几回天际识归舟”,望穿秋水之际,对自己的迟迟不归已生怨恨。如此着笔,便把本来的独望变成了双方关山远隔的千里相望,见出两地同心,俱为情苦。虽然这是想象之辞,却反映了作者对独守空闺的意中人的关切之情,似乎在遥遥相望中互通款曲,进行心与心的交流,从而暗示读者:其人未归而其心已归,这就更见出归思之切。

另外,此词多用双声叠韵词,以声为情,声情并茂。双声如“清秋”、“冷落”、“渺邈”等,叠韵如“长江”、“无语”、“阑干”等。它们间见错出,相互配合,时而嘹亮,时而幽咽。这自然有助于增强声调的亢坠抑扬,更好地表现心潮的起伏不平。

7. 江城子·密州出猎

苏　轼

老夫聊发少年狂。左牵黄,右擎苍,锦帽貂裘,千骑卷平冈。为报倾城随太守,亲射虎,看孙郎。　　酒酣胸胆尚开张。鬓微霜,又何妨!持节云中,何日遣冯唐?会挽雕弓如满月,西北望,射天狼。

【解读】

《江城子》这一词调起源于晚唐五代时期的唐著词(唐著词是唐代的酒令,晚唐江城子在酒筵上流行,经过文人的加工,就成为一首小令的词调)曲调。《江城子》的基本格律为:

中平中仄仄平平(韵)。
仄平平(韵),仄平平(韵)。
中仄中平,中仄仄平平(韵)。
中仄中平平仄仄,平仄仄,仄平平(韵)。
中平中仄仄平平(韵)。
仄平平(韵),仄平平(韵)。
中仄中平,中仄仄平平(韵)。
中仄中平平仄仄,平仄仄,仄平平(韵)。

苏轼的词具有划时代的意义:奠定了豪放派在词的发展史上的地位,并大大丰富了词的表现手法。《密州出猎》是宋人较早抒发爱国情怀的一首豪放词，在题材和意境方面都具有开拓意义。词的上片叙事，下片抒情，气势雄豪，淋漓酣畅，一洗绮罗香泽之态，读之令人耳目一新。首三句直出会猎题意，次写围猎时的装束和盛况，然后转写自己的感想：决心亲自射杀猛虎，答谢全城军民的深情厚意。过片以后，叙述猎后开怀畅饮，并以魏尚自比，希望能够承担起卫国守边的重任。结尾直抒胸臆，抒发杀敌报国的豪情：总有一天，要把弓弦拉得像满月一样，射掉那贪残成性的“天狼星”，将西北边境上的敌人统统一扫而光。

这首词在偎红倚翠、浅斟低唱之风盛行的北宋词坛可谓别具一格，自成一体，对南宋爱国词有直接影响。作者对此阕也颇感自豪，在《与鲜于子骏书》中，他曾说：“近却颇作小词，虽无柳七郎风味，亦自是一家。呵呵。数日前猎于郊外，所获颇多。作得一阕，令东州壮士抵掌顿足而歌之，吹笛击鼓以为节，颇壮观也。”

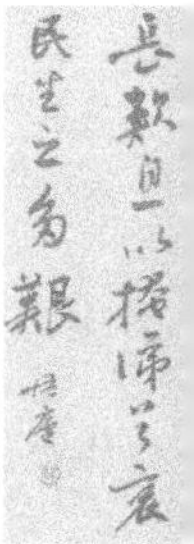

第二章 小说

一、概述

汉语中的“小说”一词，最早见于《庄子》杂篇中的《外物》：“小说以干县令，其于大达亦远矣”，其意义相当于“小道理”。小说作为文体概念出现于东汉，东汉桓谭《新论》中写道：“小说家合残丛小语，近取譬喻，以作短书，治身理家，有可观之辞。”班固《汉书·艺文志》说：“小说家者流，盖出于稗官，街谈巷语，道听途说之所造也。”此中“小说”是指一种类似于小说的一种文体，比现在小说的含义广。

中国古代小说孕育于先秦时期的远古神话，经历了汉魏六朝杂史、志怪志人的成长，唐传奇的成熟，宋明话本、拟话本的发展壮大，最后在明清章回小说中展示出生命的辉煌。从语体上说，中国古代小说又可分为文言小说和白话小说两大系统。

从艺术的渊源上说，中国小说（文言小说）的萌芽状态可以追溯到远古神话，《山海经》被称为“古今小说之祖”。先秦的史传文对小说的影响也很明显，《战国策》因其叙事的成熟完备及其中多篇显著的虚构色彩，更是被当作最初的小说体裁之一——杂史小说的开端。

汉代出现了第一篇初具规模的杂史小说《燕丹子》，它比《史记·刺客列传》中的“荆轲传”更富传奇色彩。中国小说初具规模是在魏晋南北朝时期，其标志就是小说由写事为主转向写人及其性格特征为主，从而确定了人在小说中的主体地位。按内容可分为志怪和志人两类，前者以写神灵鬼怪及其妖异怪诞之事为主，代表是晋代干宝的《搜神记》；后者以记载人物的琐闻逸事为主,代表是南朝刘义庆的《世说新语》。这也是文言小说的第一个高峰。

中国古代文言小说真正成熟的标志是唐代传奇的出现与繁荣。它们在内容的丰富性、题材的多样性、人物的形象性、故事的艺术性和文笔的生动性等方面都是六朝小说所无可比拟的。唐代涌现出一系列优秀传奇小说,如陈鸿的《长恨歌传》、沈既济的《枕中记》、李公佐的《南柯太守传》、李朝威的《柳毅传》、白行简的《李娃传》、蒋防的《霍小玉传》、元稹的《莺莺传》、杜光庭的《虬髯客传》等。唐代传奇的内容以言情为主,搜奇记逸,文字婉转华艳,代表着早期文言小说艺术的最高成就,是文言小说的第二个高峰。

宋代中国古典小说出现了另一种形式——白话小说,白话小说来源于宗教活动——变文。唐五代时期的一种通俗的文学形式——变文,和尚们为了宣传佛教教义,往往用通俗的故事演绎佛教思想,这就是变文。变文内容原为佛经故事,后亦包括历史故事、民间传说等,如敦煌石窟中发现的《大目乾连冥间救母变文》《伍子胥变文》等。后来,变文的宗教色彩淡化,逐渐成为一种大众文艺形式——说唱文学,地点也从寺院转移到瓦肆。到宋代,说话已成为一种独立的文艺活动,说话艺人也成为一门职业。说话人说唱故事的底本叫话本,后人也称话本小说。《碾玉观音》《快嘴李翠莲记》《错斩崔宁》等,都是脍炙人口话本小说之作,也是中国白话小说的滥觞之作。

明代掀起文人模仿话本风格而改编创作"拟话本"的高潮,"三言""二拍""一型"为其代表,也是古代白话小说的第一个高峰。"三言"即由冯梦龙选编加工而成的三部短篇小说集《喻世明言》《警世通言》《醒世恒言》,它对民间文学的继承与革新,它的现实主义精神与白话短篇的形式,直接推动了拟话本的繁荣,《杜十娘怒沉百宝箱》是其优秀代表。"二拍"即凌濛初的《初刻拍案惊奇》和《二刻拍案惊奇》,它比"三言"更注意求奇求巧和强调自身的创作主体意识。"一型"即陆人龙的《型世言》,创作精神由改编变为独创,重视小说议论和教化作用。

明代小说的一个新发展是章回体小说的出现。明代的拟话本本质上是中短篇小说,它不再是说唱艺人说唱的底本,而是独立的文学样式,其目的也是供人阅读。章回体小说是中国古代长篇小说的基本形式,它的出现大大拓展了小说的表现内容,也标志着白话小说的进一步成熟。明代白话长篇主要包括:元末明初罗贯中的《三国演义》,它是第一部白话长篇历史小说,章回小说的开山之作;施耐庵的《水浒传》,第一部以农民起义为题材的白话长篇小说,开小说英雄传奇之先河;明代兰陵笑笑生的《金瓶梅》,开文人独立创作白话小说的先河,力促世情小说的成熟与繁荣;吴承恩的《西游记》,第一部长篇神魔小说,浪漫主义白话长篇小说的杰出代表。清代白话小说得到进一步的发展,其突出变化是更多的文人投入到白话小说的队伍。清代主要的白话长篇小说有:吴敬梓的《儒林外史》,是中国讽刺文学的集大成者;曹雪芹的《红楼梦》,是人情小说的集大成者,古代白话小说的高峰与总结,代表着白话小说的最高成就。

宋元时期,文言小说出现衰落,不过,到明代文言小说得到一定程度的发展。瞿佑的传奇小说集《剪灯新话》,该作四卷共二十篇,都是烟粉、灵怪一类故事。在题材上瞿佑并无多少创新,如志怪一类的《三山福地志》谈因果报应,《富贵发迹司志》宣扬人生“定数”等。清代文言小说迎来了又一个高峰——蒲松龄的《聊斋志异》。《聊斋志异》是一部文言短篇小说集,代表着文言小说的最高成就,是我国古代文言小说的第三个高峰。

值得注意的是白话小说与文言小说的差异不仅体现在使用的语言——文言和白话上,二者的起源、发展动力、发展轨迹都大不相同。文言小说的创作主体是文人,他们创作小说的目的主要是著书立说,其隐含读者是统治阶级和文人阶层。通过小说显示他们的写作能力、思想水平,以此博得统治阶级的录用和文人的重视,如唐代传奇最初起源于士人的温卷——通过小说写作提高、展示自己的文学才华。故此,文言小说相对来说注重作者思想情感的表达和艺术形式的创新,具有更强的文人自娱自乐性质。白话小说的创作主体最初是说唱艺人,后来才有文人的加入。即使如此,文人也不把白话小说的写作当作正业,他们也不以白话小说创作成就为荣。白话小说的读者为广大市民,它是名副其实的大众文艺。故此,白话小说内容更接近老百姓的生活,在艺术形式上更注重故事性。

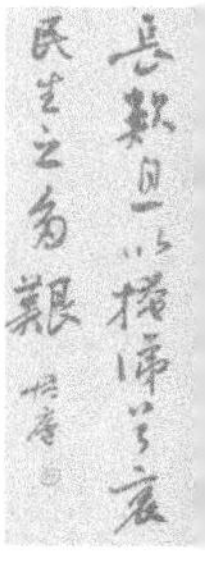

整体而言,中国古典小说,注重小说的故事性、情节性,在小说故事的环环相扣、情节的高潮迭起、跌宕起伏上用力较多;注重外部行为动作的描写,不太注重人物内心世界的挖掘。章回体小说突出体现了中国古典小说的艺术特点。章回体,中国古代长篇小说的一种外在叙述体式。其特点是将全书分为若干章节,称为“回”或“节”。我们将“回”为单位的长篇小说称为章回体小说。其特点是将全书分为若干章节,称为“回”或“节”。少则十几回、几十回,多则百余回。每回前用单句或两句对偶的文字作标题,称为“回目”,概括本回的故事内容。每回开头以“话说”、“且说”等起叙,每回末有“欲知后事如何,且听下文分解”之类的收束语,一回叙述一个较完整的故事段落,有相对独立性,但又承上启下。

二、作品鉴赏

1. 蒋兴哥相会珍珠衫(冯梦龙《喻世明言》)

仕至千钟非贵,年过七十常稀,浮名身后有谁知?万事空花游戏。　　休逞少年狂荡,莫贪花酒便宜。脱离烦恼是和非,随分安闲得意。

这首词名为《西江月》,是劝人安分守己,随缘作乐,莫为酒、色、财、气四字,损却精神,亏了行止。求快活时非快活,得便宜处失便宜。说起那四字中,总到不得那“色”字利害。眼是情媒,心为欲种,起手时,牵肠挂肚;过后去,丧魄销魂。假如墙花路柳,偶然适兴,无损于事。若是生心设计,败俗伤风,只图自己一时欢乐,却不顾他人的百年恩义,假如你有娇妻爱妾,别人调戏上了,你心下如何?古人有四句道得好:

人心或可昧,天道不差移。我不淫人妇,人不淫我妻。

看官,则今日我说“珍珠衫”这套词话,可见果报不爽,好教少年子弟做个榜样。话中单表一人,姓蒋,名德,小字兴哥,乃湖广襄阳府枣阳县人氏。父亲叫做蒋世泽,从小走熟广东,做客买卖。因为丧了妻房罗氏,止遗下这兴哥,年方九岁,别无男女。这蒋世泽割舍不下，又绝不得广东的衣食道路，千思百计，无可奈何，只得带那九岁的孩子同行作伴，就教他学些乖巧。这孩子虽则年小，生得眉清目秀，齿白唇红：行步端庄，言辞敏捷。聪明赛过读书家，伶俐不输长大汉。人人唤做粉孩儿，个个羡他无价宝。蒋世泽怕人妒忌，一路上不说是嫡亲儿子，只说是内侄罗小官人。原来罗家也是走广东的，蒋家只走得一代，罗家到走过三代了。那边客店牙行，都与罗家世代相识，如自己亲眷一般。这蒋世泽做客，起头也还是丈人罗公领他走起的。因罗家近来屡次遭了屈官司，家道消乏，好几年不曾走动。这些客店牙行见了蒋世泽，那一遍不动问罗家消息，好生牵挂。今番见蒋世泽带个孩子到来，问知是罗家小官人，且是生得十分清秀，应对聪明，想着他祖父三辈交情，如今又是第四辈了，那一个不欢喜！闲话休题。

却说蒋兴哥跟随父亲做客，走了几遍，学得伶俐乖巧，生意行中，百般都会，父亲也喜不自胜。何期到一十七岁上，父亲一病身亡，且喜刚在家中，还不做客途之鬼。兴哥哭了一场，免不得揩干泪眼，整理大事。殡殓之外，做些功德超度，自不必说。七七四十九日内，内外宗亲，都来吊孝。本县有个王公，正是兴哥的新岳丈，也来上门祭奠，少不得蒋门亲戚陪侍叙话。中间说起兴哥少年老成，这般大事，亏他独力支持，因话随话间，就有人撺掇道："王老亲翁，如今令爱也长成了，何不乘凶完配，教他夫妇作伴，也好过日。"王公未肯应承，当日相别去了，众亲戚等安葬事毕，又去撺掇兴哥，兴哥初时也不肯，却被撺掇了几番，自想孤身无伴，只得应允。央原媒人往王家去说，王公只是推辞，说道："我家也要备些薄薄妆奁，一时如何来得？况且孝未期年，于礼有碍，便要成亲，且待小祥之后再议。"媒人回话，兴哥见他说得正理，也不相强。

光阴如箭，不觉周年已到。兴哥祭过了父亲灵位，换去粗麻衣服，再央媒人王家去说，方才依允。不隔几日，六礼完备，娶了新妇进门。有《西江月》为证：孝幕翻成红幕，色衣换去麻衣。画楼结彩烛光辉，和卺花筵齐备。　　那羡妆奁富盛，难求丽色娇妻。今宵云雨足欢娱，来日人称恭喜。

说这新妇是王公最幼之女，小名唤做三大儿，因他是七月七日生的，又唤做三巧儿。王公先前嫁过的两个女儿，都是出色标致的。枣阳县中，人人称美，造出四句口号，道是：天下妇人多，王家美色寡。有人娶着他，胜似为附马。常言道："做买卖不着，只一时；讨老婆不着，是一世。"若干官宦大户人家，单拣门户相当，或是贪他嫁资丰厚，不分皂白，定了亲事。后来娶下一房奇丑的媳妇，十亲九眷面前，出来相见，做公婆的好没意思。又且丈夫心下不喜，未免私房走野。偏是丑妇极会管老公，若是一般见识的，便要反目；若使顾惜体面，让他一两遍，他就做大起来。有此数般不妙，所以蒋世泽闻知王公惯生得好女儿，从小便送过财礼，定下他幼女与儿子为婚。今日娶过门来，果然娇资艳质，说起来，比他两个姐儿加倍标致。正是：吴宫西子不如，楚国南威难赛。若比水月观音，一样烧香礼拜。

蒋兴哥人才本自齐整，又娶得这房美色的浑家，分明是一对玉人，良工琢就，男欢女爱，比别个夫妻更胜十分。三朝之后，依先换了些浅色衣服，只推制中，不与外事，专在楼上与浑家成双捉对，朝暮取乐。真个行坐不离，梦魂作伴。自古苦日难熬，欢时易过，暑往寒来，早已孝服完满，起灵除孝，不在话下。

兴哥一日间想起父亲存日广东生理，如今担阁三年有余了，那边还放下许多客账，不曾取得。夜间与浑家商议，欲要去走一遭。浑家初时也答应道该去，后来说到许多路程，恩爱夫妻，何忍分离？不觉两泪交流。兴哥也自割舍不得，两下凄惨一场，又丢开了。如此已非一次。光阴荏苒，不觉又捱过了二年。那时兴哥决意要行，瞒过了浑家，在外面暗暗收拾行李。拣了个上吉的日期，五日前方对浑家说知，道："常言'坐吃山空'，我夫妻两口，也要成家立业，终不然抛了这行衣食道路？如今这二月天气不寒不暖，不上路更待何时？"浑家料是留他不住了，只得问道："丈夫此去几时可回？"兴哥道："我这番出外，甚不得已，好歹一年便回，宁可第二遍多去几时罢了。"浑家指着楼前一棵椿树道："明年此树发芽，便盼着官人回也。"说罢，泪下如雨。兴哥把衣袖替他揩拭，不觉自己眼泪也挂下来。两下里怨离惜别，分外恩情，一言难尽。

到第五日，夫妇两个啼啼哭哭，说了一夜的说话，索性不睡了。五更时分，兴哥便起身收拾，将祖遗下的珍珠细软，都交付与浑家收管。自己只带得本钱银两、账目底本及随身衣服、铺陈之类，又有预备下送礼的人事，都装叠得停当。

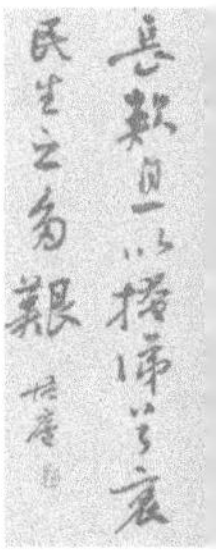

原有两房家人，只带一个后生些的去；留一个老成的在家，听浑家使唤，买办日用。两个婆娘，专管厨下。又有两个丫头，一个叫晴云，一个叫暖雪，专在楼中伏侍，不许远离。分付停当了，对浑家说道："娘子耐心度日。地方轻薄子弟不少，你又生得美貌，莫在门前窥瞰，招风揽火。"浑家道："官人放心，早去早回。"两下掩泪而别。正是：世上万般哀苦事，无非死别与生离。

兴哥上路，心中只想着浑家，整日的不瞅不睬。不一日，到了广东地方，下了客店。这伙旧时相识，都来会面，兴哥送了些人事。排家的治酒接风，一连半月二十日，不得空闲。兴哥在家时，原是淘虚了的身子，一路受些劳碌，到此未免饮食不节，得了个疟疾。一夏不好，秋间转成水痢。每日请医切脉，服药调治，直延到秋尽，方得安痊。把买卖都担阁了，眼见得一年回去不成。正是：只为蝇头微利，抛却鸳被良缘。兴哥虽然想家，到得日久，索性把念头放慢了。

不题兴哥做客之事。且说这里浑家王三巧儿，自从那日丈夫分付了，果然数月之内，目不窥户，足不下楼。光阴似箭，不觉残年将尽，家家户户，闹轰轰的暖火盆，放爆竹，吃合家欢耍子。三巧儿触景伤情，思想丈夫，这一夜好生凄楚！正合古人的四句诗，道是："腊尽愁难尽，春归人未归。朝来嗔寂寞，不肯试新衣。"

明日正月初一日，是个岁朝。晴云、暖雪两个丫头，一力劝主母在前楼去看看街坊景象。原来蒋家住宅前后通连的两带楼房，第一带临着大街，第二带方做卧室，三巧儿闲常只在第二带中坐卧。这一日被丫头们撺掇不过，只得从边厢里走过前楼，分付推开窗子，把帘儿放下，三口儿在帘内观看。这日街坊上好不闹杂！三巧儿道："多少东行西走的人，偏没个卖卦先生在内！若有时，唤他来卜问官人消息也好。"晴云道："今日是岁朝，人人要闲耍的，那个出来卖卦？"暖雪叫道："娘！限在我两个身上，五日内包唤一个来占卦便了。"

到初四日早饭过后，暖雪下楼小解，忽听得街上当当的敲响。响的这件东西，唤做"报君知”，是瞎子卖卦的行头。暖雪等不及解完，慌忙检了裤腰，跑出门外，叫住了瞎先生。拨转脚头，一口气跑上楼来，报知主母。三巧儿分付，唤在楼下坐启内坐着，讨他课钱，通陈过了，走下楼梯，听他剖断。那瞎先生占成一卦，问是何用。那时厨下两个婆娘，听得热闹，也都跑将来了，替主母传语道：“这卦是问行人的。”瞎先生道：“可是妻问夫么？”婆娘道：“正是。”先生道：“青龙治世，财爻发动。若是妻问夫，行人在半途，金帛千箱有，风波一点无。青龙属木，木旺于春，立春前后，已动身了。月尽月初，必然回家，更兼十分财采。”三巧儿叫买办的，把三分银子打发他去，欢天喜地，上楼去了。真所谓“望梅止渴”、“画饼充饥”。

大凡人不做指望，倒也不在心上；一做指望，便痴心妄想，时刻难过。三巧儿只为信了卖卦先生之语，一心只想丈夫回来，从此时常走向前楼，在帘内东张西望。直到二月初旬，椿树抽芽，不见些儿动静。三巧儿思想丈夫临行之约，愈加心慌，一日几遍，向外探望。也是合当有事，遇着这个俊俏后生。正是：有缘千里能相会，无缘对面不相逢。这个俊俏后生是谁？原来不是本地，是徽州新安县人氏，姓陈，名商，小名叫做大喜哥，后来改口呼为大郎；年方二十四岁，且是生得一表人物，虽胜不得宋玉、潘安，也不在两人之下。这大郎也是父母双亡，凑了二三千金本钱，来走襄阳贩籴些米豆之类，每年常走一遍。他下处自在城外，偶然这日进城来，要到大市街汪朝奉典铺中问个家信。那典铺正在蒋家对门，因此经过。你道怎生打扮？头上带一顶苏样的百柱鬃帽，身上穿一件鱼肚白的湖纱道袍，又恰好与蒋兴哥平昔穿着相像。三巧儿远远瞧见，只道是他丈夫回了，揭开帘子，定睛而看。陈大郎抬头，望见楼上一个年少的美妇人，目不转睛的，只道心上欢喜了他，也对着楼上丢个眼色。谁知两个都错认了。三巧儿见不是丈夫，羞得两颊通红，忙忙把窗儿拽转，跑在后楼，靠着床沿上坐地，兀自心头突突的跳个不住。谁知陈大郎的一片精魂，早被妇人眼光儿摄上去了。回到下处，心心念念的放他不下，肚里想道：“家中妻子，虽是有些颜色，怎比得妇人一半！欲待通个情款，争奈无门可入。若得谋他一宿，就消花这些本钱，也不枉为人在世。”叹了几口气，忽然想起大市街东巷，有个卖珠子的薛婆，曾与他做过交易。这婆子能言快语，况且日逐串街走巷，那一家不认得，须是与他商议，定有道理。

这一夜翻来覆去，勉强过了。次日起个清早，只推有事，讨些凉水梳洗，取了一百两银子，两大锭金子，急急的跑进城来。这叫做：欲求生受用，须下死工夫。陈大郎进城，一径来到大市街东巷，去敲那薛婆的门。薛婆蓬着头，正在天井里拣珠子，听得敲门，一头收过珠包，一头问道：“是谁？”才听说出“徽州陈”三字，慌忙开门请进，道：“老身未曾梳洗，不敢为礼了。大官人起得好早！有何贵干？”陈大郎道：“特特而来，若迟时，怕不相遇。”薛婆道：“可是作成老身出脱些珍珠首饰么？”陈大郎道：“珠子也要买，还有大买卖作成你。”

薛婆道：“老身除了这一行货，其余都不熟惯。”陈大郎道：“这里可说得话么？”薛婆便把大门关上，请他到小阁儿坐着，问道：“大官人有何分付？”大郎见四下无人，便向衣袖里摸出银子，解开布包，摊在桌上，道：“这一百两白银，干娘收过了，方才敢说。”婆子不知高低，那里肯受。大郎道：“莫非嫌少？”慌忙又取出黄灿灿的两锭金子，也放在桌上，道：“这十两金子，一并奉纳。若干娘再不收时，便是故意推调了。今日是我来寻你，非是你来求我。只为这桩大买卖，不是老娘成不得，所以特地相求。便说做不成时，这金银你只管受用。终不然我又来取讨，日后再没相会的时节了？我陈商不是恁般小样的人！”

看官，你说从来做牙婆的那个不贪钱钞？见了这股黄白之物，如何不动火？薛婆当时满脸堆下笑来，便道：“大官人休得错怪，老身一生不曾要别人一厘一毫不明不白的钱财。今日既承大官人分付，老身权且留下；若是不能效劳，依旧奉纳。”说罢，将金锭放银包内，一齐包起，叫声：“老身大胆了。”拿向卧房中藏过，忙踅出来，道：“大官人，老身且不敢称谢，你且说甚么买卖，用着老身之处？”大郎道：“急切要寻一件救命之宝，是处都无，只大市街上一家人家方有，特央干娘去借借。”婆子笑将起来道：“又是作怪！老身在这条巷中住过二十多年，不曾闻大市街有甚救命之宝。大官人你说，有宝的还是谁家？”大郎道：“敝乡里汪三朝奉典铺对门高楼子内是何人之宅？”婆子想了一回，道：“这是本地蒋兴哥家里，他男子出外做客，一年多了，止有女眷在家。”大郎道：“我这救命之宝，正要问他女眷借借。”便把椅儿掇近了婆子身边，向他诉出心腹，如此如此。

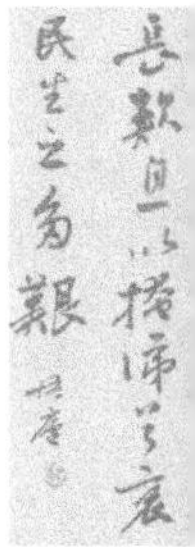

婆子听罢，连忙摇首道：“此事太难！蒋兴哥新娶这房娘子，不上四年，夫妻两个如鱼似水，寸步不离。如今没奈何出去了，这小娘子足不下楼，甚是贞节。因兴哥做人有些古怪，容易嗔嫌，老身辈从不曾上他的阶头。连这小娘子面长面短，老身还不认得，如何应承得此事？方才所赐，是老身薄福，受用不成了。”陈大郎听说，慌忙双膝跪下。婆子去扯他时，被他两手拿住衣袖，紧紧按定在椅上，动弹不得。口里说：“我陈商这条性命，都在干娘身上。你是必思量个妙计，作成我入马，救我残生。事成之日，再有白金百两相酬；若是推阻，即今便是个死。”慌得婆子没理会处，连声应道：“是，是！莫要折杀老身，大官人请起，老身有话讲。”陈大郎方才起身，拱手道：“有何妙策，作速见教。”薛婆道：“此事须从容图之，只要成就，莫论岁月。若是限时限月，老身决难奉命。”陈大郎道：“若果然成就，便迟几日何妨。只是计将安出？”薛婆道：“明日不可太早，不可太迟，早饭后，相约在汪三朝奉典铺中相会。大官人可多带银两，只说与老身做买卖，其间自有道理。若是老身这两只脚跨进得蒋家门时，便是大官人的造化。大官人便可急回下处，莫在他门首盘桓，被人识破，误了大事。讨得三分机会，老身自来回复。”陈大郎道：“谨依尊命。”唱了个肥喏，欣然开门而去。正是：未曾灭项兴刘，先见筑坛拜将。

当日无话。到次日，陈大郎穿了一身齐整衣服，取上三四百两银子，放在个大皮匣内，唤小郎背着，跟随到大市街汪家典铺来。瞧见对门楼窗紧闭，料是妇人不在，便与管典的拱了手，讨个木凳儿坐在门前，向东而望。不多时，只见薛婆抱着一个篾丝箱儿来了。陈大郎唤住，问道：“箱内何物？”薛婆道：“珠宝首饰，大官人可用么？”大郎道：“我正要买。”薛婆进了典铺，与管典的相见了，叫声聒噪，便把箱儿打开。内中有十来包珠子，又有几个小匣儿，都盛着新样簇花点翠的首饰，奇巧动人，光灿夺目。陈大郎拣几吊极粗极白的珠子，和那些簪珥之类，做一堆儿放着，道：“这些我都要了。”婆子便把眼儿瞅着，说道：“大官人要用时尽用，只怕不肯出这样大价钱。”陈大郎已自会意，开了皮匣，把这些银两白华华的摊做一台，高声的叫道：“有这些银子，难道买你的货不起。”此时邻舍闲汉已自走过七八个人，在铺前站着看了。婆子道：“老身取笑，岂敢小觑大官人。这银两须要仔细，请收过了，只要还得价钱公道便好。”两下一边的讨价多，一边的还钱少，差得天高地远。那讨价的一口不移；这里陈大郎拿着东西，又不放手，又不增添，故意走出屋檐，件件的翻覆认看，言真道假、弹斤估两的在日光中烜耀，惹得一市人都来观看，不住声的有人喝采。婆子乱嚷道：“买便买，不买便罢，只管担阁人则甚！”陈大郎道：“怎么不买？”两个又论了一番价。正是：只因酬价争钱口，惊动如花似玉人。

王三巧儿听得对门喧嚷，不觉移步前楼，推窗偷看。只见珠光闪烁，宝色辉煌，甚是可爱。又见婆子与客人争价不定，便分付丫鬟去唤那婆子，借他东西看看。晴云领命，走过街去，把薛婆衣袂一扯，道：“我家娘请你。”婆子故意问道：“是谁家？”晴云道：“对门蒋家。”婆子把珍珠之类劈手夺将过来，忙忙的包了，道：“老身没有许多空闲与你歪缠！”陈大郎道：“再添些卖了罢。”婆子道：“不卖，不卖！像你这样价钱，老身卖去多时了。”一头说，一头放入箱儿里，依先关锁了，抱着便走。晴云道：“我替你老人家拿罢。”婆子道：“不消。”头也不回，径到对门去了。陈大郎心中暗喜，也收拾银两，别了管典的，自回下处。正是：眼望捷旌旗，耳听好消息。

晴云引薛婆上楼，与三巧儿相见了。婆子看那妇人，心下想道：“真天人也！怪不得陈大郎心迷；若我做男子，也要浑了。”当下说道：“老身久闻大娘贤慧，但恨无缘拜识。”三巧儿问道：“你老人家尊姓？”婆子道：“老身姓薛，只在这里东巷住，与大娘也是个邻里。”三巧儿道：“你方才这些东西，如何不卖？”婆子笑道：“若不卖时，老身又拿出来怎的？只笑那下路客人，空自一表人才，不识货物。”说罢便去开了箱儿，取出几件簪珥，递与那妇人看，叫道：“大娘，你道这样首饰，便工钱也费多少！他们还得忒不像样，教老身在主人家面前，如何告得许多消乏？”又把几串珠子提将起来道：“这般头号的货，他们还做梦哩。”三巧儿问了他讨价、还价，便道：“真个亏你些儿。”婆子道：“还是大家宝眷，见多识广，比男子汉眼力到胜十倍。”三巧儿唤丫鬟看茶，婆子道：“不扰茶了。老身有件要紧的事，欲往西街走走，遇着这个客人，缠了多时，正是：买卖不成，担误工程。这箱儿连锁放在这里，权烦大娘收拾。老身暂去，少停就来。”说罢便走。三巧儿叫晴云送他下楼，出门向西去了。

三巧儿心上爱了这几件东西，专等婆子到来酬价，一连五日不至。到第六日午后，忽然下一场大雨。雨声未绝，砰砰的敲门声响。三巧儿唤丫鬟开看，只见薛婆衣衫半湿，提个破伞进来，口儿道：“晴干不肯走，直待雨淋头。”把伞儿放在楼梯边，走上楼来万福道：“大娘，前晚失信了。”三巧儿慌忙答礼道：“这几日在那里去了？”婆子道：“小女托赖，新添了个外甥。老身去看看，留住了几日，今早方回。半路上下起雨来，在一个相识人家借得把伞，又是破的，却不是晦气！”三巧儿道：“你老人家几个儿女？”婆子道：“只一个儿子，完婚过了。女儿到有四个，这是我第四个了，嫁与徽州朱八朝奉做偏房，就在这北门外开盐店的。”三巧儿道：“你老人家女儿多，不把来当事了。本乡本土少什么一夫一妇的，怎舍得与异乡人做小？”婆子道：“大娘不知，到是异乡人有情怀。虽则偏房，他大娘子只在家里，小女自在店中，呼奴使婢，一般受用。老身每遍去时，他当个尊长看待，更不怠慢。如今养了个儿子，愈加好了。”三巧儿道：“也是你老人家造化，嫁得着。”

说罢，恰好晴云讨茶上来，两个吃了。婆子道：“今日雨天没事，老身大胆，敢求大娘的首饰一看，看些巧样儿在肚里也好。”三巧儿道：“也只是平常生活，你老人家莫笑话。”就取一把钥匙，开了箱笼，陆续搬出许多钗、钿、瓔珞之类。薛婆看了，夸美不尽，道：“大娘有恁般珍异，把老身这几件东西，看不在眼了。”三巧儿道：“好说，我正要与你老人家请个实价。”婆子道：“娘子是识货的，何消老身费嘴。”三巧儿把东西检过，取出薛婆的篾丝箱儿来，放在桌上，将钥匙递与婆子道：“你老人家开了，检看个明白。”婆子道：“大娘忒精细了。”当下开了箱儿，把东西逐件搬出。

三巧儿品评价钱，都不甚远。婆子并不争论，欢欢喜喜的道：“恁地，便不枉了人。老身就少赚几贯钱，也是快活的。”三巧儿道：“只是一件，目下凑不起价钱，只好现奉一半。等待我家官人回来，一并清楚，他也只在这几日回了。”婆子道：“便迟几日，也不妨事。只是价钱上相让多了，银水要足纹的。”三巧儿道：“这也小事。”便把心爱的几件首饰及珠子收起，唤晴云取杯见成酒来，与老人家坐坐。

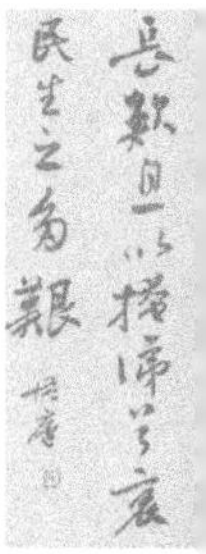

婆子道：“造次如何好搅扰？”三巧儿道：“时常清闲，难得你老人家到此作伴扳话。你老人家若不嫌怠慢，时常过来走走。”婆子道：“多谢大娘错爱，老身家里当不过嘈杂，像宅上又忒清闲了。”三巧儿道：“你家儿子做甚生意？”婆子道：“也只是接些珠宝客人，每日的讨酒讨浆，刮的人不耐烦。老身亏杀各宅们走动，在家时少，还好。若只在六尺地上转，怕不燥死了人。”三巧儿道：“我家与你相近，不耐烦时，就过来闲话。”婆子道：“只不敢频频打搅。”三巧儿道：“老人家说那里话。”只见两个丫鬟轮番的走动，摆了两副杯著，两碗腊鸡，两碗腊肉，两碗鲜鱼，连果碟素菜，共一十六个碗。婆子道：“如何盛设！”三巧儿道：“见成的，休怪怠慢。”说罢，斟酒递与婆子，婆子将杯回敬，两下对坐而饮。原来三巧儿酒量尽去得，那婆子又是酒壶酒瓮，吃起酒来，一发相投了，只恨会面之晚。那日直吃到傍晚，刚刚雨止，婆子作谢要回。三巧儿又取出大银钟来，劝了几钟。又陪他吃了晚饭。说道：“你老人家再宽坐一时，我将这一半价钱付你去。”婆子道：“天晚了。大娘请自在，不争这一夜儿，明日却来领罢。连这篾丝箱儿，老身也不拿去了，省得路上泥滑滑的不好走。”三巧儿道：“明日专专望你。”婆子作别下楼，取了破伞，出门去了。正是：世间只有虔婆嘴，哄动多多少少人。

却说陈大郎在下处呆等了几日，并无音信。见这日天雨，料是婆子在家，拖泥带水的进城来问个消息，又不相值。自家在酒肆中吃了三杯，用了些点心，又到薛婆门首打听，只是未回。看看天晚，却待转身，只见婆子一脸春色，脚略斜的走入巷来。陈大郎迎着他，作了揖，问道：“所言如何？”婆子摇手道：“尚早。如今方下种，还没有发芽哩。再隔五六年，开花结果，才到得你口。你莫在此探头探脑，老娘不是管闲事的。”陈大郎见他醉了，只得转去。

次日，婆子买了些时新果子、鲜鸡、鱼、肉之类，唤个厨子安排停当，装做两个盒子，又买一瓮上好的醕酒，央间壁小二挑了，来到蒋家门首。三巧儿这日不见婆子到来，正教晴云开门出来探望，恰好相遇。婆子教小二挑在楼下，先打发他去了。晴云已自报知主母。三巧儿把婆子当个贵客一般，直到楼梯一边迎他上去。婆子千恩万谢的福了一回，便道：“今日老身偶有一杯水酒，将来与大娘消遣。”三巧儿道：“到要你老人家赔钞，不当受了。”

婆子央两个丫鬟搬将上来，摆做一桌子。三巧儿道："你老人家忒迂阔了，恁般大弄起来。"婆子笑道："小户人家，备不出甚么好东西，只当一茶奉献。"晴云便去取杯箸，暖雪便吹起水火炉来。霎时酒暖，婆子道："今日是老身薄意，还请大娘转坐客位。"三巧儿道："虽然相扰，在寒舍岂有此理？"两下谦让多时，薛婆只得坐了客席。

这是第三次相聚，更觉熟分了。饮酒中间，婆子问道："官人出外好多时了还不回，亏他撇得大娘下。"三巧儿道："便是，说过一年就转，不知怎地担阁了？"婆子道："依老身说，放下了恁般如花似玉的娘子，便博个堆金积玉也不为罕。"婆子又道："大凡走江湖的人，把客当家，把家当客。比如我第四个女婿朱八朝奉，有了小女，朝欢暮乐，那里想家？或三年四年，才回一遍。住不上一两个月，又来了。家中大娘子替他担孤受寡，那晓得他外边之事？"三巧儿道："我家官人倒不是这样人。"婆子道："老身只当闲话讲，怎敢将天比地？"当日两个猜谜掷色，吃得酩酊而别。

第三日，同小二来取家火，就领这一半价钱。三巧儿又留他吃点心。从此以后，把那一半赊钱为由，只做问兴哥的消息，不时行走。这婆子俐齿伶牙，能言快语，又半痴不颠的，惯与丫鬟们打诨，所以上下都欢喜他。三巧儿一日不见他来，便觉寂寞，叫老家人认了薛婆家里，早晚常去请他，所以一发来得勤了。世间有四种人惹他不得，引起了头，再不好绝他。是那四种？游方僧道、乞丐、闲汉、牙婆。上三种人犹可，只有牙婆是穿房入户的，女眷们怕冷静时，十个九个到要扳他来往。今日薛婆本是个不善之人，一般甜言软语，三巧儿遂与他成了至交，时刻少他不得。正是：画虎画皮难画骨，知人知面不知心。

陈大郎几遍讨个消息，薛婆只回言尚早。其时五月中旬，天渐炎热。婆子在三巧儿面前，偶说起家中蜗窄，又是朝西房子，夏月最不相宜，不比这楼上高敞风凉。三巧儿道："你老人家若撇得家下，到此过夜也好。"婆子道："好是好，只怕官人回来。"三巧儿道："他就回，料道不是半夜三更。"婆子道："大娘不嫌蒿恼，老身惯是挜相知的，只今晚就取铺陈过来，与大娘作伴，何如？"三巧儿道："铺陈尽有，也不须拿得。你老人家回覆家里一声，索性在此过了一夏家去不好？"婆子真个对家里儿子媳妇说了，只带个梳匣儿过来。三巧儿道："你老人家多事，难道我家油梳子也缺了，你又带来怎地？"婆子道："老身一生怕的是同汤洗脸，合具梳头。大娘怕没有精致的梳具，老身如何敢用？其他姐儿们的，老身也怕用得，还是自家带了便当。只是大娘在那一门房安歇？"三巧儿指着床前一个小小藤榻儿，道："我预先排下你的卧处了，我两个亲近些，夜间睡不着好讲些闲话。"说罢，检出一项青纱帐来，教婆子自家挂了，又同吃了一会酒，方才歇息。两个丫鬟原在床前打铺相伴，因有了婆子，打发他在间壁房里去睡。

从此为始，婆子日间出去串街做买卖，黑夜便到蒋家歇宿。时常携壶挈榼的殷勤热闹，不一而足。床榻是丁字样铺下的，虽隔着帐子，却像是一头同睡。夜间絮絮叨叨，你问我答，凡街坊秽亵之谈，无所不至。这婆子或时装醉诈风起来，到说起自家少年时偷汉的许多情事，去勾动那妇人的春心。害得那妇人娇滴滴一副嫩脸，红了又白，白了又红。婆子也知妇人心活，只是那话儿不好启齿。

光阴迅速，又到七月初七日了，正是三巧儿的生日。婆子清早备下两盒礼，与他做生。

三巧儿称谢了,留他吃面。婆子道:“老身今日有些穷忙,晚上来陪大娘,看牛郎织女做亲。”说罢自去了。下得阶头不几步,正遇着陈大郎。路上不好讲话,随到个僻静巷里。陈大郎攒着两眉,埋怨婆子道:“干娘,你好慢心肠!春去夏来,如今又立过秋了。你今日也说尚早,明日也说尚早,却不知我度日如年。再延捱几日,他丈夫回来,此事便付东流,却不活活的害死我也!阴司去少不得与你索命。”婆子道:“你且莫喉急,老身正要相请,来得恰好。事成不成,只在今晚,须是依我而行。如此如此,这般这般。全要轻轻悄悄,莫带累人。”陈大郎点头道:“好计,好计!事成之后,定当厚报。”说罢,欣然而去。正是:排成窃玉偷香阵,费尽携云握雨心。

却说薛婆约定陈大郎这晚成事。午后细雨微茫,到晚却没有星月。婆子黑暗里引着陈大郎埋伏在左近,自己却去敲门。晴云点个纸灯儿,开门出来。婆子故意把衣袖一摸,说道:“失落了一条临清汗巾儿。姐姐,劳你大家寻一寻。”哄得晴云便把灯向街上照去。这里婆子捉个空,招着陈大郎一溜溜进门来,先引他在楼梯背后空处伏着。婆子便叫道:“有了,不要寻了。”晴云道:“恰好火也没了,我再去点个来照你。”婆子道:“走熟的路,不消用火。”两个黑暗里关了门,摸上楼来。三巧儿问道:“你没了什么东西?”婆子袖里处出个小帕儿来,道:“就是这个冤家,虽然不值甚钱,是一个北京客人送我的,却不道礼轻人意重。”三巧儿取笑道:“莫非是你老相交送的表记。”婆子笑道:“也差不多。”

当夜两个耍笑饮酒。婆子道:“酒肴尽多,何不把些赏厨下男女?也教他闹轰轰,像个节夜。”三巧儿真个把四碗菜,两壶酒,分付丫鬟,拿下楼去。那两个婆娘,一个汉子,吃了一回,各去歇息不题。

再说婆子饮酒中间问道:“官人如何还不回家?”三巧儿道:“便是算来一年半了。”婆子道:“牛郎织女,也是一年一会,你比他到多隔了半年。常言道一品官,二品客。做客的那一处没有风花雪月?只苦了家中娘子。”三巧儿叹了口气,低头不语。婆子道:“是老身多嘴了。今夜牛女佳期,只该饮酒作乐,不该说伤情话儿。”说罢,便斟酒去劝那妇人。约莫半酣,婆子又把酒去劝两个丫鬟,说道:“这是牛郎织女的喜酒,劝你多吃几杯,后日嫁个恩爱的老公,寸步不离。”两个丫鬟被缠不过,勉强吃了,各不胜酒力,东倒西歪。三巧儿分付关了楼门,发放他先睡。他两个自在吃酒。

婆子一头吃,口里不住的说罗说皂道:“大娘几岁上嫁的?”三巧儿道:“十七岁。”婆子道:“破得身迟,还不吃亏;我是十三岁上就破了身。”三巧儿道:“嫁得恁般早?”婆子道:“论起嫁,到是十八岁了。不瞒大娘说,因是在间壁人家学针指,被他家小官人调诱,一时间贪他生得俊俏,就应承与他偷了。初时好不疼痛,两三遍后,就晓得快活。大娘你可也是这般么?”三巧儿只是笑。婆子又道:“那话儿到是不晓得滋味的到好,尝过的便丢不下,心坎里时时发痒。日里还好,夜间好难过哩。”三巧儿道:“想你在娘家时阅人多矣,亏你怎生充得黄花女儿嫁去?”婆子道:“我的老娘也晓得些影像,生怕出丑,教我一个童女方,用石榴皮、生矾两味煎汤洗过,那东西就笃紧了。我只做张做势的叫疼,就遮过了。”三巧儿道:“你做女儿时,夜间也少不得独睡。”婆子道:“还记得在娘家时节,哥哥出外,我与嫂嫂一头同睡,两下轮番在肚子上学男子汉的行事。”三巧儿道:“两个女人做对,有甚好

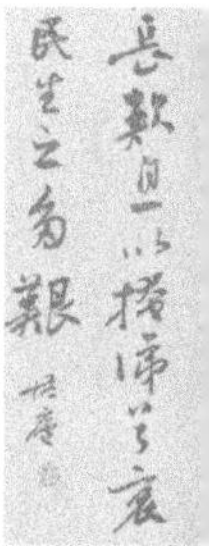

处？”婆子走过三巧儿那边，挨肩坐了，说道：“大娘，你不知，只要大家知音，一般有趣，也撇得火。”三巧儿举手把婆子肩胛上打一下，说道：“我不信，你说谎。”婆了见他欲心已动，有心去挑拨他，又道：“老身今年五十二岁了，夜间常痴性发作，打熬不过，亏得你少年老成。”三巧儿道：“你老人家打熬不过，终不然还去打汉子？”婆子道：“败花枯柳，如今那个要我了？不瞒大娘说，我也有个自取其乐，救急的法儿。”三巧儿道：“你说谎，又是甚么法儿？”婆子道：“少停到床上睡了，与你细讲。”

说罢，只见一个飞蛾在灯上旋转，婆子便把扇来一扑，故意扑灭了灯，叫声：“阿呀！老身自去点灯来。”便去开楼门。陈大郎已自走上楼梯，伏在门边多时了。都是婆子预先设下的圈套。婆子道：“忘带个取灯儿去了。”又走转来，便引着陈大郎到自己榻上伏着。婆子下楼去了一回，复上来道：“夜深了，厨下火种都熄了，怎么处？”三巧儿道：“我点灯睡惯了，黑魆魆地，好不怕人！”婆道：“老身伴你一床睡何如？”三巧儿正要问他救急的法儿，应道：“甚好。”婆子道：“大娘，你先上床，我关了门就来。”三巧儿先脱了衣服，床上去了，叫道：“你老人家快睡罢。”婆子应道：“就来了。”却在榻上拖陈大郎上来，赤条条的㧐在三巧儿床上去。三巧儿摸着身子，道：“你老人家许多年纪，身上恁般光滑！”那人并不回言，钻进被里，就捧着妇人做嘴，妇人还认是婆子，双手相抱。那人蓦地腾身而上，就干起事来。那妇人一则多了杯酒，醉眼朦胧；二则被婆子挑拨，春心飘荡，到此不暇致详，凭他轻薄：一个是闺中怀春的少妇，一个是客邸慕色的才郎。一个打熬许久，如文君初遇相如；一个盼望多时，如必正初谐陈女。分明久旱受甘雨，胜似他乡遇故知。

陈大郎是走过风月场的人，颠鸾倒凤，曲尽其趣，弄得妇人魂不附体。云雨毕后，三巧儿方问道：“你是谁？”陈大郎把楼下相逢，如此相慕，如此苦央薛婆用计，细细说了：“今番得遂平生，便死瞑目。”婆子走到床间，说道：“不是老身大胆，一来可怜大娘青春独宿，二来要救陈郎性命。你两个也是宿世姻缘，非干老身之事。”三巧儿道：“事已如此，万一我丈夫知觉，怎么好？”婆子道：“此事你知我知，只买定了晴云、暖雪两个丫头，不许他多嘴，再有谁人漏泄？在老身身上，管成你夜夜欢娱，一些事也没有。只是日后不要忘记了老身。”三巧儿到此，也顾不得许多了，两个又狂荡起来，直到五更鼓绝，天色将明，两个兀自不舍。婆子催促陈大郎起身，送他出门去了。

自此无夜不会，或是婆子同来，或是汉子自来。两个丫鬟被婆子甜话儿偎他，又把利害话儿吓他，又教主母赏他几件衣服；汉子到时，不时把些零碎银子赏他们买果儿吃，骗得欢欢喜喜，已自做了一路。夜来明去，一出一入，都是两个丫鬟迎送，全无阻隔。真个是你贪我爱，如胶似漆，胜如夫妇一般。陈大郎有心要结识这妇人，不时的制办好衣服、好首饰送他，又替他还了欠下婆子的一半价钱，又将一百两银子谢了婆子。往来半年有余，这汉子约有千金之费。三巧儿也有三十多两银子的东西，送那婆子。婆子只为图这些不义之财，所以肯做牵头。这都不在话下。

古人云：“天下无不散的筵席。”才过十五元宵夜，又是清明三月天。陈大郎思想蹉跎了多时生意，要得还乡。夜来与妇人说知，两下恩深义重，各不相舍。妇人到情愿收拾了些细软，跟随汉子逃走，去做长久夫妻。陈大郎道：“使不得。我们相交始末，都在薛婆肚

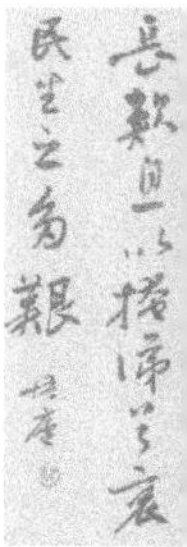

里。就是主人家吕公，见我每夜进城，难道没有些疑惑？况客船上人多，瞒得那个？两个丫鬟又带去不得。你丈夫回来，跟究出情由，怎肯干休？娘子权且耐心，到明年此时，我到此觅个僻静下处，悄悄通个信儿与你，那时两口儿同走，神鬼不觉，却不安稳？”妇人道：“万一你明年不来，如何？”陈大郎就设起誓来。妇人道：“既然你有真心，奴家也决不相负。你若到了家乡，倘有便人，托他捎个书信到薛婆处，也教奴家放意。”陈大郎道：“我自用心，不消分付。”

又过了几日，陈大郎雇下船只，装载粮食完备，又来与妇人作别。这一夜倍加眷恋，两下说一会，哭一会，又狂荡一会，整整的一夜不曾合眼。到五更起身，妇人便去开箱，取出一件宝贝，叫做“珍珠衫”，递与陈大郎道：“这件衫儿，是蒋门祖传之物，暑天若穿了他，清凉透骨。此去天道渐热，正用得着。奴家把与你做个记念，穿了此衫，就如奴家贴体一般。”陈大郎哭得出声不得，软做一堆。妇人就把衫儿亲手与汉子穿下，叫丫鬟开了门户，亲自送他出门。再三珍重而别。诗曰：昔年含泪别夫郎，今日悲啼送所欢。堪恨妇人多水性，招来野鸟胜文鸾。

话分两头。却说陈大郎有了这珍珠衫儿，每日贴体穿着，便夜间脱下，也放在被窝中同睡，寸步不离。一路遇了顺风，不两月行到苏州府枫桥地面。那枫桥是柴米牙行聚处，少不得投个主家脱货，不在话下。忽一日，赴个同乡人的酒席。席上遇个襄阳客人，生得风流标致。那人非别，正是蒋兴哥。原来兴哥在广东贩了些珍珠、玳瑁、苏木、沉香之类，搭伴起身。那伙同伴商量，都要到苏州发卖。

兴哥久闻得“上说天堂，下说苏杭”，好个大马头所在，有心要去走一遍，做这一回买卖，方才回去。还是去年十月中到苏州的。因是隐姓为商，都称为罗小官人，所以陈大郎更不疑惑。他两个萍水相逢，年相若貌相似，谭吐应对之间，彼此敬慕。即席间问了下处，互相拜望，两下遂成知己，不时会面。

兴哥讨完了客账，欲待起身，走到陈大郎寓所作别，大郎置酒相待，促膝谈心，甚是款洽。此时五月下旬，天气炎热。两个解衣饮酒，陈大郎露出珍珠衫来。兴哥心中骇异，又不好认他的，只夸奖此衫之美。陈大郎恃了相知，便问道：“贵县大市街有个蒋兴哥家，罗兄可认得否？”兴哥到也乖巧，回道：“在下出外日多，里中虽晓得有这个人，并不相认，陈兄为何问他？”陈大郎道：“不瞒兄长说，小弟与他有些瓜葛。”便把三巧儿相好之情，告诉了一遍。扯着衫儿看了，眼泪汪汪道：“此衫是他所赠。兄长此去，小弟有封书信，奉烦一寄，明日侵早送到贵寓。”兴哥口里答应道：“当得，当得。”心下沉吟：“有这等异事！现在珍珠衫为证，不是个虚话了。”当下如针刺肚，推放不饮，急急起身别去。

回到下处，想了又恼，恼了又想，恨不得学个缩地法儿，顷刻到家。连夜收拾，次早便上船要行。只见岸上一个人气吁吁的赶来，却是陈大郎。亲把书信一大包，递与兴哥，叮嘱千万寄去。气得兴哥面如土色，说不得，话不得，死不得，活不得。只等陈大郎去后，把书看时，面上写道：“此书烦寄大市街东巷薛妈妈家。”兴哥性起，一手扯开，却是八尺多长一条桃红绉纱汗巾。又有个纸糊长匣儿，内有羊脂玉凤头簪一根。书上写道：“微物二件，烦干娘转寄心爱娘子三巧儿亲收，聊表记念。相会之期，准在来春。珍重，珍重。”兴哥大怒，把书扯得粉碎，撇在河中；提起玉簪在船板上一掼，折做两段。一念想起道："我好糊涂！何不留此做个证见也好。"便捡起簪儿和汗巾，做一包收拾，催促开船。

急急的赶到家乡，望见了自家门首，不觉堕下泪来。想起："当初夫妻何等恩爱，只为我贪着蝇头微利，撇他少年守寡，弄出这场丑来，如今悔之何及！"在路上性急，巴不得赶回。及至到了，心中又苦又恨，行一步，懒一步。进得自家门里，少不得忍住了气，勉强相见。兴哥并无言语，三巧儿自己心虚，觉得满脸惭愧，不敢殷勤上前扳话。兴哥搬完了行李，只说去看看丈人丈母，依旧到船上住了一晚。次早回家，向三巧儿说道："你的爹娘同时害病，势甚危笃。昨晚我只得住下，看了他一夜。他心中只牵挂着你，欲见一面。我已顾下轿子在门首，你可作速回去，我也随后就来。"三巧儿见丈夫一夜不回，心里正在疑虑：闻说爹娘有病，却认真了，如何不慌？慌忙把箱笼上钥匙递与丈夫，唤个婆娘跟了，上轿而去。兴哥叫住了婆娘，向袖中摸出一封书来，分付他送与王公："送过书，你便随轿回来。"

却说三巧儿回家，见爹娘双双无恙，吃了一惊。王公见女儿不接而回，也自骇然。在婆子手中接书，拆开看时，却是休书一纸。上写道："立休书人蒋德，系襄阳府枣阳县人。从幼凭媒聘定王氏为妻。岂期过门之后，本妇多有过失，正合七出之条。因念夫妻之情，不忍明言，情愿退还本宗，听凭改嫁，并无异言，休书是实。成化二年　月　日，手掌为记。"书中又包着一条桃红汗巾，一枝打折的羊脂玉凤头簪。王公看了大惊，叫过女儿问其缘故。三巧儿听说丈夫把他休了，一言不发，啼哭起来。王公气忿忿的一径跟到女婿家来，蒋兴哥连忙上前作揖。王公回礼，便问道："贤婿，我女儿是清清白白嫁到你家的，如今有何过失，你便把他休了？须还我个明白。"蒋兴哥道："小婿不好说得，但问令爱便知。"王公道："他只是啼哭，不肯开口，教我肚里好闷！小女从幼聪慧，料不到得犯了淫盗。若是小小过失，你可也看老汉薄面，恕了他罢。你两个是七八岁上定下的夫妻，完婚后并不曾争论一遍两遍，且是和顺。你如今做客才回，又不曾住过三朝五日，有什么破绽落在你眼里？你直如此狠毒，也被人笑话，说你无情无义。"蒋兴哥道："丈人在上，小婿也不敢多讲。家下有祖遗下珍珠衫一件，是令爱收藏，只问他如今在否。若在时，半字休题：若不在，只索休怪了。"王公忙转身回家，问女儿道："你丈夫只问你讨什么珍珠衫，你端的拿与何人去了？"那妇人听得说着了他紧要的关目，羞得满脸通红，开不得口，一发号啕大哭起来，慌得王公没做理会处。王婆劝道："你不要只管啼哭，实实的说个真情与爹妈知道，也好与你分割。"妇人那里肯说，悲悲咽咽，哭一个不住。王公只得把休书和汗巾、簪子，都付与王婆，教他慢慢的偎着女儿，问他个明白。

王公心中纳闷，走到邻家闲话去了。王婆见女儿哭得两眼赤肿，生怕苦坏了他，安慰了几句言语，走往厨房下去暖酒，要与女儿消愁。三巧儿在房中独坐，想着珍珠衫泄漏的缘故，好生难解！这汗巾簪子，又不知那里来的。沉吟了半晌道："我晓得了。这折簪是镜破钗分之意：这条汗巾，分明教我悬梁自尽。他念夫妻之情，不忍明言，是要全我的廉耻。可怜四年恩爱，一旦决绝，是我做的不是，负了丈夫恩情。便活在人间，料没有个好日，不如缢死，到得干净。"说罢，又哭了一回，把个坐兀子填高，将汗巾兜在梁上，正欲自缢。也是寿数未绝，不曾关上房门。恰好王婆暖得一壶好酒走进房来，见女儿安排这事，急得他手忙脚乱，不放酒壶，便上前去拖拽。不期一脚踢番坐兀子，娘儿两个跌做一团，酒壶都泼翻了。王婆爬起来，扶起女儿，说道："你好短见！二十多岁的人，一朵花还没有开足，怎做这没下梢的事？莫说你丈夫还有回心转意的日子，便真个休了，恁般容貌，怕没人要你？少不得别选良姻，图个下半世受用。你且放心过日子去，休得愁闷。"王公回家，知道女儿寻死，也劝了他一番，又嘱咐王婆用心提防。

过了数日，三巧儿没奈何，也放下了念头。正是：夫妻本是同林鸟，大限来时各自飞。

再说蒋兴哥把两条索子，将晴云、暖雪捆缚起来，拷问情由。那丫头初时抵赖，吃打不过，只得从头至尾，细细招将出来。已知都是薛婆勾引，不干他人之事。到明朝，兴哥领了一伙人，赶到薛婆家里，打得他雪片相似，只饶他拆了房子。薛婆情知自己不是，躲过一边，并没一人敢出头说话。兴哥见他如此，也出了这口气。回去唤个牙婆，将两个丫头都卖了。楼上细软箱笼，大小共十六只，写三十二条封皮，打叉封了，更不开动。这是甚意儿？只因兴哥夫妇，本是十二分相爱的。虽则一时休了，心中好生痛切。见物思人，何忍开看？

话分两头。却说南京有个吴杰进士，除授广东潮阳县知县。水路上任，打从襄阳经过。不曾带家小，有心要择一美妾。一路看了多少女子，并不中意。闻得枣阳县王公之女，大有颜色，一县闻名。出五十金财礼，央媒议亲。王公到也乐从，只怕前婿有言，亲到蒋家，与兴哥说知。兴哥并不阻挡。临嫁之夜，兴哥顾了人夫，将楼上十六个箱笼，原封不动，连钥匙送到吴知县船上，交割与三巧儿，当个陪嫁。妇人心上到过意不去。旁人晓得这事，也有夸兴哥做人忠厚的，也有笑他痴呆的，还有骂他没志气的，正是人心不同。

闲话休题。再说陈大郎在苏州脱货完了，回到新安，一心只想着三巧儿。朝暮看了这件珍珠衫，长吁短叹。老婆平氏心知这衫儿来得蹊跷，等丈夫睡着，悄悄的偷去，藏在天花板上。陈大郎早起要穿时，不见了衫儿，与老婆取讨。平氏那里肯认。急得陈大郎性发，倾箱倒箧的寻个遍，只是不见，便破口骂老婆起来。惹得老婆啼啼哭哭，与他争嚷，闹吵了两三日。陈大郎情怀撩乱，忙忙的收拾银两，带个小郎，再望襄阳旧路而进。将近枣阳，不期遇了一伙大盗，将本钱尽皆劫去，小郎也被他杀了。

陈商眼快，走向船艄舵上伏着，幸免残生。思想还乡不得，且到旧寓住下，待会了三巧儿，与他借些东西，再图恢复。叹了一口气，只得离船上岸。

走到枣阳城外主人吕公家，告诉其事，又道："如今要央卖珠子的薛婆，与一个相识人家借些本钱营运。"吕公道："大郎不知，那婆子为勾引蒋兴哥的浑家，做了些丑事。去年兴哥回来，问浑家讨什么'珍珠衫'。原来浑家赠与情人去了，无言回答。兴哥当时休了浑家回去，如今转嫁与南京吴进士做第二房夫人了。那婆子被蒋家打得个片瓦不留，婆子安身不牢，也搬在隔县去了。"陈大郎听得这话，好似一桶冷水没头淋下。这一惊非小，当夜发寒发热，害起病来。这病又是郁症，又是相思症，也带些怯症，又有些惊症，床上卧了两个多月，翻翻覆覆只是不愈。连累主人家小厮，伏侍得不耐烦。陈大郎心上不安，打熬起精神，写成家书一封。请主人来商议，要觅个便人捎信在家中，取些盘缠，就要个亲人来看觑同回。这几句正中了主人之意。恰好有个相识的承差，奉上司公文要往徽宁一路。

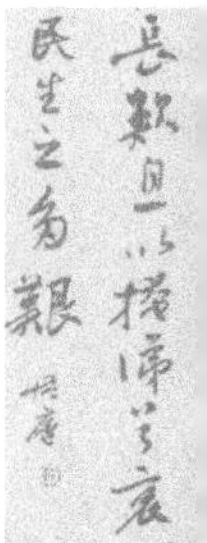

水陆驿递，极是快的。吕公接了陈大郎书札，又替他应出五钱银子，送与承差，央他乘便寄去。果然的“自行由得我，官差急如火”，不勾几日，到了新安县。问到陈商家里，送了家书，那承差飞马去了。正是：只为千金书信，又成一段姻缘。

话说平氏拆开家信，果是丈夫笔迹，写道：“陈商再拜，贤妻平氏见字：别后襄阳遇盗，劫资杀仆。某受惊患病，见卧旧寓吕家，两月不愈。字到可央一的当亲人，多带盘缠，速来看视。伏枕草草”。平氏看了，半信半疑，想道：“前番回家，亏折了千金资本。据这件珍珠衫，一定是邪路上来的。今番又推被盗，多讨盘缠，怕是假话。”又想道：“他要个的当亲人，速来看视，必然病势利害。这话是真，也未可知。如今央谁人去好？”左思右想，放心不下。与父亲平老朝奉商议。收拾起细软家私，带了陈旺夫妇，就请父亲作伴，顾个船只，亲往襄阳看丈夫去。到得京口，平老朝奉痰火病发，央人送回去了。平氏引着男女，上水前进。不一日，来到枣阳城外，问着了旧主人吕家。原来十日前，陈大郎已故了。吕公赔些钱钞，将就入殓。平氏哭倒在地，良久方醒。慌忙换了孝服，再三向吕公说，欲待开棺一见，另买副好棺材，重新殓过。吕公执意不肯。平氏没奈何，只得买木做个外棺包裹，请僧做法事超度，多焚冥资。吕公已自索了他二十两银子谢仪，随他闹吵，并不言语。

过了一月有余，平氏要选个好日子，扶柩而回。吕公见这妇人年少姿色，料是守寡不终，又且囊中有物。思想儿子吕二，还没有亲事，何不留住了他，完其好事，可不两便？吕公买酒请了陈旺，央他老婆委曲进言，许以厚谢。陈旺的老婆是个蠢货，那晓得什么委曲？不顾高低，一直的对主母说了。平氏大怒，把他骂了一顿，连打几个耳光子，连主人家也数落了几句。吕公一场没趣，敢怒而不敢言。正是：羊肉馒头没的吃，空教惹得一身骚。吕公便去撺掇陈旺逃走。陈旺也思量没甚好处了，与老婆商议，教他做脚，里应外合，把银两首饰，偷得罄尽，两口儿连夜走了。吕公明知其情，反埋怨平氏道：不该带这样歹人出来，幸而偷了自家主母的东西，若偷了别家的，可不连累人！又嫌这灵柩碍他生理，教他快些抬去；又道后生寡妇，在此住居不便，催促他起身。平氏被逼不过，只得别赁下一间房子住了。顾人把灵柩移来，安顿在内。这凄凉景象，自不必说。

间壁有个张七嫂，为人甚是活动。听得平氏啼哭，时常走来劝解。平氏又时常央他典卖几件衣服用度，极感其意。不勾几月，衣服都典尽了。从小学得一手好针线，思量要到个大户人家，教习女红度日，再作区处。正与张七嫂商量这话，张七嫂道：“老身不好说得，这大户人家，不是你少年人走动的。死的没福自死了，活的还要做人，你后面日子正长哩。终不然做针线娘了得你下半世？况且名声不好，被人看得轻了。还有一件，这个灵柩如何处置，也是你身上一件大事。便出赁房钱，终久是不了之局。”平氏道：“奴家也都虑到，只是无计可施了。”张七嫂道：“老身到有一策，娘子莫怪我说。你千里离乡，一身孤寡，手中又无半钱，想要搬这灵柩回去，多是虚了。莫说你衣食不周，到底难守；便多守得几时，亦有何益？依老身愚见，莫若趁此青年美貌，寻个好对头，一夫一妇的随了他去。得些财礼，就买块土来葬了丈夫，你的终身又有所托，可不生死无憾？”

平氏见他说得近理，沉吟了一会，叹口气道：“罢，罢，奴家卖身葬夫，旁人也笑我不得。”张七嫂道：“娘子若定了主意时，老身现有个主儿在此。年纪与娘子相近，人物齐整，又是大富之家。”平氏道：“他既是富家，怕不要二婚的。”张七嫂道：“他也是续弦了，原对老身说：不拘头婚二婚，只要人才出众。似娘子这般丰姿，怕不中意？”原来张七嫂曾受蒋兴哥之托，央他访一头好亲。因是前妻三巧儿出色标致，所以如今只要访个美貌的。那平氏容貌，虽不及得三巧儿，论起手脚伶俐，胸中泾渭，又胜似他。

张七嫂次日就进城，与蒋兴哥说了。兴哥闻得是下路人，愈加欢喜。这里平氏分文财礼不要，只要买块好地殡葬丈夫要紧。张七嫂往来回复了几次，两相依允。

话休烦絮。却说平氏送了丈夫灵柩入土，祭奠毕了，大哭一场，免不得起灵除孝。临期，蒋家送衣饰过来，又将他典下的衣服都赎回了。成亲之夜，一般大吹大擂，洞房花烛。正是：规矩熟闲虽旧事，恩情美满胜新婚。

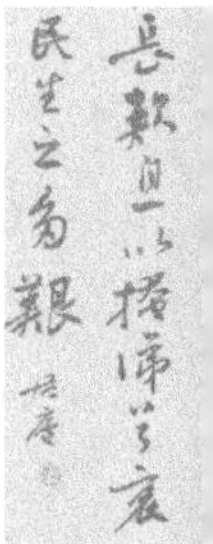

蒋兴哥见平氏举止端庄，甚相敬重。一日，从外而来，平氏正在打叠衣箱，内有珍珠衫一件。兴哥认得了，大惊问道：“此衫从何而来？”平氏道：“这衫儿来得蹊跷。”便把前夫如此张绖，夫妻如此争嚷，如此赌气分别，述了一遍。又道：“前日艰难时，几番欲把他典卖。只愁来历不明，怕惹出是非，不敢露人眼目。连奴家至今不知这物事那里来的。”兴哥道：“你前夫陈大郎名字，可叫做陈商？可是白淳面皮，没有须，左手长指甲的么？”平氏道：“正是。”蒋兴哥把舌头一伸，合掌对天道：“如此说来，天理昭彰，好怕人也！”平氏问其缘故，蒋兴哥道：“这件珍珠衫，原是我家旧物。你丈夫奸骗了我的妻子，得此衫为表记。我在苏州相会，见了此衫，始知其情，回来把王氏休了。谁知你丈夫客死。我今续弦，但闻是徽州陈客之妻，谁知就是陈商！却不是一报还一报！”平氏听罢，毛骨悚然。从此恩情愈笃。这才是“蒋兴哥重会珍珠衫”的正话。诗曰：天理昭昭不可欺，两妻交易孰便宜？分明欠债偿他利，百岁姻缘暂换时。

再说蒋兴哥有了管家娘子，一年之后，又往广东做买卖。也是合当有事。一日到合浦县贩珠，价都讲定，主人家老儿只拣一粒绝大的偷过了，再不承认。兴哥不忿，一把扯他袖子要搜。何期去得势重，将老儿拖翻在地，跌下便不做声。忙去扶时，气已断了。儿女亲邻，哭的哭，叫的叫，一阵的簇拥将来，把兴哥捉住，不由分说，痛打一顿，关在空房里。连夜写了状词，只等天明，县主早堂，连人进状。县主准了，因这日有公事，分付把凶身锁押，次日候审。

你道这县主是谁？姓吴名杰，南畿进士，正是三巧儿的晚老公。初选原在潮阳，上司因见他清廉，调在这合浦县采珠的所在做官。是夜，吴杰在灯下将准过的状词细阅。三巧儿正在旁边闲看，偶见宋福所告人命一词，凶身罗德，枣阳县客人，不是蒋兴哥是谁？想起旧日恩情，不觉痛酸，哭告丈夫道：“这罗德是贱妾的亲哥，出嗣在母舅罗家的。不期客边，犯此大辟。官人可看妾之面，救他一命还乡。”县主道：“且看临审如何。若人命果真，教我也难宽宥。”三巧儿两眼噙泪，跪下苦苦哀求。县主道：“你且莫忙，我自有道理。”明早出堂，三巧儿又扯住县主衣袖哭道：“若哥哥无救，贱妾亦当自尽，不能相见了。”

当日县主升堂，第一就问这起。只见宋福、宋寿弟兄两个，哭啼啼的与父亲执命，禀道：“因争珠怀恨，登时打闷，仆地身死。望爷爷做主。”县主问众干证口词，也有说打倒的，也有说推跌的。蒋兴哥辨道：“他父亲偷了小人的珠子，小人不忿，与他争论。他因年老脚跸，自家跌死，不干小人之事。”县主问宋福道：“你父亲几岁了？”宋福道：“六十七岁了。”县主道：“老年人容易昏绝，未必是打。”宋福、宋寿坚执是打死的。县主道：“有伤无伤，须凭检验。既说打死，将尸发在漏泽园去，俟晚堂听检。”原来宋家也是个大户，有体面的，老儿曾当过里长，儿子怎肯把父亲在尸场剔骨？两个双双叩头道：“父亲死状，众目共见，只求爷爷到小人家里相验，不愿发检。”县主道：“若不见贴骨伤痕，凶身怎肯伏罪？没有尸格，如何申得上司过？”弟兄两个只是求告。县主发怒道：“你既不愿检，我也难问。”慌的他弟兄两个连连叩头道：“但凭爷爷明断。”县主道：“望七之人，死是本等。倘或不因打死，屈害了一个平人，反增死者罪过。就是你做儿子的，巴得父亲到许多年纪，又把个不得善终的恶名与他，心中何忍？但打死是假，推仆是真，若不重罚罗德，也难出你的气。我如今教他披麻戴孝，与亲儿一般行礼：一应殡殓之费，都要他支持。你可服么？”弟兄两个道：“爷爷分付，小人敢不遵依。”兴哥见县主不用刑罚，断得干净，喜出望外。当下原、被告都叩头称谢。县主道：“我也不写审单，着差人押出，待事完回话，把原词与你销讫便了。”正是：公堂造业真容易，要积阴功亦不难。试看今朝吴大尹，解冤释罪两家欢。

却说三巧儿自丈夫出堂之后，如坐针毡，一闻得退衙，便迎住问个消息。县主道：“我如此如此断了，看你之面，一板也不曾责他。”三巧儿千恩万谢，又道：“妾与哥哥久别，渴思一会，问取爹娘消息。官人如何做个方便，使妾兄妹相见，此恩不小。”县主道：“这也容易。”看官们，你道三巧儿被蒋兴哥休了，恩断义绝，如何恁地用情？他夫妇原是十分恩爱的，因三巧儿做下不是，兴哥不得已而休之，心中兀自不忍，所以改嫁之夜，把十六只箱笼，完完全全的赠他。只这一件，三巧儿的心肠，也不容不软了。今日他身处富贵，见兴哥落难，如何不救？这叫做知恩报恩。

再说蒋兴哥遵了县主所断，着实小心尽礼，更不惜费，宋家弟兄都没话了。

丧葬事毕，差人押到县中回复。县主唤进私衙赐坐，说道：“尊舅这场官司，若非令妹再三哀恳，下官几乎得罪了。”兴哥不解其故，回答不出。少停茶罢，县主请入内书房，教小夫人出来相见。你道这番意外相逢，不像个梦境么？他两个也不行礼，也不讲话，紧紧的你我相抱，放声大哭。就是哭爹哭娘，从没见这般哀惨，连县主在旁，好生不忍，便道：“你两人且莫悲伤，我看你不像哥妹，快说真情，下官有处。”两个哭得半休不休的，那个肯说？却被县主盘问不过，三巧儿只得跪下，说道：“贱妾罪当万死，此人乃妾之前夫也。”蒋兴哥料瞒不得，也跪下来，将从前恩爱，及休妻再嫁之事，一一诉知。说罢，两人又哭做一团，连吴知县也堕泪不止，道：“你两人如此相恋，下官何忍拆开。幸然在此三年，不曾生育，即刻领去完聚。”两个插烛也似拜谢。县主即忙讨个小轿，送三巧儿出衙。又唤集人夫，把原来陪嫁的十六个箱笼抬去，都教兴哥收领。又差典吏一员，护送他夫妇出境。此乃吴知县之厚德。正是：珠还合浦重生采，剑合丰城倍有神。堪羡吴公存厚道，贪财好色竟何人！

此人向来艰子，后行取到吏部，在北京纳宠，连生三子，科第不绝，人都说阴德之报，这是后话。

再说蒋兴哥带了三巧儿回家，与平氏相见。论起初婚，王氏在前。只因休了一番，这平氏到是明媒正娶，又且平氏年长一岁，让平氏为正房，王氏反做偏房，两个姊妹相称。从此一夫二妇，团圆到老。有诗为证：恩爱夫妻虽到头，妻还作妾亦堪羞。殃祥果报无虚谬，咫尺青天莫远求。

（选自冯梦龙：《喻世明言》）

【解读】

《蒋兴哥重会珍珠衫》是一篇白话短篇小说，收集在明代著名的通俗文学家冯梦龙编纂的《喻世明言》中。《蒋兴哥重会珍珠衫》保持了话本的特色：引人入胜的故事情节、喜闻乐见的艺术形式，市民阶层的道德观念，鲜活的市民阶层生活。

《蒋兴哥重会珍珠衫》是一片说教色彩比较浓的作品——这也是话本的基本特点，这不仅通过故事来演绎，说话人还通过诗词等形式强调：如开篇时写道："人心或可昧，天道不差移。我不淫人妇，人不淫我妻"，结尾时再次强调："恩爱夫妻虽到头，妻还作妾亦堪羞。殃祥果报无虚谬，咫尺青天莫远求。"小说的主要成就表现在三个方面：

真实为艺术的生命，作品的"真"首先表现在人物心理状态的真。王三巧偷欢的过程中，反映的心态是极为真实的。"忽见陌关杨柳色，悔教夫婿觅封侯"。触景生情，这只不过见春色而已，佳人思妇就不能止乎礼，更何况王三巧有与陈大郎一见钟情之缘，加之做小买卖的薛婆有意"去勾动那妇人的春心"，并设计把王三巧推入失去理智的状态中去。寂寞难耐的等待，在当时交通不便、信息全无的时候，蒋兴哥出门后又染疾在身，耽误了归期，让久等的王三巧丧失了信心，也就丧失了理智，这为恋心若渴的陈大郎提供了机会。王三巧偷情最后被蒋兴哥原谅，被故事的作者原谅，这跟人性天理思想有关。正如王夫之说"人欲之大公，天理之至"，体现了那个社会的时代精神。因此，蒋兴哥休妻娶妻的心理过程也是可信的。

其次，社会环境中的社会心态反映也逼真。外出经商是勤于生计，他对妻子说："常言道：'坐吃山空'，我夫妻两口，也要成家立业，终不然抛弃了这行衣食道路？"薛婆牵线搭桥是唯利是图，她诋毁蒋兴哥，现身说教，极尽挑逗之能事，言行污秽丑陋不堪，这与他的小商小贩见利忘义的身份有关，王三巧再嫁吴县令是作妾，一夫多妻的社会现实为吴成人之美打下伏笔。蒋氏已娶陈大郎的媳妇为妻，王三巧背叛他的心理得到平衡，为破镜重圆奠定了心理基础。当王三巧与蒋氏抱头痛哭时，吴县令对王三巧的行为难道没有嫉妒之心吗？当王三巧嫁吴县令时，蒋氏还送上十六个箱笼，本为王三巧所用物品，权作陪嫁，"傍人晓得这事，也夸兴哥做人忠厚的，也有笑他痴呆的，还有骂他没有志气的：正是人心不同。"这正是社会环境的真实写照。

再次表现在情节构思的真。白居易有"商人重利轻别离"的诗句。在当时是确实存在的社会现象，但重利又是生活所迫，背井离乡情不由衷。这个交代是为合理展开情节奠定了基础。陈商与王三巧私通是情节的开始。根据前面心态的分析，王三巧的行为是人欲战胜理性的行为，这行为在特定的情况下发生是完全可能的，最终被人所谅解可以作为佐证。到蒋氏与王三巧偶然相遇，抱头痛哭，夫妻情是藕断丝连。"连丝"就是十六个陪嫁箱笼，蒋氏当初送予王三巧作陪嫁物，可谓以德报怨，为团圆结局埋下了伏笔。大团圆结局，即使情节发展自然真实，又使结局合符中国人的传统审美习惯。文中插入陈商之

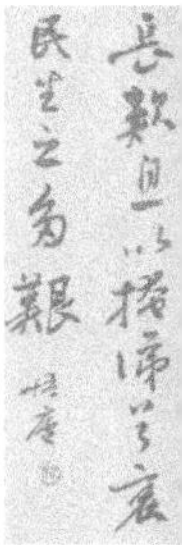

死，蒋氏娶陈商之妻平氏，反映了因果报应的思想，有些牵强附会之嫌，但迎合了当时社会惩恶扬善的道德观，这种处理方式也是科学的，许多偶然性中，它隐藏着发展的必然。多行不义必自毙的观念被人普遍接受，反映出时代观念的真实性来。

2. 李娃传

白行简

汧国夫人李娃，长安之倡女也。节行瑰奇，有足称者。故监察御史白行简为传述。

天宝中，有常州刺史荥阳公者，略其名氏，不书，时望甚崇，家徒甚殷。知命之年，有一子，始弱冠矣，隽朗有词藻，迥然不群，深为时辈推伏。其父爱而器之，曰："此吾家千里驹也。"应乡赋秀才举，将行，乃盛其服玩车马之饰，计其京师薪储之费。谓之曰："吾观尔之才，当一战而霸。今备二载之用，且丰尔之给，将为其志也。"生亦自负视上第如指掌。自毗陵发，月余抵长安，居于布政里。尝游东市还，自平康东门入，将访友于西南。至鸣珂曲，见一宅，门庭不甚广，而室宇严邃，阖一扉。有娃方凭一双鬟青衣立，妖姿要妙，绝代未有。生忽见之，不觉停骖久之，徘徊不能去。乃诈坠鞭于地，候其从者，敕取之，累眄于娃，娃回眸凝睇，情甚相慕，竟不敢措辞而去。生自尔意若有失，乃密徵其友游长安之熟者以讯之。

友曰："此狭邪女李氏宅也。"曰："娃可求乎？"对曰："李氏颇赡，前与通之者，多贵戚豪族，所得甚广，非累百万，不能动其志也。"生曰："苟患其不谐，虽百万，何惜！"他日，乃洁其衣服，盛宾从而往。扣其门，俄有侍儿启扃。生曰："此谁之第耶？"侍儿不答，驰走大呼曰："前时遗策郎也。"娃大悦曰："尔姑止之，吾当整妆易服而出。"生闻之，私喜。乃引至萧墙间，见一姥垂白上偻，即娃母也。生跪拜前致词曰："闻兹地有隙院，愿税以居，信乎？"姥曰："惧其浅陋湫隘，不足以辱长者所处，安敢言直耶？"延生于迟宾之馆，馆宇甚丽。与生偶坐，因曰："某有女娇小，技艺薄劣，欣见宾客，愿将见之。"乃命娃出，明眸皓腕，举步艳冶。生遂惊起，莫敢仰视。与之拜毕，叙寒燠，触类妍媚，目所未睹。

复坐，烹茶斟酒，器用甚洁。久之日暮，鼓声四动。姥访其居远近。生绐之曰："在延平门外数里。"冀其远而见留也。姥曰："鼓已发矣，当速归，无犯禁。"生曰："幸接欢笑，不知日之云夕。道里辽阔，城内又无亲戚，将若之何？"娃曰："不见责僻陋，方将居之，宿何害焉。"生数目姥，姥曰："唯唯。"生乃召其家僮，持双缣，请以备一宵之馔。娃笑而止之曰："宾主之仪，且不然也。今夕之费，愿以贫窭之家，随其粗粝以进之。其余以俟他辰。"固辞，终不许。

俄徙坐西堂，帷幙帘榻，焕然夺目；妆奁衾枕，亦皆侈丽。乃张烛进馔，品味甚盛。撤馔，姥起。生娃谈话方切，诙谐调笑，无所不至。生曰："前偶过卿门，遇卿适在屏间。厥后心常勤念，虽寝与食，未尝或舍。"娃答曰："我心亦如之。"生曰："今之来，非直求居而已，愿偿平生之志。但未知命也若何。"言未终，姥至，询其故，具以告。姥笑曰："男女之际，大欲存焉。情苟相得，虽父母之命，不能制也。女子固陋，曷足以荐君子之枕席！"生遂下阶，拜而谢之曰："愿以己为厮养。"姥遂目之为郎，饮酣而散。

及旦，尽徙其囊橐，因家于李之第。自是生屏迹戢身，不复与亲知相闻，日会倡优侪类，狎戏游宴。囊中尽空，乃鬻骏乘及其家童。岁余，资财仆马荡然。迩来姥意渐怠，娃情弥笃。他日，娃谓生曰："与郎相知一年，尚无孕嗣。常闻竹林神者，报应如响，将致荐酹求之，可乎？"生不知其计，大喜。乃质衣于肆，以备牢醴，与娃同谒祠宇而祷祝焉，信宿而返。策驴而后，至里北门，娃谓生曰："此东转小曲中，某之姨宅也，将憩而觐之，可乎？"生如其言，前行不逾百步，果见一车门。窥其际，甚弘敞。其青衣自车后止之曰："至矣。"生下，适有一人出访曰："谁？"曰："李娃也。"乃入告。俄有一妪至，年可四十余，与生相迎曰："吾甥来否？"娃下车，妪逆访之曰："何久疏绝？"相视而笑。娃引生拜之，既见，遂偕入西戟门偏院。中有山亭，竹树葱蒨，池榭幽绝。生谓娃曰："此姨之私第耶？"笑而不答，以他语对。

俄献茶果，甚珍奇。食顷，有一人控大宛，汗流驰至曰："姥遇暴疾颇甚，殆不识人，宜速归。"娃谓姨曰："方寸乱矣，某骑而前去，当令返乘，便与郎偕来。"生拟随之，其姨与侍儿偶语，以手挥之，令生止于户外，曰："姥且殁矣，当与某议丧事，以济其急，奈何遽相随而去？"乃止，共计其凶仪斋祭之用。日晚，乘不至。姨言曰："无复命何也？郎骤往觇之，某当继至。"生遂往，至旧宅，门扃钥甚密，以泥缄之。生大骇，诘其邻人。邻人曰："李本税此而居，约已周矣。第主自收，姥徙居而且再宿矣。"徵徙何处，曰："不详其所。"生将驰赴宣阳，以诘其姨，日已晚矣，计程不能达。乃弛其装服，质馔而食，赁榻而寝，生恚怒方甚，自昏达旦，目不交睫。

至明，乃策蹇而去。既至，连扣其扉，食顷无人应。生大呼数四，有宦者徐出。生遽访之："姨氏在乎？"曰："无之。"生曰："昨暮在此，何故匿之？"访其谁氏之第，曰："此崔尚书宅。昨者有一人税此院，云迟中表之远至者，未暮去矣。"生惶惑发狂，罔知所措，因返访布政旧邸。邸主哀而进膳。生怨懑，绝食三日，遘疾甚笃，旬余愈甚。邸主惧其不起，徙之于凶肆之中。绵缀移时，合肆之人，共伤叹而互饲之。后稍愈，杖而能起。由是凶肆日假之，令执繐帷，获其直以自给。累月，渐复壮，每听其哀歌，自叹不及逝者，辄呜咽流涕，不能自止。归则效之。生聪敏者也，无何，曲尽其妙，虽长安无有伦比。

初，二肆之佣凶器者，互争胜负。其东肆车舆皆奇丽，殆不敌，唯哀挽劣焉。其东肆长知生妙绝，乃醵钱二万索顾焉。其党耆旧，共较其所能者，阴教生新声，而相赞和。累旬，人莫知之。其二肆长相谓曰："我欲各阅所佣之器于天门街，以较优劣。不胜者，罚直五万，以备酒馔之用，可乎？"二肆许诺，乃邀立符契，署以保证，然后阅之。士女大和会，聚至数万。于是里胥告于贼曹，贼曹闻于京尹。四方之士，尽赴趋焉，巷无居人。自旦阅之，及亭午，历举辇舆威仪之具，西肆皆不胜，师有惭色。乃置层榻于南隅，有长髯者，拥铎而进，翊卫数人，于是奋髯扬眉，扼腕顿颡而登，乃歌《白马》之词。恃其夙胜，顾眄左右，旁若无人。齐声赞扬之，自以为独步一时，不可得而屈也。有顷，东肆长于北隅上设连榻，有乌巾少年，左右五六人，秉翣而至，即生也。整衣服，俯仰甚徐，申喉发调，容若不胜。乃歌《薤露》之章，举声清越，响振林木。曲度未终，闻者歔欷掩泣。

西肆长为众所诮，益惭耻，密置所输之直于前，乃潜遁焉。四座愕眙，莫之测也。先是

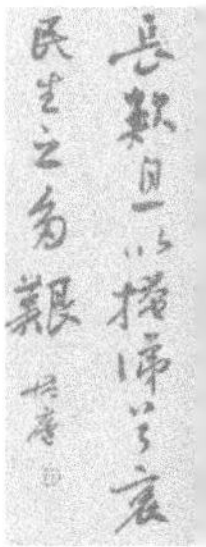

天子方下诏，俾外方之牧，岁一至阙下，谓之入计。时也，适遇生之父在京师，与同列者易服章，窃往观焉。有小竖，即生乳母婿也，见生之举措辞气，将认之而未敢，乃泫然流涕。生父惊而诘之，因告曰："歌者之貌，酷似郎之亡子。"父曰："吾子以多财为盗所害，奚至是耶？"言讫，亦泣。及归，竖间驰往，访于同党曰："向歌者谁，若斯之妙欤？"皆曰："某氏之子。"徵其名，且易之矣，竖凛然大惊。徐往，迫而察之。生见竖，色动回翔，将匿于众中。竖遂持其袂曰："岂非某乎？"相持而泣，遂载以归。

至其室，父责曰："志行若此，污辱吾门，何施面目，复相见也？"乃徒行出，至曲江西杏园东，去其衣服。以马鞭鞭之数百。生不胜其苦而毙，父弃之而去。其师命相狎昵者，阴随之，归告同党，共加伤叹。令二人赍苇席瘗焉。至则心下微温，举之良久，气稍通。因共荷而归，以苇筒灌勺饮，经宿乃活。月余，手足不能自举，其楚挞之处皆溃烂，秽甚。同辈患之，一夕弃于道周。行路咸伤之，往往投其余食，得以充肠。十旬，方杖策而起。被布裘，裘有百结，褴褛如悬鹑。持一破瓯巡于闾里，以乞食为事。自秋徂冬，夜入于粪壤窟室，昼则周游廛肆。

一旦大雪，生为冻馁所驱。冒雪而出，乞食之声甚苦，闻见者莫不凄恻。时雪方甚，人家外户多不发。至安邑东门，循里垣，北转第七八，有一门独启左扉，即娃之第也。生不知之，遂连声疾呼："饥冻之甚。"音响凄切，所不忍听。娃自阁中闻之，谓侍儿曰："此必生也，我辨其音矣。"连步而出。见生枯瘠疥疠，殆非人状。娃意感焉，乃谓曰："岂非某郎也？"生愤懑绝倒，口不能言，颔颐而已。娃前抱其颈，以绣襦拥而归于西厢。失声长恸曰："令子一朝及此，我之罪也。"绝而复苏。姥大骇奔至，曰："何也？"娃曰："某郎。"姥遽曰："当逐之，奈何令至此。"娃敛容却睇曰："不然，此良家子也，当昔驱高车，持金装，至某之室，不逾期而荡尽。且互设诡计，舍而逐之，殆非人行。令其失志，不得齿于人伦。父子之道，天性也。使其情绝，杀而弃之，又困踬若此。天下之人，尽知为某也。

生亲戚满朝，一旦当权者熟察其本末，祸将及矣。况欺天负人，鬼神不佑，无自贻其殃也。某为姥子，迨今有二十岁矣。计其赀，不啻直千金。今姥年六十余，愿计二十年衣食之用以赎身，当与此子别卜所诣。所诣非遥，晨昏得以温凊，某愿足矣。"姥度其志不可夺，因许之。给姥之余，有百金。北隅四五家，税一隙院。乃与生沐浴，易其衣服，为汤粥通其肠，次以酥乳润其脏。旬余，方荐水陆之馔。头巾履袜，皆取珍异者衣之。未数月，肌肤稍腴。卒岁，平愈如初。

异时，娃谓生曰："体已康矣，志已壮矣。渊思寂虑，默想曩昔之艺业，可温习乎？"生思之曰："十得二三耳。"娃命车出游，生骑而从。至旗亭南偏门鬻坟典之肆，令生拣而市之，计费百金，尽载以归。因令生斥弃百虑以志学，俾夜作昼，孜孜矻矻。娃常偶坐，宵分乃寐。伺其疲倦，即谕之缀诗赋。二岁而业大就，海内文籍，莫不该览。生谓娃曰："可策名试艺矣。"娃曰："未也，且令精熟，以俟百战。"更一年，曰："可行矣。"于是遂一上登甲科，声振礼闱。虽前辈见其文，罔不敛衽敬羡，愿友之而不可得。娃曰："未也。今秀士苟获擢一科第，则自谓可以取中朝之显职，擅天下之美名。子行秽迹鄙，不侔于他士。当砻淬利器，以求再捷，方可以连衡多士，争霸群英。"生由是益自勤苦，声价弥甚。

其年遇大比，诏徵四方之隽。生应直言极谏科，策名第一，授成都府参军。三事以降，皆其友也。将之官，娃谓生曰："今之复子本躯，某不相负也。愿以残年，归养老姥。君当结媛鼎族，以奉蒸尝。中外婚媾，无自黩也。勉思自爱，某从此去矣。"生泣曰："子若弃我，当自到以就死。"娃固辞不从，生勤请弥恳。娃曰："送子涉江，至于剑门，当令我回。"生许诺。月余，至剑门。

未及发而除书至，生父由常州诏入，拜成都尹，兼剑南采访使。浃辰，父到。生因投刺，谒于邮亭。父不敢认，见其祖父官讳，方大惊，命登阶，抚背恸哭移时。曰："吾与尔父子如初。"因诘其由，具陈其本末。大奇之，诘娃安在。曰："送某至此，当令复还。"父曰："不可。"翌日，命驾与生先之成都，留娃于剑门，筑别馆以处之。明日，命媒氏通二姓之好，备六礼以迎之，遂如秦晋之偶。娃既备礼，岁时伏腊，妇道甚修，治家严整，极为亲所眷。

向后数岁，生父母偕殁，持孝甚至。有灵芝产于倚庐，一穗三秀，本道上闻。又有白燕数十，巢其层甍。天子异之，宠锡加等。终制，累迁清显之任。十年间，至数郡。娃封汧国夫人，有四子，皆为大官，其卑者犹为太原尹。弟兄姻媾皆甲门，内外隆盛，莫之与京。

嗟乎，倡荡之姬，节行如是，虽古先烈女，不能逾也。焉得不为之叹息哉！予伯祖尝牧晋州，转户部，为水陆运使，三任皆与生为代，故谙详其事。贞元中，予与陇西公佐，话妇人操烈之品格，因遂述汧国之事。公佐拊掌竦听，命予为传。乃握管濡翰，疏而存之。时乙亥岁秋八月，太原白行简云。

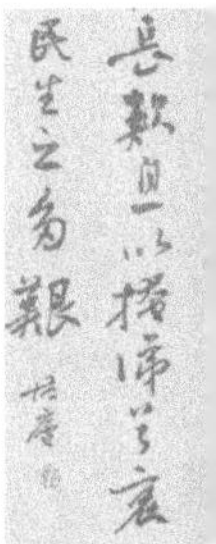

【解读】

关于白行简创作《李娃传》的动机，学术界有多种看法：

（1）宋朝刘克庄认为，《李娃传》是牛李党争的产物。近现代学者刘开荣《唐代小说研究》中论"作者白行简的身世和创作《李娃传》的立场与态度"时也认为，白行简之兄白居易属牛党集团，遭到李党陷害，被贬江州司马，这件事"对于白氏个人及其家庭在社会上的声誉和地位，具有极大的损害性"，白行简"在愤懑之余，把在民间流行的故事，写成小说"。

（2）卞孝萱《〈李娃传〉新探》中，辨析了刘开荣等学者提出的《李娃传》是牛李党争产物的观点，认为《李娃传》的创作不符合牛李党争初期的史实。通过对唐代的政治、社会状况和白氏家史的分析，卞孝萱认为"白行简针对唐德宗滥封三个节度使的媵妾为国夫人，坏国法，伤名教的现实，怀着对胞兄白居易被诬为'甚伤名教'，一贬再贬的愤慨，撰《汧国夫人传》（《李娃传》）讽刺名教的虚伪"。

（3）以侯忠义为首的学者认为《李娃传》的写作并无深意。认为《李娃传》是白行简在听别人讲述李娃故事后，在李公佐的支持鼓励下，写作成文的。

（4）更多的学者认为白行简是根据民间说唱故事"一枝花话"加工改写的。

鉴于唐代传奇不是文人自觉创作的一种文体，而主要用于"温卷"，因此我们不必对创作者的意图做太多的阐释。综合各种观点，此文改写的可能性比较大，而作者改写时，也不一定有多少自我情感的投射。小说的写作技巧则是值得我们注意的。一是故事情节一波三折、跌宕起伏,远胜过魏晋小说。二是小说注重细节描写,体现了唐代小说高超的叙事、描写能力。如“生谓娃曰:‘此姨之私第耶?’笑而不答,以他语对”,李娃的笑而不答为下面的情节做了铺垫——这其实是租借的房子。李娃对郑生有一定的情感,不忍心明显欺骗他,但她也知道,这是一个圈套。三是人物形象鲜明。李娃是一个比较复杂的女性。一方面,她多情敢爱,对郑生确有爱意:与郑生邂逅,郑生徘徊不去,李娃亦“回眸凝睇,情甚相慕”;郑生重来,老鸨催郑生速归,李娃则大胆留宿。一年之后,郑生资财耗尽,“鸨亦懈怠,娃情甚笃”。另一方面,李娃毕竟是一个妓女,当她认识到自己与郑生的爱情不可能有结果时,便参与了逐弃郑生的计谋。但当看到郑生沦为乞丐时,她又毅然赎身,与鸨母决断,倾全力为郑生调养身体,帮助郑生购书温课,最终让他高中并为官,完成自我的救赎。另外当郑生为官之后,李娃清醒地意识到自己身份低微,不是郑生的良配,提出离开。这些都表明李娃情感和性格的复杂性。

3. 章回体小说:花和尚倒拔垂杨柳　豹子头误入白虎堂(存目)

第三章　戏　剧

一、概述

中国戏剧的基本形式是戏曲。中国戏曲主要是由民间歌舞、说唱和滑稽戏三种不同艺术形式综合而成。它起源于原始歌舞,是一种历史悠久的综合舞台艺术样式。经过汉、唐到宋、金才形成比较完整的戏曲艺术,它由文学、音乐、舞蹈、美术、武术、杂技以及表演艺术综合而成。中国的戏曲与希腊悲剧和喜剧、印度梵剧并称为世界三大古老的戏剧文化。经过长期的发展演变,中国逐步形成了以“京剧、越剧、黄梅戏、评剧、豫剧”五大戏曲剧种为核心的中华戏曲百花苑。中国戏曲剧种种类繁多,据不完全统计,中国各民族地区地方戏曲剧种约有三百六十多种,传统剧目数以万计。其他比较著名的戏曲种类有:昆曲、坠子戏、粤剧、淮剧、川剧、秦腔、沪剧、晋剧、汉剧、河北梆子、河南越调、河南坠子、湘剧、湖南花鼓戏等。

南戏,是中国戏曲最早的表现形式,它形成于南北宋之交的浙江温州(古称永嘉)一带的民间。它是在宋杂剧的基础上,融和南方民间小曲、说唱等艺术因素形成的。以体制庞大、曲词通俗质朴为其特点,粗具戏曲的基本艺术特征。剧目多表现民间故事,现流传南宋时期的南戏剧本有《张协状元》。元代到明初的重要南戏作品有:《琵琶记》《荆钗记》《白兔记》《拜月亭》《杀狗记》,被称为五大传奇。

元代是中国戏曲史的一个重要时期——中国戏曲的第一个繁盛期，它以元曲闻名于世，而元曲中影响最大的是北杂剧（亦称元杂剧）。北杂剧之文学，以质朴自然胜，后世戏曲文学无有出其右者；关（汉卿）、王（实甫）、白（朴）、马（致远）等杂剧作家，使北杂剧成为一代之文学。

北杂剧的表演则显示出戏曲在形成之初的朴实和浓郁的民间气息。元杂剧的剧本体制，绝大多数是由“四折一楔”构成。四折，是四个情节的段落，像做文章讲究起承转合一样。楔子的篇幅短小，通常放在第一折之前，这有点类似于后来的“序幕”。元杂剧在艺术上是以歌唱为主、结合说白表演的形式。每一折由同一宫调的若干支曲子联成一个套曲。全套只押一个韵，由扮演男主角的正末或扮演女主角的正旦演唱。这种“一人主唱”可以极大地发挥歌唱艺术的特长，酣畅淋漓地塑造主要人物形象。念白部分受参军戏传统的影响，常常插科打诨，富于幽默趣味。将音乐结构与戏剧结构统一起来，达到体制上的规整，这表明元杂剧的艺术成熟和完善。

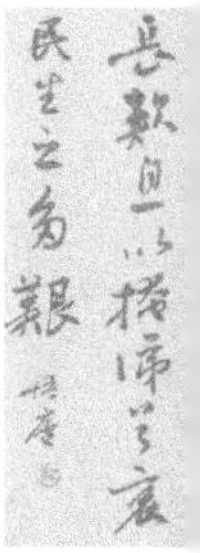

明代迎来了中国戏曲的第二个繁盛期——明清传奇。明代传奇的前身是宋元时代的南戏（南戏是南曲戏文的简称，它是在宋代杂剧的基础上，与南方地区曲调结合而发展起来的一种新兴的戏剧形式。温州是它的发祥地）。南戏在体制上与北杂剧不同：它不受四折的限制，经过文人的加工和提高，这种本来不够严整的短小戏曲，终于变成相当完整的长篇剧作。例如高明的《琵琶记》就是一部由南戏向传奇过渡的作品。这部作品的题材，来源于民间传说，比较完整地表现了一个故事，并且有一定的戏剧性，曾被誉为“南戏中兴之祖”。明代四大声腔是对中国明代南曲系统的浙江海盐腔、浙江余姚腔、江西弋阳腔和江苏昆山腔的合称。明代戏曲，在音乐上出现明显的地方化趋势，主要表现为地方声腔的崛起。对后世戏曲影响最大的是后两种，即弋阳腔和昆山腔，前者发展为全国影响广泛的高腔系统；后者发展成典雅细腻的昆曲——昆曲成为明中叶到清中叶全国最流行的戏曲种类。明代中叶，传奇作家和剧本大量涌现，其中成就最大的是汤显祖。汤显祖的主要作品有《还魂记》《紫钗记》《南柯记》和《邯郸记》，合称“临川四梦”，其中《牡丹亭》是他的代表作。《牡丹亭》通过杜丽娘和柳梦梅死生离合的故事，歌颂了反对封建礼教，追求幸福爱情，要求个性解放的反抗精神。作者给爱情以起死回生的力量，它战胜了封建礼教的束缚，取得了最后胜利。这在当时封建礼教牢固统治的社会里，是有深远的社会意义的。《宝剑记》《鸣凤记》和《浣纱记》《十五贯》《占花魁》也是明代重要的戏曲作品。

明后期的舞台，开始流行以演折子戏为主的风尚。所谓折子戏，是指从有头有尾的全本传奇剧目中摘选出来的一段情节的戏曲。它只是全剧中相对独立的一些片断，但是在这些片断里，场面精彩，唱做俱佳。折子戏的脱颖而出，是戏剧表演艺术强劲发展的结果，又是时间与舞台淘洗的必然。观众在熟悉剧情之后，便可尽情地欣赏折子戏的表演技艺了。《牡丹亭》中的“游园”“惊梦”，《拜月亭记》中的“踏伞”“拜月”，《玉簪记》中的“琴挑”“追舟”等众多的折子戏，已成为观众爱看、耐看的精品。

清代前期苏州派戏曲影响较大，李玉则是其中的代表。李玉以“一笠庵四种曲”即《一捧雪》《人兽关》《永团圆》《占花魁》最为有名，合称“一人永占”。此外，《清忠谱》写天启年间魏忠贤"阉党"迫害东林党人的史实,有比较严格的历史剧的特色。清朝前期戏剧成就最大的洪昇与孔尚仁,两人分别著有《长生殿》和《桃花扇》。《长生殿》写唐明皇与杨贵妃的爱情故事,是一部以写"情"为主、兼寓政治教训与历史伤感的作品。《桃花扇》以复社(东林党后身)名士侯方域与秦淮名妓李香君的爱情故事为主线,描绘了南明弘光王朝由建立到覆灭的动荡而短暂的历史,从而也就写出了明王朝最后的崩溃。剧本的宗旨是"借离合之情,写兴亡之感",同时要通过说明"三百年之基业,隳于何人、败于何事,消于何年,歇于何地",为后人提供历史借鉴,"惩创人心,为末世之一救"。总结历史教训和抒发兴亡之感,是两个相互联系又各有偏重的方面,作者在这两方面达到的深度有所不同。

清代晚期戏剧发展出现了新的发展:被称为"花部"的各种地方戏兴起。乾隆五十五年,即公元1790年,为庆祝乾隆的八十寿辰, 三庆班进京献艺,带来了与昆曲截然不同的一种地方曲调徽调,给京城观众以耳目一新之感。之后又有四喜、启秀、霓翠、和春、春台等戏班相继进京。徽调以其通俗质朴之气赢得了京城观众的欢迎,从此在京城扎下了根。继徽班进京之后,湖北汉调艺人也于道光年间(1828年前后)进京与徽班艺人同台献艺,他们同徽调艺人一样唱皮黄腔,只是更具湖北风格。徽、汉皮黄在京城合流,经过数十年的发展,终于在1840年前后,形成一种独具北方特色的皮黄腔京剧。京剧形成后不久,即迎来了它的第一个繁盛期,时间在清同治、光绪年间。当时出现了一批优秀的京剧演员并在此时引起了宫廷官方的喜爱。宫内优厚的物质条件促进了它艺术上的成熟。20世纪初的新思潮极大地促进了京剧艺术的发展,京剧又迎来了它的第二个繁盛期。这一时期京剧的繁荣主要表现在优秀京剧演员的层出不穷上。而且,这个时期也是京剧流派产生最多的时期,旦行的梅(兰芳)、尚(小云)、程(砚秋)、荀(慧生);生行的余(叔岩)派、马(连良)派、麒(麟童)派;净行的金(少山)派、郝(寿辰)派、侯(喜瑞)派;丑行的萧(长华)派等。每个流派的创始者都拥有一批数量可观的剧目,所以这个时期也是京剧文学的繁荣期。这个时期一直持续到了20世纪40年代末。20世纪初,一批新兴地方戏开始在各地戏曲舞台上出现,包括越剧、评剧、黄梅戏等。它们均由民间小戏发展而来,具有极为浓郁的民间乡土气息,进入城市后,它们吸收京剧、梆子等老剧种的艺术营养,表演上得以成熟。李渔是清代前期重要的剧作家和戏剧理论家。剧作有《笠翁传奇十种》,戏剧理论主要见于收入《笠翁一家言》的《闲情偶寄》。

中国戏曲是一种颇具中国特色的戏剧形式,和西方戏剧相比,它体现中国美学特有的中和美和意境美。古代欧洲戏剧有歌剧、诗剧、话剧等形式,各种形式往往各自独立,而中国戏曲则将这些因素综合在一起,形成中国戏曲的中和美和意境美。在说唱的关系上,中国戏曲以唱为主、说唱结合,而其中的唱的部分,属于诗歌范畴,往往将中国诗歌的意境美融于戏剧之中,使中国戏曲同样充满诗情画意。具体来说,中国戏曲包括综合性、虚拟性、程式性等特征。

综合性。中国戏曲是一种高度综合的汉民族艺术,这种综合性不仅表现在它融汇各个艺术门类(诸如舞蹈、杂技等)而出以新意方面,而且还体现在它精湛涵厚的表演艺术上。各种不同的艺术因素与表演艺术紧密结合，通过演员的表演实现戏曲的全部功能。其中，唱、念、做、打在演员身上的有机构成，便是戏曲的综合性的最集中、最突出的体现。唱，指唱腔技法，讲究“字正腔圆”；念，即念白，是朗诵技法，要求严格，所谓“千斤话白四两唱”；做，指做功，是身段和表情技法；打，指表演中的武打动作，是在中国传统武术基础上形成的舞蹈化武术技巧组合。这四种表演技法有时相互衔接，有时相互交叉，构成方式视剧情需要而定，但都统一为综合整体，体现出和谐之美，充满着音乐精神(节奏感)。

程式性。程式是戏曲反映生活的表现形式。它是指对生活动作的规范化、舞蹈化表演并被重复使用。程式直接或间接来源于生活，但它又是按照一定的规范对生活经过提炼、概括、美化而形成的。此中凝聚着古往今来艺术家们的心血，它又成为新一代演员进行艺术再创造的起点，因而戏曲表演艺术才得以代代相传。戏曲表演中的关门、推窗、上马、登舟、上楼，等等，皆有固定的格式。除了表演程式外，戏曲从剧本形式、角色当行、音乐唱腔、化妆服装等各个方面，都有一定的程式，如脸谱、蟒袍、帽翅、翎子、水袖、长胡子，厚底靴、兰花手以及各种兵器、道具，也无不是凝固为程式，体现一种美的典范。当然优秀的艺术家能够突破程式的某些局限，创造出自己具有个性化的规范艺术，做到规范与变化的统一。程式性还与戏曲行当有密切关系。扮演剧中人物分角色行当，是中国戏曲特有的表演体制。行当从内容上说，它是戏曲人物艺术化、规范化的形象类型。从形式上看，又是有着性格色彩的表演程式的分类系统。这种表演体制是戏曲的程式性在人物形象创造上的集中反映。每个行当，都是一个形象系统，同时也是一个相应的表演程式系统。生、旦、净、丑各个行当都有各自的形象内涵和一套不同的程式和规制；每个行当都具有鲜明的造型表现力和形式美。生行包括老生、小生、武生等，旦行包括正旦、花旦、武旦、老旦、彩旦等，净包括大花脸、二花脸、油花脸等，丑包括文丑、武丑等。

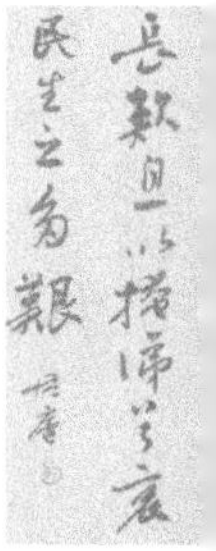

虚拟性。虚拟是戏曲反映生活的基本手法。它是指以演员的表演，用一种变形的方式来比拟现实环境或对象，借以表现生活。中国戏曲的虚拟性首先表现为对舞台时间和空间处理的灵活性方面，所谓“三五步行遍天下，六七人百万雄兵”、“顷刻间千秋事业，方丈地万里江山”、“眨眼间数年光阴，寸炷香千秋万代”，这就突破了西方歌剧的“三一律”与“第四堵墙”的局限。其次是在具体的舞台气氛调度和演员对某些生活动作的模拟方面，诸如刮风下雨，船行马步，穿针引线，等等，更集中、更鲜明地体现出戏曲虚拟性特色。戏曲脸谱也是一种虚拟方式。中国戏曲的虚拟性，既是戏曲舞台简陋、舞美技术落后的局限性带来的结果，也是而且主要是追求神似、以形写神的民族传统美学思想积淀的产物。这是一种美的创造。它极大地解放了作家、舞台艺术家的创造力和观众的艺术想象力，从而使戏曲的审美价值获得了极大的提高。

二、作品鉴赏

牡丹亭·惊梦

汤显祖

【绕池游】〔旦上〕梦回莺啭，乱煞年光遍。人立小庭深院。〔贴〕炷尽沉烟，抛残绣线，恁今春关情似去年？〔乌夜啼〕"〔旦〕晓来望断梅关，宿妆残。〔贴〕你侧着宜春髻子恰凭阑。〔旦〕翦不断，理还乱，闷无端。〔贴〕已分付催花莺燕借春看。"〔旦〕春香，可曾叫人扫除花径？〔贴〕分付了。〔旦〕取镜台衣服来。〔贴取镜台衣服上〕"云髻罢梳还对镜，罗衣欲换更添香。"镜台衣服在此。

【步步娇】〔旦〕袅晴丝吹来闲庭院，摇漾春如线。停半晌、整花钿。没揣菱花，偷人半面，迤逗的彩云偏。〔行介〕步香闺怎便把全身现！〔贴〕今日穿插的好。

【醉扶归】〔旦〕你道翠生生出落的裙衫儿茜，艳晶晶花簪八宝填，可知我常一生儿爱好是天然。恰三春好处无人见。不提防沉鱼落雁鸟惊喧，则怕的羞花闭月花愁颤。〔贴〕早茶时了，请行。〔行介〕你看："画廊金粉半零星，池馆苍苔一片青。踏草怕泥新绣袜，惜花疼煞小金铃。"〔旦〕不到园林，怎知春色如许！

【皂罗袍】原来姹紫嫣红开遍，似这般都付与断井颓垣。良辰美景奈何天，赏心乐事谁家院！恁般景致，我老爷和奶奶再不提起。〔合〕朝飞暮卷，云霞翠轩；雨丝风片，烟波画船——锦屏人忒看的这韶光贱！〔贴〕是花都放了，那牡丹还早。

【好姐姐】〔旦〕遍青山啼红了杜鹃，荼蘼外烟丝醉软。春香啊，牡丹虽好，他春归怎占的先！〔贴〕成对儿莺燕啊。〔合〕闲凝眄，生生燕语明如翦，呖呖莺歌溜的圆。〔旦〕去罢。〔贴〕这园子委是观之不足也。〔旦〕提他怎的！〔行介〕

【隔尾】观之不足由他缱，便赏遍了十二亭台是枉然。到不如兴尽回家闲过遣。〔作到介〕〔贴〕"开我西阁门，展我东阁床。瓶插映山紫，炉添沉水香。"小姐，你歇息片时，俺瞧老夫人去也。〔下〕〔旦叹介〕"默地游春转，小试宜春面。"春啊，得和你两留连，春去如何遣？咳，恁般天气，好困人也。春香那里？〔作左右瞧介〕〔又低首沉吟介〕天呵，春色恼人，信有之乎！常观诗词乐府，古之女子，因春感情，遇秋成恨，诚不谬矣。吾今年已二八，未逢折桂之夫；忽慕春情，怎得蟾宫之客？昔日韩夫人得遇于郎，张生偶逢崔氏，曾有《题红记》《崔徽传》二书。此佳人才子，前以密约偷期，后皆得成秦晋。〔长叹介〕吾生于宦族，长在名门。年已及笄，不得早成佳配，诚为虚度青春，光阴如过隙耳。〔泪介〕可惜妾身颜色如花，岂料命如一叶乎！

【山坡羊】没乱里春情难遣，蓦地里怀人幽怨。则为俺生小婵娟，拣名门一例、一例里神仙眷。甚良缘，把青春抛的远！俺的睡情谁见？则索因循腼腆。想幽梦谁边，和春光暗流传？迁延，这衷怀那处言！淹煎，泼残生，除问天！身子困乏了，且自隐几而眠。〔睡介〕〔梦生介〕〔生持柳枝上〕"莺逢日暖歌声滑，人遇风情笑口开。一径落花随水入，今朝阮肇到天台。"小生顺路儿跟着杜小姐回来，怎生不见？〔回看介〕呀，小姐，小姐！〔旦作惊起介〕〔相见介〕〔生〕小生那一处不寻访小姐来，却在这里！〔旦作斜视不语介〕〔生〕恰好花园内，折取垂柳半枝。姐姐，你既淹通书史，可作诗以赏此柳枝乎？〔旦作惊喜，欲言又止介〕〔背想〕这生素昧平生，何因到此？〔生笑介〕小姐，咱爱杀你哩！

【山桃红】则为你如花美眷，似水流年，是答儿闲寻遍。在幽闺自怜。小姐，和你那答儿讲话去。〔旦作含笑不行〕〔生作牵衣介〕〔旦低问〕那边去？〔生〕转过这芍药栏前，紧靠着湖山石边。〔旦低问〕秀才，去怎的？〔生低答〕和你把领扣松，衣带宽，袖梢儿揾着牙儿苫也，则待你忍耐温存一晌眠。〔旦作羞〕〔生前抱〕〔旦推介〕〔合〕是那处曾相见，相看俨然，早难道这好处相逢无一言？〔生强抱旦下〕〔末扮花神束发冠，红衣插花上〕“催花御史惜花天，检点春工又一年。蘸客伤心红雨下，勾人悬梦采云边。”吾乃掌管南安府后花园花神是也。因杜知府小姐丽娘，与柳梦梅秀才，后日有姻缘之分。杜小姐游春感伤，致使柳秀才入梦。咱花神专掌惜玉怜香，竟来保护他，要他云雨十分欢幸也。

【鲍老催】〔末〕单则是混阳烝变，看他似虫儿般蠢动把风情扇。一般儿娇凝翠绽魂儿颠。这是景上缘，想内成，因中见。呀，淫邪展污了花台殿。咱待拈片落花儿惊醒他。〔向鬼门丢花介〕他梦酣春透了怎留连？拈花闪碎的红如片。秀才才到的半梦儿；梦毕之时，好送杜小姐仍归香阁。吾神去也。〔下〕

【山桃红】〔生、旦携手上〕〔生〕这一霎天留人便，草借花眠。小姐可好？〔旦低头介〕〔生〕则把云鬟点，红松翠偏。小姐休忘了啊，见了你紧相偎，慢厮连，恨不得肉儿般团成片也，逗的个日下胭脂雨上鲜。〔旦〕秀才，你可去啊？〔合〕是那处曾相见，相看俨然，早难道这好处相逢无一言？〔生〕姐姐，你身子乏了，将息，将息。〔送旦依前作睡介〕〔轻拍旦介〕姐姐，俺去了。〔作回顾介〕姐姐，你可十分将息，我再来瞧你那。“行来春色三分雨，睡去巫山一片云。”〔下〕〔旦作惊醒，低叫介〕秀才，秀才，你去了也？〔又作痴睡介〕〔老旦上〕“夫婿坐黄堂，娇娃立绣窗。怪他裙衩上，花鸟绣双双。”孩儿，孩儿，你为甚瞌睡在此？〔旦作醒，叫秀才介〕咳也。〔老旦〕孩儿怎的来？〔旦作惊起介〕奶奶到此！〔老旦〕我儿，何不做些针指，或观玩书史，舒展情怀？因何昼寝于此？〔旦〕孩儿适在花园中闲玩，忽值春暄恼人，故此回房。无可消遣，不觉困倦少息。有失迎接，望母亲恕儿之罪。〔老旦〕孩儿，这后花园中冷静，少去闲行。〔旦〕领母亲严命。〔老旦〕孩儿，学堂看书去。〔旦〕先生不在，且自消停。〔老旦叹介〕女孩儿长成，自有许多情态，且自由他。正是：“宛转随儿女，辛勤做老娘。”〔下〕〔旦长叹介〕〔看老旦下介〕哎也，天那，今日杜丽娘有些侥幸也。偶到后花园中，百花开遍，睹景伤情。没兴而回，昼眠香阁。忽见一生，年可弱冠，丰姿俊妍。于园中折得柳丝一枝，笑对奴家说：“姐姐既淹通书史，何不将柳枝题赏一篇？”那时待要应他一声，心中自忖，素昧平生，不知名姓，何得轻与交言。正如此想间，只见那生向前说了几句伤心话儿，将奴搂抱去牡丹亭畔，芍药阑边，共成云雨之欢。两情和合，真个是千般爱惜，万种温存。欢毕之时，又送我睡眠，几声“将息”。正待自送那生出门，忽值母亲来到，唤醒将来。我一身冷汗，乃是南柯一梦。忙身参礼母亲，又被母亲絮了许多闲话。奴家口虽无言答应，心内思想梦中之事，何曾放怀。行坐不宁，自觉如有所失。娘呵，你教我学堂看书去，知他看那一种书消闷也。〔作掩泪介〕

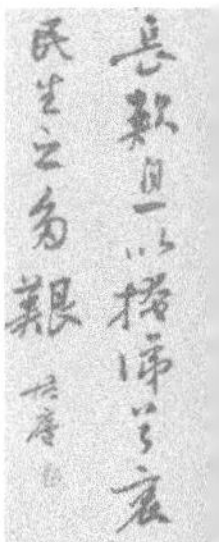

【绵搭絮】雨香云片，才到梦儿边。无奈高堂，唤醒纱窗睡不便。泼新鲜冷汗粘煎，闪的俺心悠步亸，意软鬟偏。不争多费尽神情，坐起谁忺？则待去眠。〔贴上〕“晚妆销粉印，春润费香篝。”小姐，薰了被窝睡罢。

【尾声】〔旦〕困春心游赏倦，也不索香薰绣被眠。天呵，有心情那梦儿还去不远。

春望逍遥出画堂，（张说）间梅遮柳不胜芳。（罗隐）

可知刘阮逢人处？（许浑）回首东风一断肠。（韦庄）

【解读】

戏曲音乐包括声乐和器乐两大部分，声乐部分主要是唱腔和念白，它是戏曲音乐的主体。在戏曲音乐结构中，声乐部分是它的主体。戏曲中无论演唱的是曲牌还是板腔，都可以分为抒情性唱腔、叙事性唱腔和戏剧性唱腔。抒情性唱腔的特点是字少声多，旋律性强，长于抒发内在的感情；叙事性唱腔的特点为字多声少，朗诵性强，适用于叙述、对答的场合；戏剧性唱腔多为节拍自由的散板，节奏的伸缩有极大灵活性，因而长于表现激昂强烈的感情。戏曲中人物的内心独白和对话，除了通过唱腔的形式唱出之外，就是念白。作为戏曲综合艺术中的文学部分，除了唱词、念白之外，还有科范。唱词（唱腔）须在前表明词牌，如《惊梦》一开始标出【绕池游】，表明这属于唱腔部分，采用“绕池游”演唱。“旦长叹介”后一部分为念白，即杜丽娘的独白。科范是交代演员动作、情态的文字，如“作掩泪介”提示演员要做流泪的动作，“作回顾介”则是做回头看的动作。

《牡丹亭》是汤显祖戏曲的代表作，作品通过杜丽娘和柳梦梅生死离合的爱情故事，热情歌颂了反对封建礼教、追求自由幸福的爱情和强烈要求个性解放的精神。《牡丹亭》情节比同时代的爱情剧高出一筹。剧中关于杜丽娘、柳梦梅在梦中第二次见面就相好幽会，杜丽娘鬼魂和情人同居，还魂后才正式“拜告天地”成婚的描写；关于杜丽娘不是死于爱情的被破坏，而是由于梦中获得的爱情在现实中难以寻觅，一时感伤而死，也即所谓“慕色而亡”的描写，都使它别具一格，也彰显了要求个性解放的思想倾向和浪漫夸张的艺术手法。

《惊梦》这出戏，主要表现了杜丽娘在游园时复杂的内心世界及情感的变化。杜丽娘在未到花园之前，面对春天，感到很郁闷、无聊，如“闷无端”，显得很慵懒。梳妆时为自己的青春美貌自豪、惋惜，如“三春好处无人见”。游园时为春天的美丽所惊叹，同时哀叹好景难留，青春易逝（牡丹虽好，春归怎占得先）。到后花园观赏了美好的风光后，进一步激发了的这种情感，从而哀怨自己美好的青春虚度，甚至对父母产生了怨恨，如“似这般都付与断井颓垣”、“我老爷和奶奶再不提起”、“甚良缘，把青春抛的远，未逢折桂之夫，诚为虚度青春”。美丽的景色既是春天美好的体现，也是用来激发杜丽娘伤春情感。梦中遇情人，杜丽娘与柳行男女之事后，并没有后悔，而是无比的眷恋。作者将这种伤春上升到反抗程朱理学的高度，从而具有不一般的意义。

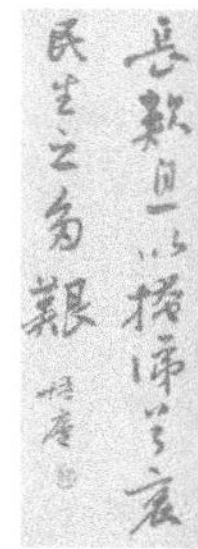

· 音乐篇 ·

第一章 概 述

中国音乐包括“中国传统音乐”和“新音乐”。“中国传统音乐”包括古代(学界通常指清朝以前)产生传承至今,在近代又有所发展的属于“国粹”的音乐——“国乐”,又包括中国人运用本民族固有方法、采取本民族固有形式创造的、具有本民族固有形态特征的当代音乐。中国传统音乐在它数千年的发展历程中,无论从律制、音阶、宫调、音乐形态特征、文化传统到民族思维方式,均形成了自己独特的规律和特点。“新音乐”指的是那些学习过西方音乐的人,运用西方音乐理论所写的音乐,如学堂乐歌。新音乐的创作时间大致是在 1840 年鸦片战争之后。传统音乐与新音乐的区别并不在于创作时间的先后,而是在于其表现形式及风格特征。概而言之,“中国传统音乐”包括 “国乐”“民间音乐”“戏曲”等,不包括“新音乐”,但它们都是“中国音乐”。

中国传统音乐文化是中国古代文化的有机构成部分,其中融入了儒释道的精华,特别是儒家精神,在内质上表现为一种“天人合一”的审美境界,充满对自然、生命的感悟、体会,强调隽永的韵味;注重通过有限的自然形态来传达无限的生命意蕴,在虚实相生、有无统一、形神兼备、情景交融的基础上追求形外之神、实中之虚、象外之象。中国音乐与西方音乐因地区渊源各异,因根植民族性各异,因文化基础各异,所产生的音乐色彩定有差异。主要表现于中国音乐注重的是情韵,而西洋音乐注重的是和谐;中国音乐注重音调,西方音乐注重节奏;中国音乐发展自然过渡,一脉相承,西方音乐发展则呈块状结构和阶段性特征;中国音乐体现为单纯的模线性织体思维,以线条为主,而西方音乐则倾向于横交叉的立体状织体思维,更讲究和声;中国音乐语言偏重心理,略于形式,极富变量,为开放性结构,而西方音乐形式严谨,结构具有封闭性特征。再如在功能张力方面,中国音乐重自娱、重情味、重雅俗之分,西方音乐重娱人、重技巧、重新旧之分。在美感形态方面,中国音乐则追求韵味的深邃、表现的力度和音响效果的虚淡与空灵、余韵悠长,西方音乐追求主题的深刻、表现的强度和音响效果的绵密厚实。在表现形式方面,中国音乐注重乐音的变化、织体的单线延伸和节奏的灵活,西方音乐注重乐音的固定 、织体的网状结构、节奏的整齐规则,等等。包德树《中国音乐审美导论》中言:“在审美追求上,中国音乐艺术以‘和’为理想,尚虚无,求空灵,讲韵味,求深邃,讲意境,求气韵生动,强调直觉与领悟,注重生命本体。这与西方音乐求深刻，强调理性与思想，把实有、意义与情感作为精神支柱的音乐审美特点形成鲜明的对比。”（包德树：《中国音乐审美导论》，中国文史出版社，2006）

中国传统音乐历史源远流长，文献一般追溯到黄帝时代，而据考古发现，中华民族音乐的蒙昧时期早于黄帝时代两千余年，即中国音乐可追溯至距今六千七百年至七千余年的新石器时代，先民们可能已经可以烧制陶埙，挖制骨哨。此后，传统音乐的发展经历了三个阶段：第一阶段是以钟磬乐为代表的先秦乐舞；第二阶段是以歌舞大曲为代表的中古伎乐；第三阶段则是以戏曲音乐为代表的近世俗乐。

河南舞阳县贾湖遗址的骨笛溯源于距今8000年左右，是全世界最古老的吹奏乐器。其中的一支七孔骨笛保存得非常完整，专家们进行过实验，发现仍然能使用该骨笛演奏音乐，能发出七声音阶。但中国古代基本上只使用五声音阶。这些原始的乐器无可置疑地告诉人们，当时的人类已经具备对音乐的审美能力。根据古代文献记载远古先民的音乐文化具有乐、舞、歌融合的特点，葛天氏氏族中的所谓“三人操牛尾，投足以歌八阕”的乐舞就是最好的说明。这些歌、舞、乐互为一体的原始乐舞反映了先民们对农业、畜牧业以及与天地自然规律相和谐的认识，还与原始氏族的图腾崇拜相联系，直至发展为对征服自然的人的颂歌。黄帝时的《云门》、尧时的《咸池》、舜时的《箫韶》、夏代的《大夏》、商代的《大濩》、西周的《大武》，所谓“六代乐舞”就是其中的代表。

据史料记载，在夏代已经有用鳄鱼皮蒙制的鼍鼓等各类打击乐器，它们的出现体现了乐器史上打击乐器发展在前的特点。商代已经发现有木腔蟒皮鼓、制作精良的脱胎于石桦犁的石磬，青铜时代影响所及，商代还出现了双鸟饕餮纹铜鼓和大多为三枚一组的编钟、编铙乐器，始于公元前五千余年的体鸣乐器陶埙从当时的单音孔、二音孔发展到五音孔，它已可以发出十二个半音的音列。根据陶埙发音推断，中国民族音乐思维的基础五声音阶出现在新石器时代的晚期，而七声至少在商殷时已经出现。周代宫廷首先建立了完备的礼乐制度。不同地位的官员在宴享娱乐中规定有不同的乐队、舞队的编制。周代的采风制度，收集了大量的各类歌曲，以观风俗、察民情。此前的歌曲经春秋时孔子的删定，结成了中国第一部诗歌总集——《诗经》，其内收有自西周初到春秋中叶五百多年的入乐诗歌一共三百零五篇。《诗经》中最优秀的部分是“风”。它们是流传于以今河南省为中心兼有周边十五国的民歌。此外还有文人创作的“大雅”“小雅”，以及祭祀歌曲史诗性的“颂”这几种体裁。就《诗经》中的歌词分析，已可概括为十种曲式结构。已有专门的名称“乱”命名歌曲尾部的高潮部分。在《诗经》成书前后，著名的爱国诗人屈原根据楚地的祭祀歌曲编成《九歌》，具有浓重的楚地文化特征。至此，两种不同音乐风格的作品南北交相辉映成趣。周代民间音乐生活也十分活跃，涉及社会生活的十多个侧面。世传，伯牙弹琴，钟子期知音；著名的歌唱乐人秦青的歌唱能够“声振林木，响遏飞云”；更有民间歌女韩娥，歌后“余音绕梁，三日不绝”，此类故事反映出当时演奏技术、作曲技术、声乐技术上的高度成就以及人们欣赏水平的提高。琴人在古琴演奏中，还总结出“得之于心，方能应之于器”的演奏心理感受。这些都是古代音乐高度发展的说明。周代音乐文化高度发达还可以以 1978 年湖北随县出土的战国曾侯乙墓葬中的古乐器为标志。这座惊世的地下音乐宝库具体提供了当时宫廷礼乐制度的模式,出土的 124 件乐器计八种,照合周代的“八音”乐器分类法(金、石、丝、竹、匏、土、革、木)几乎各类乐器应有尽有。其中最为重要的 64 件编钟乐器,分上、中、下三层编列,总重量达五千余公斤,总音域可达五个八度且具有商周编钟一钟发两音的特性,其中部音区十二个半音齐备,可以旋宫转调,从而实证了先秦文献中关于旋宫记载的可靠。曾侯乙墓钟、磬乐器上还有内容为各诸侯国之间的乐律理论的铭文,反映着周代乐律学的高度成就。在周代,十二律的理论已经确立。五声阶名(宫、商、角、徵、羽)也已经确定。律学上突出的成就载于《管子·地员篇》所记的“三分损益法”,这种律制由于是以自然的五度音程相生而成,有天然“黄钟不能还原”缺陷,但这种充分体现单音音乐旋律美感的律制一直延续至今。周代官学要求学生掌握的六种基本才能,据《周礼·保氏》载:“养国子以道,乃教之六艺:一曰五礼,二曰六乐,三曰五射,四曰五御,五曰六书,六曰九数。”乐居第二,可见其重视程度。孔子兴儒学,传六艺,提出“兴于诗,立于礼,成于乐”的学习步骤。周代的消亡,一个重要标志,即如孔子云:“君子三年不为礼,礼必坏;三年不为乐,乐必崩”,乐如何,已成为一个国家兴亡指向标。

秦朝开始设立管理音乐的行政机关“乐府”,西汉(武帝时)复设,它们继承了周代的采风制度,搜集、整理改编民间音乐,并且能够集中大量乐工在宴享、郊祀、朝贺等场合演奏。后世所见乐府诗,就是那时用作演唱的歌词,以及当时各种入乐或不入乐的歌词。甚至一些戏曲和器乐也都称之为乐府。汉代主要的歌曲形式是最初的“一人唱,三人和”的清唱——“相和歌”,渐次发展为后来的有丝、竹乐器伴奏的“相和大曲”,并且具“艳—趋—乱”的曲体结构,它对隋唐时的歌舞大曲都有重要影响。随着汉代拓疆开土,丝绸之路的畅通,西域诸国的歌曲也开始传入内地,如鼓吹乐的兴起即起于西北边疆。它以不同编制的吹管乐器和打击乐器构成如横吹、骑吹、黄门鼓吹等多种鼓吹形式。可在马上演奏,可在行进中演奏,或用于军乐礼仪,或用于宫廷宴饮,以及民间娱乐。今日尚存的民间吹打乐,当有汉代鼓吹的遗绪。“百戏”的出现也在汉代,这种将歌舞、杂技、角抵(相扑)多种表演形式合在一起的演出,可否讲是现代晚会的鼻祖?汉代律学上的成就,是体现了律学思维精微性的京房?以三分损益的方法将八度音程划为六十律。这种理论在音乐实践上虽无意义,但从理论上达到了五十三平均律的效果。

东汉(三国)、两晋、南北朝时期,是中华各民族大流动大融合时期。在北方,曹魏政权重视由相和歌发展起来的清商乐,专设清商署。清商乐随着两晋之交的战乱流入南方,与南方的吴歌、西曲融合。到北魏时,这种南北融合的清商乐又流回北方,从而成为流传中国的重要乐种。北凉时吕光将龟兹(今新疆库车)乐(将在隋唐燕乐中占有重要位置)带到内地。由此可见当时各族人民在音乐上的交流已经十分普及了。其时,古琴,这个代表传统音乐文化的乐器趋于成熟,主要表现为:在东汉(三国)时,已有著名的琴家蔡邕所著《琴操》——一本题解古琴琴曲标题的专著。书中有“徽以中山之玉”的记载。这说明当时的人们已经知道古琴上徽位泛音的产生。魏晋时期,异变的社会形态,文人音乐相继出现,魏晋玄学和魏晋风度等哲学特征和文化属性在其中若隐若现。以“竹林七贤”为代

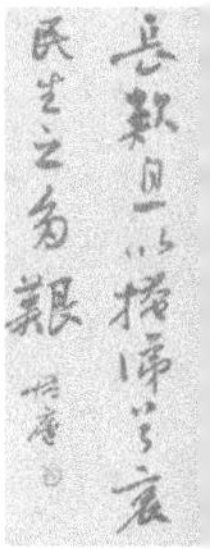

表的音乐思想作为当时人们不自觉的思想解放运动中一个重要组成部分，突破着数百年的统治意识，重新寻找着音乐思想的解放时机。嵇康、阮籍更是之中翘首。《广陵散》(《聂政刺秦王》)《猗兰操》《酒狂》等一批著名曲目相继问世。他们把自身的音乐创作理念融于实践，不仅探索和研究音乐艺术审美与功用，还把它们上升到文本形式的理论高度，赋予了音乐更深沉的灵魂。这种魏晋音乐情结所营造的氛围，不但在当时形成了一种思潮，而且还成为以后文人内心情感的旨归，为我国古代音乐美学理论作出了弥足珍贵的贡献。南北朝末年还盛行一种有故事情节、有角色和化妆表演、载歌载舞、同时兼有伴唱和管弦伴奏的歌舞戏，这已经是一种小型的戏曲雏形。这一时期律学上的重要成就，包括晋代荀瑁找到管乐器的“管口校正数”。南朝宋何承天在三分损益法上，以等差叠加的办法，创立了十分接近十二平均律的新律。他的努力初步解决了三分损益律黄钟不能还原的难题。

隋、唐两朝，国家统一，两朝都设有规模宏大的宫廷音乐机构，皆以乐工万人聚之。隋炀帝起以“太常寺”管辖乐工。唐代，政权稳定，经济发展，治者自信，奉行开放政策，勇于吸纳外域文化，加上有魏晋以来已有的各族音乐文化融合基础，终于激起以歌舞音乐为主要标志的音乐艺术全面发展的高潮。唐玄宗起以“教坊”五所管辖乐工，另又设“别教院”，专门教练宫廷音乐创作人员，下设三部：①梨园。皇帝选具有相当水平的男乐工300人，女乐工数百人，亲自教练。②宜春院。是高级女乐师所属地。③小部。内有技艺最精湛者30余人，专门从事小规模的室内演奏。当时“教坊”和“别教院”荟集了许多著名的歌唱家和演奏家。如著名的羯鼓演奏家南卓(著有《羯鼓录》一书，记载羯鼓的演奏技术、演奏家和鼓曲)；琵琶名手如段善本、康昆仑、曹刚等，琵琶的演奏方法由拨弹过渡为直接手拨；筚篥名手尉迟青；吹笛名家李谟；歌唱家李龟年、许和子等。唐代乐器制造业很兴盛，所用乐器就有300余种，占主要地位的乐器是琵琶、箜篌、筚篥、笙、笛、羯鼓、方响等。其中琵琶是乐队主要乐器之一，它已经与今日的琵琶形制相差无几。现在福建南曲和日本的琵琶，在形制上和演奏方法上还保留着唐琵琶的某些特点。当时长安是制造及修理乐器手工工场的集中地带。从史籍和敦煌的大量唐代乐舞壁画中，可以看到当时乐器的使用情况。这一切，都为兴于隋代旺于唐时的宫廷宴享所用音乐“燕乐”的发展奠定坚实基础。“燕乐”它继承了“相和大曲”的传统，以七部乐、九部乐为其中杰出代表。它们分别采成于各族及部分外国的民间音乐，主要组成有清商乐(汉族)、西凉(今甘肃)乐、高昌(今吐鲁番)乐、龟兹(今库车)乐、康国(今俄国萨马尔汉)乐、安国(今俄国布哈拉)乐、天竺(今印度)乐、高丽(今朝鲜)乐、礼毕(最后所奏，一说即文康乐)等，融会了九部乐中各族音乐的精华，形成了散序——中序或拍序——破或舞遍的结构形式。其中龟兹乐、西凉乐在部曲中尤为重要。唐初改为十部，玄宗时又将燕乐改为乐感精细的“坐部伎”和乐感喧闹的“立部伎”两部分，由坐部伎或立部伎视不同场合需要分别进行室内或室外演奏。根据白居易诗《立部伎》所云，坐部伎的演奏员水平高于立部伎。又据史载立部不合格者降到雅乐队去，此时可以想见“雅乐”之衰落。唐朝的燕乐中，最突出最辉煌的部分是“大曲”，它是燕乐中独树一帜的奇葩，这是在乐府音乐和外来音乐的基础上，经过乐师们的采集、筛选、创造而发展起来的，综合了器乐、歌唱和舞蹈的大规模的音乐，它成于唐代的极盛时期（开元、天宝年间，713～755），集中地代表了“燕乐”的全部艺术成就，唐《教坊录》著录的“大曲”曲名共有46个。“大曲”中精致绚丽的部分又被称之为“法曲”。著名诗人白居易生动描绘舞乐精彩演出过程的诗篇《霓裳羽衣舞歌》就是皇帝音乐家唐玄宗所作之出色“法曲”，至今为世人所称道。教坊的乐工不仅在宫廷中演奏，有时到贵族家中献艺，年老乐工则在宫外以传习歌舞为业，使“燕乐”得以广泛传播，风靡一时。唐代音乐文化的繁荣还表现为建有一系列国家级的音乐教育机构，如“教坊”“梨园”“大乐署”“鼓吹署”以及专门教习幼童的“梨园别教园”。这些机构以严密的理论与实际考绩，造就着一批批才华出众的音乐家。受到龟兹音乐理论的影响，唐代出现了八十四调、燕乐二十八调的乐学理论。唐代曹柔还创立了减字谱的古琴记谱法，一直沿用至近代。唐诗在中国文学史上堪称一绝，唐诗在当时都是可以入乐歌唱的。曾几何时，歌伎以能歌名家诗为快；诗人也以自己的诗作入乐后是否流传广泛来衡量自己的写作水平。

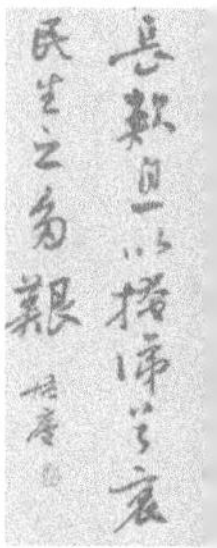

唐朝的宫廷音乐在安史之乱以后随着社会的衰落而衰落，宫廷音乐家们多外流，为谋生在民间献艺。五代时，虽然南唐和后蜀的宫廷也曾汇集了一些乐工使宫廷音乐有所延续，但未能恢复唐朝的规模。

宋统一后，设立“教坊”，宫廷内外的演奏多沿用唐时的旧曲，有时演奏“大曲”，但只能选其中一部分演奏，规模大为缩减，常常只由一二人进行歌舞表演，歌者、舞者合二为一。后来逐渐用“大曲”曲调表演故事，如宋史浩《鄮峰真隐漫录》卷四十六所载的《剑舞》，是用“大曲”中《剑器》表演楚、汉鸿门宴及杜甫、张旭观公孙大娘舞剑的故事。又如《郑生遇龙女薄媚》是用“大曲”中《薄媚》来表演郑生遇龙女的故事。《哭骰子瀛洲》是以“大曲”中《瀛洲》表演滑稽故事。这些表明宋代的“大曲”已逐渐向歌舞剧的方向演变，“大曲”的整体逐渐消失，其中的许多乐段逐渐有名无实，流变为曲牌，分散在词曲、戏曲、说唱、器乐及其他歌曲中间。南宋以后，宫廷中虽然也还设有“教坊”“云韶部”等音乐机构，但社会动荡，人才零落，宫廷音乐无论“燕乐”或“雅乐”，都已失去发展的势头，极度衰微。此后，辽、金、元、明直至清代，宫廷中均有“燕乐”或“宴飨乐”存在，但和隋、唐时期的“燕乐”已是霄壤之别！宋、金、元时期音乐文化的发展以市民音乐的兴勃为重要标志，发展的主流已转到新兴的戏曲、说唱、城市歌曲等市民阶层艺术中去，且较隋唐民间音乐得到更为深入的发展。随着都市商品经济的繁荣，适应市民阶层文化生活的游艺场“瓦舍”“勾栏”应运而生。在“瓦舍”“勾栏”中人们可以听到“叫声”“嘌唱”“小唱”“唱赚”等艺术歌曲的演唱；也可以看到“崖词”“陶真”“鼓子词”“诸宫调”以及杂剧、院本等说唱类音乐表演；可谓争奇斗艳、百花齐放。这当中“唱赚”中的缠令、缠达两种曲式结构对后世戏曲以及器乐的曲式结构、“鼓子词”对后世的说唱音乐鼓词都有着一定的影响。“诸宫调”是这一时期成熟起来的大型说唱曲种，其中歌唱占了较重的分量。宋代词调音乐获得了空前的发展，除承继隋唐曲子词的遗绪，“曲乐”入民间是个重要原因，这种长短句的歌唱文学体裁可以分为引、慢、近、拍、令等等词牌形式。填词的手法趋于规范且丰富，有“摊破”“减字”“偷声”等手法。在音乐这块沃土上，“宋词”得以生根开花，成为中国文学史上的瑰宝！中国戏曲在宋代渐趋成熟，它的标志是南宋时南戏的出现。南戏又称温州杂剧、永嘉杂剧，其音乐丰富而自然。最初时是一些民间小调，演唱时可以不受宫调的限制。后来发展为曲牌体戏曲音乐时，还出现了把不同曲牌的若干乐句重新组织，构成一种新曲牌的“集曲”形式。南戏在演唱形式上已有独唱、对唱、合唱等多种，传世的三种南戏剧本《张协状元》等见于《永乐大曲》。宋代的郭楚望开古琴流派之先河，有代表作《潇湘水云》。南宋姜夔是既会作词、又能依词度曲的著名词家、音乐家。他有十七首自度曲和一首减字谱的琴歌《古怨》传世，代表作有《扬州慢》《鬲溪梅令》《杏花天影》等等。这些作品表现了作者爱恋祖国山河、关怀祖国人民的盎然意趣，也描绘出思念故土的清幽悲凉的意境。在乐学理论上宋代有了燕乐音阶的记载，同时，早期的工尺谱谱式（近代通行的一种工尺谱直接导源于此时）见载于张炎《词源》，在弓弦乐器的发展长河中，“马尾胡琴”的出现见载于沈括的《梦溪笔谈》。

元朝，以元杂剧为代表的戏曲艺术达到一个高峰。最初在北方兴盛的元杂剧，向南方渐次发展，与南方戏曲产生交融。代表性的元杂剧作家有世称六大家的关汉卿、马致远、郑光祖、白朴、王实甫、乔吉甫。关汉卿的《窦娥冤》《单刀会》，王实甫的《西厢记》等都是典型作品。元杂剧有严格的结构，即每部作品由四折（幕）一楔子（序幕或者过场）构成，有时也有突破，如王实甫的《西厢记》达五本二十折。一折内限用同一宫调，一韵到底，常由一个角色（末或旦）主唱。随着元杂剧对南方戏曲的影响，南戏（元明之际叫作传奇）进一步成熟。出现了一系列典型剧作，如《拜月庭》《琵琶记》等等。这些剧本经历代流传，至今仍在上演。当时南北曲的风格已经初步确立，七声音阶为主的沉雄北曲、五声音阶为主的柔婉南曲，是元曲这支曲艺繁枝上的并蒂花。随着元代戏曲艺术的发展，催生出总结戏曲演唱理论的专著，最早的是燕南之庵的《唱论》，而周德清的《中原音韵》则是关于北曲最早的韵书，他把北方语言分为十九个韵部，并且把字调分为阴平、阳平、上声、去声四种。这对后世音韵学的研究以及戏曲说唱音乐的发展均有很大的影响。民族乐器三弦的出现是在元代。汉族古代“诗歌”“词曲”是不分的，从诗经、楚辞、乐府、唐诗、宋词、元曲，在当时无一不是歌曲之词，只是随着时间的推移，音乐逸亡，歌词尚存。也正是诗词曲的可歌可咏，中国文学史中的半壁江山存在于中国音乐史中。这就是“礼乐之邦”，古代音乐在人格养成、文化生活和国家礼仪方面有着很重要的作用和地位。中华民族在几千年的历史长河中，创造了丰富的音乐文化，中国音乐也对中国周边地区的音乐产生了深远的影响。

明、清两朝，社会已经具有资本主义经济因素的萌芽，日益壮大的市民阶层，使音乐文化的发展更具有世俗化的特点。明代的民间小曲内容繁杂丰富，虽然良莠不齐，但其影响之广，已经达到“人人习之”“不问男女”的程度。私人收集编辑、刊刻小曲亦成时风，从民歌小曲到唱本、从戏文到琴曲均有私人刊刻印本问世。明太祖之子朱权编辑的《神奇秘谱》是最早的汉族琴曲专集，从当时“琴谱数家所裁者千有馀曲”中精选出来，是近五百年来保存的古代音乐作品史料价值最高的古谱。再如冯梦龙，不仅写白话小说，还采集吴中民歌，编辑出《桂枝儿》《山歌》两部歌曲集。这一切，都为后人总结前人音乐创作经验，探索传统音乐规律提供了不可缺少的依据。明清时期说唱音乐异彩纷呈。其中南方的弹词，北方的鼓词，以及牌子曲，琴书，道情类的说唱曲种更为重要。南方秀丽的弹词以苏州弹词影响最大。到清代，苏州出现了苍凉雄劲的陈调、爽直酣畅的马调、秀丽柔婉的俞调这三个重要流派。以后又繁衍出许多新的流派。北方的鼓词以山东大鼓，冀中的木板大鼓、西河大鼓、京韵大鼓较为重要。而牌子曲类的说唱有单弦、河南大调曲子等；琴书类说唱有山东琴书，四川扬琴等；道情类说唱有浙江道情，陕西道情，湖北渔鼓等，少数民族也出现了一些说唱曲如蒙古说书、白族的大本曲。明清戏曲音乐出现新的发展高峰，是以声腔的流传散布为特点。明初四大声腔为海盐、余姚、弋阳、昆山诸腔，其中的昆山腔经由江苏太仓魏良辅等人的改革，以曲调细腻流畅，发音讲究字头、字腹、字尾而赢得人们的喜爱。昆山腔又经过南北曲的汇流，形成了一时为戏曲之冠的昆剧。最早的昆剧剧目是明梁辰鱼的《浣纱记》，其重要的剧目如明汤显祖的《牡丹亭》、清洪昇的《长生殿》等，至今仍是中国戏剧经典曲目。弋阳腔对各地的方言小戏发生重要影响，以其灵活多变的特点使得各地小戏日益增多，如各种高腔戏。明末清初，北方以陕西西秦腔为代表的梆子腔得到很快的发展，它影响到山西的蒲州梆子、陕西的同州梆子、河北梆子、河南梆子。这种高亢、豪爽的梆子腔在北方各省经久不衰。当时文人将这些杂七杂八的地方戏称为“花部”。清乾隆五十五年（1790 年），徽班进京，其后，徽帮“花部”与西皮和二黄两种基本曲调构成的皮黄腔在北京相互借鉴、融合，经过五六十年的衍变，产生了影响遍及中国的京剧。明清时期，戏曲艺术的整体繁荣，使得器乐曲随之发展。琴曲有明代的《平沙落雁》、清代的《流水》等，一批丰富的琴歌如《阳关三叠》《胡笳十八拍》等广为传唱。琵琶乐曲自元末明初有《海青拿天鹅》以及《十面埋伏》等名曲留世，到了清代还出现了华秋萍编辑的最早的《琵琶谱》。器乐发展的另一个表现为民间出现了多种器乐合奏的形式。如北京的智化寺管乐，河北吹歌，江南丝竹，十番锣鼓等等。明代末叶，著名的乐律学家朱载堉计算出十二平均律的相邻两个律（半音）间的长度比值，精确到二十五位数字，这一律学上的成就在世界上是首创。明清时期歌舞音乐在各民族中也有较大的发展，如汉族的各种秧歌，维吾尔族的木卡姆，藏族的囊玛，壮族的铜鼓舞，傣族的孔雀舞，彝族的跳月，苗族的芦笙舞，等等。

近现代时期，始自清代末叶的鸦片战争至中华民国，社会动荡不安。这一百多年来，音乐文化的发展交织着传统音乐和欧洲传入的西洋音乐的碰撞、交融，伴以社会要求民主、科学的潮流而动。在历经一系列反帝反封建的农民革命、戊戌变法、辛亥革命、“五四运动”、抗日战争，以及中国共产党领导下的新民主主义革命，传统音乐首先以革命民歌的发展为热潮，如反映太平天国革命的《洪秀全起义》，抗议沙俄入侵的《迫迁歌》，“五四”时期痛斥军阀出卖祖国镇压百姓的城市小调《坚持到底》《苦百姓》等；在红色根据地、边区、解放区，革命歌曲更具有优秀的传统，如《天心顺》《绣金匾》等。戏曲音乐中京剧的影响遍及中国并走向海外，出现了程长庚、谭鑫培以及后来的梅兰芳、程砚秋、周信芳等一代名优。各种地方小戏、评剧、越剧、楚剧等也获得了较快的发展。民族器乐的发展有了深厚的民间活动基础，以民间出现各种器乐演奏的社团为特点，如“天韵社”“大同乐会”等等。

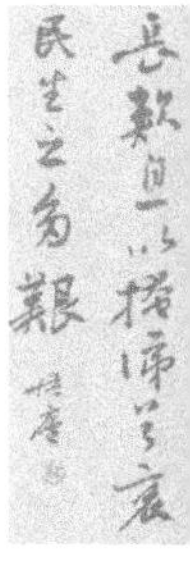

这种民族音乐民间活动的特点造就出许多卓越的民间艺人，其中华彦钧（瞎子阿炳）就是杰出的代表。此外，各种琴谱、琵琶谱的定制、出版也多了起来。上溯到元、明时期，西洋音乐虽有传入中国，但作为一种文化形态广泛影响于中国，则归于清末民初的学堂民歌运动。这一运动由当时一些要求效法欧美、富国强兵的维新派知识分子倡导，如梁启超、沈心工、李书同等。学堂乐歌作为学生音乐教材，以宣传爱国、反帝，拥护共和以及学习欧美科学文明为内容，如《中国男儿》《体操—兵操》等，这些乐歌又不仅流传于学校，而且广泛影响到社会各阶层。这些乐歌多借用外来曲调填词，也有少数根据本国曲调填词，还有少数创作曲调。在“五四”新文化运动的影响下，中国音乐开始兴起传播西洋音乐，改进国乐的活动，一些音乐社团，如“北大音乐研究社”“中华美育社”“国乐改进社”等相继建立。而后的现代音乐专业教育最初就是在这些音乐社团的基础上建立的。20 世纪 20 年代，肖友梅又在上海创建国立音乐院，这是正规专业音乐教育的开始。肖友梅呕心沥血，毕生献给了中国早期音乐专业教育事业。有着中国特色的优秀音乐人以及作品不断出现，“五四”时期，著名的语言学家、作曲家赵元任是中国早期专业音乐创作的代表人物之一，他注意民族语言音调同歌曲音调的结合，善于吸收传统音乐中的营养，写出了《卖布谣》《教我如何不想他》等流传至今的作品。民族音乐家刘天华则从学习西洋音乐中探索改进国乐的道路，创办了“国乐改进社”，写出《光明行》《空山鸟语》《病中吟》等二胡独奏曲，并且把二胡纳入音乐专业教育课程。中国新歌剧创作也开始早期探索，其代表人物黎锦晖创作了大量的儿童歌舞剧，如《小小画家》《麻雀与小孩》以及歌舞表演剧《可怜的秋香》。中国音乐史学以及比较音乐学上已进行开创性工作，王光祈作为中国第一代音乐学家有重大的贡献。三十年代著名教育家、作曲家黄自对音乐专业教育的巩固和提高做了大量工作，培养出一批专业音乐工作者，如刘雪庵，江定仙，贺绿汀等，他创作的《玫瑰三愿》《南乡子》等艺术歌曲仍然回响在今天的音乐舞台上。他还写出了中国第一部清唱剧《长恨歌》。1937 年，抗日战争全面爆发，在这一民族存亡时期，音乐工作者集合在抗日救亡的大旗下，创作出了一大批思想性强、艺术质量高的音乐作品，是声势浩大的“抗战文化”重要组成部分。张寒晖作词作曲的《松花江上》，光未然作词、冼星海作曲的《黄河大合唱》，田汉作词、聂耳作曲的《毕业歌》，田汉作词、聂耳作曲的《义勇军进行曲》，光未然作词、阎述诗作曲的《五月的鲜花》，潘孑农作词、刘雪庵作曲的《长城谣》等抗战歌曲，强力地揭露和鞭笞日寇的罪恶暴行，唤醒民众，宣传抗日，无疑是直观的爱国主义教育和全民团结抗战的动员令，在中国的抗日救亡运动中写下了可歌可泣的一页，为抗战的胜利作出了积极重要的贡献。专业音乐的发展以歌曲为主要体裁，器乐曲相对来说较为薄弱。但在器乐作品民族化方面也出现了一些较好的作品，如贺绿汀的钢琴曲《牧童短笛》，瞿维的钢琴曲《花鼓》，马思聪的小提琴曲《内蒙组曲》，马可的管弦乐曲《陕北组曲》，民族器乐曲如《春江花月夜》，以及华彦钧的《二泉映月》等，在今天依然脍炙人口，为大众喜闻乐见。

当前，我国正处于全面深化改革的关键时期，社会上存在着诸多矛盾与问题，教育引导广大学生树立正确的价值观关乎国家的命运和人民的切身利益。中华优秀传统文化所反映的民族精神、文化理念和价值追求在当今仍有借鉴价值。习近平总书记曾在北京大学师生座谈会上发表重要讲话，明确指出社会主义核心价值观充分体现了对中华优秀传统文化的传承和升华，弘扬中华优秀传统文化对培育和践行社会主义核心价值观具有重要作用。习近平总书记强调，中华优秀传统文化已经成为中华民族的基因，植根在中国人内心，潜移默化影响着中国人的思想方式和行为方式。今天，我们提倡和弘扬社会主义核心价值观，必须从中汲取丰富营养。中国传统音乐是中华优秀传统文化的重要组成部分，其美学思想中体现了“天人合一”“和而不同”“求同存异”“君子坦荡荡，小人长戚戚”“天行健，君子以自强不息”等优秀人文内涵，同时契合着社会主义核心价值观。一个国家若失去传统文化，国将不国，民族也失去存在意义。传统文化是一个民族灵魂的内核，是民族生存发展的源泉。中国传统音乐的传承也是对中国传统文化乃至中国历史的肯定和借鉴。中国传统音乐，承载着中华民族生存发展的记忆；是中华儿女世代生活的鲜活写照；是中华儿女共同的思想宝库。青年学子，作为文化的继承、实践与传播者，应当摈弃浮躁、虚妄，更多地投入到中国传统音乐的传承中，固守、发展中国传统音乐这个中国传统文化的宝贵财富，强固中国传统文化这一中华民族屹立于世界的强大基石，向世人展现中华民族独特的人文精神！

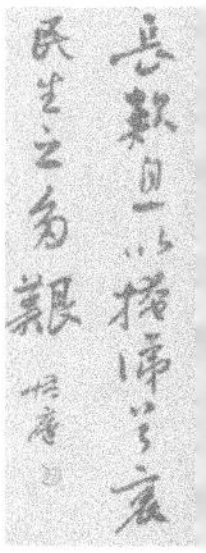

第二章　作品鉴赏

1.《高山流水》

《高山流水》是汉族古琴曲，属于中国十大古曲之一。

【赏析】

作为古代琴曲，战国时已有关于《高山流水》的琴曲故事流传，故亦传《高山流水》系前秦伯牙所作。乐谱最早见于明朝《神奇秘谱》，此谱关于《高山》《流水》解题有：“《高山》《流水》二曲，本只一曲。初志在乎高山，言仁者乐山之意。后志在乎流水，言智者乐水之意。至唐分为两曲，不分段数。至宋，分高山为四段，流水为八段。”两千多年来，《高山》《流水》这两首著名的古琴曲与伯牙鼓琴遇知音的故事一起，在人民中间广泛流传。

随着明清以来琴的演奏艺术的发展，《高山》《流水》有了很大变化。《神奇秘谱》本不分段，而后世琴谱多分段。明清以来多种琴谱中以清朝唐彝铭所编《天闻阁琴谱》（1876年）中所收川派琴家张孔山改编的《流水》尤有特色，增加了以“滚、拂、绰、注、上、下”手法作流水声的第六段，又称“七十二滚拂流水”，以其形象鲜明，情景交融而广为流传。据琴家考证，在《天闻阁琴谱》问世以前，所有琴谱中的《流水》都没有张孔山演奏的第六段，全曲只八段，与《神奇秘谱》解题所说相符，但张孔山的传谱已增为九段，后琴家多据此谱演奏。

以下简单分析各段表达意境：

第一段　也是引子，旋律由缓慢的速度以散音奏出，气氛静穆，接着旋律在宽广的音域内不断跳跃，变换音区，虚微的移指，换音与实音相接，旋律时隐时现，犹见高山之巅，云雾缭绕，飘忽不定。

第二、三段　也是起部，曲调节奏明朗、活泼、轻快；息心静听，清澈的泛音犹如"淙淙铮铮，幽间之寒流；清清冷冷，松根之细流"，宛如身置深山茂林间潺潺流水旁，愉悦之情油然而生。

第四、五段　也是承部，旋律用实音演奏，音乐进一步展开：如同行云流水，绵延不断，其韵扬扬悠悠，轻快如歌，犹如点滴泉水聚成淙淙潺潺的细流。此处音乐写情多于写实。

第六段　也是转部，旋律又可分为两部分：(1)前一部分旋律中出现大幅度的上、下滑音，跌宕起伏，犹见"激流中之洄澜，飞溅之浪花"；(2)后一部分旋律用连续的"猛滚、慢拂"；并在其上方又奏出一个递升递降的旁调，"盖右手滚拂略无停机，而左手实音动宕其中，或往或来无窒碍，缓急轻重之间最难取音"，这些复杂巧妙的演奏技巧，让乐曲形象地描绘出流水如瀑布飞流，汇成波涛翻滚的江海；"极沸腾澎湃之观，具蛟龙怒吼之象"使听众似"宛然坐危舟过巫峡，目眩神移，惊心动魄，只疑此身已在群山奔赴，万壑争流之际矣"。

第七段　旋律音势减弱，先降后升在高音区连珠式的泛音群，似乎描述出：江水已不是那样的汹涌澎湃，"轻舟已过，势就徜徉，时而余波激石，时而回旋微沤"，独见平湖自畅流的意境。

第八、九段　也是合部，属古琴曲结构中"复起"部分，音乐加入新的材料，速度也比前面快，力度也比前面强，变化再现了"承""转"部分如歌的场景；音乐比以前更充满激情：流水之音再度响起，由低向上引发如颂歌的旋律，再现第四段的种子材料，最后结束在宫调上。

《高山流水》全曲形象生动，气势磅礴，不仅让人有：为人终归平和、知音和于义气的启示、感悟，还对祖国美丽山河进行了诠释和歌颂。

【链接】

传说春秋战国时，楚国郢都的著名琴师俞伯牙，一次在汉阳江口的荒山野地弹琴，初遇精通曲谱琴法的樵夫钟子期，一曲终，钟子期竟能领会这是描绘"峨峨兮若泰山"之曲，又奏一曲，钟子期亦能领会这是描绘"洋洋兮若江河"之曲。伯牙惊道："善哉，子之心而与吾心同。"遂引为知音而成契友。钟子期死后，伯牙痛失知音，摔琴绝弦，终身不弹。故后留有《高山》《流水》之曲。

后世除琴曲《高山》《流水》；另有同名筝曲《高山流水》，虽多取材于"伯牙鼓琴遇知音"之典故，但与古琴曲无传承关系，两者同名异曲，风格完全不同。筝曲现有多种流派谱本。而流传最广、影响最大的则是浙江武林派的传谱，旋律典雅，韵味隽永，颇具"高山之巍巍、流水之洋洋"貌。山东派的《高山流水》是《琴韵》《风摆翠竹》《夜静銮铃》《书韵》四个小曲的联奏，也称《四段曲》《四段锦》。河南派的《高山流水》则是取自于民间《老六板》板头曲，节奏清新明快，民间艺人常在初次见面时演奏，以示尊敬结交之意。这三者及古琴曲《高山流水》之间毫无共同之处，都是同名异曲，风格也完全不同。

美国于 1977 年 8 月 22 日发射“发现者”号探测飞船到太空，其携带的金唱片上，刻录有我国管平湖先生所奏古琴曲《流水》一曲，向宇宙星球的高级生物传道人类的智慧和文明信息。

“高山流水”典故最早见于《列子 · 汤问》。在人们的用典实践中，这一典故逐渐发展出七十余个典型和乐曲高妙、相知可贵、知音难觅、痛失知音、闲适情趣等典义，还存在典故反用现象。

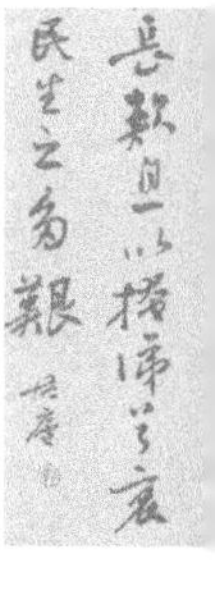

2.《广陵散》

《广陵散》是中国汉族古代一首大型琴曲，是中国音乐史上非常著名的十大古琴曲之一。

【赏析】

《广陵散》，萌芽于秦、汉时期，至少在汉代，《广陵散》已经出现，标题说明这是一首流行于古代广陵地区（今扬州）的琴曲（“散”是操、引乐曲的意思，“散”有散乐之意，先秦的散乐是指有别于宫廷雅乐的汉族民间音乐）。它表达的内容向来说法不一，但一般的看法是将它与《聂政刺韩王》琴曲联系起来。此曲其名称最早记载见于曹魏应璩《与刘孔才书》“听广陵之清散”，又名《广陵止息》，晋嵇康的《琴赋》中提到的琴曲亦有《广陵止息》。到魏、晋时期它已逐渐成形定稿。随后曾一度流失，《广陵散》最早不只是古琴曲，还以被琵琶、笙、笳等乐器演奏的“但曲”流行。《乐府诗集》将其列为相和歌楚调曲目中，并引有张永《记录》的有关记载：“又有但曲七曲：《广陵散》《黄老弹飞引》《大胡笳鸣》《小胡笳鸣》《鸡游弦》《流楚》《窈窕》，并琴、筝、笙、筑之曲。”但所有其他乐器演奏的《广陵散》曲谱都已失传，惟有琴曲流传至今。《广陵散》的曲调经隋唐李良辅、吕渭等人的加工，逐渐发展成一部规模宏大的作品。其曲谱最早见于明朱权《神奇秘谱》，共有四十五段，分为六大部分，即开指一段、小序三段、大序五段、正声十八段、乱声十段、后序八段。每段皆冠以小标题，如“取韩”“呼幽”“冲冠”“投剑”“长虹”等，从这些标题判断，《广陵散》的表现内容和聂政刺韩王的故事情节相符。关于此，东汉蔡邕《琴操》记述得较为详细。

《广陵散》是一首结构庞大、缜密，气势宏大、有着丰富的社会历史内涵的优秀作品，它是中国现存古琴曲中唯一的具有戈矛杀伐战斗气氛的乐曲，全曲音乐风格既统一，又有变化，从而更生无穷魅力。北宋《琴书 · 止息序》对《广陵散》的描写可谓神来之笔：“其怨恨凄恻（感），即如幽冥鬼神之声。邕邕容容，言语清泠。及其佛郁慷慨，又亦隐隐轰轰，风雨亭亭，纷披灿烂，戈矛纵横。”当代琴家李祥霆也在《唐代古琴演奏美学及音乐思想研究附录》中称：“情绪大起大落，忽婉转，忽雄奇。其变态之强烈，令听者感到内心冰炭交加，升天坠地。其为音乐艺术，信可如此，而今日之琴曲，唯《广陵散》可当之。”分析《广陵散》的音乐结构：古琴是七根弦，在古代第一弦称为君弦，第二弦称为臣弦，《广陵散》用

“慢商调”弹奏，将二弦音高降低与一弦音高相同，强调了宫音的主音效果，此曲历来被认为有反君之意，悠扬之间难抑沉郁凝重，沉郁凝重外又另有超旷飘逸。六部分中正声是全曲的主体部分，主题音调充分展现，音乐由低沉忧郁发展到豪迈激昂，采用了拨刺、撮音、泛音等演奏手法，描写聂政由怨恨到愤慨的情感变化过程。开指、小序、大序诸部分是正声的酝酿准备阶段，全曲始终贯穿着两个主题音调的交伏和发展、变化，在音乐上出现了两个主题音调的雏形，旋律哀婉低叹，表现了对聂政悲惨遭遇的同情。乱声、后序是正声的发展延续，音乐进一步展开，拨刺等各种手法的运用造成了热烈辉煌的效果，表现对聂政不屈精神的歌颂。全曲贯注一种愤慨、坚强不屈的浩然之气，“纷披灿烂，戈矛纵横”，以致朱熹指斥“其曲最不和平，有臣凌君之意”。正声以前主要是表现对聂政不幸命运的同情；正声之后则表现对聂政壮烈事迹的歌颂与赞扬。一个是见于“正声”第二段的正声主调，另一个是先出现在大序尾声的乱声主调。正声主调多在乐段开始处，突出了它的主导作用。乱声主调则多用于乐段的结束，它使各种变化了的曲调归结到一个共同的音调之中，具有标志段落，统一全曲的作用。

尽管史学家们对其背后的历史故事众说纷纭，但有一点是毋庸置疑的，这是一曲歌颂古代侠义之士的悲歌，直接表达了被压迫者反抗暴君的斗争精神与战斗意志，具有很高的思想性及艺术性，是浩如烟海的古代琴曲中最富有斗争性的一首。而这种斗争性和悲壮的情感基调，正是我们赏析这首名曲的基础和归宿。

【链接】

提到《广陵散》不能不提魏晋竹林七贤之一嵇康，《晋书》记载，此曲乃嵇康游玩洛西时，为一古人所赠。而《太平广记》里更有一则神鬼传奇，说的是嵇康好琴，有一次，嵇康夜宿月华亭，夜不能寝，起坐抚琴，琴声优雅，打动一仙灵，仙灵与他共谈音律，非常投机，后来仙灵索琴弹奏一曲，乐曲声调绝伦，其将曲授予嵇康——《广陵散》，更与嵇康约定：此曲不得教人。当然，这是个故事。《广陵散》具有的“怫郁慷慨、戈矛纵横”斗争精神，使它深受历代追求自由之名士的喜爱。嵇康就是其中突出的一人，或许嵇康也正是看到了《广陵散》的这种反抗精神与战斗意志，才如此酷爱《广陵散》并对之产生如此深厚的感情。他因不愿与司马氏政权合作而被陷害，公元 263 年为司马昭所害。临刑前，嵇康俱不伤感，索琴慨然弹奏此曲，叹惋：“袁孝尼尝请学此散，吾靳固不与，《广陵散》于今绝矣！”把自己的满腹怨恨和对政权统治黑暗的控诉表达得淋漓尽致。嵇康所绝《广陵散》大概是当时多个版本中他所倾心修操的一种。

《广陵散》与聂政的故事。

据《战国策》及《史记》中记载：战国时严仲子事韩烈侯，因上奏宰相韩傀（一名侠累）的过失，怕被报复，找上聂政，想先下手为强。严仲子用黄金百镒为聂政母亲祝寿，聂政不受，并辞以母在，身未敢许人。后来聂母过世，聂政为酬知己，主动去见严仲子，严仲子要帮他安排帮手，聂政说人多口杂，难以成事，只身前去狙击。趁君臣聚会东孟，杀韩傀，力战至死。聂政自知无法脱困，怕连累亲人遭到族诛，反剑自毁颜面、削双目，再切腹自杀。死后被曝尸于市，千金悬赏，却无人能指认。一直等到他姊姊前来认尸，说：“此轵深井里聂政！他怕连累我，自毁容貌，我怎么能因为怕死，让弟弟无名而终！”说完就在其弟尸旁自尽。

东汉蔡邕的《琴操》也谈到与该曲相关的历史故事。战国时聂政的父亲为韩王铸剑，超过了工期还没有完成，就被韩王下令杀害了。当时聂政还未降生，当他长大成人后，就问母亲：“父亲在哪里？”母亲就告诉了他父亲的遭遇。聂政自此立下为父报仇、刺死韩王的誓愿。首次行刺不成，聂政逃到泰山，向一个仙人学琴，历时十年。因怕被人认出，他“漆身为厉，吞炭变其音”，并击落满口牙齿。重归韩国的聂政，已练成绝艺，弹起琴来，观者成行，马牛止听。消息传到爱好听琴的韩王耳中，他马上召聂政进宫弹琴。聂政将刀藏入琴中，当韩王聚精会神听琴时，拔出刀来，刺死韩王。按当时的规定，杀君之罪，当诛九族。聂政恐祸及母亲，就拿刀自毁其面，断其形体，所以无人知道刺客是谁。后统治者将聂政暴尸于街市，重金悬赏。一天，有位妇人抱着聂政的尸体哭道：“他就是聂政啊！为父报仇，知道要牵累母亲，所以才自毁其容。我怎能为保一区区女子之身，而不宣扬我儿子的英名呢？”哭着哭着，因冤结陷塞绝脉而死。

3.《梅花三弄》

《梅花三弄》是中国古代十大古琴曲之一。

【赏析】

《梅花三弄》又名《梅花引》《梅花曲》《玉妃引》，根据明朝《神奇秘谱》《太音补遗》和清朝《蕉庵琴谱》记载，晋隋以来有此笛曲，相传为东晋大将桓伊所作，后来改编为古琴曲。宋朝郭茂倩《乐府诗集》卷第二十四，南朝宋鲍照《梅花落》解题称，“《梅花落》本笛中曲也”，“今其声犹有存者”。今存唐诗中亦多有笛曲《梅花落》的描述，可见南朝至唐间，笛曲《梅花落》就在民间广为流行。明朝杨抡《伯牙心法》云：“桓伊出笛吹三弄梅花之调，高妙绝伦，后人入于琴。”“梅为花之最清，琴为声之最清，以最清之声写最清之物，宜其有凌霜音韵也。”从这里可看出，它首先是一首笛曲，后来才改编成古琴曲（究竟何人作为，今已无考）。笛曲《梅花落》改编移植为琴曲《梅花三弄》，有托于唐人颜师古所作《江梅引 · 忆红梅》中“漫弹绿绮，引三弄，不觉魂飞”句，说明此琴曲唐代已有流传。关于《梅花三弄》的乐曲内容，历代琴谱都有所介绍，南朝至唐的笛曲《梅花落》大都表现怨愁离绪的情感。明清琴曲《梅花三弄》多以梅花凌霜傲寒、高洁不屈的节操与气质为表现内容。今演奏用谱由清朝周显祖刊刻，虞山派《琴谱谐声》的琴箫合谱，其节奏较为规整，宜于合奏；清朝秦淮瀚辑刊，广陵派晚期的《蕉庵琴谱》，其节奏较自由，曲终前的转调令人耳目一新。此曲结构上采用循环再现的手法，重复整段主题三次，每次重复都采用泛音奏法；“三弄之意，则取泛音三段，同弦异徵云尔”。故称为《三弄》。乐曲表现了梅花的纯洁芬芳和傲雪凌霜等特征，借物抒怀，来歌颂节操高尚的人，是一首充满中国古代士大夫情趣的琴曲，更是中国传统艺术中表现梅花的佳作。

《梅花三弄》，全曲共分十段，两大部分。

引子部分优美亲切，节奏具有平稳舒缓和跌宕起伏的对比因素，精练地概括了全曲的基本特征，描画出梅花静与动两种形象。

第一部分，前六段，古琴在低音区出现的曲调，冷峻肃穆：仿佛草木凋零、霜晨雪夜，只有梅花静静开放傲骨挺立。前十二小节以五度、六度的上下行跳进音程为特征的旋律，结合稳健有力的节奏，富有庄重的色彩，好似对梅花的赞颂。后十四小节多用同音重复。附点节奏的运用使旋律富于推动力，似乎梅花在微风的吹拂下轻轻晃动起来。接着乐曲音乐主题第一次重现。这段优美流畅的曲调轻巧、跳跃地在这部分音乐中三次循环出现，表现“风荡梅花，舞玉翻银”、花蕊含苞待放迎风摇曳，生机勃勃的意境。三次出现的主旋律，都是用清澈透明的泛音弹奏。这段曲调在不同徽位上的演奏，其泛音色彩也有着微妙的变化，音乐意境非常细腻。

第二部分，后四段，用一系列急促的节奏和不稳定的乐音，表现出动荡不安的气氛。这段曲调在节拍上和音调上都与泛音曲调形成强烈的对比，连续用八度大跳的灵活手法，使旋律线此起彼伏，大起大落，演奏上再采用刚劲的“滚拂”手法，使音乐表现出一种风云交加的意境，衬托梅花迎风斗雪、傲然挺立的坚毅形象，在紧张的情绪表现中把全曲推向了高潮。

尾声的乐曲渐渐平稳，余音袅袅不断飘出。它运用调式属音下行向主音过渡，然后稳定的结束，仿佛梅花在经历了风荡雪压的考验之后，又归于平静，依然将它清幽的芳香散溢于人间。

琴曲中采用完整重复三段泛音写法不多见。全曲表现了梅花纯洁芳香、凌霜傲雪的高尚品性。《枯木禅琴谱》说：“曲音清幽，音节舒畅，一种孤高现于指下；似有寒香沁入肺腑，须从容联络，方得其旨。”“故有处处三叠阳关，夜夜梅花三弄之诮。”。

梅花傲霜高洁的品格，是古今艺术创作的重要题材，常为人们用以隐喻具有高尚节操的人。

【链接】

全曲共有10个段落，因为主题在琴的不同徽位的泛音上弹奏三次（上准、中准、下准三个部位演奏），故称“三弄”。即为：“梅花一弄、弄清风；梅花二弄、弄飞雪；梅花三弄、弄光影；暗香浮动、水清清。”《乐府诗集》卷三十平调曲与卷三十三清调曲中各有一解题，提到相和三调器乐演奏中，以笛作“下声弄、高弄、游弄”的技法。今琴曲中“三弄”的曲体结构可能就是这种表演形式的遗存。

关于此曲来历：“是曲也，昔桓伊与王子猷闻其名而未识，一日遇诸途，倾盖下车共论。子猷曰：‘闻君善于笛？’桓伊出笛为梅花三弄之调，后人以琴为三弄焉。”

《梅花三弄》的典故来自于东晋大将桓伊为狂士王徽之演奏梅花《三调》的故事。《晋书·列传》五十一和《世说新语·任诞》第二十三里都曾记载了这段典故：桓伊，有人又叫他桓“野王”，功高名显，但是非常谦逊，平易近人。他喜好音乐，能通达音乐的奥妙，“为江左第一”，有“笛圣”之美称。他有一支“蔡邕柯亭笛”，经常自己吹奏。“狂士”王徽之是“书圣”王羲之的儿子，一日赶往京城金陵去，“泊舟青溪侧”，桓伊正好从岸上经过，桓伊没有见过王徽之。船里面有客人认识桓伊就说：“啊，这就是桓野王啊！”王徽之听了就唐突地叫人去说:“听说您善于吹笛,请为我奏一曲吧。”桓伊没有将军架子,他也听说过王徽之的名头与音乐癖好,于是下车,盘踞于胡床,为他吹奏了三调,“弄毕,便上车去,客主不交一言”。这首笛子曲,后来成为中国脍炙人口的《梅花三弄》。桓伊因为在383年的淝水之战中协助攻破苻坚,“功封永修县侯,进号右军将军,赐钱百万,袍表千端”。桓伊去世后,安葬于南昌青云谱,他的儿子桓肃之、孙子桓陵继承了他的侯国。

4.《霓裳羽衣曲》

《霓裳羽衣曲》即《霓裳羽衣舞》,中国唐朝宫廷乐舞。

【赏析】

它是唐朝大曲中的法曲精品,唐歌舞的集大成者。《唐会要》称为《破阵乐赤白桃李望瀛霓裳羽衣》。相传为唐玄宗所作,用于太清宫祭献老子时演奏。关于它的来历,素有三种说法:第一种说法,唐玄宗登三乡驿,望见传说中的仙山——女儿山,触发灵感而作;第二种说法,根据《唐会要》记载:天宝十三年,唐玄宗以太常刻石方式,对一些西域传入的乐曲进行加工更改,此曲就是根据《婆罗门曲》改编;第三种说法,前两种说法的折中,认为此曲前散序部分是唐玄宗望见女儿山后悠然神往,回宫后根据幻想而作;后歌和破部分则是他吸收河西节度使杨敬述进献的印度《婆罗门曲》的音调而成。《霓裳羽衣曲》是唐玄宗引为得意的作品,开始仅在宫廷表演。开元二十八年(740年),杨玉环在华清池初次进见时,唐玄宗曾演奏《霓裳羽衣曲》以导引。当时,大臣张说《华清宫》云:“天阙沉沉夜未央,碧云仙曲舞霓裳;一声玉笛向空尽,月满骊山宫漏长。”《霓裳羽衣曲》在开元、天宝年间曾盛行一时,天宝之乱后,此宫廷乐舞就没有再在宫廷演出。由于《霓裳羽衣曲》乐调优美,构思精妙,以致各藩镇也纷纷排演此曲,唐代文人亦都有歌咏或笔录,如王建《新换霓裳月色裙》、元稹《霓裳羽衣偏宛转》,但大多片段零碎,唯白居易大写特写:除《霓裳羽衣歌和微之》外,还在《琵琶行》《长恨歌》等诗歌中多次提及。其实到中唐,此曲已被许多人淡忘。随着唐王朝的衰落崩溃,一代名曲《霓裳羽衣曲》也随之“寂不传矣”。到五代时,南唐后主李煜得残谱,昭惠后周娥皇与乐师曹生按谱寻声,补缀成曲,还曾一度整理排演,但已远达不到原来的模样。就这谱,金陵破城时,还被李煜下令烧毁了。南宋丙午年间,姜夔(白石)旅居长沙,一次登祝融峰在乐工故书中偶然发现了商调霓裳曲的乐谱十八段,他为“中序”第一段填了一首新词,即《霓裳中序第一》,连同乐谱一起保存在他的《白石道人歌曲》里。今日的《霓裳羽衣曲》是由已故上海音乐学院叶栋教授根据敦煌藏经洞留存的唐代敦煌曲谱残卷以及收录有唐代筝曲的日本筝谱集《仁智要录》解译的筝曲与宋代词人姜夔发现的著名唐代法曲《霓裳羽衣曲》“中序”部分第一段乐曲组合再编而成。直到现今,《霓裳羽衣曲》依然是中国音乐舞蹈史上的一颗璀璨的明珠。

《霓裳羽衣曲》内容描写了唐玄宗向往神仙而去月宫见到仙女的神话。中唐诗人白居易在《霓裳羽衣歌和微之》中如此描述在元和年间见到当时宫廷里表演此曲时的情景:舞者“不著人家俗衣服。虹裳霞帔步摇冠,钿缨累累佩珊珊”,俨然是一副道家仙女的打扮;舞姿也是“飘然转旋回雪轻,嫣然纵送游龙惊,小垂手后抑无力,斜曳裙时云欲生”,

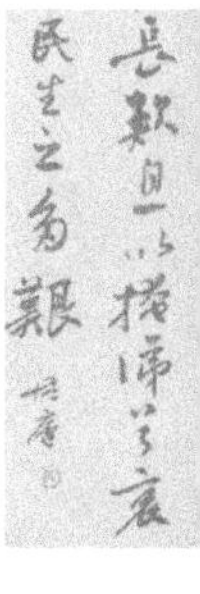

"烟蛾敛略不胜态,风袖低昂如有情。上元点鬟招萼绿,王母挥袂别飞琼",看来其意境与月宫的神话是吻合的。

若没有白居易的《霓裳羽衣歌和微之》,今天的人们大概不会了解当年《霓裳羽衣曲》之具体情况。

《霓裳羽衣歌和微之》记载,全曲共分三十六徧(段),由散序(六徧)、中序(十八徧)、曲破(十二徧)三部分组成。

散序,全是自由节奏的散板,由磬、箫、筝、笛等乐器独奏或轮奏,不舞不歌,所谓"磬、箫、筝、笛递相搀,击、擫、弹、吹声逦迤","散序六奏未动衣,阳台宿云慵不飞"。

中序,又名拍序或称歌头,可能是一个慢板的抒情乐段,但中间可能还有由慢转快的几次变化。它有歌有舞,也有器乐伴奏,所谓"中序擘騞初入拍,秋竹竿裂春冰拆"。

曲破,又名舞遍,以舞为主,可能只有乐器伴奏而没有歌唱。开始时,有散板的引起,称为"入破"。据白居易《卧听法曲〈霓裳〉》诗称:"朦胧闲梦初成后,婉转柔声入破时",可见其曲调是相当抒情的,不过很快就转入"繁音急节十二遍,跳珠撼玉何铿铮"的快板部分。这一部分在转入快板前可能有一个由散板入快板的过渡段"虚催",中间可能还有比快转更快的几次变化。此曲结尾时节奏再次放慢,然后拖长一音作结,白居易自注云:"凡曲将毕,皆声拍促速,唯《霓裳》之末,长引一声也",可见《霓裳羽衣曲》由于曲情的要求结尾处没有像别的大曲那样采用极快的"煞衮"作结束。

此曲的伴奏乐队,除了前面提到的磬、箫、筝、笛以外,白居易在《霓裳羽衣歌和微之》中还提到"玲珑箜篌谢好筝,陈宠筚篥沈平笙。清弦脆管纤纤手,教得《霓裳》一曲成"就是说还用到箜篌、筚篥、笙等乐器。而唐文宗在宫廷里表演时,却用了玉磬四簴(架)与琴、瑟、筑、箫、跋膝管、笙、芋各一件。看来其乐队编制比较接近清乐的系统,这一点可能与他追求文雅的效果有关。

唐朝的歌舞音乐在中国音乐史上据有不可替代的地位,歌舞大曲作为唐朝最具代表性的音乐形式,乃盛唐音乐的巅峰,《霓裳羽衣曲》则是这个巅峰上最光彩夺目的一颗明珠。它具体生动地塑造仙女美妙的形象;创造出仙界的意境,给人以美好的艺术享受。此曲在创作上采取以我为本、广泛采纳的方式,在传统清商乐基础上,吸纳来自婆罗门(印度)的佛教音乐,引起人们新奇的感觉,作者所追求的那种变幻莫测的境界,在艺术上独具魅力。正是因为此曲立足根基是本民族文化,加之广取博采、大胆创新,才会有如此成就。

【链接】

白居易的长诗《霓裳羽衣歌和微之》的由来:唐宪宗元和年间,白居易在昭阳宫陪宴时,欣赏到《霓裳羽衣曲》,"千歌万舞不可数,就中最爱霓裳舞",深深迷上《霓裳羽衣曲》。唐敬宗宝历元年,白居易出任苏州刺使,秋后公务之余,渴望再闻此曲,向时任浙东观察使越州刺使的挚友元稹打听。元稹部属虽多有能歌善舞者,但已无人知晓《霓裳》了,更不要说进行歌舞表演了,只好寄上乐谱回复。白居易得谱后,感慨万千,便作《霓裳羽衣歌和微之》诗和元稹。诗中,白居易对乐曲结构、舞姿等作了细致的描述,为后人了解大唐乐舞留下浓墨重彩一笔。

白居易的长诗《霓裳羽衣歌和微之》中有“杨氏创声君造谱”一句，又自注道：“开元中，西凉节度使杨敬述造。”这就为《霓裳羽衣曲》中歌与破，是“洞晓音律”；“凡丝管必造其妙”，能“制作调曲”（唐南卓《羯鼓录》语）；“酷爱法曲”的唐玄宗，在河西节度使杨敬述将经西域辗转传入凉州的天竺佛曲《婆罗门曲》依律创声曲以后，吸收它的曲调加以润色并制词，亲自创制续写而成的提供了证语。以一首佛曲而宣道教，也算神来之笔。

天宝十三年，唐玄宗拟曲名为《霓裳羽衣曲》，而《霓裳羽衣歌和微之》中“渔阳鼙鼓动地来，惊破《霓裳羽衣舞》”，“惊破”兼有惊断和《霓裳》散序后“入破”两重含义，双关入诗，别有深意。

现代人常假《霓裳》喻服饰蕴涵的美。

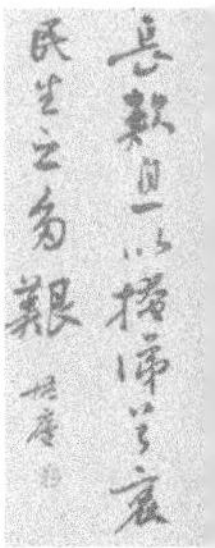

5.《阳关三叠》

《阳关三叠》又名《渭城曲》《阳关曲》，中国十大古琴曲之一，也是一首著名的琴歌。

【赏析】

这首曲、歌产生于唐代，是根据当时著名诗人且通音律的王维的名篇《送元二使安西》谱写而成。因诗中提到“渭城”“阳关”两地名，故得名。大约到了宋代，《阳关三叠》的曲谱便已失传了。目前所见的古曲《阳关三叠》则是由一首琴歌改编而成。此曲、歌是中国古代传统民族音乐中的精品，千百年来被人们广为传唱。最早载有《阳关三叠》琴歌的是明朝弘治四年刊印的《浙音释字琴谱》，而流行的曲谱见载于明朝嘉靖年间的《新刊发明琴谱》等十几种不同的谱本，后经改编载录于清朝乾隆年间张鹤所编的《琴学入门》。1949 年以后，王震亚曾将其改编为混声合唱。

《阳关三叠》是一首感人至深的古曲，也是中国古代音乐作品中的精品，其旺盛的艺术生命力使之延传至今，历久弥新。王维《送元二使安西》这首诗在当时流行一时，据此谱写的琴歌就更广为流传。晚唐诗人李商隐的“红绽樱桃含白雪，断肠声里唱阳关”；唐末诗人陈陶的“歌是《伊州》第三遍，唱着右丞征戍词”，都提到这首琴歌，这可是同王维生活的年代相距近一个世纪了，可见这曲歌在唐朝流行的盛况。也从侧面说明：其被收入《伊州大曲》作为第三段，和唐代大曲有一定的联系。

《阳关三叠》这首琴歌之所以流行，不仅是由于短短四句诗句通过连续反复的呈述（叠唱），饱含着深沉的惜别情绪，也因为曲调情意绵绵、真切动人，激动而沉郁，充分表达出作者对即将远行的友人的那种无限关怀、留恋的诚挚情感。

【链接】

何谓“三叠”？此曲在历代传唱中，各式各样的叠法层出不穷。稽考文献，知唐宋以来《阳关三叠》的叠法，有二十多种，可分三类：一是原句叠，二是破句叠，三是增句叠。以下试叙几种。

唐朝白居易《对酒》诗云：“相逢且莫推辞醉，听唱阳关第四声。”自注：“第四声：劝君更尽一杯酒。”据此，其后苏东坡解释说：“以此验之，若第一句叠，则此句为第五声矣。今为第四声，则第一句不叠，审矣。”用今天话说：如果第一句再叠的话，那么这一句应该是第五声，现在白先生说是第四声，从而就可以确定第一句不叠了。乃此“三叠”。

根据北宋苏轼论述，北宋已流传有三种叠法：

第一种，叠法是每句叠唱二次，即“每句再叠”，其体式为：

渭城朝雨浥轻尘，渭城朝雨浥轻尘（第一叠）。客舍青青柳色新，客舍青青柳色新（第二叠）。劝君更尽一杯酒，劝君更尽一杯酒（第三叠）。西出阳关无故人，西出阳关无故人（第四叠）。

这种叠法，全首唱起来是四叠，苏轼认为“非是”。

第二种，叠法是每句都叠唱三次，即“每句三唱”，其体式是：

渭城朝雨浥轻尘，渭城朝雨浥轻尘，渭城朝雨浥轻尘（第一叠）。客舍青青柳色新，客舍青青柳色新，客舍青青柳色新（第二叠）。劝君更尽一杯酒，劝君更尽一杯酒，劝君更尽一杯酒（第三叠）。西出阳关无故人，西出阳关无故人，西出阳关无故人（第四叠）。

苏轼认为这种叠法“丛然无复节奏”。虽然苏轼不欣赏，但这种唱法在当时是存在的。宋人诗词中就有称“四叠阳关”。如贺铸《采桑子》词：“四叠阳关忍泪闻”；李清照《蝶恋花》词：“四叠阳关，唱到千千遍”；张侃《同乡人别朱希文察判于咏春亭》诗：“小别诸君休作恶，阳关四叠不须成。”今天已无从判断贺铸、李清照和张侃说的“四叠阳关”是否指这种叠法，但可以肯定的是，“四叠阳关”的说法和唱法在宋代已经存在。

第三种，叠法是“每句皆再叠，而第一句不叠”。其体式是七声三叠：

渭城朝雨浥轻尘（第一声），客舍青青柳色新（第二声）。客舍青青柳色新（第三声，一叠）。劝君更尽一杯酒（第四声），劝君更尽一杯酒（第五声，二叠）。西出阳关无故人（第六声），西出阳关无故人（第七声，三叠）。

苏轼比较认可这种与古本《阳关曲》通的叠法。这与宋无名氏《古阳关》词的叠法有相通之处，二者都是七声三叠，只是《古阳关》在王维原作基础上增加了一些字句而已。

元朝李治《敬斋先生古今黈》所载金元时期的三叠和声法，也是这种首句不叠，其他三句皆叠的七声结构。

查阅元代的《阳春白雪集》，有大石调《阳关三叠》词云：

渭城朝雨，一霎挹轻尘。更洒遍客舍青青，弄柔凝，千缕柳色新。更洒遍客舍青青，千缕柳色新。休烦恼，劝君更尽一杯酒，人生会少，自古富贵功名有定分。莫遣容仪瘦损。休烦恼，劝君更尽一杯酒，只恐怕西出阳关，旧游如梦，眼前无故人。

全曲共分三大段，用一个基本曲调将原诗反复咏唱三遍。故称“三叠”。

清朝张鹤所编《琴学入门》传谱，全曲分三大段，基本上用一个曲调作变化反复，迭唱三次，故称“三叠”。每迭又分一迭加“清和节当春”一句作为引句外，其余均用王维原诗。后段是新增的歌词，每段不尽相同。从音乐角度说，后段有点类似副歌的性质。其体式是：

清和节当春。渭城朝雨浥轻尘，客舍青青柳色新。劝君更尽一杯酒，西出阳关无故人！霜夜与霜晨。遄行，遄行，长途越渡关津，惆怅役此身。历苦辛，历苦辛，历历苦辛，宜自珍，宜自珍。

渭城朝雨浥轻尘，客舍青青柳色新。劝君更进一杯酒，西出阳关无故人！依依顾恋不忍离，泪滴沾巾，无复相辅仁。感怀，感怀，思君十二时辰。商参各一垠，谁相因，谁相因，谁可相因，日驰神，日驰神。

渭城朝雨浥轻尘，客舍青青柳色新。劝君更进一杯酒，西出阳关无故人！芳草遍如茵。旨酒，旨酒，未饮心已先醇。载驰骃，载驰骃，何日言旋轩辚，能酌几多巡！

千巡有尽，寸衷难泯，无穷伤感。楚天湘水隔远滨，期早托鸿鳞。尺素申，尺素申，尺素频申，如相亲，如相亲。噫！从今一别，两地相思入梦频，闻雁来宾。

这首琴歌的音调纯朴而富于激情，特别是后段“遄行，遄行” 等处的八度大跳和“历苦辛”等处的连续反复的呈述，歌曲结尾处渐慢、渐弱，抒发了一种感叹的情绪。情真意切，隐忍激情，充分表达了对即将远行的友人的那种记挂留念的真情实感。

若以古文“三者多也”之意解读《阳关三叠》中的“三”，可能考据起来不会那么纠结。

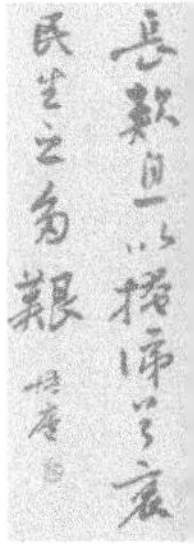

6.《十面埋伏》

《十面埋伏》是中国十大古曲之一，是著名汉族历史题材的琵琶传统大套武曲。

【赏析】

《十面埋伏》又名《睢阳平楚》，其为琵琶独奏曲，乐曲描写公元前 202 年楚汉战争垓下决战的情景，流传甚广。关于乐曲的创作年代迄今无一定论。资料追溯可至唐代，在白居易写的著名长诗《琵琶行》中，可探知作者白居易曾听过有关表现激烈战斗场景的琵琶乐曲。明代王猷定所写《四照堂集 · 汤琵琶传》，记有当时人称“汤琵琶”的汤应曾弹奏《楚汉》时的情景：“当其两军决战时，声动天地，瓦屋若飞坠。徐而察之，有金声、鼓声、剑弩声、人马辟易声，俄而无声，久之有怨而难明者，为楚歌声；凄而壮者，为项王悲歌慷慨之声、别姬声。陷大泽有追骑声至乌江有项王自刎声，余骑蹂践争项王声。使闻者始而奋，既而恐，终而涕泣之无从也。”从这段描述可看出，汤应曾弹奏的《楚汉》与《十面埋伏》在情节及主题上一致。由此可见，《楚汉》在明代嘉靖、万历前后此曲已在民间流传一时，深受琵琶演奏家的喜爱。现存本曲乐谱最早见于清嘉庆二十三年(1544 年)华秋萍编的《琵琶谱》(全称为《南北二派秘本琵琶真传》，又称《华秋萍琵琶谱》)。自华秋萍编的《琵琶谱》问世以来，各种版本琵琶谱集都载有《十面埋伏》乐谱，只是在分段与分段标目有所不同：《华氏谱》称《十面》，由直隶王君锡传谱，分十三段；《李氏谱》名《淮阴平楚》，隋秦汉子作，分十八段；《养正轩谱》称《十面》，一名《淮阴平楚》，分十八段；《瀛州古调》名《十面埋伏》，分十段。

《十面埋伏》把古代琵琶表演艺术发挥到近极致，创造了以单个乐器的独奏形式，表现波澜壮阔的史诗场面(现在，往往需要大形乐队以交响曲体裁才能达到如此效果)。时至今日，《十面埋伏》依然是琵琶演奏领域最具代表性的传统大作。

《十面埋伏》全曲分十三个段落，部标题可归三部分，整曲来看，又有“起、承、转、合”的布局性质。第一部分含五段为“起、承部”，第二部分含三段为“转”部，第三部分含二段为“合”部。

第一部分：

(1)“列营”全曲序引，表现出征前的金鼓战号齐鸣，众人呐喊的激烈场面。音乐由散渐快，调式的复合性及其交替转换，更使音乐增加不稳定性。

(2)“吹打”。

(3)“点将”主题呈式，用接连不断的长轮指手法(但轮一句轮一拂轮)和“扣、抹、弹、抹”组合指法，表现将士威武的气派。

(4)“排阵”。

(5)“走队”音乐与前有一定的对比，用“遮、分”和“遮、划”手法进一步展现军队勇武矫健的雄姿。

第二部分：

(6)“埋伏”表现决战前夕夜晚，汉军在垓下伏兵，气象宁静而又紧张，为下面两段作铺垫。

(7)“鸡鸣山小战”楚汉两军短兵相接，刀枪相击，气息急促，音乐初步展开。

(8)“九里山大战”描绘两军激战的生死搏杀场面。马蹄声、刀戈相击声、呐喊声交织起伏，震撼人心。先用“划、排、弹、排”交替弹法，后用拼双弦、推拉等技法，将音乐推向高潮。

第三部分：

(9)“项王败阵”。

(10)“乌江自刎”先是节奏零落的同音反复和节奏紧密的马蹄声交替，表现了突围落荒而走的项王和汉军紧追不舍的场面；然后是一段悲壮的旋律，表现项羽自刎；最后四弦一“划”后急“伏”(又称“煞住”)，音乐戛然而止。

原曲还有：

(11)“众串凯”。

(12)“诸将争功”。

(13)“得胜回营”。

《十面埋伏》这一琵琶古曲，历来为人们欣赏，编校、演奏此曲的艺术家、演奏家代代都有。他们在这一过程中，形成了自己的风格，可谓“历久弥新”，这也是古曲传承发展到今天的一大特征。此曲用琵琶演奏中独特的左右手技法完美表现了一段非比寻常而又真实的传奇故事。乐曲富有戏剧性的节奏，复杂多变，气势激昂，艺术形象鲜明，丰满的曲调中，传来的不仅仅是胜利者欢快的号角，还有失败者非凡的气概，不愧为中华民族器乐的优秀代表。

【链接】

明代的琵琶曲《楚汉》就是根据垓下之战作了有名的琵琶大套武曲。明朝王猷定在《四照堂集·汤琵琶传》里生动地描述了这支曲子。此曲一开始便是两军决战垓下，一时“声动天地、瓦屋若飞坠”。“金声、鼓声、剑弩声、人马辟易声”此起彼伏，然后一阵沉寂。胜负已见分晓，一片哀怨的“楚歌声”响起，英雄末路的项羽发出“悲歌慷慨之声”“别姬声”，后有“陷大泽有追骑声”，“至乌江有项王自刎声”，“余骑蹂践争项王声”等等。

《楚汉》后来演化为两个不同的版本，即《十面埋伏》和《霸王卸甲》。虽然反映相同的历史题材，但两支曲子立意完全不同。《十面埋伏》的主角是刘邦和汉军，重点内容是“十面埋伏”“鸡鸣山小战”“九里山大战”等，乐曲高昂激越、气势磅礴；而《霸王卸甲》的主角是项羽和楚军，重点段落是“楚歌”“别姬”，乐曲沉雄悲壮，又凄楚宛转，重在描述项羽在四面楚歌声中与虞姬诀别的场面。前者是赞歌，后者则是挽歌。

唐朝杜牧《题乌江项羽庙》诗云：“胜败兵家不可期，包羞忍耻是男儿。江东子弟多豪俊，卷土重来未可知。”杜牧很为项羽惋惜，他认为胜败“不可期”，是兵家常事，假设项羽渡江，也许会像当年兴兵抗秦那样卷土重来。而王安石则反其意而行，他在《叠题乌江亭》中说：“百战疲劳壮士哀，中原一败势难回。江东子弟今虽在，谁为君王卷土来。”宋朝王安石与杜牧的看法恰恰相反，为史家正论。但杜诗表现了一种死中求活的心志，读来更令人荡气回肠。

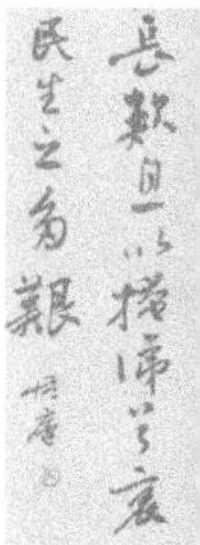

以上无论是琴曲还是诗，都有两种不同的立意。后世的观点中有的扬刘抑项，为刘邦唱赞歌；也有的抑刘扬项，为项羽献挽歌。这种对立，折射出两种不同的英雄史观。即对历史终结者和历史建构者所采取的不同态度。

7.《阳春白雪》

《阳春白雪》是中国著名古曲，古琴十大名曲之一，也是琵琶大曲的代表作。

【赏析】

《阳春白雪》又名《阳春古曲》，简称《阳春》。相传为春秋时期的晋国师旷或齐国刘涓子所作的古代歌曲。其典故来自《楚辞》中《宋玉答楚王问》一文宋玉对楚王的话：“客有歌于郢中者，其始曰《下里巴人》，国中属而和者数千人。其为《阳阿薤露》，国中属而和者数百人。其为《阳春白雪》，国中属而和者，不过数十人……是其曲弥高，其和者弥寡……”《阳春白雪》此时应是一种高深典雅、不够通俗易懂的文艺作品。唐代显庆二年(657 年)吕才曾依琴中旧曲配以歌词。唐朝诗人储光羲 、刘希夷 、刘禹锡、刘长卿、寒山、岑参、李白、韦应物等的诗文里也多次提到“阳春”“白雪”歌曲，且蕴意几同上言。元朝时《阳春白雪》见于当时的散曲中。元朝杨朝英的著名元代散曲集《阳春白雪》，其中收录的白仁甫的《驻马听》中有这样的句子，“白雪阳春，一曲西风几断肠”，此为例证。至于元代的《阳春白雪》怎么令人“几断肠”，又如何演变为今日轻快流畅的乐曲，已非今人轻易可考了。《阳春白雪》虽然被指孤高典雅，但古曲《阳春白雪》在很多书籍里被提及时，都称之：旋律清新流畅、节奏活泼轻快，生动地表现了冬去春来，大地复苏，万物向荣，生机勃勃的初春景象。现存琴谱中的《阳春》和《白雪》是两首器乐曲，明朝朱权所著《神奇秘谱》在解题中说：“《阳春》取万物知春，和风淡荡之意；《白雪》取凛然清洁，雪竹琳琅之音。”很显然这是在“阳春白雪”四个字的字面上解题了。

《阳春白雪》现有琵琶曲和琴曲两种存在形式，以琵琶曲为多见。下面赏析琵琶曲《阳春白雪》。

琵琶曲《阳春白雪》是由汉族民间器乐曲牌仪《八板》(或《六板》)的多个变体集成的琵琶套曲,其中大部分小曲由老《六板》变奏而成。此曲分七段、十段、十二段几种版本。一般将十段、十二段的称为《大阳春》,七段的称为《小阳春》或《快板阳春》。《大阳春》是晚清的李芳园、近代的沈浩初先后整理的,《小阳春》则是近代琶琶家汪昱庭所传。

《小阳春》最为常见,全曲只有七个乐段,可划分为起、承、转、合四个部分,乐曲富有循环、变奏因素。

"起"部:一段,标题名为"独占鳌头",一个《八板》变体,以加、"隔凡"以及结构上的扩充和紧缩等民间常用旋法,使《八板》原型得到变化发展,并以半轮、推拉等演奏技巧润饰曲调,充满了生动活泼、明快愉悦的情绪,音响效果独特有趣,此八小节在以后的三个部分乐曲部首循环,是全曲各部分的"合头"。旋律显花团锦簇充满活力。

"承"部:共有两段,标题名为"风摆荷花"和"一轮明月",两个《八板》变体。在八小节"合头"再现以后,旋律两次上扬在高音区展开,结构也扩大了,表现情绪较为"起"部更为热烈,旋律更显花团锦簇。

"转"部:共有三段,标题名为"玉版参禅""铁策板声""道院琴声",三个《八板》变体。这是一个对比性段落。首先是对《八板》的变体。乐曲结构以分割和倒装、节奏出现新的节拍和强烈的切分变化等方法加以展开,其次是在演奏上,时而用"扳"的技法奏出强音,时而用"摭分"的技法弹出轻盈的曲调,使音乐时而轻盈流畅,时而铿锵有力。特别是在第六段"道院琴声"中引入了新的音乐材料,整段演奏围绕正徵音突出泛音,一串串泛音恰如"大珠小珠落玉盘",晶莹四射,尽显充满无限生机和活力的旋律。

"合"部:一段,标题为"东皋鹤鸣",一个《八板》变体,是第二段的再现,并在尾部作了扩充。乐曲采取慢起渐快的速度,采用强劲有力的扫弦技巧,连续的十六分音符进行,每拍头上加"划"不断增加音乐的强度,本部的动力性再现使全曲在热情欢快的气氛中结束。旋律音乐气氛异常热烈。

《小阳春》乐曲以流畅清新的旋律、轻快活泼的节奏,生动地表现了冬去春来、冰雪融化、大地复苏、万物向荣,到处充满勃勃生机的春初景象。需要指出的是,《小阳春》中各段标题只是沿用旧例题目而已,与乐曲内容并无多大关系。

《大阳春》则是,除了各个《八板》变体组合在一起形成变奏、循环再现外,后又插入了《百鸟朝凤》的新材料,形成一首具有循环因素的富于层次变化的变奏体结构音乐,同样生动形象地描写了大地回春、万物生辉,一派生机盎然、姹紫嫣红、春意勃勃的景象。

【链接】

"阳春白雪""下里巴人""曲高和寡"的典故皆来自于《楚辞》中《宋玉对楚王问》:

楚襄王问于宋玉曰:"先生其有遗行与?何士民众庶不誉之甚也!"

宋玉对曰:"唯,然,有之!愿大王宽其罪,使得毕其辞。客有歌于郢中者,其始曰《下里》《巴人》,国中属而和者数千人。其为《阳阿》《薤露》,国中属而和者数百人。其为《阳春》《白雪》,国中属而和者,不过数十人。引商刻羽,杂以流徵,国中属而和者,不过数人而已。是其曲弥高,其和弥寡。

故鸟有凤而鱼有鲲。凤皇上击九千里，绝云霓，负苍天，翱翔乎杳冥之上。夫藩篱之鷃，岂能与之料天地之高哉？鲲鱼朝发昆仑之墟，暴鬐于碣石，暮宿于孟诸。夫尺泽之鲵，岂能与之量江海之大哉？故非独鸟有凤而鱼有鲲也，士亦有之。夫圣人瑰意琦行，超然独处，夫世俗之民，又安知臣之所为哉？”

以现代的话说就是：

楚襄王问宋玉，先生有什么隐藏的德行么？为何士民众庶不怎么称誉你呢？

宋玉回答说：是的，是这样，有这种情况。希望大王宽恕我的罪过，允许我把话说完。曾经有歌者客游在楚国郢中，起初唱吟“下里巴人”曲，国中知道并能应和者有数千人。当歌者唱吟“阳阿薤露”曲时，国中知道并能应和者还有数百人。当歌者唱吟“阳春白雪”曲时，国中知道并能应和者不过数十人。当歌者唱吟时再增加一些高难度的技巧，即“引商刻羽，杂以流徵”的时候，国中知道并能应和者不过几人而已。（宋玉的）结论是，“是其曲弥高，其和弥寡”；“阳春白雪”等歌曲越高雅、越复杂，能唱和的人自然越来越少，即“曲高和寡”。

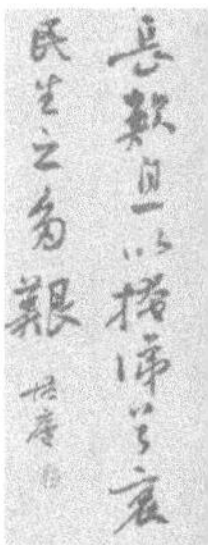

还有，鸟类中有凤凰，鱼类中有鲲鱼。凤凰展翅振飞可上九千里，穿越云霓之上，背负着青天，两只脚踏乱浮云，翱翔在高深悠远的天上；那么生活在篱笆之中的小鷃雀，怎么能和它一样了解天地的高大！鲲鱼早上从西北部的黄帝帝都“昆仑之墟”出发，中午在东部的渤海边碣石山下晒鱼鳍，夜晚在中部宋国孟诸大泽过夜；那么生活在一尺来深水塘里的小鲵鱼，怎么能和它一样探知江海的广阔！所以不仅像鸟类中有凤凰，鱼类中有鲲鱼（这样杰出的类型），士人之中也有的。圣人的高明的思想和有异于常人的操行，超出世事离群索寡。一般的人众，又怎能知道我的所作所为呢？

宋玉与楚襄王的这番讨论，说歌者其目的当然不是为歌本身，而是强调雅与俗的巨大差距，为自己的德才操行不被世人理解、认可而辩解。宋玉又说“鸟有凤而鱼有鲲”，自然非凡间俗物可比，进而又说，“非独鸟有凤而鱼有鲲也，士亦有之”，从而引出了自己的结论，即“夫圣人瑰意琦行，超然独处；夫世俗之民，又安知臣之所为哉？”宋玉的意思是，但凡世间伟大超凡者（像我这样的），往往特立独行，其思想和行为往往不为普通人所理解。

“阳春白雪”后来泛指高深的、不通俗的、不接地气的意识形态领域的东西，常跟“下里巴人”对举。其寓意和琴曲《阳春白雪》年代相隔太远，已无音乐上的关联。

北宋的沈括似乎不太买宋玉的账！他在《梦溪笔谈》卷五《乐律》一中指出，《宋玉对楚王问》中明载：“客有歌于郢中者”，是说有客人在郢中唱歌，而不是郢人在唱歌，也不是郢人善唱歌。沈括认为，郢中为楚国旧都，“人物猥盛”，之所以和者寥寥，是由于不了解或没有听过这首歌曲。宋玉以此自况，未免有些不通情理。以郢人不熟悉“阳春白雪”这样的曲子而鄙视他们，这不是很荒唐吗？沈括还指出，“阳春白雪”典故中的一些细节后来被错误地解读和传播，例如，善歌者都被称为“郢人”，而原文的意思是郢人不善歌，这是题外话。

“阳春白雪”这个典故说明，对待一个作品，不同的欣赏者，他们的审美情趣、审美能力存在着巨大的差异。拿音乐来说，艺术性、演技法越高强，能欣赏的人就相对越少。何况，这种差异又和欣赏者的主观意趣有很大关系，妄加评价有时很难有一个客观公允的结果。正如西晋葛洪在《广譬》一书中所指出的："观听殊好，爱憎难同"，对于听惯桑间濮上之调、"下里巴人"之声的人，当然无法理解黄钟大吕之音、"阳春白雪"之曲。从这点来说，古今并无太大区别。今人欣赏音乐，大都是"入耳为佳，适心为快"。唐朝孟郊诗云"雪唱与谁和，俗情多不通"，多元化的世界"雪唱"和"俗情"是应该并存的。音乐似乎越通俗，支持者也越多，纵观今天各类音乐会的票房就可以知道。然而高雅的音乐自有其不可替代的地位和价值，时代愈久，愈弥足珍贵。

毛泽东在 20 世纪 40 年代，试图将高雅艺术和通俗文化统一起来。他在《延安文艺座谈会上的讲话》里说，"就算你的是'阳春白雪'吧，这暂时既然是少数人享用的东西，群众还是在那里唱'下里巴人'，那么，你不去提高它，只顾骂人，那就怎样骂也是空的。现在是'阳春白雪'和'下里巴人'统一的问题，是提高和普及统一的问题。不统一，任何专门家的高级的艺术也不免成为狭隘的功利主义；要说这也是清高，那只是自封为清高，群众是不会批准的。"——似乎有点道理。

这"统一"的初衷应该是好的，但在极左的年代里"阳春白雪"成了被批判的对象，而"下里巴人"也成了政治的附庸，这是有悖于《讲话》精神的。

8.《春江花月夜》

《春江花月夜》是汉族琵琶传统大套文曲代表作品，中国著名古曲之一。

【赏析】

《春江花月夜》原名《夕阳箫鼓》；又名《夕阳箫歌》《浔阳琵琶》《浔阳夜月》《浔阳曲》，是一首著名的古代汉族琵琶传统大套文曲。此曲最迟在十八世纪明清时就流传在江南一带，作者佚名。该曲名最早见于清姚燮的《今乐考证》，乐谱最早见于鞠士林与吴畹卿的手抄本。在 1875 年吴畹卿抄本传谱中共为 6 段加 1 尾声，无分段标题。在 1895 年平湖派李芳园所编的《南北派十三套大曲琵琶新谱》中，曲名《浔阳琵琶》，曲体有所扩展，共 10 段，其后至今，各派传谱分段不一。1923 年至 1925 年上海大同乐会的柳尧章、郑觐文将此曲改为丝竹合奏曲，同时，根据《琵琶行》中"春江花朝秋月夜"一句改曲名为《春江花月夜》，但其意境更近唐张若虚的《春江花月夜》而远白居易的《琵琶行》。在浦东沈浩初 1929 年所编的《养正轩琵琶谱》中，曲名叫《夕阳箫鼓》。

如今的《春江花月夜》常以旋律雅致优美、抒情写意富有江南丝竹音乐特点的民乐合奏曲出现，多用推、拉、揉、吟等演奏技法，我们也照前例分 10 段。

一、夕阳箫鼓

二、月上东山

三、风回曲水

四、花影层台

五、水深云际

六、渔歌唱晚

七、回阑拍岸

八、桡鸣远籁

九、欸乃归舟

十、尾声

第一段：音乐开始，鼓声、箫声，疏密有致地悠然兴起；描绘出江楼钟鼓响，江面夕阳映，熏风拂涟漪的景色。接着，乐队齐奏款款陈述出，优美如歌富有江南情调的主题。乐句间同音相连，委婉平静；大鼓轻声滚奏，意境深远。第二、三段，表现了“月上东山”和“风回曲水”的意境。接着如见江风习习，青山叠翠、草木摇曳、花枝弄影尽显水中，层叠恍惚。进入第五段“水深云际”，那种“江天一色无纤尘，皎皎空中孤月轮”的壮阔景色由乐而生。乐队齐奏，速度加快，犹见白帆点点，遥闻渔歌，由远而近，逐歌四起的画面。第七段，琵琶用扫轮弹奏，恰似渔舟破水，水波荡月，掀起波涛拍岸的动态。全曲的高潮是第九段“欸乃归舟”，表现归舟破水，浪花飞溅，桨橹添声，“欸乃”由近而远的意境。归舟远去，万籁皆寂，春江显得更加宁静，全曲在悠扬徐缓的旋律中结束，使人回味无穷。

此曲通过巧妙细腻的配器，丝丝入扣的演奏，营造出柔婉质朴的旋律、流畅多变的节奏、安宁的情调，描绘出月夜春江的良辰美景，尽情赞颂江南水乡的丰姿仪态，全曲宛如一幅工笔精细、色彩柔和、清丽淡雅的山水长卷，引人入胜。

【链接】

历史上的《春江花月夜》为乐府吴声歌曲名，原词相传为南朝陈后主所作，已不传，《旧唐书·音乐志》二云：“《春江花月夜》《玉树后庭花》《堂堂》，并陈后主作。叔宝常与宫中女学士及朝臣相和为诗，太乐令何胥又善于文咏，采其尤艳丽者以为此曲。”

后来隋炀帝又曾做过此曲。《乐府诗集》卷四十七收《春江花月夜》七篇，其中有隋炀帝的两篇。

唐张若虚的《春江花月夜》这首为拟题作诗，与原先的曲调已不同，却是最有名的。具体的创作背景已不可考。

此曲作为中国传统音乐的代表之一出现在 2008 年北京奥运会开幕式上 。

9.《紫竹调》

《紫竹调》曲作年代、著者不详。

【赏析】

这是一首广泛传播于江南吴语区（苏南、上海、浙江大部、皖南等）的汉族传统民间小调歌曲，歌唱性很强，极富江南乡土气息，其源头可以追溯到春秋战国时期的汉族民歌。经过历代艺人的传唱和修改，各地的《紫竹调》都加入了自己的地方特色，在音节的处理上有所不同，但其词其曲，皆有浓厚的吴风。吴歌专辑里光以“紫竹调”命名的就有苏州、常州、苏北三种版本，歌词、曲调各有不同。苏州《紫竹调》则较为复杂，花音、装饰音很多，体现出了苏州人细腻的特点；而苏北《紫竹调》则乐曲比较简单，符合当地人民直爽的性格；上海、无锡同样也有《紫竹调》，后来被吸收到沪剧、滑稽戏、锡剧中，形成了这些戏

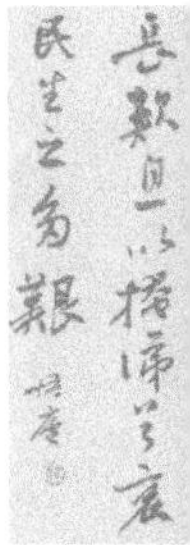

曲中基本曲牌、常用曲调。这首民间小调曾在沪剧"同场戏"《双脱花》中，演员表演磨豆腐劳动时所演唱的一支曲牌。演员在演唱时，双手摇曳做滤豆浆的动作。这过滤豆浆的布兜是用两根斑纹竹竿支撑，演员演唱时就是握着这两根斑纹竹竿摇曳，这种斑纹竹竿叫作"紫竹"，自此这首民歌被叫作《紫竹调》。民乐中不仅有二胡、古筝、笛子演绎的《紫竹调》，还有民乐合奏曲《紫竹调》。

《紫竹调》是由"起、承、转、合"变化六句体结构组成。乐曲一般以六个乐句为一乐段，调式有规律地进行转换，变化丰富，旋律柔美流利。前四句为宫调式，后两句为羽调式，反复后的最后结束句翻高落徵音，属同宫系统调内的调式转换。具体而言，在第三句（转的部位）前有两个五字"垛句"，这就是所谓"转前加垛"；第四句是一个重复句，这是许多民歌小调中加强结束感所常有的。

《紫竹调》通常用于叙事、抒情、交流思想等戏剧性场景，可用独唱、对唱的形式，女声独唱尤为适宜，唱正调（C 或 D），男声唱反调（F 或 G），但较少运用。

《紫竹调》旋律优美、起伏爽朗、轻柔婉转；情绪乐观亲切；曲调健康向上；形式灵活多变；内容生动大气，一句一顿的曲调，活泼明快的节奏，除极具江南吴地地方色彩外，又兼有海派文化的奔放。此曲表现了山清水秀、鱼米盛产的江南地区劳动人民朴素、乐观、勤劳的性格，富有感染力和生活情趣。20 世纪 80 年代，《紫竹调》就在美国灌成了唱片，与《二泉映月》和《春江花月夜》等一起，成为较早让美国人认识的中国乐曲。2006 年春节，上海沪剧院的茅善玉也曾在维也纳金色大厅演唱过《紫竹调》。一些来华的外国音乐团体，也以演奏《紫竹调》为乐事。

【链接】

《紫竹调》就像一只筐，装什么就成什么。

如 20 世纪三四十年代流行于苏州地区的《紫竹调》："一根紫竹直苗苗，送与哥哥做管箫，箫儿对着口，口儿对着箫，箫中吹出鲜花调。问哥哥呀，这管箫儿好不好？问哥哥呀，这管箫儿好不好？"乐曲生动地表现了一对小儿女两情相悦的情景。此时它就是一首江南情歌小调。

常州地区的《紫竹调》，歌词中只有开头一句与苏州版的相似，其余大相径庭："一根紫竹瘦苗条，早早起来豆腐搅，豆腐水涝涝，百叶薄枵枵，盐卤点化滋味实在好，问嫂嫂，豆腐百叶好不好？春季天，王孙公子到处摇，叫嫂嫂，腰儿弯，手儿操，豆腐水涝涝，百叶薄枵枵，手儿酸，磨子牵得折断腰。"很显然，此时它就是一首江南劳作小调。

苏北地区的《紫竹调》，歌词中有开头一句与苏州版的相同，演唱的对象却将苏州版中的"哥哥"换成了"宝宝"："一根紫竹直苗苗，送与宝宝做根箫，箫儿对准口，口儿对准箫，箫中吹出新时调，小宝宝，'吁哩吁哩'学会了，小宝宝，'吁哩吁哩'学会了。"这个小调在苏北地区又被称为"八段锦"。此时它就是一首苏北童儿谣。

沪剧中的《紫竹调》，以《罗汉钱》中的"燕燕做媒"唱段为著名：

燕燕也许太鲁莽
有话对婶婶讲

我来做个媒
保侬称心肠
人才相配门户相当
问婶婶呀
我做媒人可像样
问婶婶呀
我做媒人可稳当
燕燕侬是个小姑娘
侬做媒人不像样
只要做得对管啥像不像
我来试试也何妨
燕姑娘我就听侬讲一讲
我家艾艾许配哪家年轻郎
婶婶啊侬听着
就是东村的李小玩
这份亲事勿稳当
配了这门亲村里相有人讲
年轻姑娘太荒唐
叫婶婶呀
婚姻只要配相当
配相当啊
哪怕人家背后讲
我也来学一学五婶娘
迭门亲事世无双
小玩人才生得好
村里哪个比得上
放了镰就是镐
劳动生产好榜样
而况且小玩艾艾早相爱正好一对配成双
配成双

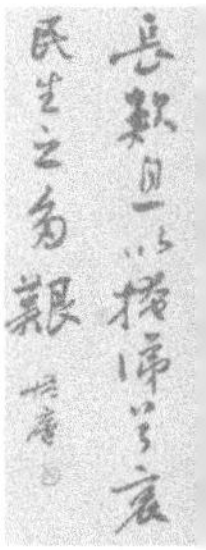

此时它就是一首表演唱。其实，在《罗汉钱》之前，沪剧里已经用了这一曲调，只是因为没有“燕燕做媒”来得有名，所以不为人熟知。作为民间小调，各地都有自己的版本，所以要确定《紫竹调》的老祖宗到底在哪儿，的确很困难。不过应该承认，《紫竹调》正是因为沪剧的传唱，才被更多的人所熟悉。上海“申博”时就用了极具上海特色、申城风格的《紫竹调》，“申博”成功后，上海的一些著名艺术家、社会活动家，纷纷谋求将《紫竹调》确立为上海的音乐形象。

根据《紫竹调》改编的同名民乐合奏曲，已成为江南丝竹乐中的保留曲目之一，久演不衰。作为江苏人的周恩来总理，生前也非常喜欢《紫竹调》。1959 年，中国共产党八届七中全会在沪召开。会议期间的一次联欢会上，周总理就点唱了“紫竹调”，在场的两位沪剧名家丁是娥、筱爱琴便演唱了《罗汉钱 · 燕燕做媒》。周总理很是高兴，进而闻声起舞。

《紫竹调》的源头是否在苏州很难认定，能认定的有一部《孟姜女》。民间传说讲到孟姜女要去看丈夫范杞梁，但苏州浒墅关的兵卒不让她进关，于是孟姜女便按节令的花名作引，编成十二段歌曲，感动了兵卒，得以过关。所以据此基本可以认定《孟姜女》发源地是苏州。这是趣话。

10.《夜深沉》

《夜深沉》是京胡曲牌。

【赏析】

乐曲是以昆曲《思凡下山》折中《风吹荷叶煞》曲牌为基础的四句歌腔，经过历代京剧琴师们的加工改编发展而成，并取唱词中“夜深沉独自卧”中的前三字命名之，现已成为一首脍炙人口的曲目。《风吹荷叶煞》的唱词原是小尼姑感叹自己身入空门，生活寂寞凄苦无聊，以发哀伤。而《夜深沉》的改编者们集各家演奏版本之长，运用民间音乐创作中常用的加花、删简、紧缩、句末填充和变新等手法，将原曲进行加工改编，使原本悲哀怨恨的曲子成为一支刚劲有力，充满激情的新型乐曲。如此一来，乐曲结构被扩展成有引子后接慢板、中板、快板的板式铺排，弥补了京胡柔美不足的缺陷。李民雄先生改编的《夜深沉》更是集各派琴师和鼓师演奏之长，除按照渐层铺展的原则，曲调由繁至简，分慢板、中板和快板三大部分外，在快板段落作了较多发展，其中设计了一个大鼓独奏段落。大鼓的独奏、鼓与京胡的竞奏，及京胡与河南梆子协奏，使原曲的精华——刚劲、柔韧、优美的旋律——得到充分优化，大有荡气回肠之感，是曲中精华所在，乐曲面貌随之焕然一新。

《夜深沉》以京胡等弦乐器演奏，南堂鼓配合。曲调结构严谨、节奏坚定有力、旋律一气呵成，造成刚劲有力的精神气质。整个作品表现得动感十足又不乏温柔、既大气又典雅，内有一种积极向上的精神。

【链接】

在京剧《击鼓骂曹》和《霸王别姬》中，此曲常常用来配合祢衡击鼓和虞姬舞剑等的场面。今天，此曲也成为许多人喜欢用的手机铃声。

另有张恨水最优秀的长篇小说之一，四十一回的章回体小说亦名《夜深沉》，是张恨水处于创作鼎盛期的作品。张恨水曾如是说其创作：

《夜深沉》原是一个曲牌的名字。我因为这一部书的故事，它的发芽以及开花结果，都是发生在深夜，因此，就借用了这个名字。

这里所写，就是军阀财阀以及有钱人的子弟，好事不干，就凭着几个钱，来玩弄女性。而另一方面，写些赶马车的、皮鞋匠以及说戏的，为着挽救一个卖唱女子，受尽了那些军阀财阀的气。因为如此，所有北京过去三十年的情形，凡笔尖所及，略微描绘了一些。

当然，我这书里所写的北京，已是历史上的陈迹了，并且在暴露社会面上，也感到写的不够深，而且很幼稚的。深望一些老北京，告诉我一切。我打算这书再行重版时，根据读者们的意见，该补充的补充，该删掉的删掉。这就是我唯一的愿望。

不过这书不是一口气写成功的。先是我在南京，做了半部，送到上海《新闻报》发表。因为我从前著书，都是一边刊载，一边写作的。这也不但是我一个人如此，大凡当时做章回小说的人，都是如此。后来抗日战争开始，日寇越逼越近，我就随了逃难的人群，迁到了重庆。这部《夜深沉》，做到了一半，也就停顿了。

其后，《新闻报》同人写信到重庆，说他这个报因它受到租界的庇护，未被日本人攫取，希望我继续完成《夜深沉》的后半部。所以耽搁了半年我又重新写将起来。那个时候重庆向上海去信，由香港转是很麻烦的。这就是这部书的经过。现在此书，经我自己看过，略微删改，又经重印。这就是此书写作的经过。

此书故事梗概：落难孤女王月容幸蒙众人帮助，得成名角。眼见苦尽甘来，却因一点虚荣，误信纨绔公子甜言蜜语，从此身入火坑，欲逃不能。侠义男儿丁二和对月容一片痴情，却遭权势金钱拨弄，不仅鸳梦难圆，更被逼得家破人亡。苍茫大地，竟无一处可容身。夜深沉，情也深沉……

小说描写车夫丁二和与卖唱女王月容的情感纠葛，情节曲折，扣人心弦；挖掘人性，深刻透彻；男女主人公的心理刻画，尤为细腻。特别应该指出的是，原是戏曲《霸王别姬》中“虞姬舞剑”的一段曲牌名，张恨水匠心独运地将《夜深沉》这二胡琴曲贯穿小说始终，成为牵系男女主人公悲欢离合的纽带与情节发展的线索。不仅小说的多数场景都是发生在深沉的夜晚，而且小说的基调就是黑沉沉的清冷悲凉，“夜深沉”象征着丁二和与王月容命运的悲惨，揭示着社会的冷酷黑暗。就小说的构思巧妙、结构完整和人物塑造的丰满而言，《夜深沉》比之《啼笑因缘》是更胜一筹的。据此小说改编的同名电影、电视剧也有几部。

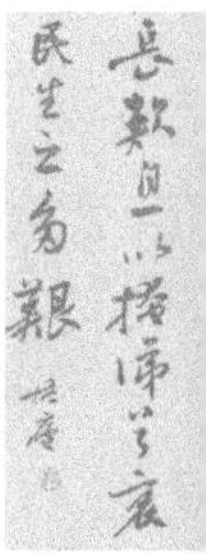

·美术篇·

第一章 概述

早在原始社会的新石器时代，绘画就已经在那些刻在岩壁和兽骨、陶器上的纹样上初见端倪，可视为中国最早的绘画艺术。春秋战国时期以线造型的特色已初步形成。秦汉时期的绘画艺术已十分发达。从汉墓出土的大量壁画、画像石、画像砖、帛画、漆画等可睹当时绘画艺术之风貌。

魏晋南北朝时期，佛教壁画空前兴盛，其中以敦煌莫高窟的壁画数量最多也最精彩。卷轴画和顾恺之、陆探微、张僧繇等士人画家的出现，标志着中国绘画进入了一个新的更加自觉的理性阶段。人物画也是在这个时期趋于成熟，准确的人体比例、优美的线描和深入的表情刻画取代了汉代绘画天真、稚拙、以动态传情的特色。与此同时还出现了最早的山水画，并产生了中国最早的独立画论——顾恺之的《论画》。隋唐绘画仍以宗教题材为大宗，同时表现世人生活的人物画高度繁荣，山水画迅速发展，花鸟、鬼神、牛马、屋宇等开始独立成科，一时名家辈出，使唐代绘画五彩纷呈，绚丽多姿。

五代两宋时期的绘画艺术进一步成熟和完备，登上中国古代绘画的顶峰。与此同时，寺观壁画衰落，世俗生活和山水、花鸟成为画家们更加喜欢的题材。绘画的教化功能被逐渐减弱，审美、寄情和娱悦功能则被空前看重。文人画家的涌现，使绘画向诗歌汲取营养，更加注重诗情意境的表现。在材料工具和技巧上更趋考究、精妙。水墨画空前成熟，重彩画更加工整细丽。总体看宋代绘画更趋精致、多样化，并富于人情味的抒情性。绘画功能的转变也使其创作与欣赏的结构发生着雅俗分流的变化。元代知识分子的特殊境遇和文人画思潮的扩大，使绘画产生了时代性的转折与变异，元画以卷轴为主，且多用纸。

宋人崇尚以诗入画，强调空间与情趣的变化。元人崇尚以书入画，更强调笔墨情趣的形式感。明清两代山水花鸟画更成大宗，宗教画、人物画愈加衰落。清初社会矛盾空前尖锐，出现了四画僧、四王、金陵八家等一大批杰出画家。形成了中国绘画史上的又一个高峰。乾隆年间扬州画派和清末海上画派的出现，使摹古之风甚盛的清代中、晚期画坛又放异彩，雅俗合一之势更加明显。

中国古代人物画发展史大致可以划分为三个时期：(1)隋唐前期中国古代人物画，主要是用浓烈的背景色彩和墨笔勾画来突显人物个性，注重细节写真。(2)唐、元时期，中国古代人物画开始朝另一方向发展。从重视教育认识功能，转向重视审美作用；从为对象传神，转向更多地抒发作者情感。(3)明清时期，中国古代人物画主要向民生、国事及反封建意识方向上发展。

中国画的艺术特点：一是意境，二是笔墨之法，三是章法的灵活处理。

中国画的最高境界在于意境的完美和表达。通过对客观物象的深入观察、体验和感受，达到“物我两忘”的境界。中国绘画主张“缘物寄情”“以景寓意”“以神取形”“笔不周而意周，笔不工而心恭”。王维在《山水论》中说：“凡画山水，意在笔先。”张彦远说：“夫象物必在于形似，形似须全其骨气，骨气形似，皆本于立意而归乎用笔。”

中国画第二个特点是笔墨之法。谢赫在《六法》中将“骨法用笔”列为第二条。张彦远说：“骨气形似，皆本于立意而归乎用笔。”中国画家以写代描，把笔意墨法置于首位。故使笔墨成为表达“意境”“形神兼备”的重要条件。东晋顾恺之的线如“春蚕吐丝”；唐尉迟乙僧的线如“屈铁盘丝”；唐吴道子的线为“吴带当风”；曹仲达的线为“曹衣出水”。关于用墨，清恽南田说：“有笔有墨谓之画。”笔与墨是相互依存的，“笔为画之骨，墨为画之肉，有笔无墨非也，有墨无笔亦非也”(潘天寿语)。中国之墨经用笔引发和水的渗化，可变化出浓、淡、干、湿、黑、白(纸的本色)不同层次的色彩感。古人谓之“五墨六彩”。

中国画第三个特点是章法布局。章法布局即南齐谢赫论画《六法》中的“经营位置”，东晋顾恺之称章法为“置陈布势”。中国画特别讲究“立意”“立象”(立形)之道，而章法是“立象”的重要环节。

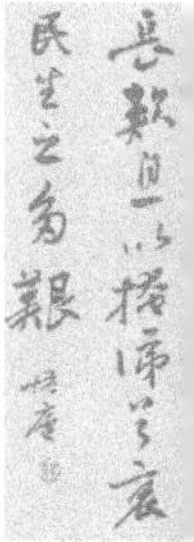

第二章 人物画

一、概述

人物画的产生早于其他中国画科。据《孔子家语》记载，在周代即有劝善戒恶的历史人物壁画。如《人物龙凤》帛画是已知最早的独幅人物画作品。魏晋隋唐是中国人物画重要发展时期。魏晋时期，思想的解放，佛教的传入，玄学的风行，专业画家队伍的确立，促成人物画由略而精，宗教画尤为兴盛，出现了以顾恺之为代表的第一批人物画大师，也出现了以《魏晋胜流画赞》《论画》为代表的第一批人物画论，奠定了中国人物画的重要传统。盛唐时期吴道子把人物宗教画推到更富于表现力，也更生动感人的新境地。自南宋受禅宗思想影响，写意人物画肇兴以来，中国人物画开始朝另一方向发展。从重视教育认识功能，转向重视审美作用；从为对象传神，转向更多地抒发作者情感。元明清以来，虽较多的文人画家转而致力于山水画与花鸟画，但接触民生、关心国事、接受了具有萌芽状态反封建意识的文人或职业画家仍不乏人物画的优秀创作。

二、作品鉴赏

1.《洛神赋图》

东晋，顾恺之，宋人摹本，绢本设色，纵 27.1 厘米，横 572.8 厘米，北京故宫博物院藏。

《洛神赋图》

【解读】

《洛神赋图》取材于魏国曹植名篇《洛神赋》，表现作者由京师返回封地的途中与洛水女神相遇而爱恋的故事。全图采用长卷形式，分段描绘赋中情节：开始是曹植在洛水边歇息，女神凌波而来，轻盈流动，欲行又止；接下来表现女神在空中、山间舒袖歌舞，曹植相观相送的情景；最后女神乘风而去，曹植也满怀惆怅地上路。各段之间用树石分隔，并以舟车无情地飞驶离去反衬人物的依依不舍之情，极为传神。人物刻画如行云流水，用笔细劲古朴，柔韧如蚕丝；神态表现细腻，设色厚重鲜艳。山川树石画法稚拙，反映了山水画初创时期“人大于山”“水不容泛”的特征。以上是此图的一部分。顾恺之以线描作为造型的手段，以浓色微加点缀来敷染人物容貌，不求晕饰，构图笔迹周密，线条流畅，如春蚕吐丝，如春云浮空，流水行云，皆出自然，画面中的人物呼之欲出。在顾恺之那个时代，中国绘画是不讲透视和比例关系的，而是对重要表现对象进行拔高扩大处理，比如重要人物就画得比次要人物高大，《洛神赋图》也是这样。《洛神赋图》长达 6 米，是由多个故事情节组成的类似连环画而又融会贯通的长卷。全幅作品共画了 61 个人物，分为几个场景。分段描绘的画卷用一幅幅连续的画面展示了从曹植见到洛神，直到洛神离去、曹植返回的整个过程，反映了人物欢乐、哀怨的情绪。画家将不同情节置于同一画卷中，洛神和曹植在一个完整的画面的不同场景中反复出现，以山石、林木及河水等背景，将画面分隔成不同情节，使画面既分隔又相连接，和谐统一，丝毫看不出连环画式的分段描写的迹象。图中山石、林木，反映了早期山水画的表现技法和面貌。此《洛神赋图》为宋代摹本，保留着魏晋六朝的画风，最接近原作。此画是以魏国的杰出诗人曹植的名篇《洛神赋》为蓝本创作的。

《洛神赋》以浪漫主义手法，描写曹植与洛水女神之间的爱情故事。顾恺之的《洛神赋图》发挥了高度的艺术想象力，富有诗意地表达了原作的意境。此长卷采用连环画的形式，随着环境的变化让曹植和洛神重复出现。原赋中对洛神的描写，如“翩若惊鸿，婉若游龙”，“仿佛兮若轻云之蔽月”，“皎若太阳升朝霞”等，以及对人物关系的描写，在画中都有生动入神的体现。

【链接】

1. 曹植与《洛神赋》

传说曹植少时曾与上蔡（今河南汝南）县令甄逸之女相恋，后甄逸之女嫁给其兄曹丕为后，而甄后在生了明帝曹叡后又遭谗致死。曹植在获得甄后遗枕后感而生梦，因此写出《感甄赋》以作纪念，明帝曹叡将其改为《洛神赋》传世。《洛神赋》通篇言辞美丽，描写动情，神人之恋缠绵凄婉，动人心魄。顾恺之读后大为感动，遂凝神一挥而成《洛神赋图》。在《洛神赋图》中，顾恺之充分发挥了艺术想象力，通过巧妙的构图，传神的笔墨，描绘出曹植在洛水之畔与洛水之神宓妃相会的情景。画中的洛神端庄美丽，时而徜徉于水面，时而飘忽遨游于云端，含情脉脉，仪态万千，很好地传达了文学作品的思想。

《洛神赋》

黄初三年，余朝京师，还济洛川。古人有言，斯水之神，名曰宓妃。感宋玉对楚王神女之事，遂作斯赋，其辞曰：

余从京域，言归东藩，背伊阙，越轘辕，经通谷，陵景山。日既西倾，车殆马烦。尔乃税驾乎蘅皋，秣驷乎芝田，容与乎阳林，流眄乎洛川。于是精移神骇，忽焉思散。俯则未察，仰以殊观。睹一丽人，于岩之畔。乃援御者而告之曰：“尔有觌于彼者乎？彼何人斯，若此之艳也！”御者对曰：“臣闻河洛之神，名曰宓妃。然则君王所见，无乃是乎？其状若何，臣愿闻之。”

余告之曰：其形也，翩若惊鸿，婉若游龙，荣曜秋菊，华茂春松。仿佛兮若轻云之蔽月，飘飖兮若流风之回雪。远而望之，皎若太阳升朝霞。迫而察之，灼若芙蕖出渌波。秾纤得衷，修短合度。肩若削成，腰如约素。延颈秀项，皓质呈露，芳泽无加，铅华弗御。云髻峨峨，修眉联娟，丹唇外朗，皓齿内鲜。明眸善睐，靥辅承权，瓌姿艳逸，仪静体闲。柔情绰态，媚于语言。奇服旷世，骨像应图。披罗衣之璀粲兮，珥瑶碧之华琚。戴金翠之首饰，缀明珠以耀躯。践远游之文履，曳雾绡之轻裾。微幽兰之芳蔼兮，步踟蹰于山隅。于是忽焉纵体，以遨以嬉。左倚采旄，右荫桂旗。攘皓腕于神浒兮，采湍濑之玄芝。

余情悦其淑美兮，心振荡而不怡。无良媒以接欢兮，托微波而通辞。愿诚素之先达兮，解玉佩以要之。嗟佳人之信修，羌习礼而明诗。抗琼珶以和予兮，指潜渊而为期。执眷眷之款实兮，惧斯灵之我欺。感交甫之弃言兮，怅犹豫而狐疑。收和颜而静志兮，申礼防以自持。

于是洛灵感焉，徙倚彷徨。神光离合，乍阴乍阳。竦轻躯以鹤立，若将飞而未翔。践椒涂之郁烈，步蘅薄而流芳。超长吟以永慕兮，声哀厉而弥长。尔乃众灵杂遝，命俦啸侣。或戏清流，或翔神渚。或采明珠，或拾翠羽。从南湘之二妃，携汉滨之游女。叹匏瓜之无匹兮，咏牵牛之独处。扬轻袿之猗靡兮，翳修袖以延伫。体迅飞凫，飘忽若神。凌波微步，

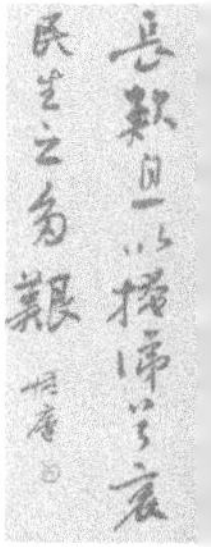

罗袜生尘。动无常则,若危若安。进止难期,若往若还。转眄流精,光润玉颜。含辞未吐,气若幽兰。华容婀娜,令我忘餐。

于是屏翳收风,川后静波。冯夷鸣鼓,女娲清歌。腾文鱼以警乘,鸣玉鸾以偕逝。六龙俨其齐首,载云车之容裔。鲸鲵踊而夹毂,水禽翔而为卫。于是越北沚,过南冈,纡素领,回清阳,动朱唇以徐言,陈交接之大纲。恨人神之道殊兮,怨盛年之莫当。抗罗袂以掩涕兮,泪流襟之浪浪。悼良会之永绝兮,哀一逝而异乡。无微情以效爱兮,献江南之明珰。虽潜处于太阴,长寄心于君王。忽不悟其所舍,怅神宵而蔽光。

于是背下陵高,足往神留。遗情想像,顾望怀愁。冀灵体之复形,御轻舟而上溯。浮长川而忘返,思绵绵而增慕。夜耿耿而不寐,沾繁霜而至曙。命仆夫而就驾,吾将归乎东路。揽騑辔以抗策,怅盘桓而不能去。

(选自潘啸龙:《古文鉴赏辞典》)

2. 顾恺之和他的《论画》

顾恺之(345—406),字长康,小字虎头,晋陵人(今江苏无锡),义熙中为散骑常侍,博学多才,诗文书画皆能。画风细劲柔和,笔墨连绵不辍,有"游丝描"之称,提出"迁想妙得""以形写神"的绘画理论。时人称其为三绝:才绝、画绝、痴绝。顾恺之的绘画及其在理论上的成就,在中国美术史上占有极其重要的地位,是中国,也是世界上第一个被写入史书作传记的伟大画家。顾恺之的画作无真迹传世,流传至今的《女史箴图》《洛神赋图》《列女仁智图》等均为唐宋摹本。还著有《魏晋胜流画赞》《论画》《画云台山记》三篇画论,《启蒙记》三卷,另有文集二十卷,均已佚。

《论画》

顾恺之

凡将摹者,皆当先寻此要,而后次以其事。

凡吾所造诸画,素幅皆广二尺三寸。其素丝邪者不可用,久而还正则仪容失。以素摹素,当正掩二素,任其自正而下镇,使莫动其正。笔在前运而眼向前视者,则新画近我矣。可常使眼临笔。止隔纸素一重,则所摹之本远我耳。则一摹蹉,积蹉弥小矣。可令新迹掩本迹而防其近内。防内,若轻物宜利其笔,重宜陈其迹,各以全其想。譬如画山,迹利则想动,伤其所以嶷。用笔或好婉,则于折楞不隽;或多曲取,则于婉者增折。不兼之累,难以言悉,轮扁而已矣。

写自颈以上要,宁迟而不隽,不使远(应为"速")而有失。其于诸像,则像各异迹,皆令新迹弥旧本。若长短、刚软、深浅、广狭与点睛之节,上下、大小、醲薄,有一豪小失,则神气与之俱变矣。竹木土,可令墨彩色轻;而松竹叶,醲也。凡胶清及彩色,不可进素之上下也。若良画黄满素者,宁当开际耳。犹于幅之两边,各不至三分。

人有长短,今既定远近以瞩其对,则不可改易阔促,错置高下也。凡生人,亡有手揖眼视而前亡所对者。以形写神而空其实对,荃生之用乖,传神之趋失矣。空其实对则大失,对而不正则小失,不可不察也。一像之明昧,不若悟对之通神也。

(选自百度文库,顾恺之:《论画》)

2.《韩熙载夜宴图》

五代,顾闳中,绢本设色,纵 28.7 厘米,横 335.5 厘米,北京故宫博物院藏。

《韩熙载夜宴图》

【解读】

顾闳中,约 910 年生,980 年逝世,江南人,南唐画院待诏。善画人物。尤长于刻画人物神情意态。画面的主人公韩熙载本是豪族出生的北方人,南唐当了大臣,南唐后主李煜多猜疑北方人,韩熙载便沉湎于声色,以免引起别人的注意而遭不测。李煜派画家顾闳中到韩熙载家窥探,回来后凭“目识心记”作了这幅反映韩熙载家中夜宴情况的长卷上呈。全画分五段:第一段“听乐”;第二段“观舞”;第三段“歇息”;第四段“清吹”;第五段“散宴”。在这些歌舞颂宴场面中,头戴高纱帽、身材魁伟、长脸美髯的韩熙载既纵情声色又流露出沉郁寡欢的心理矛盾。如他为舞者击鼓的神态刻画便深刻地揭示出人物复杂的内心世界。在艺术处理上,采取了传统的构图方式,打破时间概念,把不同时间中进行的活动组织在同一画面上。全画组织连贯流畅,画幅情节复杂,人物众多,却安排得宾主有序,繁简得度。在场景之间,画家非常巧妙地运用屏风、几案、管弦乐品、床榻等之类的器物,使之既有相互连接性,又有彼此分离感;既独立成画,又是一幅画卷。《韩熙载夜宴图》在用笔着色等方面达到了很高水平。全画工整精细,线条细润而圆劲,设色绚丽清雅而又沉着,人物衣服纹饰的刻画严整又简练,对器物的描写真实感强。

【链接】

韩熙载(902—970),字叔言,北海(今山东潍坊)人。唐朝末年,出身名门望族的韩熙载荣登进士第,以擅长文章书画名震一时,后来由于父亲光嗣因事坐诛不得不逃奔江南。投顺南唐后,韩熙载历事李昇、李璟、李煜三世,并以其杰出的政治才干而历任秘书郎辅东宫太子、吏部员外郎、史馆修撰兼太常博士、中书侍郎、兵部尚书、光政殿学士承旨等显职。按说,具有远大政治抱负的韩熙载,原本应该在政治上大显身手,却不料因为《韩熙载夜宴图》这幅画作的传世,给世人留下了生性放浪、沉湎声色的颓靡形象。也正因如此,导致人们对这幅画作的诞生根源给予了多种不同的解释。比较流行的一种说法是:后主李煜继位时,南唐国势不振,而北方的后周则迅速崛起,并有挥师南下一统天下之势。面对北方强敌,李煜本想任用韩熙载为宰相辅佐自己,可又因为韩熙载是北方人而心怀猜疑。而韩熙载呢,也深深明白自己表面上颇得南唐王朝厚恩,事实上并没有获得真正的信任。因此,韩熙载为了避免遭受无端构陷,开始在生活上疏狂自放、纵情声色,希望以此来蒙蔽朝廷耳目,使自己能够安享晚年获得善终。即便如此,后主李煜对韩熙载仍不放心,于是派遣翰林画院待诏周文矩与顾闳中深夜潜入韩宅,窥测其纵情声色、放歌狂饮之场面,然后通过目识心记绘制出了惊世奇画——《韩熙载夜宴图》。

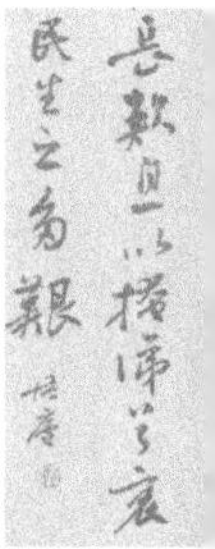

3.《清明上河图》

宋，张择端，绢本设色，纵24.8厘米，横528.7厘米，北京故宫博物院藏。

《清明上河图》

【解读】

张择端，北宋画家。字正道，东武（今山东诸城）人，早年游学汴京（今河南开封），后习绘画，徽宗期供职翰林图画院。《清明上河图》是中国十大传世名画之一。这幅风俗画长卷，描写北宋都城汴梁（今开封）城乡间的社会风情，场面浩大，内容极为丰富，是杰出的现实主义画作。全画首段画赶集的乡人和驮运的骡马向城里行进；中段画汴河，可看到逆水行船的艄公和岸上艰难前行的纤夫。其中最引人注目的是画大船将要穿过拱桥桥洞的惊险场面，船顶上的船夫急忙放下桅杆，船上的人使劲撑篙或用长杆抵住桥洞顶，桥上和邻船上还有不少人，在旁边指指点点出主意；末段画市区繁荣街景，这里酒楼店铺杂陈，车马行人众多，士农工商、僧道十医、三教九流、男女老少等神情姿态各异。此画用笔兼工带写，设色淡雅，不同一般的界画，即所谓“别成家数”。《清明上河图》采用鸟瞰式全景法，真实而又集中概括地描绘了当时汴京东南城角这一典型的区域。作者用传统的手卷形式，采取“散点透视法”组织画面。画面长而不冗，繁而不乱，严密紧凑，如一气呵成。画中所摄取的景物，大至寂静的原野，浩瀚的河流，高耸的城郭；小到舟车里的人物，摊贩上的陈设货物，市招上的文字，丝毫不失。

【链接】

真迹迷踪

《清明上河图》自问世以来，历代都有临摹本，且大小繁简不同。各地方的公私藏家手中有许多摹本和伪造本，外国博物馆所藏也有好几卷。据统计，目前国内外公私所藏的《清明上河图》摹本有30幅。

据说《清明上河图》历时十年完成，最早由北宋宫廷收藏，靖康之难后流入民间，历经辗转，后为南宋贾似道所得，元朝时期再度进宫，至正年间又被调包，流落民间，后来落到宰相严嵩、严世藩父子手上，严嵩倒台，图被没收，第三次纳入宫廷。经明代皇室收藏，后来太监冯保偷出，在画上加了题跋，之后真本又不知去向，二百年后，由清朝湖广总督毕沅收藏，毕沅死后，《清明上河图》第四次进宫，深藏紫禁城内。

清廷将《清明上河图》收入宫以后，便将它收在了紫禁城的迎春阁内。嘉庆帝对其珍爱有加，命人将它收录在《石渠宝笈三编》一书内。此后，《清明上河图》一直在清宫珍藏，虽然经历了1860年英法联军以及1900年八国联军两度入侵北京，洗劫宫室，但居然逃过了劫难，均未受损。

1911年以后，《清明上河图》连同其他珍贵书画一起，被清末代皇帝溥仪以赏溥杰为名盗出宫外，先存在天津租界内的张园内。1932年，溥仪在日本人扶植下，建立伪满洲国，于是这幅名画又被带到长春，存在伪皇宫东院图书楼中。

关于真迹现存一种说法是只有现存北京故宫博物院的这一幅才是真迹(大多数人承认)。另一种说法是台北故宫博物院另藏一本，被视为真迹。

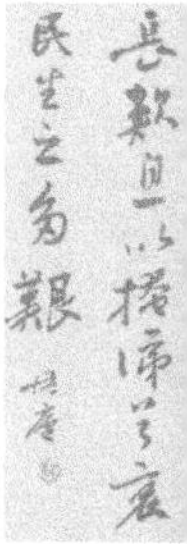

4.《采薇图》

宋，李唐，绢本墨笔，纵27厘米，横90厘米，北京故宫博物院藏。

《采薇图》

【解读】

画中描绘的是一个流传久远的历史故事：商朝末年，孤竹国的国君决定立次子叔齐为继承人。国君去世后，叔齐坚持要把王位让给长兄伯夷，伯夷坚持不受，说他不能违背父命。为了让弟弟叔齐从容继位，伯夷悄然逃走。得知此讯后，叔齐也义无反顾地放弃了王位，随兄而去。多年后，二人投奔西伯侯姬昌。恰值姬昌去世，他的儿子号称武王，正在积极准备进兵讨伐商纣。二人立刻赶到武王马前制止。但武王未听，夺取了政权后，天下改称为“周”。伯夷、叔齐深以为耻，决心不再吃从周朝土地上收获的粮食，于是隐居到首阳山(今山西永济县境)，靠着采掘些野菜度日，最后饿死在山里。他们这种“饿死事小、失节事大”的行为得到普遍推崇。李唐以此为题就是对那些苟且偷安、觍颜事敌的北宋臣子们的辛辣讽刺。《采薇图》中伯夷、叔齐对坐石壁下，四周老树环绕，采野菜用的小锄、竹筐置于地上。正中的伯夷双手抱膝而坐，面带忧愤，静听左侧叔齐谈话。二人须发蓬松，面容清瘦，目光坚定，神情、姿态准确生动。尤其是伯夷清癯的面容上露出坚定不屈的表情，双眉紧皱，表现出人物在特定的艰苦生活环境中所显示出的坚强、刚韧的性格特征。人物衣纹用笔粗重劲健，有助于表达人物性格和内心活动。画面的气氛肃穆、凝重、萧瑟，最前面的一松、一枫相对而立，树干奇崛如铁、挺拔坚硬，这不禁使人联想起枫树的耐寒与苍松的不凋。作者有意将这两株具有象征意义的大树布置在画面最前端，或许就是对画中人物性格的比喻与写照。树木的画法颇具新意，那株松树只是用重墨粗笔勾出树干，然后略加些鳞纹，再以浓淡不同的色彩晕染，显得苍劲浑厚。松针在勾勒之后再用青绿色重新描一次，用笔挺拔爽利，线条虽短却充满劲力，显现出一派繁华茂盛、郁郁葱葱的景象。

【链接】

《采薇图》的时代意义

李唐(1066—1150)，南宋画家。字晞古，河阳三城(今河南孟县)人。初以卖画为生，宋徽宗赵佶时入画院。南渡后以成忠郎衔任画院待诏。擅长山水、人物。变荆浩、范宽之法，苍劲古朴，气势雄壮，开南宋水墨苍劲、浑厚一派先河。晚年去繁就简，用笔峭劲，创“大斧劈”皴，所画石质坚硬，立体感强，画水尤得势，有盘涡动荡之趣。兼工人物，初师李公麟，后衣褶变为方折劲硬，自成风格。并以画牛著称。与刘松年、马远、夏圭并称“南宋四大家”。存世作品有《万壑松风图》《清溪渔隐图》《烟寺松风》《采薇图》等。

作为马背上的民族，金人虽生性粗犷却很注重文化修养，对于俘获的北宋文人只要学有所长，就会给予相当的礼遇，对宫廷画家更是待遇丰厚。据《金史》记载，金国宫廷“于秘书监下设书画局，又在少府监下设书画署”，在“裁造署”中也“有绘画之事”。以李唐当时的声望地位，在金国不仅可以衣食无忧，就连创作条件也肯定优于内忧外患、兵燹纷纷的北宋。可是，他却在去往金国的途中逃跑了。逃跑的理由很简单，他是宋国臣子，他要忠于国家，他不能够为“外族”效力。

李唐舍命南逃体现的是中华民族爱国精神，也体现了他作为知识分子的立场和气节。正是因为他自身所具有的这种民族气节，才会鄙视那些甘于为金国效力的北宋臣子。于是，他创作了具有讽刺与警世意义的《采薇图》。

5.《踏歌图》(局部)

宋，马远，绢本淡设色，纵 191.8 厘米，横 111 厘米，北京故宫博物院藏。

《踏歌图》(局部)

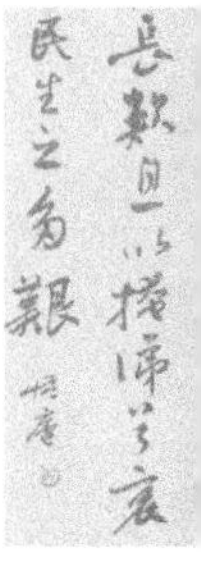

【解读】

《踏歌图》是南宋著名画家马远的传世名作,此图近处田垅溪桥,巨石居于左边一角,疏柳翠竹掩映,有几位老农边歌边舞于垅上。中段空白,云烟迷漫,似乎山谷中还有蒙蒙细雨。远处奇峰对峙,宫阙隐现,朝霞一抹。整个气氛欢快、清旷,形象地表达了"丰年人乐业,垅上踏歌行"的诗意。

马远描写一个清静深秀的山湾里,几个老农在阳春时节带有几分醉意地欢娱歌舞。他用简括的线条,清秀的色彩,巧妙地把山环水抱的复杂景物画得远近分明,图中没有花草的陪衬,却表现出愉快的春山环境。远山奇峭,近石方硬,树木多姿,云雾掩映中显出辽远的空间和光的感觉,具有清旷秀劲的特殊风格。

"宿雨清畿甸,朝阳丽帝城。丰年人乐业,垅上踏歌行。"这是《踏歌图》的题诗,是宋宁宗赵扩把王安石的诗句抄录其上。也是马远要以画来颂扬年丰人乐、政和民安的景象。此画将人物画在画面的近景处,一老者刚过小桥,右手扶杖,左手挠腮,摇身抬腿,踏歌而舞,憨态可掬。随行二老者其中一人双手拍掌,双足踏节,另一人抓住前者的腰带、躬腰扭动,舞态可人。后行人,肩扛竹棍, 上挑葫芦,身前倾,腰微弯,和节而踏。四个人动态不一、却动律和谐,人乐年丰之气象在活泼灵动的舞姿中呈现。垅道左面的两个孩子给画面添加了一股童趣,老少相宜,构成了画面人物动态与气氛的协调。画的中景是高耸的巨岩,宫阙在丛树中若隐若现,具有帝皇的象征意味。作者似乎在把这样一个观念体现在画中:人乐是因为年丰,年丰是因为皇帝治理有道。但从情趣上看,近中二景并不那么协调,有勉强为之之感。这是作者试图把自己对"村野俚俗"质朴的喜爱与对皇家"高贵雅致"富丽的崇尚这两种不同的情感统于一个画面中。虽然有皇帝的题诗赋予此画的思想内容,但也不能协调起截然不同的两种情感。卧石与秀峰主要用大斧劈皴,其中在秀峰上夹用些许长披麻皴,岩石的凝重,秀峰的峭险与水纹柔和的勾法形成强烈的对比。

【链接】

1. 踏歌

踏歌是民间一种不拘程式的娱乐形式，用足蹬踏而作歌之谓。据《武林旧事·元夕》载李贺房写南宋京城临安繁华气象的诗中，有“人影渐稀花露冷，踏歌声度晓云边”句。此外，张武子诗：“帖帖平湖印晚天，踏歌游女锦相牵；都城半掩人争路，犹有胡琴落后船。”可见踏歌这一娱乐形式在平民中甚为盛行。

2. 马远和院体画

马远在南宋画坛中占有重要地位，历任南宋光宗、宁宗两朝画院待诏，极受统治者的赏识。人们通常把他与李唐、刘松年、夏圭联系在一起，称为“南宋四大家”。由他们所代表的山水画派，在美术史上称为“院体”。在“南宋四大家”中，如果说李唐是院体的开创者，那么，马远则是最具代表性的院体画家。马远出生于绘画世家，他的曾祖、祖父、父亲、伯父、兄弟、儿子都是宫廷画家，而且都很有成就。像这样一门数代均以绘画擅长而且作出了重大贡献的，不仅在宋代，就是在整个中国美术史上也是极为罕见的。足以与之相媲美的，只有元代的赵孟頫一家。马远的绘画，在继承前人成就的基础上进一步挖掘山水中的诗情与感人力量，着意形象的加工提炼，注重章法剪裁和经营，使得作品更加简洁完整，主题更为明确突出。其山水画一般是远山奇峭，近石方硬，远景简练，近景凝重。“其小幅峭峰直上而不见其顶，或绝壁直下而不见其角，或近山参天而远山则低，或孤舟泛月而一人独坐”，予人以玩味不尽的意趣。

由于马远在构图上善于采用以局部表现整体的手法，常画山之一角、水之一涯，使画面呈露出大片空白，所以，被人称为“马一角”，被认为反映了南宋偏安的残山剩水，所谓“中原殷富百不写，良工岂是无心者；恐将长物触君怀，恰宜剩水残山也”。这种解释是欠科学的。其实，马远的边角之景是艺术上的高度提炼，完全是美学的，而不是政治学的。当北宋画家把全景山水发展到登峰造极，南宋的山水画家要有所创造，就不能不在观照方式和表现方法方面另辟蹊径，由“远观其势”的全景风光转向“近观其质”的边角之景。另外，刘李马夏的“院体”山水，在明代被董其昌列为“北宗”，认为其在具体画法上讲究刻画，在绘画的功能目的方面不免身为物役，所以其结果往往导致画家的损寿。董其昌明确提出，北宗“非吾曹所当学”。而作为一位文人画家，应当从“南宗”入手。所以，尽管院体山水在艺术上独具特色，但在后世却始终处于被排斥的地位，尤其受到文人士大夫们的反对。

6.《秋郊饮马图》

元，赵孟頫，绢本设色，高 23.6 厘米，长 59 厘米，北京故宫博物院藏。

《秋郊饮马图》

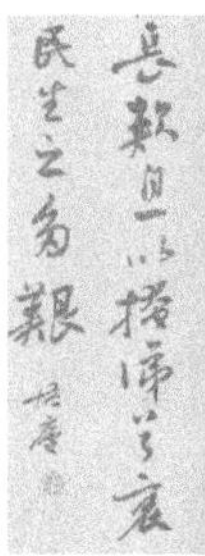

【解读】

赵孟頫在元代历受元世祖和元仁宗的宠遇，尤其是仁宗十分敬重他的才华，将其与李白和苏轼相比。他博学多才，工古文诗词，通音韵，精鉴赏。《秋郊饮马图》是画家赵孟頫鞍马人物画的代表作。画面是江南初秋时节，牧人赶着一群马到河岸边饮水的情景。画中岸边林木环绕，湖水平缓无波，牧马人身着红袍，手持马鞭，正侧首看着正在嬉戏的二马。10 匹马都健壮肥硕，有的步入河中饮水，有的在岸边追逐，有的互相嬉戏，有的引颈长鸣，神态各异，好不热闹。整个画面树木清秀，河水平缓无波，马的造型生动，表现了自然景致的优美。此图布局讲究藏露，中景露地不露天，人马、坡石、林木都置于右半部，人马向左方走，把来处藏于画外。左方只露出树干和溪水，把树干和远山、远水藏于画外。堤岸、溪水向左方延伸，通过岸上两马的奔逐，点出境外无限的景物。构图均衡有致，物象虽具体而微，整体却极简括。赵孟頫承前人画马传统，在创作中表现了马的神采并在技巧上有所突破。画家将书法用笔融入进绘画之中，人马线描工细劲健，严谨中蕴隽秀；树木、坡石行笔凝重，苍逸中透着清润，工细中不乏松动与飘逸。绿岸、丹枫、红衣，设色浓郁中显清丽，大面积渲染，不加皴擦与点斫，色不掩笔，淳厚而富于韵致，从中可以看出作者继承了唐人的遗风。全画浑厚，设色浓丽，具有浓郁的情致和意趣。画面剪裁看似平淡，像是信手拈来之作，却显示出画家驾驭画面的非凡本领。

【链接】

为政为画赵孟頫

赵孟頫博学多才，能诗善文，懂经济，工书法，精绘艺，擅金石，通律吕，解鉴赏。特别是书法和绘画成就最高，开创元代新画风，被称为“元人冠冕”。赵孟頫于宋理宗宝祐二年九月十日（1254 年 10 月 20 日）生于吴兴（今浙江湖州），为宋太祖子秦王赵德芳之后。其五世祖秀安僖王赵子偁，即宋孝宗父。其四世祖为崇宪靖王赵伯圭，因孝宗赐宅第于湖州，所以赵孟頫成为湖州人。他的曾祖赵师垂，祖父赵希戭，父亲赵与訔，皆仕于南宋。后元朝追赠赵师垂为集贤侍读学士，赵希戭为太常礼仪院使、吴兴郡公，赵与訔为集贤大学士、魏国公。

赵孟頫自幼聪敏，十四岁时，赵孟頫因其家世代为官亦入补官爵，并通过吏部选拔官员的考试，调任真州司户参军。南宋灭亡后，赵孟頫居家，更致力于学问。

至元二十三年(1286年),元朝行台侍御史程钜夫奉诏搜访隐居于江南的宋代遗臣,将赵孟頫引见给元世祖忽必烈。忽必烈见赵孟頫才气豪迈,神采焕发,如同神仙中人,非常高兴,让他位坐右丞叶李之上。当时朝廷刚刚设立尚书省,命赵孟頫起草诏书,颁布天下。忽必烈看了诏书后称赞道:"说出了朕心中所要说的话。"朝廷召集百官于刑部,商讨制定刑法。众人认为凡贪赃满至元宝钞二百贯者,都应论死罪。赵孟頫则认为处罚太重,因为钞法创立后的几十年内,已大幅度贬值,用贬值的宝钞来决定人的生死,不足采取。有人见他年少,又是来自南方,不了解元朝国情,指责他反对以宝钞来定罪,是想阻碍宝钞的流行。赵孟頫也理直气壮地反驳,指出:"刑法是关系到人命的生死,必须分别轻重。我奉诏参与商议,不敢不言。你不讲道理,企图以势压人,这是不行的!"那人被说得哑口无言。

至元二十四年(1287年)六月,忽必烈授赵孟頫为兵部郎中。兵部总管全国驿站,当时来往使臣的饮食费用比过去增加了几十倍,当地官府无力供给,只有强取于民,百姓不胜骚扰,请中书省以增加钞币来解决。但当时至元钞不能通行,朝廷派尚书刘宣与赵孟頫一同至江南查办行省丞相贯彻执行钞法不力之罪,左右司官及诸路官均遭鞭打,然而赵孟頫却不打一人。回京后,丞相桑哥对他的这种宽容大加谴责。

当时有个叫王虎臣的官员,揭发了平江路总管赵全的违法事实,朝廷命王虎臣去查处。右丞叶李坚持奏请不可派王虎臣,世祖不听。赵孟頫进言说:"赵全违法确实应该问罪,但王虎臣以前在平江也常常强买民田,纵令下属臣僚奸诈营利。赵全曾多次与他争斗,王虎臣怀恨在心。如今派王虎臣去,他必然陷害赵全;纵然查出赵全不法事实,人们也不能不有所怀疑。"忽必烈这才明白过来,改派他人去处理。忽必烈知道赵孟頫家境素来清贫,曾赐他钞五十锭。

至元二十七年(1290年),赵孟頫升任集贤直学士。同年,发生地震,北京尤其剧烈,死伤数十万人,忽必烈为之忧心如焚。忽必烈亲驻龙虎台,派阿剌浑撒里回京,召集集贤、翰林两院官会议,询问此次天灾发生的原因及消灾的办法。但这些官员害怕丞相桑哥,不敢说实话,只是泛引《经》《传》及五行灾异的话,以修人事、应天变来回答,不敢触及时政。在此前,桑哥遣忻都及王济清理全国钱粮,大加搜括,已征入数百万,未征者还有数千万,弄得民不聊生,百姓相继自杀。逃入山林的人,官府发兵追捕,无人敢来劝阻。赵孟頫与阿剌浑撒里非常友好,劝他去奏请忽必烈大赦天下,免除赋税,这样就可能消弭天灾。阿剌浑撒里按照赵孟頫的意见向忽必烈奏禀,并得到忽必烈的允许。诏书已经草拟完,桑哥大怒,说这不是忽必烈的旨意。赵孟頫挺身而出,对桑哥说:"百姓死亡已尽,那些未征上来的钱粮到哪里去征?若不及时免除,以后若有人将此未征之数千万钱粮作为损失而归咎于尚书省,这岂不深深连累了丞相?"桑哥明白其利害,同意全部免除赋税,百姓因而得救。

忽必烈曾问赵孟頫,叶李与留梦炎哪个好。赵孟頫说:"留梦炎是臣父亲的挚友,为人庄重厚道,很自信,多谋能断,有大臣之才。叶李所读的书我都读过,他所知所能的事,臣都能知能办。"忽必烈说:"你是认为留梦炎比叶李要贤吗?但是,留梦炎在宋朝为状元,位至丞相,而在贾似道欺上误国之时,却对贾似道阿谀顺从。叶李当时虽为平民,却敢于上书朝廷，斥责贾似道，显然贤于留梦炎。你因为留梦炎是你父亲的挚友，不敢非议，可赋诗以规劝他。”赵孟頫便赋诗一首，其中有“往事已非那可说，且将忠直报皇元”的话，忽必烈看后大加赞赏。赵孟頫退朝后对奉御彻里说：“陛下在谈论贾似道误国时，责备留梦炎当时不敢指责。如今，桑哥的罪恶甚于似道，而我等不加指责，将来如何能推卸责任？但我毕竟不是陛下亲信之臣，说话陛下必不听从。侍臣中读书知理、慷慨有气节而又为陛下所亲信的人中，没有能超过你的。捐出自己生命而为百姓除害，是仁者之事，希望你能这样！”彻里果然向忽必烈揭发桑哥的罪恶。忽必烈大怒，命卫士将他掌嘴，彻里口鼻血涌，倒在地上。再问，彻里还是斥责桑哥罪行，大臣也相继指责桑哥，忽必烈便将桑哥按罪诛杀，并废除尚书省，凡有罪的大臣也统统罢官。

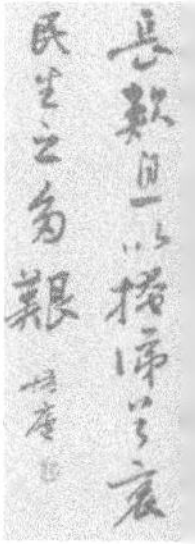

忽必烈有意让赵孟頫参与中书省政事，赵孟頫坚持不肯。他预料，久在君王身边，必受人嫉妒，故极力请求到外地任职。

至元二十九年(1292 年)，赵孟頫出任同知济南路总管府事。当地有个叫元掀儿的人，在盐场服役，因不胜艰苦而逃走。他的父亲诬告是同服劳役的人将掀儿杀害。赵孟頫怀疑其中有冤情，不立即判决。一个月后，掀儿自己回归盐场。郡中人都称赞赵孟頫料事如神。佥廉访司事韦哈剌哈孙，性情暴虐，因赵孟頫不顺他的意，借口中伤他；恰逢朝廷要修《世祖实录》，召赵孟頫还京，这才无事。其后，调赵孟頫为汾州知州，还未成行，又令他书写金字《藏经》。至治二年(1322 年)六月十六日，赵孟頫病逝，享年六十九岁。

7.《秋风纨扇图》

明，唐寅，纸本水墨，纵 77.1 厘米，横 39.3 厘米，上海博物馆藏。

【解读】

《秋风纨扇图》

唐寅的人物画，特别是仕女画，以题材新颖，构思巧妙，笔墨美丽娟秀而成画中珍宝。唐寅所作的仕女人物，在画法上大致可分为两种，一种是工笔重彩的仕女画，一种是白描淡彩的仕女画。特别是白描淡彩，在造型和构图上，线条和设色上具备了优美生动、清新流动、简洁明快的效果。《秋风纨扇图》用高度洗练的笔触，描绘了一名手持纨扇伫立在秋风里的美人。左上角有作者的自题诗一首：“秋来纨扇合收藏，何事佳人重感伤。请把世情详细看，大都谁不逐炎凉。”加深了主题的蕴意。画中手执纨扇的仕女，高高地挽起发髻，美丽端庄，亭亭玉立，目凝远方，圆润的脸庞上流露出一丝怅然若失的轻愁和忧郁，显得无助和无奈。美人可能从手中夏挥秋藏的纨扇想到自身青春难驻、世情可畏。作者将世态的严酷和美人的悲惨境遇和盘托出，发人深省。画中的背景极其简明，仅绘坡石一角，上侧有疏疏落落的几根细竹，大面积空白给人以空旷萧瑟、冷漠寂寥的感受，突出“秋风见弃”、触目伤情的主题。冰清玉洁的美人与所露一角的这几块似野兽般狰狞峥嵘的顽石形成强烈的反差与对比，尽显了作者写意的才能。画家用遒劲飞舞的线条，表现了生动的形象，刻画了一位体态丰盈，举止安详，头部勾勒精工的富贵人家之少妇。画家在画脸、手和胸的部位，宛如北宋李公麟圆细流丽之笔，而衣裙、腰带、披肩多以南宋李唐飘举方折之笔，这种方圆兼施的笔法，增强了这位少妇的动态美和形体美。虽然用水墨描写，却有丰富的色感，在艺术上有独特之处。

【链接】

1. 风流才子唐伯虎

唐寅生于成化六年（1470 年）二月初四，卒于嘉靖二年（1523 年）十二月二日，字伯虎，后改字子畏，号六如居士、桃花庵主、鲁国唐生、逃禅仙吏等，明代画家、书法家、诗人。

三十岁时进京会试，涉会试泄题案而被革黜，妻子改嫁，一生坎坷。后游历名山大川，以卖文鬻画闻名天下。

早年随沈周、周臣学画，宗法李唐、刘松年，融会南北画派，笔墨细秀，布局疏朗，风格秀逸清俊。人物画师承唐代传统，色彩艳丽清雅，体态优美，造型准确；亦工写意人物，笔简意赅，饶有意趣。其花鸟画长于水墨写意，洒脱秀逸。书法奇峭俊秀，取法赵孟頫。诗文上，与祝允明、文徵明、徐祯卿并称“吴中四才子”。绘画上与沈周、文徵明、仇英并称“吴门四家”，又称“明四家”。

唐寅的绘画作品有《骑驴思归图》《山路松声图》《事茗图》《王蜀宫妓图》《李端端落籍图》《秋风纨扇图》《枯槎鸜鹆图》等，藏于世界各大博物馆。

2. 画家轶事

唐寅前往茅山进香，路过无锡。晚上船泊在河边，于是唐寅上岸闲逛，见肩舆从东而来，仕女如云，其中有个丫鬟长得最好看。于是唐寅跟着她们走，一直到她们回府才知道是华学士的女婢。唐寅想混进华府，于是应聘进华府为书童，被华府改名为华安。后来唐寅很受府上宠爱和信任，设计选妻，因此得到一位叫桂华的美婢。过了几天，唐寅携美婢逃走。华府令人到处寻找，却找不到。过了很久，华学士偶然间到阊门，见书肆中有一人手持书籍翻阅，很像华安。华学士私下找人询问，那人告诉他：“此人是唐解元。”第二天，华学士修书投刺前往拜谒，仔细看了半天确认无异。到了上茶时，更是确信，但是始终难以启齿。唐寅命下人上酒对酌，华学士不能忍受，于是讲述华安的一些事来挑明。唐寅唯唯。华学士又说道：“华安相貌正好与你相似，不知道是何缘由？”唐寅又唯唯而对。华学士不高兴，就要起身告别。唐寅曰：“请稍等，我有个请求。”酒又饮了数杯，唐寅命人点烛引华学士进后堂，叫婢女簇拥新娘出来拜见。华学士愕然。唐寅曰：“无妨。”拜完，携新娘上前对华学士道：“你说我像华安，却不识桂华吗？”于是二人相顾大笑，然后道别。

8.《幽栖图》

清，髡残，纸本设色，纵 20.5 厘米，横 32.7 厘米，上海博物馆藏。

《幽栖图》

【解读】

髡残(1612—约 1692)，俗姓刘，字介丘，号白秃、石道人、残道者、电住道人等，湖南武陵(今常德)人，久居南京牛首山幽楼寺为僧。擅画山水，受“元季四大家”影响，尤其于王蒙笔法得力最多。兼学明沈周与文徵明，画有文人气息。喜作渴笔或秃笔秋景山水，皴擦层次丰富浑厚，笔墨荒率苍雄，“粗头乱服”，自成一格，与石涛等人称“清初四画僧”。此画代表了髡残人物画的典型风貌。

【链接】

画家生平

髡残自幼就爱好绘画，年轻弃举子业，20 岁削发为僧，云游名山。30 余岁时明朝灭亡，他参加了南明何腾蛟的反清队伍，抗清失败后避难常德桃花源。战争的烽火迫使他避兵深山，关于他这段在古刹丛林的经历，程正揆《石溪小传》有载：“甲申间避兵桃源深处，历数山川奇辟，树木古怪与夫异禽珍兽，魑声鬼影，不可名状；寝处流离，或在溪涧枕石漱水，或在峦猿卧蛇委，或以血代饮，或以溺暖足，或藉草豕栏，或避雨虎穴，受诸苦恼凡三月。”艰险的丛林生活虽使他吃尽了苦头，但倒给了他一次感受大自然千奇百怪的好机会，充实了胸中丘壑，为后来的山水画创作积累了丰富的素材，这一点，在他的不少题画诗中，都明显可见。

平生喜游名山大川的髡残对大自然的博大意境，有着深刻的领会和观察，最后落脚在南京牛首山幽栖寺。曾自谓平生有“三惭愧”：“尝惭愧这只脚，不曾阅历天下多山；又尝惭此两眼钝置，不能读万卷书；又惭两耳未尝记受智者教诲。”(百度百科：髡残)

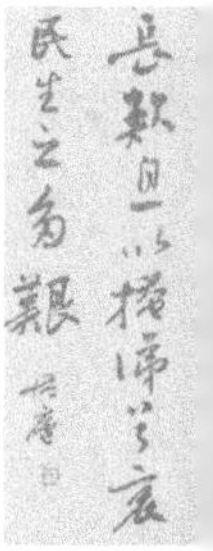

第三章　山水画

一、概述

（一）山水画的兴起与发展

山水画兴起于魏晋南北朝时期，在南北朝后期已逐渐发展成独立画科，到隋唐开始繁荣，五代对绘画自唐发展到北宋，起着桥梁的作用。这个时期的山水画大家有荆浩、关仝、董源。山水画至宋代兴旺的景象前所未有。五代荆浩所提的“远取其势、近取其质”的创作方法已能充分掌握并运用。《清明上河图》就是这个时代的名作之一。

宋代山水画家讲究师法造化，中得心源。北宋山水画名家有董源、巨然、李成、范宽、郭熙，末期有米芾父子。他们的代表作有董源的《潇湘图》、巨然的《秋山问道图》《万壑松风图》、李成的《读碑窠石图》、范宽的《溪山行旅图》、郭熙的《早春图》等。南宋山水画的著名画家和代表作有李唐《万壑松风图》，刘松年的《春》《四景山水之一》，马远《踏歌图》，夏圭《溪山清远图》《烟堤晚泊》《长江万里图》，这些都是这时期的代表作。

元代的山水画家从自然界的直接感受中获得了有用的题材，对于山水自然的理解更为深刻。画家中有的学道，有的参禅。画家一方面师法造化，另一方面吸收传统的技法，同时研究各个时期的代表画家和作品及其演变。代表画家有赵孟頫、黄公望、王蒙、倪瓒、吴镇等。元代山水画的特点有二，一是强调书法入画，二是文人画的兴起。

明代山水画较为发达，但画家趋向摹古，因而有创造性的不多。明代二百多年中以“浙派”与“吴门派”为最有影响的画派。

绘画发展到明清之际，文人画可谓盛极一时，文人画虽然都以传统绘画为基础，但是对待传统的态度不一样。革新一派强调个性的解放，强调“古人须眉，不能生在我之面目，古之肺腑，不能安入我之腹肠”，代表画家有弘仁、髡残、八大山人、石涛等“四画僧”，稍后有金农、郑燮、罗聘等“扬州八怪”。与之对立的有“正统派”的“四王”，即王时敏、王鉴、王翚、王原祁等。他们强调“日夕临摹”“宛然古人”，要求做到与“古人同鼻孔出气”。

（二）中国山水画的审美特点

中国山水画诞生的东晋，正是道家的玄学风靡四方的时候。道家的那种重“心”略“物”的思想，奠定了中国山水画甚至整个中国艺术的重表现而略再现的美学观念和基础。这不但体现在绘画上，甚至作诗为文也将天人之间的灵犀相通视为创作的最高境界。因此在中国山水画里没有必要去讲究画面所描绘的是哪儿，试图寻找作者的视角以及作者作画的立足点，都是对中国山水画的误解。因为这不是中国画的特点，中国山水画家的心中讲究的就是要容纳天地万物，才能做到吞吐自如、来去无阻，所以一个人修养的高低就直接决定了他艺术成就的高低。因此“因再现的艺术而追求表现，因表现的艺术而追求再现”便形成了中国画的一大特征。

中国画讲究天人合一、心有万象、天马行空的创作方法和心态，并视此为作画的最高境界。“肇自然之性，成造化之功。或咫尺之图，写百里之景，东西南北，宛尔目前。春夏秋冬生于笔下。”很早以前的中国画论就有了这样深刻的阐述，可见中国画的起步就是一种比较高级的艺术。笔墨里渗透的是作者对人生的认识和感触，自然景物只是作者对人生的反思和认识的一种载体，他们的笔墨情趣并不受外界自然的束缚。寻找的是“蝉噪林愈静，鸟鸣山更幽”、“千山鸟飞绝，万径人踪灭”独特意境。对景写生中国画家也有，但不是创作，只是收集些素材罢了。

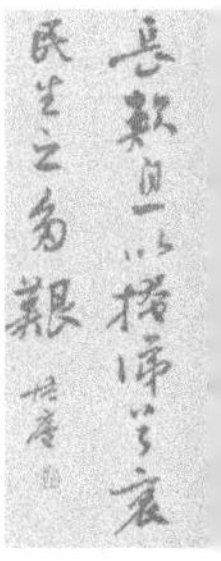

南朝宗炳《画山水序》宣告了中国山水画独立的艺术精神。但从山水画的整体要求看，存在着一个明显的落差，即审美要求超前于表现，也就是艺术表现滞后于审美意识。这样，艺术表现如何达到并融合于那种深植于文人意识之中的审美精神，就成为继六朝之后山水画发展最深刻的内在驱力，从而显示为隋唐之际山水画不同艺术方式表现的外在特征。它主要包括两个方面：一是从展子虔到李思训、李昭道父子的青绿山水；二是以王维、张璪、王洽等为代表的水墨山水的崛起。青绿金碧山水虽经二李的巧运而收华美之效，但这更多地代表着宫廷贵族的审美趣味，与玄学、庄学以自然为本的隐逸精神及审美追求尚有距离。于是山水艺术表现对山水原质艺术精神的逻辑追求，在南宗禅纳入老庄哲学、美学的背景中，水墨山水于诗佛画一体的王维笔下脱颖而出。到唐末，水墨山水对青绿金碧山水主流地位的取代，说明中国山水艺术精神终于找到了自己最适合的艺术形式，从而标志着山水画的完全成熟。

二、作品鉴赏

1.《游春图》

隋，展子虔，唐人摹本，绢本设色，纵 43 厘米，横 80.5 厘米，北京故宫博物院藏。

《游春图》

【解读】

隋代展子虔(约 531—604 前后),渤海(今山东阳信县南)人。隋初为文帝召,历官朝散大夫,帐内都督。他的绘画取材较宽,“触物留情,备该妙绝,尤喜台阁、人马山川,咫尺千里”。其中成就最高的是山水画。

展子虔《游春图》现藏于故宫博物院,是现存最早的独立性卷轴山水画。此图铺展辽阔、平远的山水景色,其中点缀着人马舟船郊游的情景,烘染出春光明媚的气息。图面视野开阔,水波荡漾的两岸逶迤错落,山峦重叠,层次井然地延向纵深,远水与远山隐约于烟霭之中。此图的特点,一是其空间处理,远景、近景向中景靠拢,以中景方式处理,因而全图紧凑协调。同时画面有明显的层次、纵深感,远水远山在烟霭中的消隐暗示开阔和无际,山水树石与人物舟马、屋舍建筑的远近位置,比例较精确,基本结束了六朝时期“人大于山,水不容泛”的稚拙阶段。说明山水画在认识,尤其是表现空间方面的进步。二是在画法上,以纤细劲健的线条描绘,青绿金碧着色,即山水着重青绿,山脚则用泥金。这反映了六朝以来绘画以线、色为主的传统。由于以青绿色为主,被后人称为“青绿法”,又由于描绘山以单线勾勒,淡赭打底,再填以石青石绿,山脚处用“泥金”在轮廓内复勾,造成金碧辉映的装饰效果,亦称金碧山水。这种表现法巧妙地利用青绿色调适应“春游”的题材特征,显出作者对内容与形式协和统一的追求,预示着向唐代青绿山水画成熟的必然趋势。故展子虔以其成就被推为“唐画之祖”,尤其对青绿山水到大小李将军的成熟,具有深刻的启迪和影响。

【链接】

张彦远《历代名画记》论画六法

昔谢赫云:“画有六法:一曰气韵生动,二曰骨法用笔,三曰应物象形,四曰随类赋彩,五曰经营位置,六曰传模移写。自古画人罕能兼之。”彦远试论之曰:古之画,或能移其形似,而尚其骨气。以形似之,外求其画,此难可与俗人道也。今之画,纵得形似,而气韵不生。以气韵求其画,则形似在其间矣。上古之画,迹简意澹而雅正,顾、陆之流是也。中古之画,细密精致而臻丽,展、郑之流是也。近代之画,焕烂而求备,今人之画,错乱而无旨,众工之迹是也。夫象物必在于形似，形似须全其骨气，骨气、形似皆本于立意，而归乎用笔。故工画者多善书。然则，古之嫔擘纤而胸束，古之马喙尖而腹细，古之台阁竦峙，古之服饰容曳，故古画非独变态、有奇意也，抑亦物象殊也。至于台阁树石、车舆器物无生动之可拟，无气韵之可侔，直要位置向背而已。顾恺之曰："画人最难，次山水，次狗马。其台阁一定器耳，差易为也。"斯言得之。至于鬼神人物，有生动之可状，须神韵而后全。若气韵不周，空陈形似，笔力未遒，空善赋彩，谓非妙也。故韩子曰："狗马难，鬼神易。狗马乃凡俗所见，鬼神乃谲怪之状。"斯言得之。至于经管位置，则画之总要。自顾、陆以降，画迹鲜存，难悉详之。唯观吴道玄之迹，可谓六法俱全，万象必尽，神人假手，穷极造化也。所以气韵雄状，几不容于缣素；笔迹磊落，遂恣意于墙壁。其细画又甚稠密，此神异也。至于传模移写，乃画家末事。然今之画人，粗善写貌，得其形似，则无其气韵；具其彩色，则失其笔法。岂曰画也？呜呼！今之人，斯艺不至也。宋朝顾骏之常结构高楼以为画所，每登楼去梯，家人罕见。若时景融朗，然后含毫；天地阴惨，则不操笔。今之画人，笔墨混于尘埃，丹青和其泥滓，徒污绢素，岂曰绘画？自古善画者，莫匪衣冠贵胄、逸士高人，振妙一时，传芳千祀，非闾阎鄙贱之所能为也。

（选自张彦远：《历代名画记全译》，贵州人民出版社，2009 年）

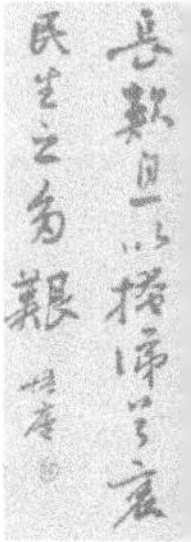

2.《潇湘图》

五代，董源，绢本设色，纵 50.2 厘米，横 140 厘米，北京故宫博物院藏。

《潇湘图》

【解读】

董源，(943—约 962)，五代南唐画家，南派山水画开山鼻祖。董源、李成、范宽史上并称北宋三大家。中主李璟时任北苑副使，故称"董北苑"。记载说他山水多画江南景色，"平淡天真，唐无此品"。《潇湘图》画的是江南景色。画中山峦连绵，云雾暗晦，山水树石都笼罩于空灵朦胧之中，显得平淡而幽深，苍茫而深厚。岸边船上有几组人物，远处坡下有张网的渔人和船只。此画以花青运以水墨，清淡湿润，山石用笔点染，而山坡底部用披麻皴，显得浑厚滋润，江南山水的草木繁盛，郁郁葱葱俱得以表现。董源的山水画对后世的文人画影响巨大，宋代郭若虚在《图画见闻志》中称，董源画法"水墨类王维，着色如李思训”，对其评价很高。

【链接】

董源的山水画曾得到南唐中主李璟的垂青。据说李璟年轻时曾在庐山修建别墅，将山泉林园胜景融为一体。他为了能时时看到庐山景致，特地派董源画了一幅《庐山图》。董源将五老奇峰、云烟苍松、泉流怪石和庭院别墅巧妙地绘入一图。李璟观后，称赞不绝，爱不释手，命人挂在卧室里，朝夕对画观赏，犹如长居庐山中。由此可见董源构思的巧妙和写景艺术的高超。

米芾曾盛赞董源山水曰：“峰峦出没，云雾显晦，不装巧趣，皆得天真。”五代的《画鉴》里记载：“董源山水有二种：一样水墨，疏林远树，平远幽深，山石作披麻皴；一样着色，皴文甚少，用色浓古，人物多用红青衣，人面亦有粉素者。二种皆佳作也。”北宋沈括在《梦溪笔谈》中提到：“董源善画，龙工秋岚远景，多写江南真山，不为奇山峭之笔”，又称“其用笔甚草草，近视之几不类物象，远观则景物粲然”。

3.《溪山行旅图》

北宋，范宽，绢本墨笔，纵206.3厘米，横103.4厘米，台北故宫博物院藏。

【解读】

范宽(950—1032)，宋代画家。又名中正，字中立。汉族，陕西华原(今陕西铜川耀州区)人。性疏野，嗜酒好道。擅画山水，为山水画“北宋三大家”之一。范宽发展了荆浩的北方山水画派，并能独辟蹊径，因而宋人将其与关仝、李成并列，誉为“三家鼎峙，百代标程”。此画巨峰巍然耸立，山涧中瀑布飞泻而下，山峦雄峻浑厚，树木繁茂葱郁，岩石的皴纹也历历可辨，显示出一种“全景山水”“大山大水”的磅礴气势。山脚下雾气迷蒙、怪石兀立、老枝虬劲、溪流潺潺，山路上有旅人赶着驮队经过，人畜虽画得小如蜉蚁，却真实生动，使人仿佛能听到驴蹄得得之声。范宽在用笔上多采用“雨点皴”，再施以“抢笔”，在刻画北方山水的风骨方面可谓得天独厚。此画气韵生动，运墨深厚，运笔雄强，意境悠远，实在是山水画旷古绝作。

《溪山行旅图》

【链接】

《雪景寒林图》，范宽，绢本水墨，纵193.5厘米，横160.3厘米，天津艺术博物馆藏。

《雪景寒林图》

此幅采用全景似构图，画面层次分明，中心突出。画中群峰屏立，山势高耸，深谷寒柯间，萧寺掩映，古木结林，板桥寒泉，流水从远方萦回而下，真实而生动地表现出秦地山川雪后的磅礴气势。笔墨浓重润泽，皴擦多于渲染，层次分明而浑然一体，细密的雨点皴余苍劲挺拔的粗笔勾勒，表现出山石和枯木锐枝的质感。

4.《富春山居图》

元，黄公望，纸本水墨，纵 33 厘米，横 636.9 厘米，台北故宫博物院藏。

《富春山居图》

【解读】

《富春山居图》是元朝书画，画家黄公望为郑樗（无用师）所绘，以浙江富春江为背景，

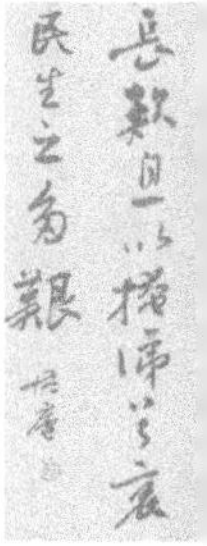

全图用墨淡雅，山和水的布置疏密得当，墨色浓淡干湿并用，极富于变化，是黄公望的代表作，被称为“中国十大传世名画”之一。明朝末年传到收藏家吴洪裕手中，吴洪裕极为喜爱此画，甚至在临死前下令将此画焚烧殉葬，被吴洪裕的侄子从火中抢救出，但此时画已被烧成一大一小两段。较长的后段称《无用师卷》，现藏台北故宫博物院；前段称《剩山图》，现收藏于浙江省博物馆。此图画浙江富春山两岸初秋景色。画面上坡陀起伏、林木森秀，其间有村落、亭台、渔舟、小桥，并写平沙及溪山深处的飞泉。展披画卷，景随人迁，人随景移。笔墨苍简清润。历代凡见此画者，无不叹为观止。明代董其昌说：“展之得三丈许，应接不暇。”清代张庚说：“富春山卷，其神韵超逸，体备众法，脱化浑融，不落畦径。”恽南田说：“所作平沙，秃锋为之，极苍莽之致。”明清许多文人画家多以此图得到启示，其临本有 10 余本之多。

【链接】

沈周与《富春山居图》

沈周，明代画家，生于 1427 年，字启南，号石田翁，江苏苏州人。他在元明以来文人画领域有承前启后的作用。他书法师黄庭坚，绘画造诣尤深，兼工山水、花鸟，也能画人物，以山水和花鸟成就突出。在绘画方法上，沈周早年承受家学，兼师杜琼。后来博采众长，出入于宋元各家，主要继承董源、巨然以及元四家黄公望、王蒙、吴镇的水墨浅绛体系。沈周的绘画，技艺全面，功力浑朴，在师法宋元的基础上有自己的创造，发展了文人水墨写意山水、花鸟画的表现技法，成为吴门画派的领袖。所作山水画，有的是描写高山大川，表现传统山水画的三远之景。而大多数作品则是描写南方山水及园林景物，表现了当时文人生活的幽闲意趣。

明成化年间，《富春山居图》传到沈周手里。自从得到这件宝贝，沈周就爱不释手，把它挂在墙上，反复欣赏、临摹，看着看着，就看出了点问题：画上没有名人题跋。一时的非分想法让沈周冲昏了头，他根本没有想到，像这样的珍宝藏都要藏在最隐蔽的地方，怎么能大张旗鼓地张扬呢？果不其然，当沈周把画交给一位朋友题跋时，就出了事。那位朋友的儿子，见画画得这么好就产生了歹念，把画偷偷卖掉，还愣说画是被人偷了。

一次偶然的机会，沈周在画摊上见到了被卖掉的《富春山居图》，兴奋异常，连忙跑回家筹钱买画。当他筹集到钱，返回画摊时，画已经被人买走了。沈周捶胸顿足，放声大哭，可是后悔已经晚矣。千辛万苦弄到手的《富春山居图》，如今只剩下留在头脑中的记忆了。沈周愣是凭借着记忆，背摹了一幅《富春山居图》。

被沈周丢失的真迹《富春山居图》犹如石沉大海，在相当长的时间里没有消息。后来，它又出现了，被明代大书画家董其昌收藏。董其昌晚年又把它卖给了吴洪裕的爷爷吴正志。吴洪裕继承了《富春山居图》，这才出现了临终留下焚画殉葬的遗嘱，吴子文火中救画的一幕。由于黄公望的《富春山居图》太出名了，明清画家都争相临摹，除了沈周的那幅《富春山居图》外，现在有籍可查的临摹本还有十余幅。这些都成为《富春山居图》流传在世的真假画卷。

《富春山居图》较好的临摹本中沈周所临（现藏北京故宫博物院）因属背临，故董其昌认为“其肖似若过半”；张宏则是在吴问卿家中对着原图临摹，其形神更能接近原作（现藏北京故宫博物院）。此两卷因其时原画尚为完整，故十分宝贵。邹之麟及“虞山画派”王翚的临摹本，现已流传海外。

5.《渔庄秋霁图》

元，倪瓒，纸本水墨，纵96厘米，横47厘米，上海博物馆藏。

【解读】

倪瓒信奉道教（全真教），崇尚佛学，常与和尚和道士们为友，也许因研习佛道之故，养成他孤僻狷介的性格，加之他爱洁成癖，故世人称他为“倪迂”。倪瓒主张作品要表现画家的“胸中逸气”，强调主观意兴的抒发，反对刻意求工、求似，曾云：“仆之所谓画者，不过逸笔草草，不求形似，聊以自娱耳！”“余之竹聊以写胸中之逸气耳！”倪瓒的山水画，绝大多数采用平远三段式构图，近景平坡叠石，上有杂树数株，有时加上细竹和茅亭。中景大片空白，表示湖水，造成空间的广阔（此即黄公望在《画山水诀》中总结的所谓“阔远”）。远景画低矮逶迤的冈峦。《渔庄秋霁图》作为倪瓒山水画典型风格的作品，其画画结构也大致如此。近景是平坡，上有杂树五六枝，中景是一片空白，实为浩渺的湖水，远景是低平的峦头，境界极为旷远。此画墨法浓润，与他晚年一意平淡的风格稍有不同。

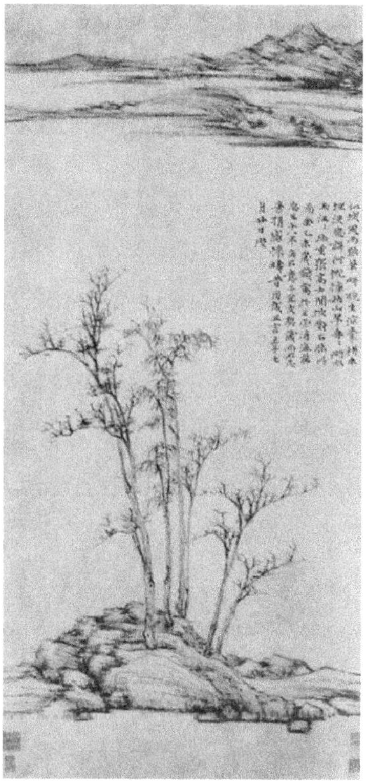

《渔庄秋霁图》

倪瓒的绘画开创了水墨山水的一代画风，与黄公望、吴镇、王蒙并称“元代四大家”。画法疏简，格调天真幽淡，以淡泊取胜。作品多画太湖一带山水，构图多取平远之景，善画枯木平远、竹石茅舍，景物极简。其画多以干笔皴擦，笔墨极简，所谓“有意无意，若淡若疏”，形成荒疏萧条一派。在元四家中，倪瓒在士大夫的心目中享誉极高。明何良俊云：“云林书师大令，无一点尘土。”明代江南人以有无收藏他的画而分雅俗。其绘画实践和理论观点，对明清数百年画坛有很大影响。他被评为“中国古代十大画家”之一，英国大不列颠百科全书将他列为世界文化名人。

6.《春山读书图》

元，王蒙，纸本墨笔，纵54.4厘米，横28.3厘米，上海博物馆藏。

【解读】

王蒙与黄公望、倪瓒等名家交往甚密，曾得到黄公望指点。王蒙远宗王摩诘（王维），对董源、巨然的山水用功尤深，能自出新意，并且以大自然为师，独具面貌，是元代末年富

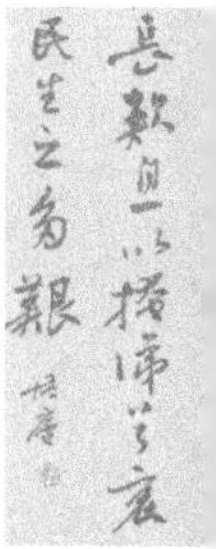

有创造性的山水画大师。其山水布局，画得密，画得满，满而不臃，密而不塞，用笔繁复而又富有层次和空间感。《春山读书图》是王蒙在晚期探索一种平面化的山水样式的产物。这幅作品完全是用短促、干涩且多为解索皴的笔触完成的，绝无王蒙以往惯用的渲染和丰富的皴擦，然而却有一种非常微妙的美感和视觉效果。

王蒙能诗文，工书法。尤擅画山水，得外祖赵孟頫法，以董源、巨然为宗而自成面目。写景稠密，布局多重山复水，善用解索皴和渴墨苔点，表现林峦郁茂苍茫的气氛。山水之外，兼能人物。所作对明、清山水画影响甚大，仅次于黄公望，后人将其与黄公望、吴镇、倪瓒合称为“元四家”。对明清及近代山水画影响甚大。

《春山读书图》

王蒙创造《春山读书图》的“水晕墨章”，丰富了民族绘画的表现技法。他的独特风格，表现在“元气磅礴”、用笔熟练、“纵横离奇，莫辨端倪”。《画史绘要》中说：“王蒙山水师巨然，甚得用墨法。”而恽南田更说他“远宗摩诘（王维）”。常用皴法，有解索皴和牛毛皴两种，其特征：一是好用蜷曲如蚯蚓的皴笔，以用笔撤变和“繁”著称；另一是用“淡墨钩石骨，纯以焦墨皴擦，使石中绝无余地，再加以破点，望之郁然深秀”。

【链接】

1. 人物评价

倪瓒：临池学书王右军，澄怀观道宗少文（宗炳）。王侯笔力能扛鼎，五百年来无此君。（题王叔明《岩居高士图》）

王世贞：山水至大、小李一变也，荆、关、董、巨又一变也，李成、范宽又一变也，刘、李、马、夏又一变也，大痴（黄公望）、黄鹤（王蒙）又一变也。（《艺苑卮言》）

董其昌：其画皆摹唐宋高品，若董巨、李（成）范（宽）、王维，备能似之。若于刻画之工，元季当为第一。（《画禅室随笔》）

石涛：大痴、云林（倪瓒）、黄鹤山樵一变，直破古人千丘万壑，如蚕食叶，偶而成文，谁当着眼。（《跋汪秋涧摹黄大痴江山无尽图卷》）

2.《青卞隐居图》

元，王蒙，纸本水墨，纵 140. 6 厘米，横 42. 2 厘米，上海博物馆藏。

《青卞隐居图》

第四章　花鸟画

一、概述

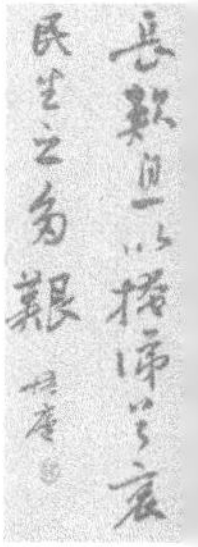

随着人物、山水画的发展，花鸟画也独立发展起来。

中国花鸟画集中体现了中国人与作为审美客体的自然生物的审美关系，具有较强的抒情性。它往往通过抒写作者的思想感情，体现时代精神，间接反映社会生活，在世界各民族同类题材的绘画中表现出十分鲜明的特点。其技法多样，曾以描写手法的精工或奔放，分为工笔花鸟画和写意花鸟画（又可分为大写意花鸟画和小写意花鸟画）；又以使用水墨色彩上的差异，分为水墨花鸟画、泼墨花鸟画、设色花鸟画、白描花鸟画与没骨花鸟画。

早在工艺、雕刻与绘画尚无明确分工的原始社会，中国花鸟画已萌芽，发展到两汉六朝则粗具规模。美国纳尔逊、艾京斯艺术博物馆所藏东汉陶仓楼上的壁画《双鸦栖树图》，是已知最早的独幅花鸟画，南齐谢赫《画品》记载的东晋画家刘胤祖，是已知第一位花鸟画家。经唐、五代、北宋，花鸟画完全发展成熟。五代出现的黄筌、徐熙两种风格流派，已能通过不同的选材和不同的手法，分别表达或富贵或野逸的志趣。北宋的《圣朝名画评》更列有花木翎毛门与走兽门，说明此前花鸟画已独立成科。北宋的《宣和画谱》在总结以往创作经验的基础上撰写了第一篇花鸟画论文——《花鸟叙论》，深入地论述了花鸟画作为人类精神产品的审美价值与社会意义，阐述了花鸟画创作"与诗人相表里"的思维特点。此后，画家辈出，流派纷呈，风格更趋多样。在风格精丽的工笔设色花鸟画继续发展的同时，风格简括奔放以水墨为主的写意花鸟画，水墨写意"四君子画"（梅、兰、菊、竹）相继出现于南宋及元代，以线描为主要手段的白描花卉亦兴起于同时。随着写意花鸟的深入发展，以明末徐渭为代表，自觉实现了以草书入画并强烈抒写个性情感的变革，至清初朱耷则达到了史无前例的高水平。经过数千年的发展，中国花鸟画积累了丰富的创作经验，形成了自立于世界民族之林的独特传统，终于在近现代产生了齐白石这样的花鸟画大师。

中国花鸟画的立意往往关乎人事，它不是为了描花绘鸟而描花绘鸟，不是照抄自然，而是紧紧抓住动植物与人们生活遭际、思想情感的某种联系而给以强化的表现。它既重视真，要求花鸟画具有"识夫鸟兽草木之名"的认识作用，又非常注意美与善的观念的表达，强调其"夺造化而移精神遐想"的怡情作用，主张通过花鸟画的创作与欣赏影响人们的志趣、情操与精神生活，表达作者的内在思想与追求。

表现在造型上，中国花鸟画重视形似而不拘泥于形似，甚至追求“不似之似”与“似与不似之间”，借以实现对象的神采与作者的情意的统一。

在构图上，花鸟画突出主体，善于剪裁，时画折技，讲求布局中的虚实对比与顾盼呼应，而且在写意花鸟画中，尤善于把发挥画意的诗歌题句，与画风相协调的书法在适当的位置书写出来，辅以印章，成为一种以画为主的综合艺术形式。

在画法上，花鸟画因对象较山水画具体而微，又比人物画丰富，所以工笔设色更具写实色彩或带有一定的装饰意味，而写意花鸟画则笔墨更加简练，更具有程序性与不可更易性。

二、作品鉴赏

1.《五牛图》

唐，韩滉，麻纸本，纵 20.8 厘米，横 139.8 厘米，北京故宫博物院藏。

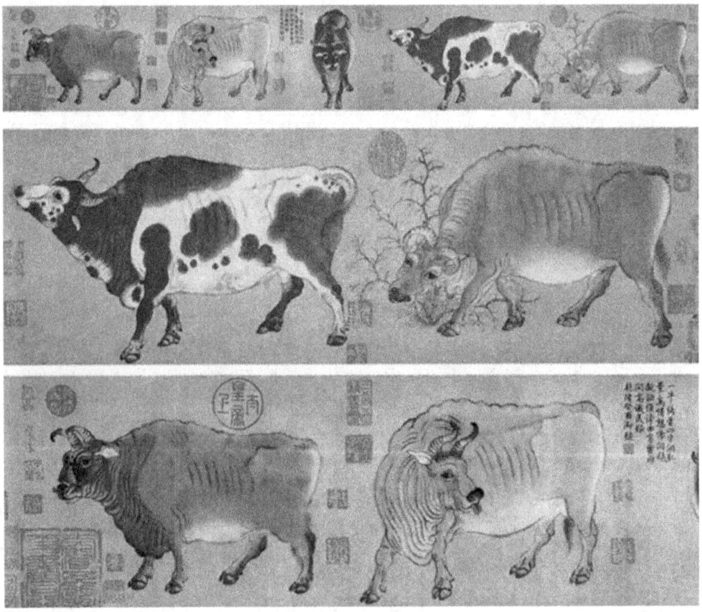

《五牛图》

【解读】

《五牛图》，唐朝韩滉创作，又名《唐韩滉五牛图》，是中国十大传世名画和少数几件唐代传世纸绢画作品真迹之一，也是现存最古的纸本中国画，堪称“镇国之宝”，收藏于北京故宫博物院。韩滉(723—787)，字太冲，长安(今陕西西安)人。官至金紫光禄大夫，东西两道节度使，后封晋国公。以画牛著称于时。此图画五头状貌、姿态各不同的黄牛。五头牛均膘肥体壮，强健有力，沉稳而行动迟缓，但又各自有不同的性情，居中一头更显沉静本分，蹭痒那头显得有些调皮，回头舐舌那头较为活泼，昂首那头似乎有些胆怯。此画行笔粗放凝重，设色较为淡雅。作品以淳朴的画风和精湛的艺术技巧，表现了唐代画牛所达到的高度水平。

【链接】

据民间传说，有一次，韩滉与友人谈论绘画之事，友人问道："近来论画者谈及驴、牛和马，皆认为是常见之畜，最难状貌图形，不知吾兄有何高见?"韩滉稍加思索后回答说："此话有一定道理，因牛马都是人们熟悉的家畜，平日所常见，画家稍有不慎，或者偶有误笔，人们就能发现，所以一般画家都不涉及此类题材。"说到这里，他停顿一下继续说："不过，我以为自古迄今，农事为天下之本，而耕牛则为农家之宝。只要画家能够细心观察，还是可以画出特色的。"友人听了非常佩服他的独到见解。

在一个天气晴和的日子里，韩滉带领随从来到郊外田间小道上，迎着和暖的春风，心旷神怡。看到几头耕牛在低头食草，二三牧童在嬉耍，一个牧童骑在牛背上吹笛，逍遥自得。远处又见一头耕牛翘首而奔，另有几头耕牛纵跐鸣叫。有的回头舐舌，有的俯首寻草。在开阔的田野里，有几位农夫正在田间用牛耕地翻土。韩滉看得出神，连忙命随从取出画夹，他全神贯注地速写出一幅幅耕牛图景。经过一个多月的反复修改，终于绘出状貌各异的五头牛。一头牛在低头慢慢地食草；一头牛翘首向前奔驰，仿佛是撒野的猛兽；一头牛在回顾舐舌，露出一幅旁若无人的样子；另一头牛则纵跐而鸣，好像在呼唤着离去的伙伴；还有一头牛在缓步跂行，似乎走向田头，又仿佛耕地归来，令人回味无穷。整个画面，用笔粗放中带有凝重，显示出农村古朴的风俗。韩滉对这幅画的创作非常满意，取名为《五牛图》。

2.《豆花蜻蜓图》

五代，徐熙，团扇、绢本、设色，纵 27 厘米、横 23 厘米，北京故宫博物院藏。

【解读】

此图是散页，不知旧在何集册中，其作风甚为古朴。下押徐熙印，不可靠，但却是北宋早期徐熙派的画幅。徐熙，钟陵人。《圣朝名画品》云：世仕为唐，为江南名族。熙善画花竹林木、蝉蝶草虫之类。多游园圃以求情状。虽蔬菜茎苗亦入图。写意出古人之外，自造于妙，犹能设色，绝有生意。《宣和画谱》(卷十七)云：今之画花鸟者，往往以色晕淡而成，独熙落墨以写其枝叶蕊萼，然后敷色，故骨气风神，为古今之绝笔。《豆花蜻蜓图》整幅作品结构自然，疏密得体，色彩丰富，工写结合。其中蜻蜓的描绘神妙入微。画家不仅再现了蜻蜓的形态，甚至连透明的翅膀及纹络都表现了出来。而豆花则以简笔写出，野趣天然。作者体察物态极深刻，表现力极强，在纨扇的狭小画幅上，挥写着自然界迷人的动息，可称是写生的妙手。

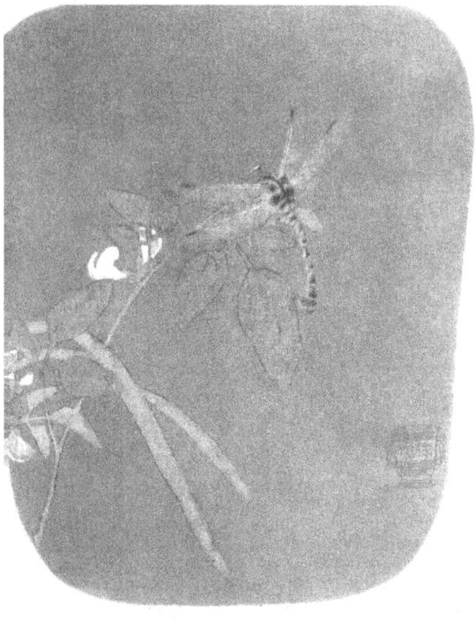

《豆花蜻蜓图》

【链接】

1. 画家介绍

徐熙，五代南唐画家。江宁（今江苏南京）人，一作钟陵（今江西进贤西北）人。出身于“江南名族”。生于唐僖宗光启年间，后在开宝末年（公元975）随李后主归宋，不久病故。一生未官，郭若虚称他为“江南处士”，沈括说他是“江南布衣”。徐熙性情豪爽旷达，志节高迈，擅画江湖间汀花水鸟，虫鱼蔬果，常游园圃，观察动植物情状。所作禽鸟，形骨轻秀。所画花木，改变前人细笔勾勒、填彩晕染方法，而改用粗笔浓墨，草草写枝叶萼蕊，略施杂彩，色不碍墨，不掩笔迹，人称“落墨花”，时称“江南花鸟，始于徐家”，“下笔成珍，挥毫可范”。其作品，有“意出古人之外”而创立了“清新洒脱”的风格。可谓“骨气风神，为古今绝笔”。

后人将其与后蜀黄筌并称为“黄徐”，有“黄家富贵，徐熙野逸”之评，为五代、宋初花鸟画的两大流派之代表。曾画有《石榴图》，在一株树上画着百多个果实，气势奇伟，笔力豪放，摆脱了当时画院里柔腻绮丽之风。他用质朴简练的手法，创立了“水墨淡彩”。郭若虚论《徐黄异体》，指出徐熙因所处环境地位与黄筌不同，故志趣各异。并说他“多准确江湖所有，汀花野竹、水鸟渊鱼、今传世凫雁、鹭鸶、蒲藻、虾鱼、丛艳、折枝、园蔬药苗是也……”

2. 五代黄筌写生珍禽图

《写生珍禽图》

3.《芙蓉锦鸡图》

宋，赵佶，绢本设色，纵81.5厘米，横53.6厘米，现藏北京故宫博物院。

【解读】

占据《芙蓉锦鸡图》画面主要位置的是秋天不怕霜冻的木芙蓉和枝上停留的美丽的锦鸡，各种景物的布局宾主分明，疏密有致。芙蓉花的妩媚鲜艳，秋菊的萧疏挺立，蝴蝶的翩翩起舞，也都刻画得生动传神，极富真实感。画的右上方有赵佶题诗：“秋劲拒霜盛，峨冠锦羽鸡，已知全五德，安逸胜凫鹥。”这便点明了此画通过描绘五彩斑斓的锦鸡颂扬儒家倡导的五种伦理品德：文、武、勇、仁、信——从中我们也可看出儒家思想在绘画艺术中的

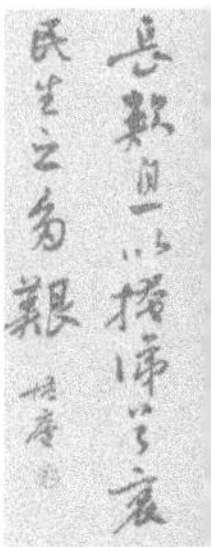

渗透。画作造型精致，设色浓丽，晕染细腻，也传达出皇家的雍容富贵气派。

这幅画的气韵与构局，因为有画有诗，还有题款钤印，因此空间处理大非易事。徽宗却举重若轻，在左边居中处出枝，写芙蓉花，一枝向上斜出，一枝向右横曳，而一只五色锦鸡正好停于枝上侧目而视，更压弯了枝梢，何其自然，何其轻盈优美。锦鸡飞临，背侧的姿态，头转向右上方，而尾羽斜贯，气接右下方，正好镇住两个大角，而与芙蓉花枝气运相和。右上两只戏蝶，上下流连，正好是锦鸡注目之方位。却又从左下角斜出白菊，两枝花头一斜一平，正好与芙蓉花枝的姿势相重（如诗律中的押韵）！宋徽宗是北宋的“画王”，其美学思想极为丰富而深刻，他的画尤其注重气韵和意境，其空间美和时间性，气局的充实与流走融和统一，成了美妙的抒情。《芙蓉锦鸡图》其尺幅就很美，绢本（81.5×53.6 厘米），恰好符合“黄金律”，当然那时并无“黄金分割”的概念，而完全体现为画家本人一种对美的感觉。

《芙蓉锦鸡图》

【链接】

1. 画院

画院是国家设立专门从事绘画的机构，由国家直接管理，画院画家以“翰林”“待诏”的身份享受与文官相近的待遇，并穿戴官服，领取国家发放的“俸值”。这样，国家可以把全国最优秀的丹青妙手汇聚起来。画院以描绘帝王贵族肖像与生活为主要任务。凡有重大活动，便有画院高手进行描绘记载。所以，这对画家的艺术提高起到鼓励和促进作用。如西蜀时画院画家黄筌、黄居采父子在花鸟画方面，南唐时画院画家曹仲玄、周文矩、顾闳中等在人物方面，都取得了很大成就，并对后世产生了较大的影响。

汉代，统治者为宫廷画师设定专属职官，并在宫廷之内设立专门“画室”，管理绘画事务，为后世画院之滥觞；至唐代，唐玄宗即位之初便在宫廷之内设置翰林院，成为五代时期宫廷画院的雏形。公元 960 年，宋王朝统一中国后，继续设立画院并加以扩大，成立了翰林图画院。原来五代时画院的高手都在宋画院供职。宋代的画院成为全国绘画创作的中心。为了挑选为新建的玉清昭应宫绘制壁画，画院主持向全国招募画师，应召画家竟超过三千人。经过考试，武宗元、王拙等百余人入选。武宗元就是《朝元仙杖图》的作者，当时人们认为他可以和吴道子相比。前述《清明上河图》的作者张择端就是宋徽宗时画院的画师。

皇家画院最活跃的时期是从宋徽宗到南迁后高宗、孝宗时期（1101—1189）。画院日趋完备，画院考试正式纳入科举考试之列，以揽天下画家，同时也将主流思想深入绘画艺术。考试按题材分六科，摘古人诗句为题，看谁的构思巧妙，出奇制胜，更有创造性。例如，对于“野水无人渡，孤舟尽日横”的考题，优胜者不落入在船上停一只鹭鸶的俗套，而画一人在船尾入睡，横置一根笛子，因终日等待渡者而疲倦。“深山藏古寺”的题目，立意在“藏”字上，画中并不画古刹一角，只画一个小和尚在溪边担水足矣。

2. 宋徽宗与画院

宋代画院的兴盛同宋徽宗赵佶(1082—1135)有密切关系。赵佶不仅是画院的倡导者和支持者，同时还是一个颇有成就的画家和水平很高的鉴赏者。他要求画家要师法自然，把握对象的“情态形色”，符合物理，不倚傍前人。有一次，赵佶要画院画家画孔雀升墩的屏障，画了几次他都不满意，问他为什么，他说，孔雀开放一定先要举左脚，而画家却都画成抬右脚了。

赵佶不仅重视写生，还讲究物理法度。他曾经画过鹤的二十种不同姿态。他画鸟雀时用生漆点睛，黑豆粒般地凸出在纸绢上，使眼珠发亮，十分生动。他在人物、山水、花鸟几个方面都有一定成就，其中花鸟画最为突出。其他署名的作品有《腊枝珍禽图》《芙蓉锦鸡图》《瑞鹤图》《文会图》等多幅。由于他的特殊地位和身份，其中难免有御用画家代笔者。他还创立了一种精瘦劲健的“瘦金体”书法，别具一格。他在整理和保存古代艺术遗产方面也起到了积极的作用。他授意编成的《宣和睿览集》共100帙，分14门，总数达1500件作品。《宣和画谱》20卷，收入6396件作品。

4.《梅花图》

元，王冕，纸本水墨，纵31.9厘米，横50.9厘米，北京故宫博物院藏。

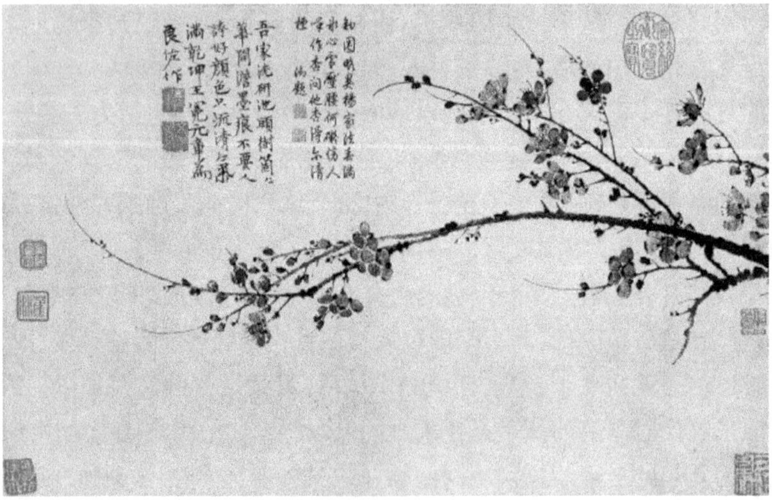

《梅花图》

【解读】

王冕(1287—1359)，字元章，号煮石山农，亦号“食中翁”“梅花屋主”等，浙江诸暨枫桥人，元朝著名画家、诗人、篆刻家。他出身贫寒，幼年替人放牛，靠自学成才。

王冕性格孤傲，鄙视权贵，诗作多同情人民苦难、谴责豪门权贵、轻视功名利禄、描写田园隐逸生活。有《竹斋集》3卷，续集2卷。一生爱好梅花，种梅、咏梅，又攻画梅。所画梅花花密枝繁，生意盎然，劲健有力，对后世影响较大。存世画迹有《南枝春早图》《墨梅图》《三君子图》等。能治印，创用花乳石刻印章，篆法绝妙。

王冕的梅花作品分疏密二体，疏者凌空三两枝，孤姿俏影，暗香浮动；密者枝条丛生，繁花如泻，热烈奔放。此图为典型的疏体风格。他不但在画梅上自辟新格，题画诗也写得很好，比如该画题诗："吾家洗砚池头树，个个花开淡墨痕。不要人夸好颜色，只流清气满乾坤。"此诗几乎被后世画墨梅者奉为典范和铭言了。

【链接】

1. "梅痴"王冕

王冕自幼好学，白天放牛。

七八岁时，父亲叫他在田埂上放牛，他偷偷地跑进学堂，去听学生念书。听完以后，总是默默地记住。傍晚回家，他把放牧的牛都忘记了。王冕的父亲大怒，打了王冕一顿。过后，他仍是这样。他的母亲说："这孩子想读书这样入迷，何不由着他呢？"王冕从此以后就离开家，寄住在寺庙里。一到夜里，他就暗暗地走出来，坐在佛像的膝盖上，手里拿着书就着佛像前长明灯的灯光诵读，书声琅琅一直读到天亮。佛像多是泥塑的，一个个面目狰狞凶恶，令人害怕。王冕虽是小孩，却神色安然，好像没有看见似的。安阳的韩性听说了王冕的事，觉得他与众不同，将他收作学生，王冕于是学成了博学多能的儒生。但屡应试不第，遂将举业文章付之一炬。

王冕行事异于常人，时戴高帽，身披绿蓑衣，足穿木齿屐，手提木制剑，引吭高歌，往返于市中。或骑黄牛，持《汉书》诵读，人以狂生视之。著作郎李孝光欲荐作府吏，冕宣称："我有田可耕，有书可读，奈何朝夕抱案立于庭下，以供奴役之使！"遂下东吴，入淮楚，历览名山大川。游大都，老友秘书卿泰不华欲荐以官职，力辞不就，南回故乡。隐居会稽九里山，种梅千枝，筑茅庐三间，题为"梅花屋"，自号梅花屋主，以卖画为生，制小舟名之曰"浮萍轩"，放于鉴湖之阿，听其所止。又广栽梅竹，弹琴赋诗，饮酒长啸。

朱元璋平定婺州，攻取越州，屯兵九里山，闻其名，物色得之，置幕府，授以谘议参军，未就。元惠宗至正十九年（1359年），朱元璋以兵请冕为官。冕以出家相拒，并扩室为白云寺。旋卒于兰亭天章寺。

2. 元王冕墨梅图轴

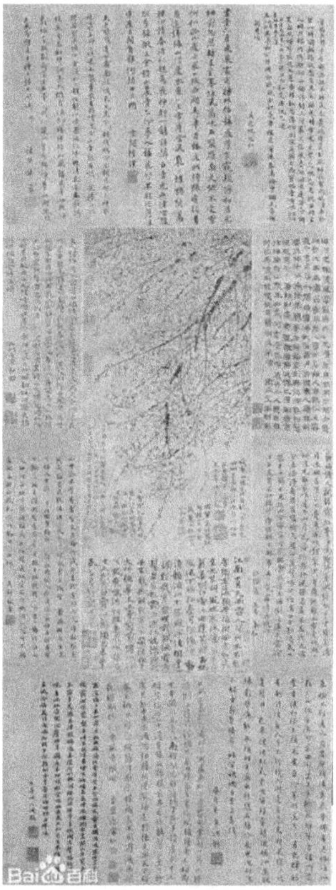

元王冕墨梅图轴

5.《辛夷墨菜图》

明,沈周,纸本设色墨笔,纵35.3厘米,横59.7厘米,北京故宫博物院藏。

《辛夷墨菜图》

【解读】

沈周(1427—1509),字启南、号石田、白石翁、玉田生、有竹居主人等,明朝画家,吴门画派的创始人,明四家之一,长洲(今江苏苏州)人。生于明宣德二年,卒于明正德四年,享年八十二岁(虚八十三岁)。不应科举,专事诗文、书画,是明代中期文人画“吴派”的开创者,与文徵明、唐寅、仇英并称“明四家”。传世作品有《庐山高图》《秋林话旧图》《沧州趣图》。著有《石田集》《客座新闻》等。

沈家世代隐居吴门,居苏州相城,故里和墓在今相城区阳澄湖镇。沈周的曾祖父是王蒙的好友,父亲沈恒吉,又是杜琼的学生,书画家学渊源。父亲、伯父都以诗文书画闻名乡里。沈周一生家居读书,吟诗作画,优游林泉,追求精神上的自由,蔑视恶浊的政治现实,一生未应科举,始终从事书画创作。他学识渊博,富于收藏。交游甚广,极受众望,平时平和近人,要书求画者“屦满户外”,“贩夫牧竖”向他求画,从不拒绝。甚至有人作他的赝品,求为题款,他也欣然应允。有曹太守其人,新屋落成欲图其楹庑,搜罗画家,沈周亦在其中,隶往摄之,沈周曰:“毋惊老母,旦夕往画不敢后。”客人颇不平曰:“太守不知先生,何贱先生于此? 渴贵游可勿往。”沈周答曰:“往役义也,岂有贱哉? 谒而求免,乃贱耳。”沈周的书画流传很广,真伪混杂,较难分辨。文徵明因此称他为飘然世外的“神仙中人”。

在绘画方法上,沈周早年承受家学,兼师杜琼。后来博采众长,出入于宋元各家,主要继承董源、巨然以及元四家黄公望、王蒙,吴镇的水墨浅绛体系。又参以南宋李、刘、马、夏劲健的笔墨,融会贯通,刚柔并用,形成粗笔水墨的新风格,自成一家。沈周中年时成为画坛领袖,技法严谨秀丽,用笔沉着稳练,内藏筋骨。晚年时性情开朗,笔墨粗简豪放,气势雄浑。纵观沈周之绘画,技法全面,功力浑厚,在师宋元之法的基础上有自己的创造,进一步发展了文人水墨山水、花鸟画的表现技法,被誉为吴门画派之领袖。《辛夷墨菜图》是沈周的重要作品,该卷分两段,前段绘折枝辛夷两杆,运用没骨法,淡墨与色彩相兼,雅致明丽,生动地表现了迎春花的盎然生意。后段绘白菜,用水墨法,笔墨酣畅,饶有趣味。

6.《黄甲图》

明,徐渭,纸本墨笔,纵114.6厘米,横29.7厘米,北京故宫博物院藏。

【解读】

《黄甲图》

徐渭(1521—1593),汉族,绍兴府山阴(今浙江绍兴)人。初字文清,后改字文长,号青藤老人、青藤道士、天池生、天池山人、天池渔隐、金垒、金回山人、山阴布衣、白鹇山人、鹅鼻山侬、田丹水、田水月(一作水田月)。明代著名文学家、书画家、戏曲家、军事家。

徐渭曾担任胡宗宪幕僚,助其擒徐海、诱汪直。胡宗宪被下狱后,徐渭在忧惧发狂之下自杀九次却不死。后因杀继妻被下狱论死,被囚七年后,得张元忭等好友救免。此后南游金陵,北走上谷,纵观边塞阨塞,常慷慨悲歌。晚年非常贫苦,藏书数千卷被变卖殆尽,自称"南腔北调人",终于万历二十一年(1593年)去世,年七十三。

徐渭多才多艺,在诗文、戏剧、书画等各方面都独树一帜,与解缙、杨慎并称"明代三才子"。他是中国"泼墨大写意画派"创始人、"青藤画派"之鼻祖,其画能吸取前人精华而脱胎换骨,不求形似求神似,山水、人物、花鸟、竹石无所不工,以花卉最为出色,开创了一代画风,对后世画坛(如八大山人、扬州八怪等)影响极大。书善行草,写过大量诗文,被誉为"有明一代才人"。能操琴,谙音律,爱戏曲,所著《南词叙录》为中国第一部关于南戏的理论专著,另有杂剧《四声猿》《歌代啸》及文集传世。

《黄甲图》突出体现了徐渭的风格,画上自题诗曰:"兀然有物气豪粗,莫问年来珠有无。养就孤标人不识,时来黄甲独传胪。"有讽刺进士甲科的意味,是藉着螃蟹粗鲁横行的形象,来嘲讽那些胸无点墨、世人不耻,但却能依靠关系或金钱金榜题名的人。画家以奔放而精炼的笔墨塑造了荷叶和蟹的造型。图中以淋漓的墨色画荷叶,画蟹则寥寥数笔,看似草草为之,实则浓、淡、枯、湿、勾、抹、点多种笔法参用,使蟹的质感、形状、神态,生动传神,形状虽夸张,却饶有笔情墨趣。徐渭用奔放的笔墨勾画出螃蟹爬行的姿态以及荷叶疏落的秋天气氛。螃蟹的造型虽然简单,但却是许多笔法一起用才画出来的,不管是形状、质感甚至神态都相当生动。

【链接】

狂人徐渭的故事:猜谜斗太师

又到了府试之年,明朝廷派窦太师到江南主持考务。

一天,徐渭到杭州西湖宜园游耍,这里正举行灯谜盛会,他见园门口高高悬挂一首

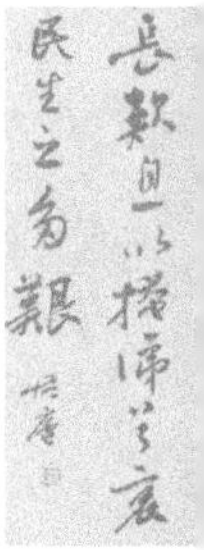

诗谜：

“二人抬头不见天，一女之中半口田；八王问我田多少，土字上面一千田。”

当时不少人围在那里，苦苦思索，谁也没能猜出谜底。徐渭读罢微微一笑：“不难，不难。”说了句：“但愿人间家家如此。”便嬉笑而去。

有个诗人仔细品味徐渭的话，恍然大悟，他对众人道破谜底：“‘二人抬头不见天’是个‘夫’字；‘一女之中半口田’是个‘妻’字；‘八王问我田多少’是个‘义’字；‘土字上面一千田’是个‘重’字，合起来就是‘夫妻义重’。这不正是家家所盼望的吗！”墨客骚人们一听，拊掌称赞：“徐渭真乃‘天下才子’也！”

这消息传到那骄矜的窦太师耳中，气得胡子翘起，愤然道：“徐渭不过一介布衣，小小百姓，竟然比我多‘天下’二字！”于是，他派人请徐渭到西湖游船上饮酒赋诗。

席间，窦太师笑道：“本官有一谜语，谜面是，‘摸着无节，看着有节；两头冰冷，中间火热’。猜一物。”徐渭淡淡一笑道：“谜底是那‘历书’，连杭州的三尺幼童都知道。”

窦太师表面上对徐渭称赞了一番，心中妒火更旺。

几日后开考了。主考官窦太师到贡院巡视了一遍，见徐渭也在考生中，冷冷一笑，拿起把剪刀，笔直插入木柱上，说声：“诸生开笔吧！”说完扭头便走了。

没有试题，只插一剪刀，好一个奇怪的考试。一时弄得诸考生丈二和尚摸不着头脑，你看看我，我看看你，人人执笔发呆。

徐渭见大家都在发呆，就提醒道：“太师拿起剪刀，戳破木头，这不是‘起剪破木’吗？他出的试题就是论战国时的四员大将——白起、王翦（与剪同音）、廉颇和李牧哩！没有错，大家赶快动手吧！”考生们经徐渭一点拨，个个得心应手，一挥而就。

不久，窦太师又进来了，见诸考生缩手端坐着，以为这次真的被他难倒了，才慢慢地念出试题读到《论起翦颇牧》。诸考生一听，果然与徐渭说的分毫不差，不一会儿，大家随徐渭交了卷。

窦太师接过考卷，顿时愣住了。他心想：才念了题目，怎么一下子就都写好了？抽卷阅读。篇篇扣题，他特地抽出徐渭的考卷来看，更是妙笔生花，不禁暗暗惊叹。但是到了卷末，忽然看见上面画着祭桌和灵牌。窦太师十分生气，心里骂道：“好一个自负的小子！还没考中，就想做官祭祖了！”于是，他提笔批道：“文章虽好，祭祖太早。不取。”

后来，有人告诉他这次批卷的事，徐渭听了哈哈大笑道：“真是个昏头的太师！我哪里是想做官祭祖，因为老母生病，我一边应考一边在记挂她，写好文章看看时间有多，才画了这点东西，我是在祷告祖先保佑她老人家玉体无恙哩！”

7.《荷石水禽图》

清，朱耷，纸本墨笔，纵 114 厘米，横 38.5 厘米，旅顺市博物馆藏。

【解读】

朱耷（1626—约 1705），明末清初画家，中国画一代宗师。本名由桵，字雪个，号八大山人、个山 、人屋、道朗等，汉族，江西南昌人。他是明太祖朱元璋第十七子朱权的九世孙。明亡后削发为僧，后改信道教，住南昌青云谱道院。擅书画，花鸟以水墨写意为主，形象夸张奇特，笔墨凝练沉毅，风格雄奇隽永；山水师法董其昌，笔致简洁，有静穆之趣，得疏旷之韵。擅书法，能诗文。

由于独特的人生经历，朱耷的作品往往以象征手法抒写心意，如画鱼、鸭、鸟等，皆以白眼向天，充满倔强之气。笔墨特点以放任恣纵见长，苍劲圆秀，清逸横生，不论大幅或小品，都有浑朴酣畅又明朗秀健的风神。章法结构不落俗套，在不完整中求完整。存世作品有《水木清华图》《荷花水鸟图》等。

八大山人有一首题画诗说："墨点无多泪点多，山河仍是旧山河。横流乱世杈椰树，留得文林细揣摹。"这第一句"墨点无多泪点多"，夫子自道，最言简意赅地说出了他绘画艺术特色和所寄寓的思想情感，只有沿着他所提示的这条线索，我们才能真正地理解和欣赏这位画家的伟大艺术作品。《荷花水鸟图》是代表画家艺术风格的作品。荷叶的画法奔放自如，墨色浓淡相间，并富有层次。水鸭画法也简率放逸，形象洗练，一副"白眼向天"的神态。画面意境空灵，余味无穷。从朱耷《荷花水鸟图》这一类作品中，人们很容易察觉作者怪诞、冷漠、高傲、孤独、白眼向人的个性特征。他作画常取枯枝败叶，孤影怪石，表现他心中那种残山剩水，地老天荒的精神世界。但他作画的"纯用减笔"和笔墨酣畅，内蕴胸逸，心手通贯的表现效果，则具有强烈的艺术个性。他的这幅画用了"意笔画法"，从抽象继承法的角度讲，这对中国画创作、笔墨形式和大写意花鸟画发展是有一定贡献的。

【链接】

《荷石水禽图》。

《荷花水鸟图》

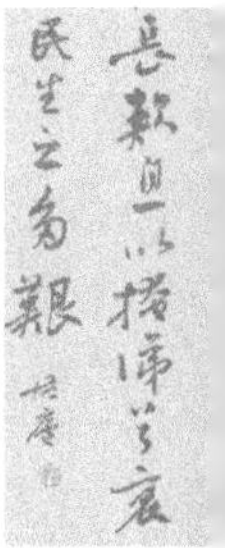

《荷石水禽图》

8.《笋竹图》

清，石涛，纸本墨笔，纵51.9厘米，横32.4厘米，天津博物馆藏。

【解读】

《笋竹图》

石涛（1642—1708），清初画家，原姓朱，名若极，广西桂林人，祖籍安徽凤阳，小字阿长，别号很多，如大涤子、清湘老人、苦瓜和尚、瞎尊者，法号有元济、原济等。南明元宗朱亨嘉之子，与弘仁、髡残、朱耷合称“清初四僧”。石涛是中国绘画史上一位十分重要的人物，他既是绘画实践的探索者、革新者，又是艺术理论家。提出“一画”说，主张“借古以开今”“我用我法”，“笔墨当随时代”“搜尽奇峰打草稿”等，其绘画理论著作《苦瓜和尚画语录》在中国画史画论上具有十分重要的影响与意义。存世作品有《搜尽奇峰打草稿图》《山水清音图》《竹石图》《石涛罗汉百开册页》等。

石涛工诗文，善书画。其画擅山水，兼工兰竹。其山水不局限于师承某家某派，而广泛师法历代画家之长，将传统的笔墨技法加以变化，又注重师法造化，从大自然吸取创作源泉，并完善表现技法。作品笔法流畅凝重，松柔秀拙，尤长于点苔，密密麻麻，劈头盖面，丰富多彩；用墨浓淡干湿，或笔简墨淡，或浓重滋润，酣畅淋漓，极尽变化；构图新奇，或全景式场面宏阔，或局部特写，景物突出，变幻无穷。画风新颖奇异、苍劲恣肆、纵横排奡、生意盎然。其花鸟、兰竹，亦不拘成法，自抒胸臆，笔墨爽利峻迈，淋漓清润，极富个性。石涛的绘画，在当时即名重于世，由于他饱览名山大川，“搜尽奇峰打草稿”，形成自己苍郁恣肆的独特风格。石涛善用墨法，枯湿浓淡兼施并用，尤其喜欢用湿笔，通过水墨的渗化和笔墨的融和，表现出山川的氤氲气象和深厚之态。有时用墨很浓重，墨气淋漓，空间感强。在技巧上他运笔灵活，或细笔勾勒，很少皴擦；或粗线勾斫，皴点并用。有时运笔酣畅流利，有时又多方拙之笔，方圆结合，秀拙相生。《笋竹图》构图简练，以写意手法画新篁和竹笋。新篁枝叶丛生，竹笋新鲜蓬勃，作品中墨色浓淡富于变化，显示了石涛作画擅用墨法的特点。

石涛多才多艺，诗文书画皆有成就，他的许多作品都有题诗，且水平很高，这不但体现“诗中有画，画中有诗”的绘画传统，也体现了文人画的境界和特点。

【链接】

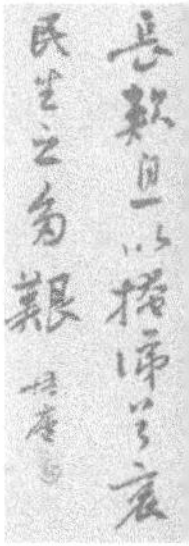

1. 石涛题画句

搜尽奇峰打草稿。

画到无声，何敢题句。

浮云高士迹，枯木道人心。

叠叠晴霞秋来水面，层层幽石人住画中。

2. 石涛题画诗

《竹石梅兰图》

一叶一清静，一花一妙香。只些消息子，料得此中藏。

《秋艇临风》

我来荷出水，住久叶渐凋。日许蜻蜓立，夜阑萤火飘。

《山水图题》

笔底山香水香，点画烟树苍茫。心往白云画里，人眠黄鹤书堂。

《花卉册页豆荚图题》

紫花白花狼藉尽，眉毛碧翠眼中青。炎炎日晒草先腐，遮过流萤几点星。

9.《墨竹图》

清，郑燮，纸本墨笔，纵 168.7 厘米，横 90.5 厘米，北京炎黄艺术馆藏。

【解读】

《墨竹图》

郑燮（1693—1765），号板桥，清代书画家、文学家，江苏兴化人。乾隆元年进士，“扬州八怪”之一。郑板桥出身于书香门第，康熙末年中秀才，雍正十年（1732 年）中举人，乾隆元年（1736 年）中进士，五十岁起先后任山东范县、潍县知县计十二年。“得志加泽于民”的思想，使得他在仕途对连年灾荒的平民百姓采取了“开仓赈贷”“捐廉代输”等举措，这引起了贪官污吏、恶豪劣绅的不满，被贬官。之后，他靠卖画维持生活。郑板桥的一生，经历了坎坷，饱尝了酸甜苦辣，看透了世态炎凉，他敢于把这一切都糅进他的作品中。郑板桥的题画诗已摆脱传统单纯的以诗就画或以画就诗的窠臼，他每画必题以诗，有题必佳，达到“画状画之像”“诗发难画之意”，诗画映照，无限拓展画面的广度，郑板桥的题画诗是关注现实生活的，有着深刻的思想内容，他以如枪似剑的文字，针砭时弊，正如他在《兰竹石图》中云：“要有掀天揭地之文，震电惊雷之字，呵神骂鬼之谈，无古无今之画，固不在寻常蹊径中也。”他的作品多写兰、竹、石。在艺术思想上反对泥古，主张革新，师法自然，摆脱了清初以来的摹古风气，而能独树一帜。有《竹石图》《芝兰全性图》等作品传世。郑板桥一生最喜画竹——竹中体现了他的人格精神，《墨竹图》中画修竹数竿，用笔遒劲圆润，疏爽飞动，皴擦较少却神韵俱全。全图气势俊逸，傲气风骨，不禁令人想到作者的傲气、傲骨。

【链接】

怪人郑板桥轶事

郑板桥的“怪”，颇有点济公活佛的味道，“怪”中总含几分真诚，几分幽默，几分酸辣。每当他看到贪官奸民被游街示众时，便画一幅梅兰竹石，挂在犯人身上作为围屏，以此吸引观众，借以警世醒民。

郑板桥无官一身轻，再回到扬州卖字画，身价已与前大不相同，求之者多，收入颇为可观。但他最厌恶那些附庸风雅的暴发户，就像扬州一些脑满肠肥的盐商之类，纵出高价，他也不加理会。高兴时马上动笔，不高兴时，不允还要骂人。他这种怪脾气，自难为世俗所理解。有一次为朋友作画时，他特地题字以作坦率的自供：“终日作字作画，不得休息，便要骂人。三日不动笔，又想一幅纸来，以舒其沉闷之气，此亦吾曹之贱相也。索我画，偏不画，不索我画，偏要画，极是不可解处。然解人于此，但笑而听之。”

· 书 法 篇 ·

第一章 理论篇

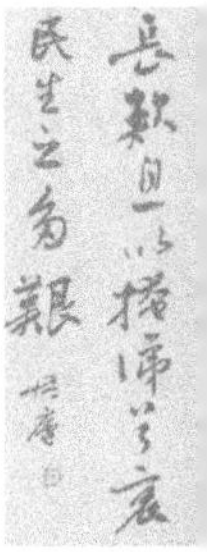

书法是中国特有的艺术，虽然书法艺术的自觉化至东汉末才发生，但书法艺术当与汉字的萌生同时。汉字的形成经历了很长的历史时期。如今发现的与原始汉字有关的资料，主要是原始社会在陶器上遗留下来的刻画符号，但许多文字学家认为，它们还不是文字，只是对原始文字的产生起了引发的作用。大多数文字学家认为“汉字的形成时代大概不会早于夏代”，并在“夏商之际（约在公元前 17 世纪）形成完整的文字体系”（裘锡圭《文字学概要》）。为学术界公认的中国最早的古汉字资料，是商代中后期（约前 14 至前 11 世纪）的甲骨文和金文。从书法的角度审察，这些最早的汉字已经具有了书法形式美的众多因素，如线条美，单字造型的对称美，变化美以及章法美，风格美等。从商代后期到秦统一中国（前 221 年），汉字演变的总趋势是由繁到简。这种演变具体反映在字体和字形的嬗变之中。西周晚期金文趋向线条化，战国时代民间草篆向古隶的发展，都大大削弱了文字的象形性，然而书法的艺术性却随着书体的嬗变而愈加丰富起来。先秦时期，甲骨文的代表作品是《祭祀狩猎涂朱牛骨刻辞》。严格地讲，只有到了甲骨文，才称得上是书法。因为甲骨文已具备了中国书法的三个基本要素：用笔，结字，章法，而此前的图画符号并不全有这三种要素。从这个意义上说，《祭祀狩猎涂朱牛骨刻辞》是中国早期书法艺术的代表作品。《祭祀狩猎涂朱牛骨刻辞》的中段分为三段：右边三行为一段，从左到右排列；中间三行为一段，从右到左排列，略高于右边部分；左边部分为一段，从右到左排列，且位置更低，从而形成错落有致的美。从局部看，字与字之间或疏或密，字形或方或圆，圆处有方势，显瘦劲之美。总体而言，该作风格豪放，字形大小错落，生动有致，各尽其态，富有变化而又自然潇洒，不愧为甲骨文书法中的杰作。金文是指铸刻在青铜器上的铭文，它与甲骨文同时存在。先秦时期重要的金文作品有西周大盂鼎铭文、西周毛公鼎铭文、西周散氏盘铭文等。大盂鼎是西周康王时期的著名青铜器，内壁有铭文，长达 291 字，为西周青铜器中所少有。其内容为：周王告诫盂（人名），殷代以酗酒而亡，周代则忌酒而兴，命盂一定要尽力地辅佐他，敬承文王、武王的德政。其书法体势严谨，字形、布局都十分质朴平实，用笔方圆兼备，具有端严凝重的艺术效果，是西周早期金文书法的代表作。西周毛公鼎是西周青铜器中赫赫有名的重器之一，作于西周晚期的宣王时期。内壁铸有多达 498

字的长篇铭文。其内容是周王为中兴周室，革除积弊，策命重臣毛公，要他忠心辅佐周王，以免遭丧国之祸，并赐给他大量物品，毛公为感谢周王，特铸鼎记其事。其书法是成熟的西周金文风格，结构匀称准确，线条遒劲稳健，布局妥帖，充满了理性色彩，显示出金文已发展到极其成熟的境地。西周散氏盘为西周后期厉王时代的青铜器，其铭文结构奇古，线条圆润而凝练，因取横势而重心偏低，故愈显朴厚。其“浇铸”感很强烈，表现了浓重的“金味”，因此在碑学体系中，占有重要的位置。现代著名书法家胡小石评说：“篆体至周而大备，其大器若《盂鼎》《毛公鼎》……结字并取纵势，其尚横者唯《散氏盘》而已。”另外，东周石鼓文也是很有代表性的先秦书法作品。东周石鼓文为战国时代秦国刻石。石鼓共有十枚，形似鼓状，每件石鼓上以籀文刻四言诗一首，共十首，其内容为记述秦王游猎之事，故石鼓又称为猎碣。字迹磨损很多，今藏在北京故宫博物院。《石鼓文》在书法史上有承前启后的重要地位。它的字体是典型的秦国书风，并对后来秦朝小篆的出现产生了很大影响。同时其本身的艺术成就也很高，它的结体方正匀整，舒展大方，线条饱满圆润，笔意浓厚，在《石鼓文》字里行间已经找不出象形图画的痕迹，完全是由线条组成的符号结构。

春秋战国时期，各国文字差异很大，是发展经济文化的一大障碍。秦始皇兼并天下，丞相李斯主持统一全国文字，使之整齐划一，这在中国文化史上是一伟大功绩。秦统一后的文字称为秦篆，又叫小篆，是在金文和石鼓文的基础上删繁就简而来。著名书法家李斯的代表作为秦泰山刻石，历代都有极高的评价。秦代是继承与创新的变革时期。《说文解字序》说：“秦书有八体，一曰大篆，二曰小篆，三曰刻符，四曰虫书，五曰摹印，六曰署书，七曰殳书，八曰隶书。”基本概括了此时字体的面貌。

隶书的出现是汉字书写的一大进步，是书法史上的一次革命，不但使汉字趋于方正楷模，而且在笔法上也突破了单一的中锋运笔，为以后各种书体流派奠定了基础。秦代除以上书法杰作外，尚有诏版、权量、瓦当、货币等文字，风格各异。秦代书法，在我国书法史上留下了辉煌灿烂的一页，与雄伟的万里长城和壮观的兵马俑一样，气魄宏大，堪称开创先河，是中华民族无穷智慧的结晶。秦代重要的书法家有李斯、程邈、赵高、胡毋敬等，《泰山刻石》《云梦睡虎地秦简》则是重要的书法作品。《泰山刻石》的作者秦相李斯，可称得上是中国书法史上第一个有记载的书法家。《泰山刻石》的书体是秦统一后的标准字体——小篆。其结构特点，直接继承了《石鼓文》的特征，比《石鼓文》更加简化和方整，并呈长方形，线条圆润流畅，疏密匀停，给人以端庄稳重的感受。唐张怀瓘称颂李斯的小篆是：“画如铁石，字若飞动”，“骨气丰匀，方圆妙绝”。

1975 年 12 月在湖北出土的《云梦睡虎地秦简》，震惊了考古学界和书法界。它的出土，使现代书法家们眼界大开，亦为书法史研究提供了真正秦隶的资料。秦隶在结体上有自己特殊的时代特征，既有后世隶书的特征，又包含了篆书的特点。古人说“篆之捷隶也”，这是很有道理的。从“快”这一意义上说，秦简为毛笔墨书，只有毛笔的运用，篆书的快写，才真正把中国书法向隶书的方向推进。

汉代从公元前 206 年到公元 220 年的 426 年间，是汉字书法发展史上关键性的一代。

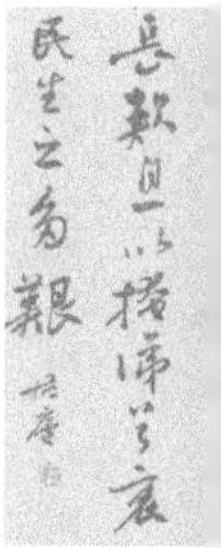

汉代分为西汉和东汉，两汉三百余年间，书法由籀篆变隶分，由隶分变为章草、真书、行书，至汉末，中国汉字书体已基本齐备。因此，两汉是书法史上继往开来，由不断变革而趋于定型的关键时期。隶书是汉代普遍使用、居于主导地位的书体，故此人们用汉隶来称呼这一时期的典型书体。汉代隶书又称分书或八分，笔法不但日臻纯熟，而且书体风格多样。东汉时期隶书进入鼎盛阶段。这一时期，立碑之风盛行，各种碑碣大量出现，正如刘勰《文心雕龙·诔碑》说："自后汉以来，碑碣云起。"这些碑碣多用隶书刻写，另外，隶书还普遍运用于当时的印玺、瓦当、青铜器铭文、简牍中。汉隶的技法也相当成熟，提按顿挫，蚕头雁尾，俯仰之变，波磔之美，大大丰富了隶书的表现形式。汉隶流派纷呈，如今所留下的百余种汉碑中，表现出琳琅满目辉煌竞秀的风貌。在隶书成熟的同时，又出现了破体的隶变，发展而成为章草，行书、真书也已萌芽。书法艺术的不断变化发展，为以后晋代流畅的行草及笔势飞动的狂草开辟了道路。另外，金文、小篆因为实用面越来越小而渐趋衰微，但在两汉玺印、瓦当上还使用，并使篆书别开生面。康有为曾说："秦汉瓦当文，皆廉劲方折，体亦稍扁，学者得其笔意，亦足成家。"曹喜、崔瑗、张芝、蔡邕是两汉时期重要的书法家，而马王堆帛书、西狭颂、埔阁颂、张迁碑、礼器碑、曹全碑是其时具有代表性的书法作品。《马王堆帛书》是秦代末期和西汉初期的墨书手迹，1973 年在湖南长沙马王堆三号汉墓出土，包括《战国策纵横家书》《老子》甲本和乙本等，它是研究西汉书法的第一手资料。它的出现使前人争论不休的西汉有无隶书的问题迎刃而解，所谓西汉无隶书、西汉无分书等说法不攻自破。《马王堆帛书》用笔沉着、遒健，给人以含蕴、圆厚之感。它的章法也独具特色，既不同于简书，也不同于石刻，纵有行、横无格，长度非常自由，有强烈的跳跃节奏感，总体反映了由篆至隶的隶变阶段的文字特征。《西狭颂》全称为《汉武都太守汉阳河阳李翕西狭颂》，篆额有"惠安西表"四篆字，故又名《惠安西表》。建宁四年（171 年）六月刻，在甘肃成县天井山摩崖。此石结字高古，庄严雄伟，用笔朴厚，方圆兼备，笔力遒劲。杨守敬评论说："方整雄伟，首尾无一缺失，尤可宝重。"碑文末刻有书写者"仇靖"二字，开创书家落款之例。《埔阁颂》全称《武都太守李翕析里桥埔阁颂》，与《西狭颂》为姊妹篇，建宁五年（172 年）二月刻，在陕西略阳县白崖。此石字体多含篆书意味，笔画圆润，波磔不大明显，但字形结体多取横势，方折突出，章法茂密，风格古朴中含沉郁，所以清代万经曾说字样险怪，下笔粗钝，而康有为评云："吾尝爱《埔阁颂》，体法茂密，汉末已渺，后世无知之者。惟平原（颜真卿）章法结体，独有遗意。"（《广艺舟双楫·本汉》）可见此石对后代书坛的影响。《礼器碑》全称为《鲁相韩敕造孔庙礼器碑》，故又名《韩敕碑》，永寿二年（156 年）刻，在曲阜孔庙，此碑字体工整方纵，大小匀称，左规右矩，法度森严。用笔瘦劲刚健，轻重富于变化，捺脚特别粗壮，尖挑出锋十分清晰，是汉隶中典型的厚重，燕尾极为精彩。书势气韵沉静肃穆，典雅秀丽。翁方纲夸为汉隶中第一，此碑对以后唐代楷法的形成影响很大。《曹全碑》全称《汉合阳令曹全碑》，中平二年（185 年）十月刻，1956 年藏入陕西博物馆碑林。在汉隶中此碑独树一帜，娟秀清丽，结体扁平匀称，舒展超逸，风致翩翩，笔画正行，长短兼备，与《乙瑛》《礼器》同属秀逸类，但神采华丽秀美飞动，有"回眸一笑百媚生"之态，实为汉隶中的奇葩。

从汉字书法的发展上看,魏晋是完成书体演变的承上启下的重要历史阶段,是篆隶真行草诸体咸备俱臻完善的一代,在中国书法史上有着突出的地位。隶书产生、发展、成熟的过程就孕育着真书(楷书),而行草书几乎是在隶书产生的同时就已经萌芽了。真书、行书、草书的定型是在魏晋二百年间。它们的定型、美化无疑是汉字书法史上的又一巨大变革。这一书法史上了不起的时代,造就了两个承前启后、巍然卓立的大书法革新家——钟繇、王羲之。他们揭开了中国书法发展史新的一页。树立了真书、行书、草书美的典范,此后历朝历代,乃至东邻日本,学书者莫不宗法"钟王",盛称"二王"(王羲之及其子王献之),甚至尊王羲之为"书圣"。

钟　繇(151—230),字元常。颍川长社(今河南许昌长葛东)人。三国时期曹魏著名书法家、政治家。钟繇早年相貌不凡,聪慧过人。历任尚书郎、黄门侍郎等职,助汉献帝东归有功,封东武亭侯。后被曹操委以重任,为司隶校尉,镇守关中,功勋卓著。以功迁前军师。魏国建立,任大理,又升为相国。曹丕称帝,为廷尉,进封崇高乡侯。后迁太尉,转封平阳乡侯。与华歆、王朗并为三公。明帝继位,迁太傅,进封定陵侯。太和四年(230 年)卒,谥曰成。

钟繇在书法方面颇有造诣,是楷书(小楷)的创始人,被后世尊为"楷书鼻祖"。钟繇对后世书法影响深远,王羲之等后世书法家都曾经潜心钻研学习钟繇书法。与东晋书法家王羲之并称为"钟王"。南朝庾肩吾将钟繇的书法列为"上品之上",唐张怀瓘在《书断》中则评其书法为"神品"。钟繇书法真迹到东晋时已亡佚,人们今天所见到的为临摹本,一般地认为有他的作品有"五表""六帖""三碑"。

王羲之(303—361),字逸少,琅琊临沂人(今属山东)。晋怀帝永嘉元年(307 年)生,死于穆帝升平五年(361 年)。官至右军将军,会稽内史,故后世称为"王右军"。他出身于两晋的名门望族。王羲之十二岁时经父亲传授笔法论,"语以大纲",即有所悟。他小时候就从当时著名的女书法家卫夫人学习书法。以后他渡江北游名山,博采众长,观摩学习,"兼撮众法,备成一家",达到了"贵越群品,古今莫二"的高度。王羲之的楷书如《乐毅论》《黄庭经》《东方朔画赞》等"在南朝即脍炙人口",对后世影响很大,他的正体世称"书之圣"。王羲之在书法上是个革新家,他的主要成就还是表现在行书和草书上。他的行草书又被世人尊为"草之圣"。他把散见于前代、当代的书法作品中的一些用笔、结字优点,融合统一在一种崭新的书法作品中。王羲之书小楷字体,笔势流丽,神采焕发,肥瘦相称,极合楷书的法则。隋智永称它为"正书第一",唐代褚遂良也极为称赞。书法兼善隶、草、楷、行各体,行书尤为出名,《兰亭序》被称为"天下第一行书"。王羲之重要的书法作品有《黄庭经》《长风贴》《姨母帖》《快雪时晴帖》《曹娥碑》等。关于《黄庭经》,有一段传说:山阴有一道士,欲得王羲之书法,因知其爱鹅成癖,所以特地准备了一笼又肥又大的白鹅,作为写经的报酬。王羲之见鹅欣然为道士写了半天的经文,高兴地"笼鹅而归"。原文载于南朝《论书表》,文中叙说王羲之所书为《道》《德》之经,后因传之再三,就变成了《黄庭经》了。因此,《黄庭经》又俗称《换鹅帖》,无款,末署"永和十二年(356 年)五月",留传的只是后世的摹刻本了。《兰亭序》是王羲之行书的代表作,该作是王羲之于东晋永和九年

(公元353年)三月三日和一些文人举行“修契”宴会上,为他们的诗写的序文手稿。共28行,324字,章法、结构、笔法都很完美,是他的得意之作。后人评道“右军字体,古法一变。其雄秀之气,出于天然,故古今以为师法”。因此,历代书家都推《兰亭》为“行书第一”。

南北朝时期的书法进入北碑南帖时代,此时书法以魏碑最胜。魏碑,是北魏以及与北魏书风相近的南北朝碑志石刻书法的泛称,是汉代隶书向唐代楷书发展的过渡时期书法。晋至八王之乱,王室内讧以后,势力逐渐衰微。在北方,随着西晋的灭亡,形成了“五胡十六国”的混乱时期。后拓跋氏结束十六国,建立北魏,促成了一百四十九年的相对统一,这是北朝。

北朝书法以碑刻为主,尤以北魏、东魏最精,风格亦多姿多彩。代表作有《郑文公碑》《张猛龙碑》《敬使君碑》。此时书法是汉代隶书向唐代楷书发展的过渡时期。康有为说:“凡魏碑,随取一家,皆足成体。尽合诸家,则为具美。”钟致帅《雪轩书品》称:“魏碑书法,上可窥汉秦旧范,下能察隋唐习风。”唐初几位楷书大家如欧阳询,虞世南,褚遂良等,都是取法魏碑的。

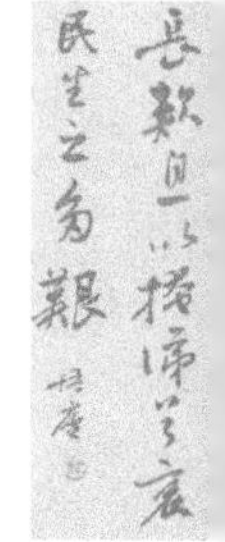

晋室东迁至灭亡,从公元317年至公元402年,是南朝。南朝书法,也继承东晋的风气,上至帝王,下至士庶都非常喜好。南北朝书法家虽多,但无名书家为其主流。他们继承了前代书法的优良传统,创造了无愧于前人的优秀作品,也为形成唐代书法百花竞妍群星争辉的鼎盛局面创造了必要的条件。

智永是王羲之的七代孙子,王羲之第五子王徽之的后代,他是严守家法的大书法家。他习字很刻苦,冯武《书法正传》说他住在吴兴永欣寺,几十年不下楼,临了八百多本《千字文》,给江东诸寺,各送一本。他用废的笔,埋起来像冢一样。后人讲“退笔成冢”的典故就是从这儿来的。明董其昌《画禅室随笔》说他学钟繇《宣示表》,“每用笔必曲折其笔,宛转回向,沉着收束,所谓当其下笔欲透纸背者”。他所写的《千字文》清何绍基说:“笔笔从空中来,从空中住,虽屋漏痕,犹不足以喻之。”我们细读他的墨迹《千字文》,看得出他用笔上藏头护尾,一波三折,含蓄而有韵律的意趣,董、何之说可谓精确、具体、恰当。智永《真草千字文》,线条饱满,笔意飞动,运笔、结体的技巧都十分精熟,前人评其书谓“智永得右军之肉”,于此可得印证。其《楷书千字文》用笔遒劲,结构端庄,笔画的起止提按痕迹十分清晰,富有虚实变化,与晋唐写经非常接近,便于初学。

南北朝时期重要的书法作品还有《爨宝子碑》《爨龙颜碑》《张猛龙碑》等。南朝沿袭晋制,禁止立碑,故碑刻极少,而云南“二爨”(《爨宝子碑》《爨龙颜碑》)可谓灿若星辰,光耀夜空。《爨宝子碑》是云南边陲少数民族的首领受汉文化的熏陶,仿效汉制而树碑立传的。此碑刻于东晋大亨四年(405年),书体是带有明显隶意的楷书体。碑中一部分横画仍保留了隶书的波挑,但结体却方正而近于楷书。用笔以方笔为主,端重古朴,拙中有巧,看似呆笨,却飞动之势常现。康有为在《广艺舟双楫》中评此碑为“端朴若古佛之容”是很恰当的。《爨龙颜碑》立于南朝宋大明二年(458年),比《爨宝子碑》晚五十三年。可以说这两块碑是同时代的作品。它的结体以方正为主,但转折处已使用圆转笔法,而不像《爨宝子碑》那样如矩形的折角,更具有楷书的特征。我们可以从《爨龙颜碑》笔画的圆润刚强,窥见其运笔实源于篆法,起笔虽有方圆之分,但笔画均极为厚重。《爨龙颜碑》在手法上俯仰揖让,疏密相间,在结构上姿态奇逸,舒敛自如。康有为评说:“下画如昆刀刻玉,但见浑美;布势如精工画人,各有意度,当为隶楷极则。”《张猛龙碑》立于北魏孝明帝正光三年(522 年),全称《魏鲁郡太守张府君清颂之碑》,如今在山东曲阜孔庙中,是魏碑后期佳作之一。《张猛龙碑》运笔刚健挺劲、斩钉截铁,可看作是《始平公》的风格的延续和发展。如横、直划的方笔起笔,折处的方棱及三角形的点等,都保留了《始平公》的旧貌;但也并非笔笔都方,而是变化多端,有方有圆,比《始平公》更精美细腻。此外,较之早期魏碑,不难看出魏碑由粗到细的演变过程。

唐朝的建立结束了西晋以来近三百年的动乱局面,国初二十年形成了文治武功的“贞观之治”,此后从武则天到唐玄宗开元时期更是呈现出超越两汉的空前兴盛气象。唐代文化博大精深、辉煌灿烂,达到了中国封建文化的最高峰,唐代书法是晋代以后的又一高峰,此时,在真、行、草、篆、隶各体书中都出现了影响深远的书家,真书、草书的影响最甚。真书的书家大多脱胎于王羲之,但又兼魏晋以来的墨迹与碑帖的双重传统,从王家书派中脱颖而出,风格转呈严谨雄健、法度森整。行草书家特别是草书家的风格走向飞动飘逸。隶篆虽无大发展,但能承秦汉之遗法,形成或严整紧劲或遒劲圆活的风格。整个唐代书法,对前代既有继承又有革新。楷书、行书、草书发展到唐代都跨入了一个新的境地,时代特点十分突出,对后代的影响远远超过了以前任何一个时代。初唐书法家有虞世南、欧阳询、褚遂良、薛稷、陆柬之等,盛唐、中唐著名的书法家有张旭、释怀素,颜真卿、李邕,晚唐最有影响力的书法家是柳公权。唐代墨迹流传至今者也比前代为多,大量碑版留下了宝贵的书法作品。

欧阳询(557—641),字信本,潭州临湘(今湖南长沙)人,世称欧阳率更,楷书四大家(欧阳询、颜真卿、柳公权、赵孟頫)之一。虞世南说他“不择纸笔,皆能如意”。而且他还能写一手好隶书。贞观五年《徐州都督房彦谦碑》就是其隶书作品。他的书法,以隶书为最。究其用笔,圆兼备而劲险峭拔,“若草里惊蛇,云间电发。又如金刚怒目,力士挥拳”。其中竖弯钩等笔画仍是隶笔。他所写《化度寺邕禅师舍利塔铭》《虞恭公温彦博碑》《皇甫诞碑》被称为“唐人楷书第一”。他的楷书无论用笔、结体都有十分严肃的程序,最便于初学。后人所传“欧阳结体三十六法”,就是从他的楷书归纳出来的结字规律。他的行楷书《张翰思鲈帖》体势纵长,笔力劲健。墨迹传世,尤为宝贵。欧阳询的儿子欧阳通,书法一本家传。父子均名声著于书坛,被称为“大小欧阳”。小欧阳《道因法师碑》,隶意更浓,然而锋颖过露,含蓄处不及其父。《化度寺故僧邕禅师舍利塔铭》碑立于唐贞观五年(631年),楷书 35 行,行 33 字。原石久佚。此碑书法笔力强健,结构紧密。早《九成宫》一年而书,故风格极相似,但谨严有余舒展不足。元赵孟頫评论云:“唐贞观间能书者,欧阳率更为最善,而《邕禅师塔铭》又其最善者也。”清代金石家翁方纲对此碑书法评价极高,认为此碑胜于《九成宫醴泉铭》,赞誉虽嫌过头,但可以说明此碑的书法确有其独到的地方。《九成宫醴泉铭碑》立于唐贞观六年(632 年),楷书 24 行,行 49 字。此碑用笔方正,且能于方整中见险绝,字画的安排紧凑、匀称,间架开阔稳健。明陈继儒曾评论说:“此帖如深山至人，瘦硬清寒，而神气充腴，能令王者屈膝，非他刻可方驾也。”明赵涵《石墨镌华》称此碑为“正书第一”。《唐故特进尚书右仆射上柱国虞恭公温公碑》亦称《温彦博碑》，唐贞观十一年(637年)十月立。楷书36行，行77字，碑额阳文篆书“唐故特进尚书右仆射虞恭公温公碑”十五字。明赵涵《石墨镌华》评云：“此碑字比《皇甫》《九成》善小，而书法严整，不在二碑之下。”并叹：“时信本已八十余，而楷法精妙如此。”诚然，欧阳询所书《虞恭公碑》已达到了艺术的化境，细观次碑书法已脱离了“欧体”在《九成宫》《化度寺》中所具有的凝厚严谨的特征，而更趋于自然流畅。此时欧阳询作楷书已能随心所欲，运笔自如。

颜真卿(709—784)，字清臣，唐代著名书法家。颜真卿的书法初学褚遂良，后又得笔法于张旭，彻底摆脱了初唐的风范，创造了新的时代书风。颜真卿的书体被称为“颜体”，与柳公权并称“颜柳”，有“颜筋柳骨”之誉。颜真卿的真书雄秀端庄，结字由初唐的瘦长变为方形，方中见圆，具有向心力。用笔浑厚强劲，善用中锋笔法，饶有筋骨，亦有锋芒，一般横画略细，竖画、点、撇与捺略粗。颜真卿书法大气磅礴，多力筋骨，突出体现盛唐的审美情趣、审美风格。颜真卿的行草书，遒劲有力，真情流露，结构沉着，点画飞扬，在王派之后为行草书开一生面。颜真卿的行书遒劲郁勃，这种风格也体现了大唐帝国繁盛的风度，并与他高尚的人格契合，是书法美与人格美完美结合的典例，故而被后世誉为“天下第二行书”。欧阳修曾说：“颜公书如忠臣烈士，道德君子，其端严尊重，人初见而畏之，然愈久而愈可爱也。其见宝于世者有必多，然虽多而不厌也。”朱长文赞其书：“点如坠石，画如夏云，钩如屈金，戈如发弩，纵横有象，低昂有志，自羲、献以来，未有如公者也。”颜体书对后世书法艺术的发展产生了深远影响，唐以后很多名家，都从颜真卿变法成功中汲取经验。尤其是行草。苏轼曾云：“诗至于杜子美，文至于韩退之，画至于吴道子，书至于颜鲁公，而古今之变，天下之能事尽矣。”颜真卿传世作品以碑刻最多，楷书有《多宝塔感应碑》《麻姑仙坛记》《东方朔画像碑》《颜勤礼碑》《颜氏家庙碑》等，行书有《争座位稿》，书迹有《自书告身》《祭侄季明文稿》。草稿因其性质，书法尤为率意，但率意显真情，无刻意之迹。《祭侄文稿》为在安史之乱中被杀害的侄子颜季明所写祭文的草稿，运笔迅疾，情绪激动，与其悲愤之情有关。其书法最妙处，一在其字的点画密聚，草成一个块面之处；二在其枯笔连擦写数字之处。这两种现象交相映衬，造成虚实、轻重、黑白之间的节奏变化，再加上草稿特有的率意所造成的用笔“不拘小节”和结体的偏于松散，形成了颜体稿书风格。《争座位稿》也有这样的特点，只不过因是刻本，这些特征不似《祭侄文稿》那么真切而已。此外，草稿的涂改、添加之处更增添了率意感。《颜勤礼碑》比较端庄遒劲，但笔画细瘦和其他碑刻不大一样。《颜氏家庙碑》，书法筋力丰厚，是他晚年的得意作品之一，与其早年时期的作品相比更加浑厚大气，乃晚年之代表作。

柳公权(778—865)，字诚悬，汉族，京兆华原(今陕西铜川市耀州区)人。柳公权是楷书书体的总结者和创新家，他在研究和继承钟繇、王羲之等人楷书风格的基础上，遍阅近代书法，学习颜真卿，融会自己新意，自创独树一帜的“柳体”楷书，为后世百代楷模，成为“唐书尚法”的突出代表之一。他的字取均衡瘦硬，追魏碑斩钉截铁势，点画爽利挺秀，骨力遒劲，结体严紧。“书贵瘦硬方通神”，他的楷书较之颜体，则稍均匀瘦硬，故有“颜筋柳

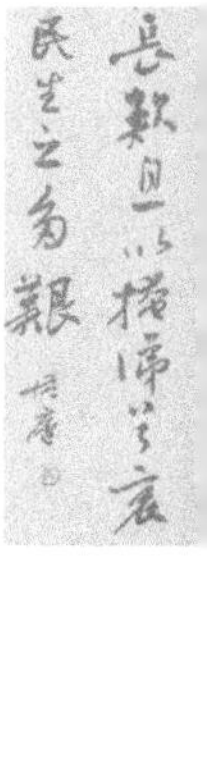

骨”之称。柳公权的重要作品有《金刚经碑》《平西郡王李晟碑》《大唐回元观钟楼铭》《冯宿碑》《玄秘塔碑》《神策军碑》《原道碑》等。《玄秘塔碑》由裴休撰文,柳公权书并篆额,该作因体势劲媚,骨力遒劲,结构严谨,字体清秀,有“柳骨”之称。由刻玉册官邵建和及弟邵建初镌。碑额篆字排三行,每行四字,共十二字。碑正文楷书28行,满行54字。《玄秘塔碑》立于唐会昌元年(841年)十二月,现藏陕西西安碑林,是柳公权晚年的代表作品。《神策军碑》全称《皇帝巡幸左神策军纪圣德碑》,唐武宗会昌三年(843年)立。《神策军碑》为柳公权楷书代表性作品,该作有四个方面的特点:(1)瘦硬通神,刚柔相济。《神策军碑》中的字,并非一味追求“骨感”,而是“颜筋”与“柳骨”均有不同程度的体现,表现出刚柔相济、筋骨并存的特点。其刚劲挺拔之态、森严锋利之势呼之欲出而无“露骨”之嫌。《神策军碑》虽以骨力取胜,但如果看不到其丰腴温润的一面,则又失之甚远。(2)冲宫紧聚,四面开张。《神策军碑》中的字,其结构之严谨着实令人叹服。其内敛外放,中宫紧聚,四面开张,如内功深厚之英俊剑客。(3)峻峭险劲,静中求动。《神策军碑》用笔以方为主,兼施圆笔,再加上其出锋之撇、捺、钩、挑等爽健之锋芒,故其峻峭之势随处可见。同时,很多静而不动的字,审视良久,却给人一种动态的感觉。这种感觉是一种动态的平衡,一个字,就是一个力的集合体。(4)大小兼备,纵横交错。纵观全帖,其字形的大小不是状如算子,而是大小参差,随形布势,纵势与横势交错,大珠小珠同落玉盘。即使是同一字,在不同的位置,其形态神情也不尽相同,这是《神策军碑》的特色之一。

公元907年,割据者朱全忠灭唐,建立后梁,由此历后唐、后晋、后汉、后周,称五代。又有前蜀、吴、楚、闵、南唐、荆南、后蜀、南汉、吴越、北汉十国。这种分裂混乱的局面持续五十四年,其间兵戈迭起。书法艺术虽承唐末之余续,但因兵火战乱的影响,形成了凋落衰败的总趋向。苏轼评及五代书法时曾说:“自颜柳氏没,笔法衰绝,加以唐末丧乱,人物凋落,文采风流,扫地尽矣。独杨公凝式,笔迹雄杰,有‘二王’、颜、柳之余,此真可谓书之豪杰,不为时世所汩没者。”五代之际,在书法上值得称道的,当推杨凝式。他的书法在书道衰微的五代,可谓中流砥柱。杨少师之外,还有李煜、彦修等有成就的书家。

至此,唐代平正严谨的书风已告消歇,渐变入敧侧纵肆,以后北宋“四家”继之而起,又掀起了新的时代波澜。

杨凝式(873—954),字景度,号虚白,陕西华阴人。唐末为秘书郎,五代时官至太子少师,也称“杨太师”。他曾佯疯自晦,所以“杨疯子”便成了他的雅号。他能吟诗,多杂诙谐,尤善于书札。杨凝式的字多写在墙上,笔法纵逸遒放。黄庭坚至洛阳遍观僧院壁间墨迹,他说:“杨少师书,无一字不造微入妙,当与吴生画为洛中二绝。”又说:“有晋以来,难得脱然都无风尘气似‘二王’者,惟颜鲁公,杨少师仿佛大令尔;鲁公书今人随俗多尊尚之,少师书口称善而腹非也。欲深晓杨氏书,当如九方皋相马,遗其玄黄牝牡乃得之。”此后,书坛以“颜杨”并称。杨凝式留下的墨迹已不多,著名的是《韭花帖》。杨凝式变晋唐楷行书匀密成法,黄庭坚有诗指出:“世人尽学兰亭面,欲换凡骨无金丹。谁知洛阳杨疯子,下笔便到乌丝栏。”后人以为善评。杨凝式的行草书也奔放奇逸,有《卢鸿草堂图跋》,气势雄浑,极似颜真卿《祭侄文稿》。狂草《神仙起居法》纵横恣肆,《海岳书评》说其“如横风斜雨，落纸云烟，淋漓快目”。他有一首《题怀素酒狂帖后》诗，可视为他自己书法创作的经验总结：“十年挥素学临池，始识王公学卫非。草圣未须因酒发，笔端应解化龙飞。”(《全唐诗》卷七一五)

《韭花帖》为楷书，麻纸，可视为杨氏楷书的代表作。明人董其昌曾为此帖题跋，称此帖“略带行体，萧散有致”。以此视帖，我们会发现不仅字体，用笔有萧散之感，更重要的是《韭花帖》的字距、行距均拉开至极限，然而其行气纵贯而舒朗空灵，因此在行款上独树一帜，为前代未有。仅此一点，便使它独立于古代各家的名作之林了。此外，《韭花帖》在单字结体上独出机杼，或戴高帽，或左右分离，或重心偏移，或轻头重脚，妙趣横生。又似出于自然，并无造作之感。《神仙起居法帖》小草书，麻纸本。《宣和书谱》说杨氏“尤工颤草”，此帖草法，可窥一斑。《神仙起居法帖》在草书中，还时时夹入一些行书，后人称其为“雨夹雪”。此法始于颜真卿稿书，而杨凝式能融会贯通，使人望之无迹可寻，几入化境。黄山谷曾评此帖为“散僧入圣”，米芾则称其“天真纵逸”。初看似粗头乱服，其实在用笔上轻重、缓急，结体上纵横取势都十分讲究，并于一气贯注之中，显示出其控制韵律节奏的高超技艺。

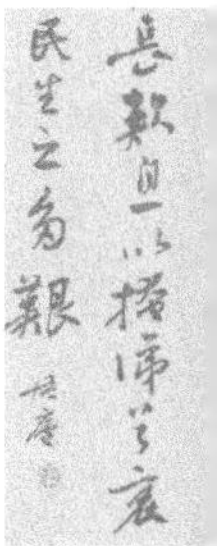

北周衰微之际，宋太祖赵匡胤发动陈桥兵变，自立为帝，建立赵宋王朝。半个世纪的五代十国分裂混乱局面至此结束，国家复归统一。从公元 960 年至 1279 年，三百多年间，书法发展比较缓慢。宋太宗赵光义留意翰墨，购募古先帝王名臣墨迹，命侍书王着摹刻禁中，厘为十卷，这就是《淳化阁帖》。“凡大臣登二府，皆以赐焉。”帖中有一半是“二王”的作品，所以宋初的书法，是宗“二王”的。此后《绛帖》《潭帖》等，多从《淳化阁帖》翻刻。这种辗转传刻的帖，与原迹差别就会越后越大。所以同是宗王从帖，宋人远逊唐人。所以一些评家以为帖学大行，书道就衰微了。这是宋代书法不景气的原因之一。其次如米芾《书史》所指出的“趋时贵书”也造成了宋代书法每况愈下。米芾分析说：“李宗锷主文既久，士子皆学其书。肥扁朴拙。以投其好，用取科第，自此惟趋时贵书矣。”宋室南渡之后，如《书林藻鉴》讲：“高宗初学黄字，天下翕然学黄字；后作米字，天下翕然学米字……盖一艺之微，苟倡之自上，其风靡有如此者。”在这种风气笼罩之下，书法家能够按自己对书法艺术的理解去继承、革新的就不太多了。此宋代书法不十分景气的原因之二。总之，帖学大行和以帝王的好恶、权臣的书体为转移的情势，影响和限制了宋代书法的发展。宋代为后世所推崇者有被称为“宋四家”的苏轼、黄庭坚、米芾、蔡襄。四家之外，宋徽宗赵佶独树一帜，亦堪称道。

蔡　襄(1012—1067)，字君谟，兴化仙游人，官至端明殿学士。《宋史·蔡襄传》称他：“襄工于手书，为当世第一，仁宗尤爱之。”宋四家中，他年龄辈分应在苏、黄、米之前。宋四家中，苏、黄、米都以行草、行楷见长，而喜欢写规规矩矩的楷书的，还是蔡襄。他的书法学习王羲之、颜真卿、柳公权，浑厚端庄，雄伟遒丽。苏东坡说：“君谟天资既高，积学至深，心手相应，变化无穷，遂为本朝第一。”蔡襄为人忠厚正直，学识渊博，他的字“端劲高古，容德兼备”。《颜真卿自书告身跋》得鲁公笔法而优于鲁公书，可为楷则。沈括说他善于“以散笔作草书，谓之散草，或曰飞草，其法皆生于飞白，自成一家”。这说明蔡襄这位稍欠改革精神的书法家还不是泥古不化，他也在追求古趣，力创新意。蔡襄的代表作品有《蔡襄尺牍》《郊燔帖》《蒙惠帖》《陶生帖》等。《蔡襄尺牍》为楷书的代表作之一，字字端雅，雍容大度，一笔不苟，似乎全用颜法，只是结体略扁。《郊燔帖》为行草书札的代表作，笔画浑雄敦厚，婉转有致，运笔飞动自如。此帖取法于《伯远帖》，又参以章草笔法，使之有机地融为一体，形成蔡襄独特的草书风格。《蒙惠帖》为行楷作品。取法《兰亭序》而又参以颜鲁公敦厚沉稳的成分，继而宏大了宋代行书尺牍书法的艺术内涵，使书法艺术发展到一个新时期。

苏　轼(1037—1101)，字子瞻，号东坡居士，眉山(今属于四川)人。他和他的父亲苏洵，弟弟苏辙以诗文称著于世，世称“三苏”。他的书法从“二王”、颜真卿、柳公权、褚遂良、徐浩、李北海、杨凝式各家吸取营养，在继承传统的基础上努力革新。他讲自己书法时说：“作字之法，识浅见狭学不足，三者终不能尽妙，我则心目手俱得之矣。”他讲他的书法艺术创作过程时说：“我书意造本无法，点画信手烦推求。”他重在写“意”，寄情于“信手”所书之点画。他在对书法艺术深刻理解的基础上用传统技法去进行书法艺术创造，在书法艺术创造中去丰富和发展传统技法，不是简单机械地模古。他在执笔方法上运用异于常人的特殊方法，还注意书写工具的改革。苏轼的代表作有《天际乌云帖》《洞庭春色赋》《中山松醪赋》《春帖子词》《爱酒诗》《寒食诗》《蜀中诗》《醉翁亭记》等。《黄州寒食诗帖》为纸本，25 行，共 129 字，是苏轼行书的代表作，这是一首遣兴的诗作，是苏轼被贬黄州第三年的寒食节所发的人生之叹。诗写得苍凉多情，表达了苏轼此时惆怅孤独的心情。此诗的书法也正是在这种心情和境况下，有感而出的。通篇书法起伏跌宕，光彩照人，气势奔放，而无荒率之笔。《黄州寒食诗帖》在书法史上影响很大，被称为“天下第三行书”，也是苏轼书法作品中的上乘。正如黄庭坚在此诗后所跋：“此书兼颜鲁公，杨少师，李西台笔意，试使东坡复为之，未必及此。”《罗池庙碑》为行楷。罗池庙原为纪念唐代著名文学家柳宗元的，庙内立有韩愈撰写、沈传师书写的《罗池庙碑》，其石久佚。此碑据苏轼所书原碑文末篇的“迎享送神诗”真迹上石，刻于宋嘉定十年(1217 年)。楷书十行，字大四寸。清人书：“《罗池庙》健极，本唐人法而变其方整，本晋人韵而偏侧取势，摆宕有姿，大小长短，随其结体。此碑笔力扛鼎，结体雄健，似乎从颜鲁公《东方画赞》化出，肥而不肿，厚而不软，实为苏字大字之冠。”《赤壁赋》为苏轼真迹精品的代表作，纸本，行楷书。其书法丰腴劲秀。明董其昌对它评价很高，认为此卷书法“全用正锋，是坡公之兰亭也。每波画尽处，隐隐有聚墨痕如黍米珠。嗟乎！世人且不知有笔法，况墨法乎”。这正是由于他的文学修养深厚，书法传统功底坚实。结字在方整中有流动的气势，特别是用墨虽浓，而灵活不滞，看去平平正正，但令人玩味无穷，被称为宋代第一，并不为过誉。《丰乐亭记碑》为楷书，该碑欧阳修撰文，原石刻于北宋元祐六年(1091 年)，已佚。明嘉靖年间重刻。此碑是苏轼晚年书法力作之一。前人称“体度庄安，气象雍俗”，确为恰当，字体楷中稍见行意，有“笔圆而韵胜”的特点。明人王世贞评论他“自颜真卿，徐浩，结体虽小散缓而遒伟俊迈”，在此碑中可以得到印证。

黄庭坚(1045—1105)，字鲁直，号山谷道人，涪翁，江西修水人。后世称他黄山谷。

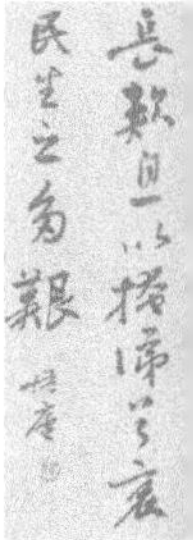

《宋史·文苑传》称:“庭坚学问文章,天成性得,陈师道谓其诗得法杜甫,善行草书,楷法亦自成一家。与张耒、晁补之、秦观俱游苏轼门,天下称为四学士。”他自己说:“余学草书三十余年,初以周越为师,故二十年抖擞俗气不脱。晚得苏才翁,子美书观之,乃得古人笔意。其后又得张长史,怀素,高闲墨迹,乃窥笔法之妙。”他的行书,如《松风阁》《苏轼寒食诗跋》,用笔如冯班《钝吟杂录》所讲:“笔从画中起,回笔至左顿腕,实画至右住处,却又跳转,正如阵云之遇风,往而却回也。”他的起笔处欲右先左,由画中藏锋逆入至左顿笔,然后平出,“无平不陂”,下笔着意变化;收笔处回锋藏颖。善藏锋,注意顿挫,以“画竹法作书”给人以“沉着痛快”的感觉。其结体从颜鲁公《八关斋会报得记》来,中宫收紧,由中心向外作辐射状,纵伸横逸,如荡桨、如撑舟,气魄宏大,气宇轩昂。其个性特点十分显著,学他的书法就要留心于点画用笔的“沉着痛快”和结体的舒展大度。至于他的草书,赵孟頫说:“黄太史书,得张长史圆劲飞动之意。”“如高人雅士,望之令人敬叹。”我们看他的《花气诗》笔势苍劲,拙胜于巧,肥笔有骨,瘦笔有肉,“变态纵横,劲若飞动”。其美韵不亚于行楷书。《请上座帖》“笔势飘动隽逸”更是稀世佳作。黄庭坚主要作品有:《 花气熏人帖》《黄州寒食诗卷跋》《李白忆旧游诗卷》等。

《 花气熏人帖》为草书,纸本。黄庭坚的草书在“宋四家”当中应该说是水平最高。他“学草书三十余年”,从张旭、怀素处窥到了笔法的堂奥。后人评价他的草书高于他的行楷书。此帖第二行还斤斤于行草之间,似觉拘谨,从第三行开始便洋洋洒洒,一任自然,于点画亦不大注意,而极得天然之妙。《黄州寒食诗卷跋》是他在苏轼《黄州寒食诗帖》后写的一段跋语,此跋历来为人们所珍视,与原帖合称“双璧”。《寒食帖跋》表现了“黄书”的基本艺术特点。《跋文》用笔锋利爽截而富有弹性,其字写得藏锋护尾,纵横奇崛,其长笔画波势比较明显。由于黄庭坚善于把握字的松紧,因此形成了中宫收缩而四周放射的特殊形式感,人们也称其为辐射式书体。在布局上,《跋文》常从欹侧中求平衡,丁倾斜中见稳定,因此变化无穷,曲尽其妙。从局部看,一行字忽左忽右,但从整体看,呼应对比,浑然一体。此跋给人以神情饱满,气势贯通的感受,决无荒率之病,达到了艺术的化境,所以他在最后不无得意地说:“他日东坡或见此书,应笑我于无佛处称尊也。”《李白忆旧游诗卷》为草书墨迹,洋洋洒洒五十二行,三百四十余字。据明代书画家沈周考定此卷为黄庭坚在绍圣年间(1094—1098 年)被贬黔中后所书,是他晚年的草书代表作。正如沈周在诗卷的题跋中所说:“山谷书法,晚年大得藏真(怀素)三昧,此笔力恍惚,出神入鬼,谓之‘草圣’宜焉!”此时黄庭坚的草书艺术已达到炉火纯青的地步。祝允明评论此帖说:“此卷驰骤藏真,殆有夺胎之妙。”此诗书法,深得张旭、怀素草书飞动洒脱的神韵,而又具有自己的风格。用笔紧峭,瘦劲奇崛,气势雄健,结体变化多端,为黄庭坚草书之代表作。

元初经济文化发展不大,书法总的情况是崇尚复古,宗法晋、唐而少创新。文宗天历初建奎章阁,专掌秘玩古物。元文宗常幸奎章阁欣赏法书名画,书法一度出现兴盛局面。赵孟頫、鲜于枢等名家,是这一时期书法的代表。他们主张书画同法,注重结字的体态。但元代书坛纯是继承晋唐,没有自己的时代风格,稍后于赵孟頫、康里夔夔还有些变化,奇崛独出于元代书坛。纵观元代书法,其成就大者还在真行草书方面。至于篆隶,虽有几位名家，但并不怎么出色。这种以真、行、草书为主流的书法，发展到了清代才得到改变。有元一代书风，仍沿宋习盛于帖学，宗唐宗晋，虽各有其妙，亦不能以一家之法立于书坛，较之文学、绘画等艺术门类，尚显冷落无成得多。元代主要代表书家有：赵孟頫、康里夔夔、鲜于枢、耶律楚材。

赵孟頫(1254—1322)，字子昂，号雪松道人，又号水晶宫道人，湖州(浙江吴兴)人。宋太祖子秦王德芳的后裔。入元，官至翰林学士承旨，荣禄大夫，封魏国公，谥文敏。著有《松雪斋集》。赵孟頫是元代初期很有影响的书法家。《元史》本传讲，"孟頫篆籀分隶真行草无不冠绝古今，遂以书名天下"。赞誉很高。据明人宋濂讲，赵氏书法早岁学"妙悟八法，留神古雅"的思陵(即宋高宗赵构)书，中年学"钟繇及羲、献诸家"，晚年师法李北海。此外，他还临摹过元魏的定鼎碑及唐虞世南、褚遂良等人，集前代诸家之大成。诚如文嘉所说："魏公于古人书法之佳者，无不仿学。"所以，赵氏能在书法上获得如此成就，是和他善于吸取别人的长处分不开的。赵孟頫的代表作品有：《仇锷墓碑铭》《汲黯传》《福神观记》《胆巴碑》《兰亭帖十三跋》《雪晴云散帖》《洛神赋》《妙严寺记》等。《汲黯传》为小楷，作者自称《汲黯传》得唐人遗风笔意，而清代冯源深评云："此书方峻，虽据欧体，其用笔之快利秀逸，仍从《画赞》《乐毅》诸书得来。"倪瓒也说："子昂小楷，结体妍丽，用笔遒劲，真无愧隋唐间人。"(引自《书林藻鉴》)用笔不下于智永、虞世南，得称一世之冠。《洛神赋》为行书、纸本，是赵氏四十七岁时所书。该作品运笔和间架出自王羲之，书风清新妙丽，兼得《兰亭》《圣教》两序的法度。元人倪瓒称此卷"圆活遒媚"，并推赵为元朝第一书人。

明代诸皇帝都很喜欢书法。明成祖定都北京以后，即着手文治，诏求四方善书之士，充实宫廷，缮写诏令文书等。明代帝王如仁宗，宣宗也极爱书法，尤其喜摹"兰亭"，神宗自幼工书，不离王献之的《鸭头丸帖》、虞世南临写的《乐毅传》和米芾的《文赋》。因为皇帝喜好的原因，朝野士大夫重视帖学，皆喜欢姿态雅丽的楷书、行书，几乎完全继承了赵孟頫的格调。明代像宋代一样也是帖学大盛的一代，法帖传刻十分活跃。其中著名的有常姓翻刻的《淳化阁帖》、于泉州刻的《泉州帖》、董其昌刻的《戏鸿堂帖》、文徵明刻的《停云馆帖》、华东沙刻的《真赏斋帖》、陈眉公刻苏东坡书为《晚香堂帖》等，而《真赏斋帖》可谓明代法帖的代表。《停云馆帖》收有从晋至明历代名家的墨宝，可谓丛帖之大成。

由于士大夫清玩风气和帖学的盛行，影响书法创作，所以，整个明代书体以行楷居多，未能上溯秦汉北朝，篆、隶、八分及魏体作品几乎绝迹，而楷书皆以纤巧秀丽为美。至永乐、正统年间，杨士奇、杨荣和杨溥先后入直翰林院和文渊阁，写了大量的制诰碑版，以姿媚匀整为工，号称"博大昌明之体"，即"台阁体"。士子为求干禄也竞相摹习，横平竖直十分拘谨，缺乏生气，使书法失去了艺术情趣和个人风格。明代近三百年间，虽然也出现了一些有造诣的大家，但纵观整朝没有重大的突破和创新。所以，近代丁文隽在《书法精论》中总结说："有明一代，操觚谈艺者，率皆剽窃摹拟，无何创制。"明代比较出名的书法家有文徵明、祝允明、徐渭、董其昌、张瑞图、王宠、宋克、黄道周、倪元璐等。

吴门书派是明朝书法艺术的重镇，明代著名文学家王世贞曾以"天下书法归吾吴"自诩。吴门书派可追溯到明初的宋克，中间经过徐有贞、沈周、李应桢、吴宽的传承发展，文徵明、祝允明则将其推向顶峰。

祝允明（1461—1527），字希哲，长洲（今江苏吴县）人，因长相奇特，而自嘲丑陋，又因右手有枝生手指，故自号枝山，世人称为“祝京兆”，明代著名书法家。祝允明擅诗文，尤工书法，名震海内。他与唐寅、文徵明、徐祯卿并称“吴中四才子”，又与文徵明、王宠同为明中期书家之代表。祝允明主张“性”与“功”并重，超然出神采，并以“神采”为最终归宿。他认为要达到这个目标，必须“性”“功”并重。“性”是指人的精神，“功”是指书法创作的能力和功夫。他认为只有功力而无精神境界，神采就没有，而有了高尚的精神境界，如果没有表达的功夫，那么神采就不能实在地显露。二者不可缺一，必须兼备，在他的代表作《闲居秋日》《致元和手札》《燕喜亭记》《乐志论》《饭苓赋》《云江记》等就实现了他所倡导的“性”“功”并重的原则。对于“功”，祝允明认为只有在向前人学习的基础上才能得到。因此他对时人不愿好好学习传统而把这称为“奴书”的说法很愤慨。特地写下了《奴书订》予以反驳。祝允明书法主要成就在于狂草和楷书。狂草来自怀素、张旭，更多的是接近黄山谷，提按和使转的笔法交互使用，行与行之间的距离很紧，形成一种汪洋恣肆的视觉效果。更难得的是楷书又写得相当严谨，有晋唐人的古雅气息。这种反差很大的综合素养与唐代的张旭十分相似，如《草书自诗卷》《致元和手札》《草书千字文卷》《王文恪公卷》等。楷书早年精谨，师法赵孟𫖯、褚遂良，并从欧、虞而直追“二王”。草书师法李邕、黄庭坚、米芾，功力深厚，晚年尤重变化，风骨烂漫。祝允明的代表作有《太湖诗卷》《箜篌引》《赤壁赋》等。

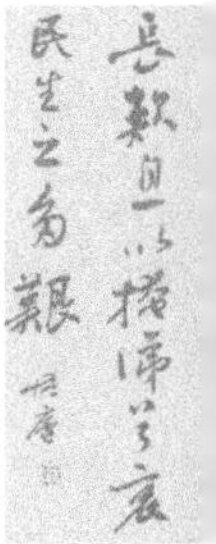

文徵明（1470—1559），原名壁（或作璧），字徵明，长州（今江苏苏州）人，明代画家、书法家、文学家。文徵明书法初师李应祯，后广泛学习前代名迹，篆、隶、楷、行、草各有造诣。尤擅长行书和小楷，温润秀劲，法度谨严而意态生动。虽无雄浑的气势，却具晋唐书法的风致，也有自己的一定风貌。小楷笔画婉转，节奏缓和，与他的绘画风格谐和，有“明朝第一”之称。文徵明在书法史上以兼善诸体闻名，尤擅长行书和小楷，王世贞在《艺苑卮言》上评论说：“待诏（文徵明）以小楷名海内，其所沾沾者隶耳，独篆不轻为人下，然亦自入能品。所书《千字文》四体，楷法绝精工，有《黄庭》《遗教》笔意，行体苍润，可称玉版《圣教》，隶亦妙得《受禅》三昧，篆书斤斤阳冰门风，而楷有小法，可宝也。”文徵明的书风较少具有火气，在尽兴的书写中，往往流露出温文的儒雅之气。也许仕途坎坷的遭际消磨了他的英年锐气，而大器晚成却使他的风格日趋稳健。文徵明传世书作有《西苑诗》《渔父辞》《北山移文》等。

徐　渭（1521—1593），初字文清，改字文长，号天池，或作天池山人，晚号青藤居士，或署名水田月，浙江山阴（今绍兴）人。自称“我的书法第一，诗第二，文章第三，画第四”，这样一个天才一生却极不得志，晚年更是到了穷困潦倒的境地。他的草书，纯粹是个人内心情感的宣泄：点画狼藉，不计工拙，像突然而至的大风雪，像烟云缭绕的远山。徐渭用的笔法并不复杂，但整体气势夺人，所有的才情、悲愤、苦闷都郁结在扭来扭去的笔画中了，表现出强烈的感情色彩。徐渭代表作有《青天歌卷》《咏墨磁轴》《题画诗》《七律诗轴》等。

《七律诗轴》为草书,用笔沉雄跌宕,行间茂密多变,破锋、藏锋、涩笔等技法运用自如,把吴门一派书风发挥到了极致。

董其昌(1555—1636),字玄宰,号思白、香光居士。华亭(今上海松江)人。他也是个全才式的人物,诗文书画都很精通,绘画方面倡导"南北宗论"。董的书法以行草书造诣最高,他对自己的楷书,特别是小楷也相当自负。董其昌虽处于赵孟頫、文徵明书法盛行的时代,但他的书法并没有一味受这两位书法大师的左右。他的书法综合了晋、唐、宋、元各家的书风,自成一体,其书风飘逸空灵,风华自足。笔画圆劲秀逸,平淡古朴。用笔精到,始终保持正锋,少有偃笔、拙滞之笔;在章法上,字与字、行与行之间,分行布局,疏朗匀称,力追古法。用墨也非常讲究,枯湿浓淡,尽得其妙。书法至董其昌,可以说是集古法之大成,"六体"和"八法"在他手下无所不精,在当时已"名闻外国,尺素短札,流布人间,争购宝之"(《明史·文苑传》)。一直到清代中期,康熙、乾隆都以董的书为宗法,倍加推崇、偏爱,甚而亲临手摹董书,常列于座右,晨夕观赏。康熙曾为他的墨迹题过一长段跋语并加以赞美:"华亭董其昌书法,天姿迥异。其高秀圆润之致,流行于褚墨间,非诸家所能及也。每于若不经意处,丰神独绝,如清风飘拂,微云卷舒,颇得天然之趣。尝观其结构字体,皆源于晋人。盖其生平多临《阁帖》,于《兰亭》《圣教》,能得其运腕之法,而转笔处古劲藏锋,似拙实巧。……颜真卿、苏轼、米芾以雄奇峭拔擅能,而要底皆出于晋人。赵孟頫尤规模二王。其昌渊源合一,故摹诸子辄得其意,而秀润之气,独时见本色。草书亦纵横排宕有致,朕甚心赏。其用墨之妙,浓淡相间,更为绝。临摹最多,每谓天姿功力俱优,良不易也。"据说,康熙还亲自临写董书,致使董书得以风靡一时,出现了满朝皆学董书的热潮。一时追逐功名的士子几乎都以董书为求仕捷径。在康熙、雍正之际,他的书法影响之深,是其他书法家无法比拟的。董其昌初学唐人,后又改学钟繇、王羲之,最后综合了晋唐宋元各家的书风,自成一种风格:圆劲秀逸,平淡古朴。用笔比较松弛,墨色也很清淡,章法上,字与字、行与行之间布局很疏朗很匀称。整体上有种飘飘欲仙的味道,追求"士气"和"文人气"。董其昌一生勤于书画,又享高寿,所以传世作品很多,代表作有早期小楷《月赋》、晚期的《三世诰命》,行书有《李白月下独酌诗卷》《前后赤壁赋册》等。

清代是书法发展史上的又一个中兴期,上与大唐时代遥相呼应。清代的书法发展,按时间大致可分三段。早期(约顺治、康熙、雍正时)是晚明书风的延续,属帖学期。中期(约乾隆、嘉庆、道光时),帖学由盛转衰,碑学逐渐兴起;晚期(约咸丰、同治、光绪、宣统时)是碑学的中兴期。清初承晚明余风,帖学盛行。高士奇著有《江村消夏录》《江村书画目》,不但记录所见书画作品,并考其源流。卞永誉采录前人著作,并发个人之见,汇成《式古堂书画汇考》。1753年刻成《三希堂法帖》,其中收录魏晋到明代135位书法家340件作品。1755年又刻成《墨妙轩法帖》,作为《三希堂法帖》的续帖。清前期重要的书法家有刘墉、王文治、翁方纲等。嘉庆之后,帖学走向式微,碑派书风取而代之成为主流。明末清初,一些书法家通过吸收金石碑版的手法、风格打破其时流行的帖学书风,形成了所谓碑派风格。这种风格一直延续到清末,而王铎、傅山、朱耷则是清代碑派书风的代表作家。

王　铎(1592—1652),字觉斯,一字觉之,号十樵、嵩樵、嵩渔等,河南孟津人。曾经官至明朝的礼部尚书，后来却投靠清廷，人品遂为人不齿。但王铎在书法史上的贡献是不容抹杀的。他的书法主要成就在行草书。尺幅都比较大，起笔时喜欢用浓墨，线条雄健有力，章法奔放恣肆而又安排奇巧。我们很难想象一件奔腾壮阔、酣畅淋漓的草书作品可以由冷静的理性来控制，然而王铎就是这样。同明人徐渭、祝枝山的草书相比，我们就能发现，王铎的过人之处在于纵而能敛。而且，更重要的是，王铎对章法、结构的处理表现出了他第一流的艺术自觉意识，他将元明以来以平正为主流的章法、结构模式加以改变，代之以攲侧。

朱　耷（1626—1705），号八大山人，是明太祖朱元璋第十七子宁王朱权的后裔，江西南昌人。他的经历很奇特，先做和尚，后做道人。他早期的书法学董其昌，秀逸潇洒，晚年用笔圆劲，书写速度较慢，掺入了禅家的虚静境界和超脱精神，于沉雄浑沦中寓郁勃傲然之气。

“扬州八怪”是清代中期颇有影响的书法家群体，他们注重个性发挥，不守成法，对当时正统的帖派风格形成强烈的反差。同时，注重从汉碑中吸收营养，以隶法如行、草，开启了碑派风格。“扬州八怪”包括金农（1687—1763）、郑燮（1693—1766）、李鱓（1686—1762）、高凤翰（1683—1748）、汪士慎（1686—1762）、黄慎（1687—1768 年后）等人，其中，金农的隶书结体宽扁，用笔老辣，古拙之气溢于纸上，他的“漆书”更是雄绝一时。高凤翰晚年用左手写字，别有趣味。黄慎的草书用笔率意粗犷。点多线少，是明末肆意书风的一种发展。“扬州八怪”中最有影响的是郑燮。郑板桥书法，用隶体掺入行楷，自称“六分半书”，人称“板桥体”。其画，多以兰草竹石为主，兰竹几成其心灵的郑板桥的书法艺术，在中国书法史上是独树一帜的。由他 23 岁写的《小楷欧阳修〈秋声赋〉》和 30 岁写的《小楷范质诗》推知，板桥早年学书从欧阳询入手。其字体工整秀劲，但略显拘谨：这与当时书坛盛行匀整秀媚的馆阁体，并以此作为科举取士的标准字体有关。对此，郑板桥曾说：“蝇头小楷太匀停，长恐工书损性灵。”在他 40 岁中进士以后就很少再写了。郑板桥书法最被称道的是“六分半书”，即以“汉八分”（隶书的一种）杂入楷、行、草而独创一格的“板桥体”。“六分半”书，是郑板桥对自己独创性书法的一种诙谐称谓。隶书中有一种笔画多波磔的“八分书”，所谓“六分半”，其意大体是隶书，但掺杂了楷、行、篆、草等别的书体。《行书曹操诗》轴（现藏扬州博物馆）可视为“六分半”体的代表作。此件写曹操《观沧海》诗，幅面很大，平均每字有 10 平方厘米以上，字体隶意颇浓，兼有篆和楷；形体扁长相间，字势以方正为主而略有摆宕。拙朴扩悍，恰与曹诗雄伟阔大的风格相似。郑板桥曾在《赠潘桐冈》诗中称道自己的书法：“吾曹笔阵凌云烟，扫空氛翳铺青天。一行两行书数字，南箕北斗排星躔。”郑板桥书法作品的章法也很有特色，他能将大小、长短、方圆、肥瘦、疏密错落穿插，如“乱石铺街”，纵放中含着规矩。看似随笔挥洒，整体观之却产生跳跃灵动的节奏感。如作于乾隆二十七年（1762 年）的《行书论书》横幅，时已七十高龄，乃晚年佳作。大意是说苏东坡喜用宣城诸葛氏齐锋笔，写起来十分如意，后来改用别的笔，就手心不相应。板桥自己喜用泰州邓氏羊毫笔，写起来婉转飞动，无不如意。于是把泰州邓氏羊毫比作宣城诸葛齐锋，最后说：“予何敢妄拟东坡？而用笔作书皆爱肥不爱瘦，亦坡之意也。”整幅作

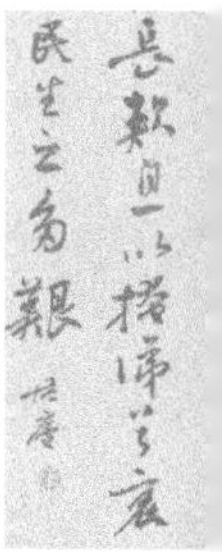

品结字大大小小，笔画粗粗细细，态势欹欹斜斜，点画、提按、使转如乐行于耳，鸟飞于空，鱼游于水，在一种态情任意的节律中显露着骨力和神采：清人何绍基说他的字“间以兰竹意致，尤为别趣”。从这件作品的章法、结体和笔画，不难看出他“波磔奇古形翩翩”的兰竹精神。郑板桥的书法糅多种书体于一炉，看似歪七扭八，毫无章法，但却有奇肆之气。

书法是以汉字为基础、用毛笔书写的、具有四维特征的抽象符号艺术，它体现了万事万物的“对立统一”这个基本规律，又反映了人作为主体的精神、气质、学识和修养。书法艺术的鉴赏通常包括以下四个方面：

（1）书法的线条美。线条是书法的重要构成材料，书法的美首先从线条美上得到体现。线条的美可以从四个方面考察：书法线条有力度，有力量感；书法线条有厚度，有立体感、空间感；书法线条弛缓有度，有运动感；书法线条彰显书写着的内在生命，有质感。

（2）书法的结构美。闻一多认为诗歌是戴着镣铐的舞蹈，其实，书法更是如此。之所以这样说，是因为汉字的笔画、字形都是先定的，留给书法创作者的空间相对有限，这是对书法的束缚，也是考验书法作者的难题，因此结构的安排最能体现书法作者的匠心。一个优秀的书法作者，往往能将束缚转化为动力，做出巧妙的设计。字的体势和态，都是字的结构的体现。字的结构，简单地说就是点画的组合，犹如建筑设计，有构件组合成不同形态的空间。字的结构也体现为黑白的组合——书法作品总是由黑白二种色彩构成，因此字的结构也称布白。字的点画为实线，点画的空白处为虚空，书法艺术的美正是通过虚与实安排体现空间的美。古人讲的“晋人尚韵”“唐人尚法”也可以从这一角度理解：前者从结构上讲就是点画线条萧散，空白参差自然；后者则点画精确，结构严谨，空白有规律。

（3）书法的中和美。书法作为一种具有强烈的中国色彩的艺术形式，也突出体现中国精神——中和之美。《论语》中有子说道：“礼之用，和为贵”，《中庸》有言曰“中也者，天下之大本也；和也者，天下之达道也。致中和，天地位焉，万物育焉”，可见中和思想在中国思想中的地位。中和之美，强调的是事物之间和事物内部的各个组成部分之间的和谐统一，当然中和之美不是不能有矛盾，但矛盾最终归于和谐统一。具体体现在书法艺术上，中和之美就是形神兼备、轻重得宜、疏密有致、虚实相生、动静相和、刚柔相济，多姿多彩又浑然一体。同样，书法艺术中和美，并不意味着规规矩矩、四平八稳，而是奇与正、新与旧、险与平达成最终的平衡。

（4）书法的意境美。中国向有书画一体之说，又有“诗中有画，画中有诗”之说，而中国古代诗歌的一个突出特点是意境美，意境美的追求不仅体现在诗歌、绘画中，同样也体现在书法中。苏轼说：“书必有神、气、骨、肉、血，五者缺一，不成为书也。”其所谓“神”“气”，说到底就是书法作者的精神境界、人格操守、性格气质，也就是说要在书法的线条的粗细、结构的疏密、书写速度的弛缓等形式要素中体现创作者的个性和精神追求。

第二章 实践篇

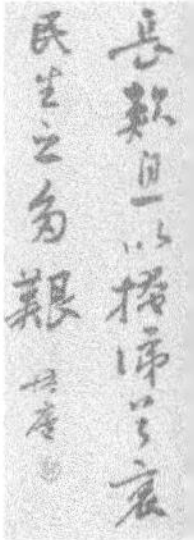

欣赏、临摹作品

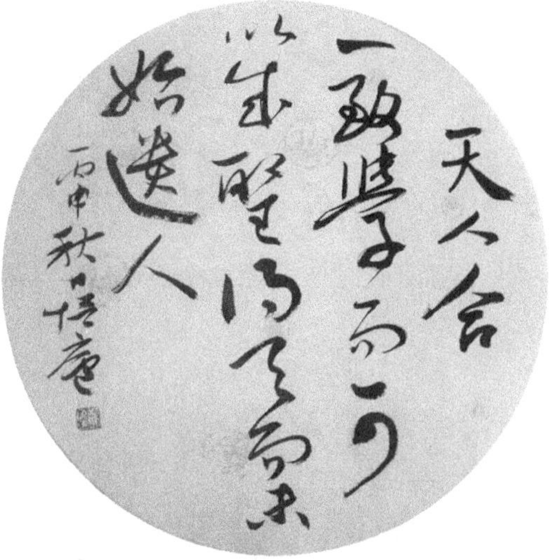

1. 天人合一,致学而可以成圣,得天而术始遗人。

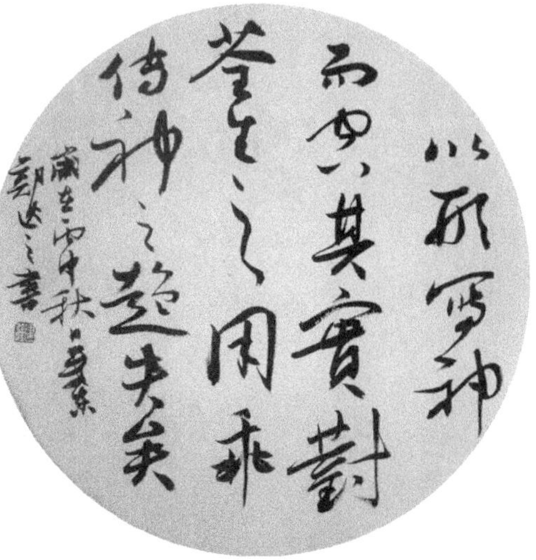

2. 以形写神而空其实对,荃生之用乖,传神之趋失矣。

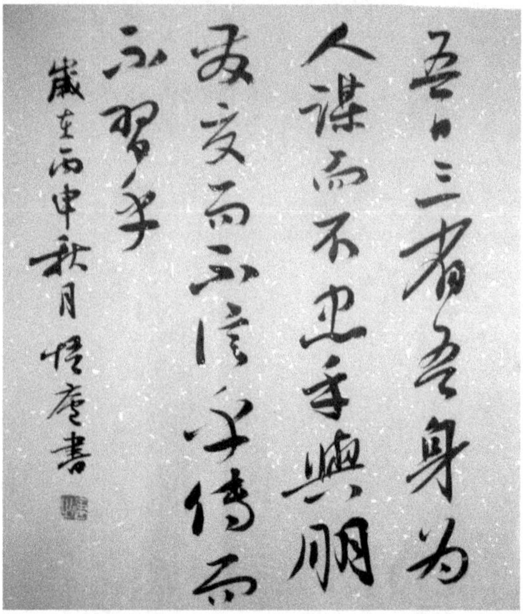

3．吾日三省吾身。为人谋而不忠乎？与朋友交而不信乎？传不习乎？

4．鸟飞返故乡兮，狐死必首丘。

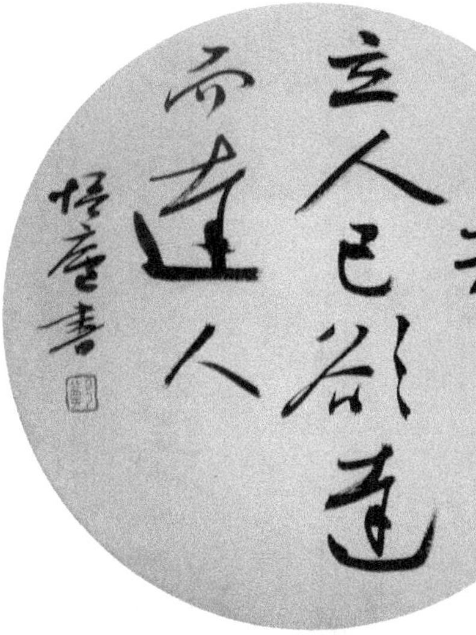

5. 己欲立而立人，己欲达而达人。

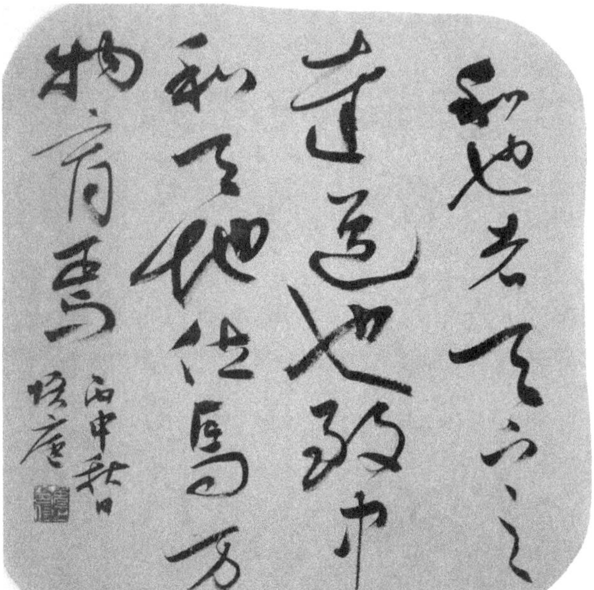

6. 和也者，天下之达道也。致中和，天地位焉，万物育焉。

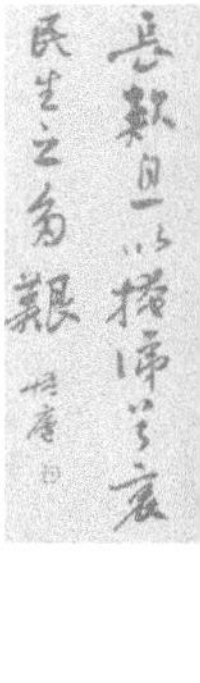

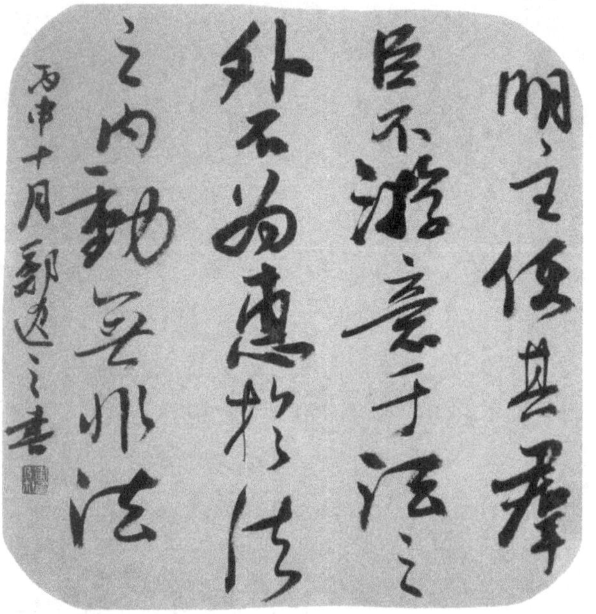

7. 明主使其群臣不游意于法之外，不为惠于法之内，动无非法。

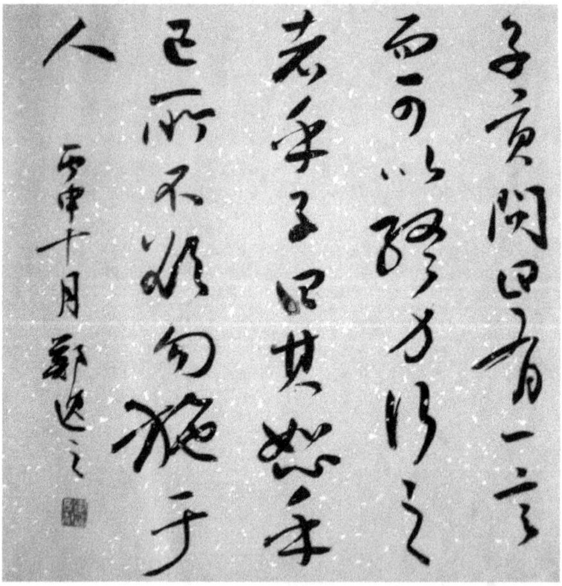

8. 子贡问曰：“有一言而可以终身行之者乎？”子曰：“其‘恕’乎！己所不欲，勿施于人。”

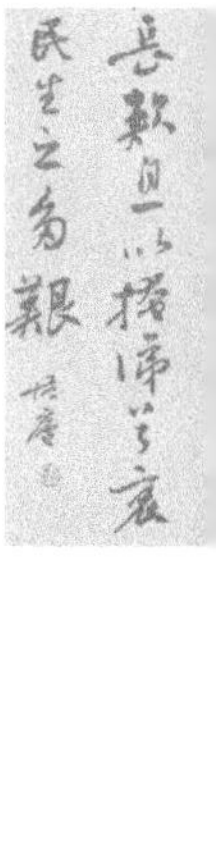

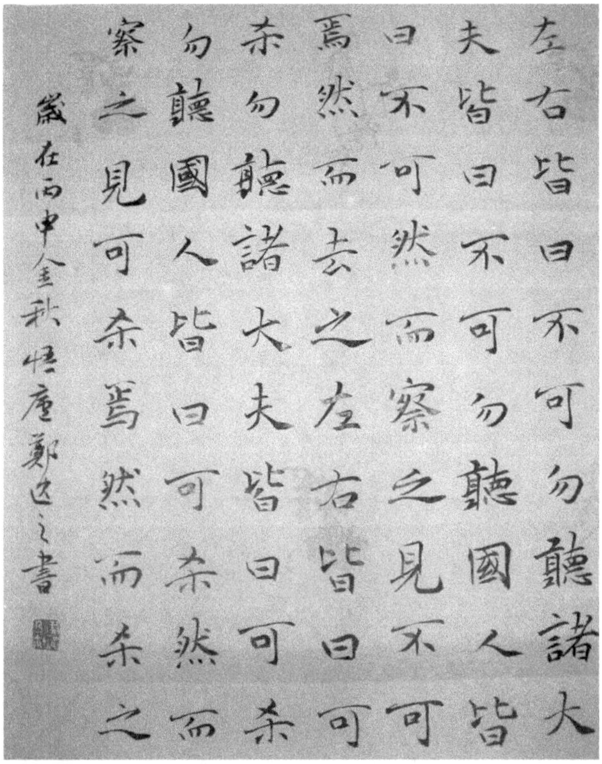

9. 左右皆曰不可，勿听；诸大夫皆曰不可，勿听；国人皆曰不可，然后察之；见不可焉，然后去之。左右皆曰可杀，勿听；诸大夫皆曰可杀，勿听；国人皆曰可杀，然后察之；见可杀焉，然后杀之。

10. 王师北定中原日，家祭无忘告乃翁。

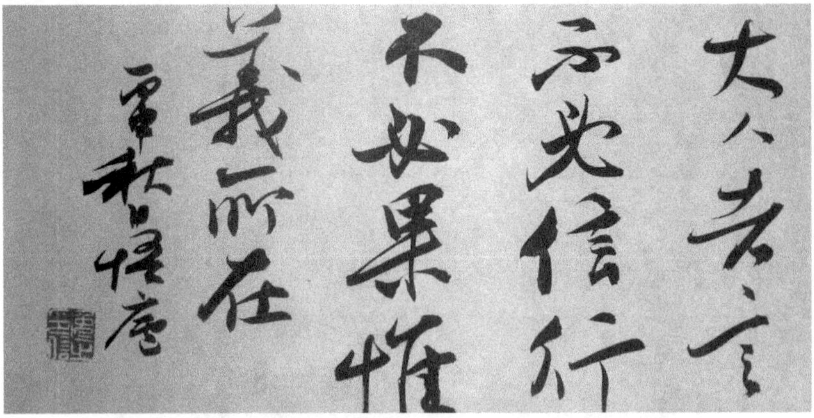

11. 大人者，言不必信，行不必果，惟义所在。

12. 孔子之去齐，接淅而行去鲁，曰：“迟迟吾行也，去父母国之道也。”

13. 大天而思之，孰与物畜而制之！从天而颂之，孰与制天命而用之！

14. 礼之用，和为贵。

15. 君子莫大乎与人为善。

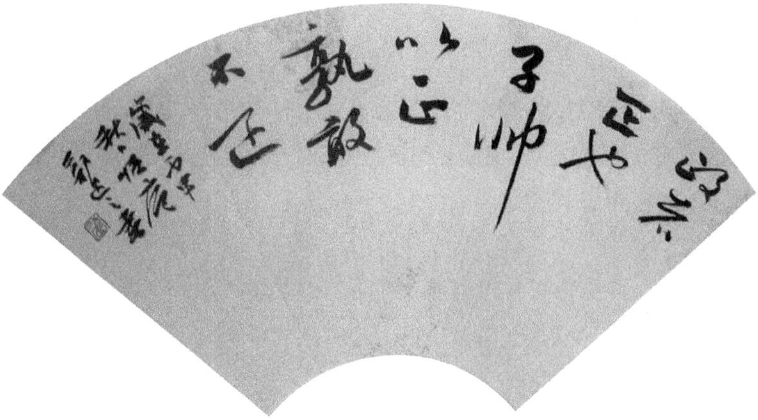

16. 政者，正也。子帅以正，孰敢不正？

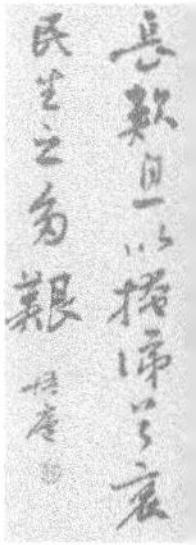

17. 子以四教：文、行、忠、信。

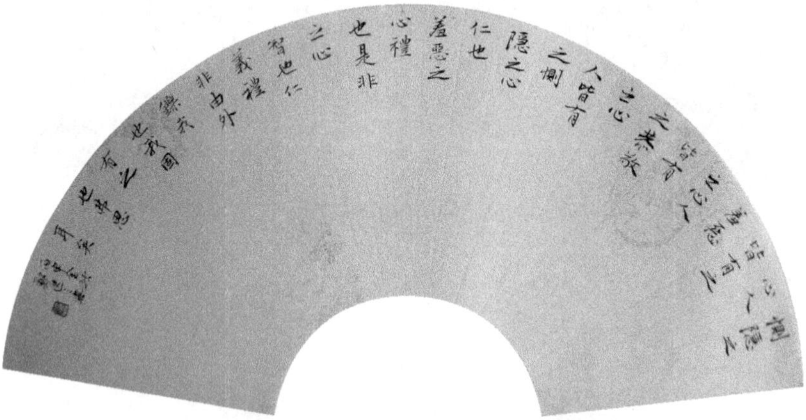

18. 恻隐之心，人皆有之；羞恶之心，人皆有之；恭敬之心，人皆有之；是非之心，人皆有之。恻隐之心，仁也；羞恶之心，义也；恭敬之心，礼也；是非之心，智也。仁义礼智，非由外铄我也，我固有之也，弗思耳矣。

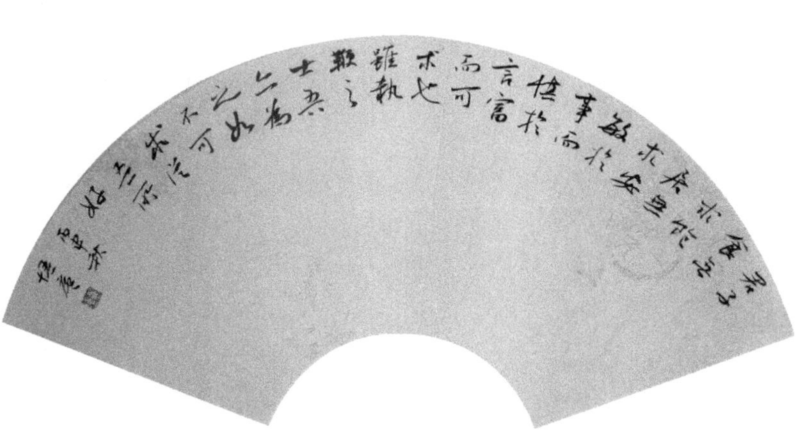

19. 君子食无求饱，居无求安，敏于事而慎于言，富而可求也；虽执鞭之士，吾亦为之。如不可求，从吾所好。

20. 画有六法：一曰气韵生动，二曰骨法用笔，三曰应物象形，四曰随类赋彩，五曰经营位置，六曰传模移写。自古画人罕能兼之。

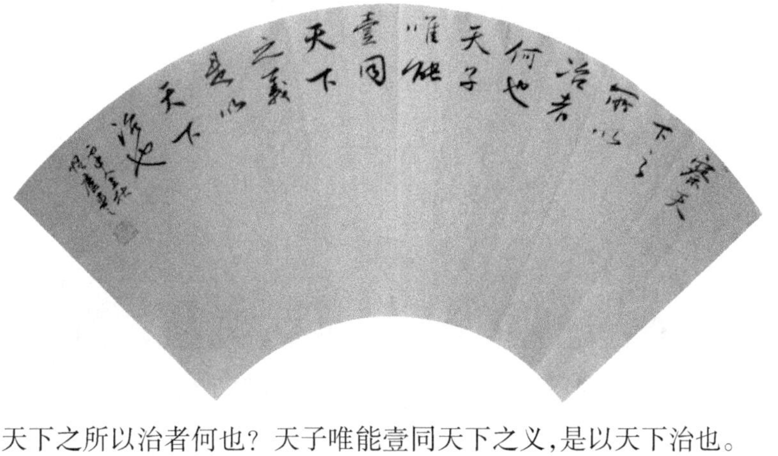

21. 察天下之所以治者何也？天子唯能壹同天下之义，是以天下治也。

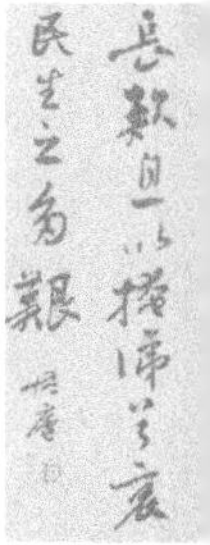

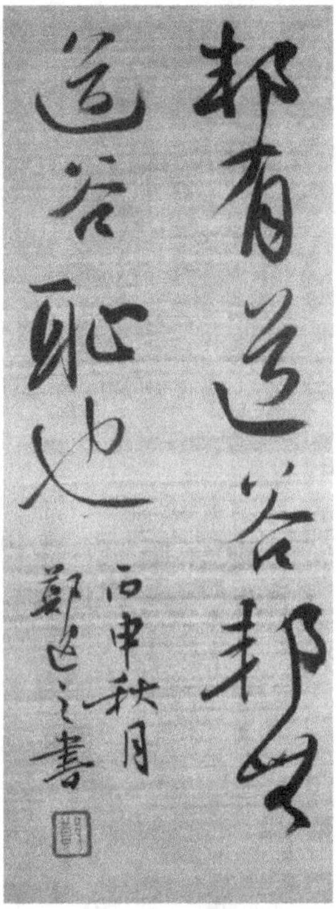

22. 邦有道，谷；邦无道，谷，耻也。

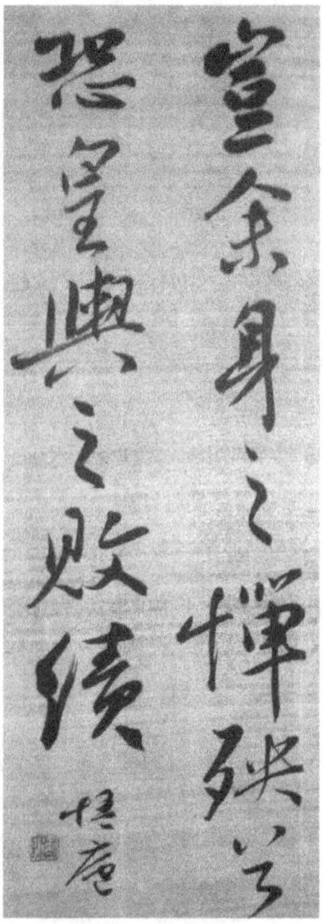

23. 岂余身之惮殃兮，恐皇舆之败绩。

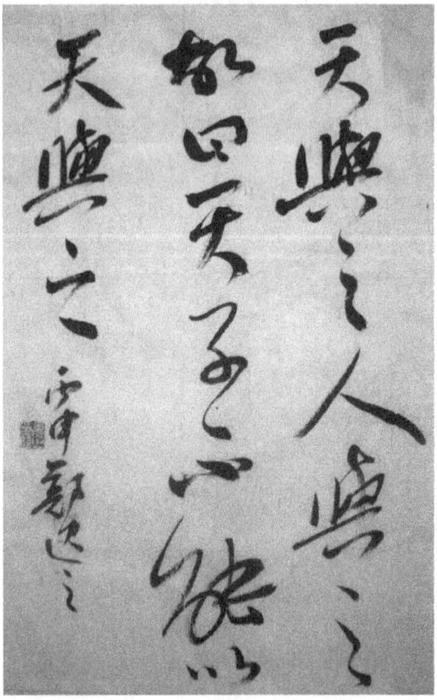

24. 天与之，人与之，故曰：天子不能以天下与人。

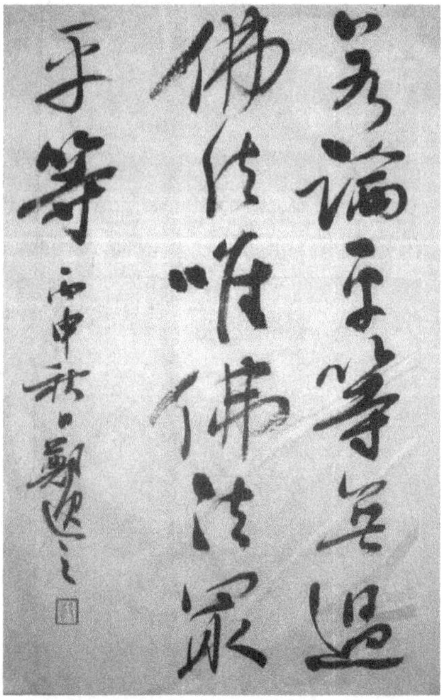

25. 若论平等，无过佛法。唯佛法最平等。

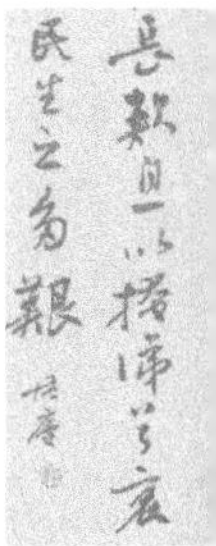

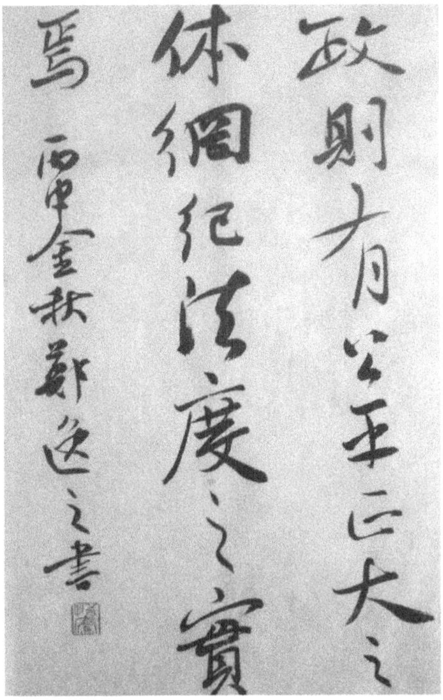

26. 政，则有公平正大之体，纲纪法度之实焉。

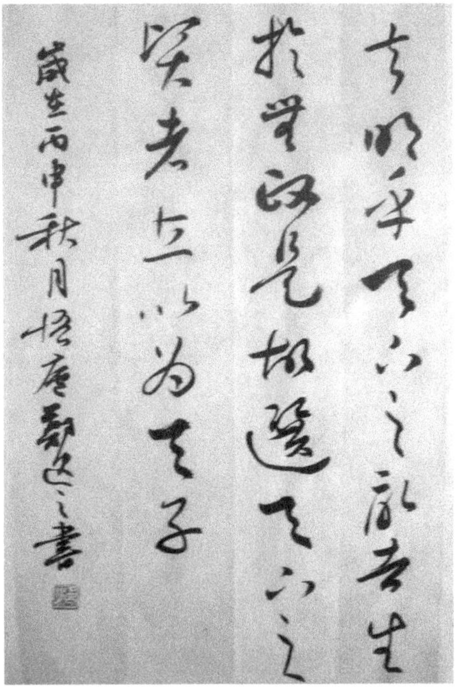

27. 夫明虖天下之所以乱者，生于无政长，是故选天下之贤可者，立以为天子。

28. 民为贵，社稷次之，君为轻。

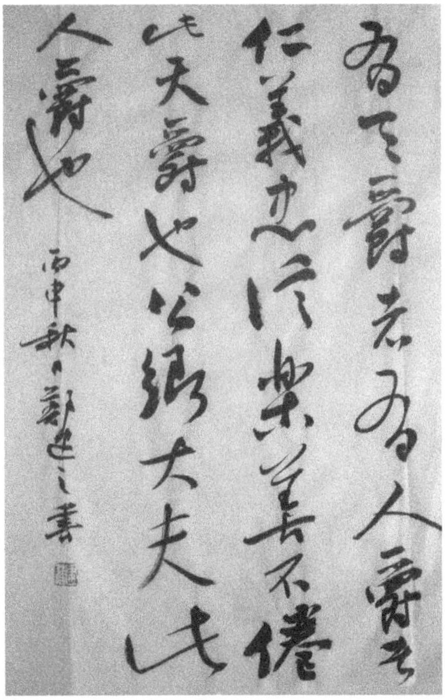

29. 有天爵者，有人爵者。仁义忠信，乐善不倦，此天爵也；公卿大夫，此人爵也。

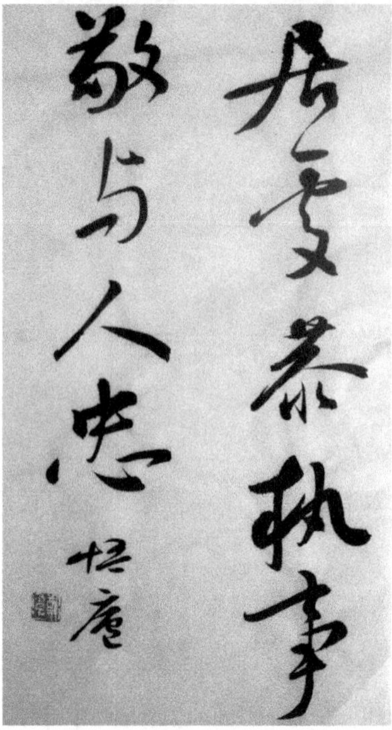

30. 居处恭,执事敬,与人忠。

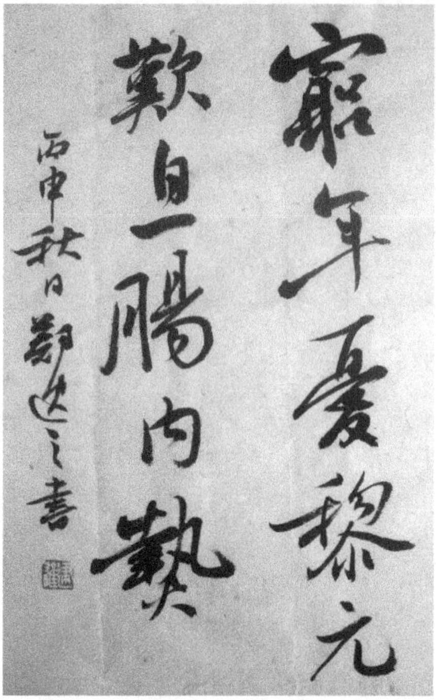

31. 穷年忧黎元,叹息肠内热。

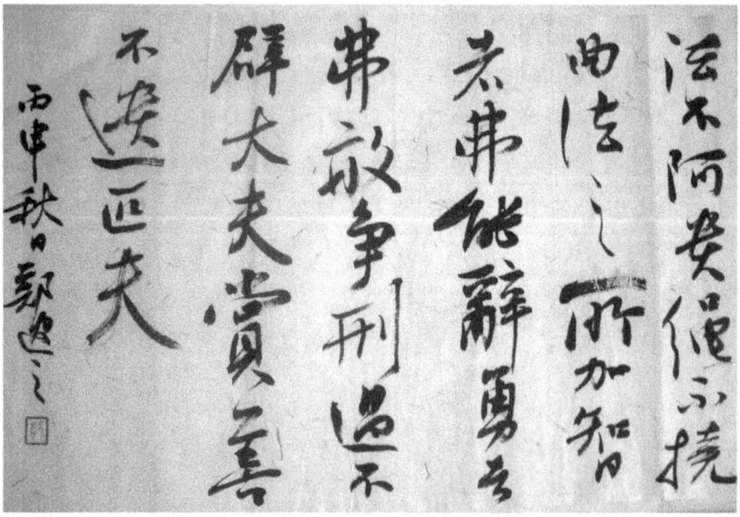

32. 法不阿贵,绳不挠曲。法之所加,智者弗能辞,勇者弗敢争。刑过不辟大臣,赏善不遗匹夫。

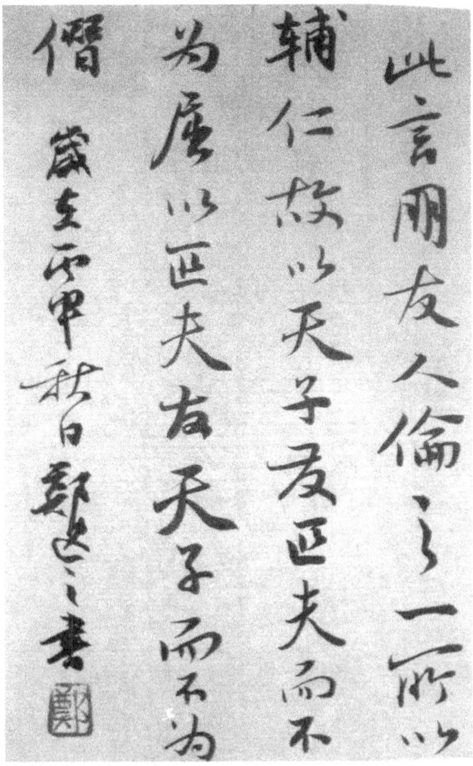

33. 此言朋友人伦之一，所以辅仁，故以天子友匹夫而不为屈，以匹夫友天子而不为僭。

34. 君子莫大乎与人为善。

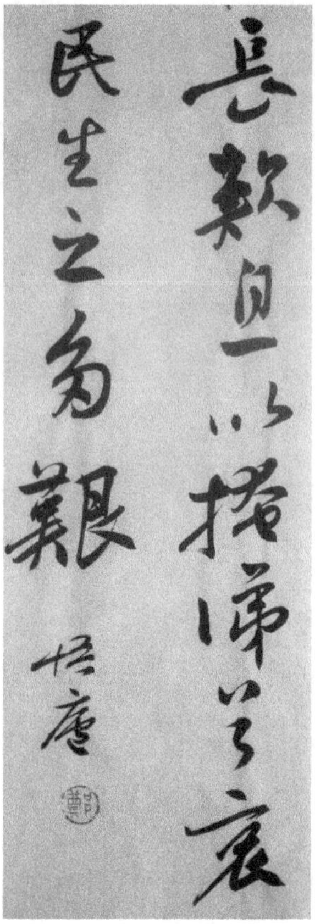

35. 长太息以掩涕兮,哀民生之多艰。

地 方 编

第一章　概　述

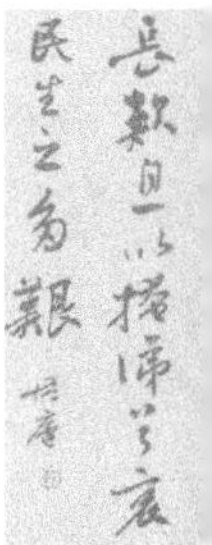

明弘治时期的《太仓州志》记载:“按旧志云,春秋时吴王在此置仓,故名太仓,又曰东仓”,可见太仓的历史非常悠久。尽管太仓的历史可以追溯到春秋时期,但太仓真正在学术、思想、文化方面产生全国性影响,是在明清时期。明清时期苏州的经济达到了鼎盛,城市规模和人口急剧增加,经济贸易活动频繁,城市繁荣,以苏州为中心的江南地区已经成为全国的经济中心,苏州是中国的重要商埠并跻身于当时世界十大城市之一,经济繁荣的程度可以《盛世滋生图》(又称《姑苏繁华图》)为证。明初苏州设立了官营织造局。以苏州为代表的江南农业文明已高度发达,农业的富余劳动力开始大量向城市集聚,苏州城市人口大量增加,向中央政府缴纳的粮、税占到全国的十分之一,中国最早的资本主义萌芽在苏州出现。与苏州的迅速发展的同时,太仓在明清时期快速崛起。朱明政权占领太仓后,设立太仓卫,洪武十二年(1379 年),又在太仓设立镇海卫。洪武二十六年(1393 年),明政府在太仓南码头元代海运粮仓的基础上修建大型海运储仓——海运仓,太仓成为明代海军的主要基地和指挥中心。随着郑和下西洋,太仓的刘家港成为闻名天下的国际贸易大港,是当时中国与世界相互交流的“第一窗口”。弘治十年(1497 年),划昆山、常熟、嘉定部分地区,设立太仓州,领崇明县。清雍正三年(1725 年),升太仓州为直隶州,管辖镇洋、崇明、嘉定、宝山四县,隶属江苏省管辖。以上措施,无疑加快了太仓的发展。经济的快速发展,也促进了思想、文化的发展。1493 年,毛澄高中状元,成为太仓历史上的第一位状元,可以说拉开了太仓挺进全国历史名镇的序幕。其后,政界有官拜内阁首辅的王锡爵,学界有复社领袖的张溥、官至湖广总督、撰修了著名史学著作的毕沅,文学界有独领有明文坛二十年的“后七子”代表王世贞,与唐寅、祝允明、文徵明并称“吴中四才子”和“前七子”之一的徐祯卿,主盟清初诗坛的、被称为“娄东派”的著名诗人吴梅村,戏剧界有创立“水磨腔”、被称为“昆曲鼻祖”的魏良辅,书画界有引领有清画坛 300 年的娄东画派,他们共同创造了太仓的辉煌,将太仓打造成明清时期中国思想、文化的一个重镇,将娄东文化推向全国。

作为吴文化的有机构成部分,娄东文化具有吴文化的主要特征,只是在某些方面更为突出,如作为重要港口的太仓,更为开放、包容。具体来说,娄东文化有以下几个方面的特征。

一、刚柔相济

刚柔相济是娄东文化的基本特征，这种文化特征首先与生活环境相关。在一般人的眼里，从形体到性情，“柔”是太仓人的一个典型特征，给人的感觉是温文尔雅，似乎只能产生文弱书生、才子佳人，但成不了大气候。其实，考察吴地文化精神的演变轨迹，刚柔相济是一条主线，只不过这条主线以六朝为界分为两个阶段，前一阶段表现为以刚为主、外刚而内柔，后一阶段以柔为主、外柔而内刚。六朝以前，这里的人们“轻死易发”“好相攻击”，是民风强悍的地方。春秋时吴地民风尚武、强悍。《战国策·魏四》记载的春秋战国时的三大刺客中，吴地出了两个，即刺杀王僚的专诸和刺杀庆忌的要离（另一为刺侠累的聂政）。我国历史上伟大的军事家——孙武，也是在吴地完成了他的军事名著——《兵法》十三篇，同时也是在吴地实践了他的军事理论——演兵教战以及指挥伐楚之战等。秦汉时，项羽“八千江东子弟”皆出于吴地，为这种尚武之风作了最好的注脚。魏晋以后，伴随着文明开化程度的提高，吴人的性格气质一改过去的武勇刚烈，逐步转化为温柔多情，崇文信智，寓刚于柔，刚柔相济，内涵筋骨而不外耀锋芒，有一种独特的韧性精神。以张溥、张采“娄东二张”为领袖的、有“小东林”之称的复社，评议时政，裁量人物，以惩弊救世、天下为公为己任，以“家事、国事、天下事事事关心”作为自己的座右铭，干预时政，突出体现了娄东人刚烈的一面。与其他文化地域的人相比，太仓人确实显得性情温顺，平和安详，他们的“柔”，更多表现在对家乡的眷恋之情，就是热爱家乡、故土难离。这种恋家、思乡之情，各地的人皆有，不过在太仓人身上表现得尤为明显，尤其突出。生活在江南水乡的太仓人（尤其是读书人），不仅从书本上和传说中接受着吴文化传统的熏陶，而且还从“青山永在，绿水长流”的自然景观中感受着吴文化的无穷魅力，从而滋生出对家乡深沉的爱，也激发起对家乡文化的自信心、自豪感和责任感。据说，远在异国他乡的苏州人读到《苏州杂志》时，往往热泪盈眶，这正是游子对故乡的刻骨相思。当然，这种对家乡深沉的爱，有时候也会产生一些消极作用，比如过分恋家就会缺乏一种走出去的勇气和信心等等。但对苏州人来说，这种对家乡的热爱常常会激发起他们建设家乡、美化家乡的动力，大家各显其能，各尽其力，共同推动家乡社会经济的发展。

刚柔相济实际上也是“和”与中庸思想哲学思想的具体体现。孔子说：“吾有知乎哉？无知也。有鄙夫问于我，空空如也。我叩其两端而竭焉”，又说：“执其两端，用其中于民。”刚和柔是一对矛盾的两个方面，是同一事物的两个端点。对于儒家中庸思想来说，就是保持对立的两个方面的平衡，没有过与不及的弊端。“礼之用，和为贵”，“和而不同”则是中国“和”的思想的浓缩。这种渗透了“和”与中庸思想哲学思想的刚柔相济突出体现在明清时期的太仓精英文化中，如张溥继承了东林党人在复兴古学与经世致用调和的思想，与当时李贽代表的激进派绝然不同，同时也与那些死守儒家经典的顽固派有别；娄东画派则在文人画与宫廷画、继承前人优秀传统与创新之间保持中和的立场。

二、重文尚教

大约在东汉以后，吴越地区就出现了一种对高层次文化和艺术不断追求的意识，藏书和读书风气盛行，优秀人才、优秀文学作品不断出现。东晋以后，随着南方社会经济的迅速发展和北方先进文化的不断渗透，吴地经济迅速崛起。所谓“仓廪实则知礼节，衣食足则知荣辱”，发达的经济和安定的社会秩序，为吴地人创造了安心读书的良好环境，而社会的安定又吸引了大量外地的士大夫、文人墨客寓居于此，其中不乏满腹经纶之士。文人的聚集，读书风气的兴起，佛教、道教在江南的广泛传播，最终涵化了吴人的性格，使吴地的社会结构和民俗风气发生了深刻的变化，“多儒学、喜信施”的社会风气逐步形成。历代封建统治者实行重文轻武的政策，也对吴地尚文风气的形成起到了推波助澜的作用。范成大在《吴郡志》中引《石林避暑录》说，“吴下全盛时，衣冠所聚，士风笃厚，尊事耆老。来为守者多为前辈名人，亦能历其习俗以成美意。旧通衢皆碣立表为坊名，凡士大夫名德在人者，所居往往以名坊曲，此风惟吴邦见之”。北宋时期，范仲淹在苏州设立府学，大力倡导教育，开东南兴学之风，此后县学、书院、义塾、私塾层出不穷，历代统治者相沿袭，逐渐演化结果，到明清时期江南就形成了“风流文物、冠映古今”的奇观。在“万般皆下品，唯有读书高”、“书中自有黄金屋”等功利意识的驱使和文化传统的影响下，吴地逐步形成了书香门第、文化氏族，进而以苏州为中心，形成了密集的文化群体。

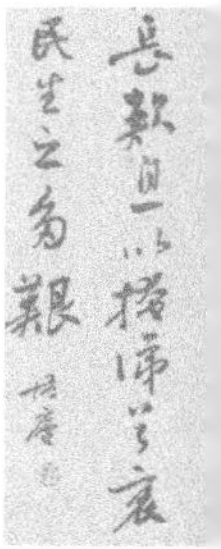

作为苏州的一种组成部分，太仓同样重文尚教。延祐元年（1314 年），昆山州移州治于太仓，第二年，知州王安贞在太仓城北建昆山州庙学，这是太仓有历史记录最早的州学。元代时还建了社学，比之周边县市都早。明初太仓设卫，建卫学。弘治十年（1497 年），建太仓州，设州学。雍正三年（1725 年），太仓升为江苏直隶州，设太仓州学、镇洋县学。清同治四年（1865 年），建太仓州试学，当时的镇洋、嘉定、宝山、崇明四县童生皆要到太仓来参加考试。这对推进太仓地区尊师重教风气起了不小的作用。太仓不仅州学、官学比较发达，私学同样繁荣，太仓在清代时，书院、文社已遍布全县，如安道书院、娄东书院、尊道书院、刘涓书院、商尹书院、娄江文社、刘涓文社，而陆世仪、陈瑚、江士韶、盛敬被尊为“四先生”，乡民为其建四先生祠。清末的礼部尚书陆宝忠是我国近代教育的奠基人之一，在他的倡导下，兴建、改造了一批新式学堂，他建议、制定的不少条文、规定，至今仍是教育界参考的蓝本，故被海外列为中外百名教育家之一。

三、开放包容、兼容并包

太仓地处江海交汇之处，地理条件得天独厚。这种地理环境也造就了太仓人的性格。从历史上来看，唐宋以前，太仓属于乡野之地，离南京、扬州、苏州等繁华都市尚有一段距离，是避世隐居的好地方，故官场失意之人或与世无争之文人，喜欢在太仓造房筑园，清净过日子，这就有了一定的保守性。但就全世界范围看，凡江海交汇之处皆世界经济最发达地区，海洋文化的影响，使之产生一种走出去的开拓精神。加之，太仓城内 2200 年的盐铁塘与900多年的致和塘十字交叉，使太仓百姓浸淫在水文化之中，焕发了灵气。元代码头的兴盛与上海开埠更影响了太仓人，影响了娄东文化，使得娄东文化吸收了外来文化，娄东文化呈多元倾向。

太仓是明代郑和七下西洋的始发地，不但保存下了天妃宫，还留存了一些有关郑和的传说。600年前，郑和的两百多艘宝船，两万八千人的队伍，在太仓刘家港海塘上结集编队，在天妃宫朝拜祈祷，规模之大，气势之盛，古今罕见。郑和面对浩渺无垠的大海，劈风斩浪，一往无前的大无畏精神，以及他以和平信使的身份，宣传睦邻邦交的政策，都给历史给后人留下了一份不可多得的文化遗产。郑和下西洋始发港、起锚地更成为太仓的城市名片，擦亮了太仓的知名度，郑和的开拓创新精神也激励着我们后人勇往直前。

明清太仓士大夫在华夷问题上相对开放的态度，离不开太仓文化开放包容、兼容并蓄。唐朝程晏说："身出异域，能驰心于华，吾不谓之夷矣。中国之民长有倔强王化，忘弃仁义忠信，虽身出于华，反窜心于夷，吾不谓之华矣。"（《全唐文》八二一卷程晏：《内夷檄》）唐朝是中国古代历史的一座高峰，程晏在华夷问题上非常开放的立场，很有代表性。顾炎武有言："有亡国，有亡天下。亡国与亡天下奚辨，曰：易姓改号谓之亡国，仁义充塞，而至于率兽食人，人将相食，谓之亡天下。"显然，顾炎武将亡国与亡天下区分开来。顾炎武所说的亡国指改朝换代，而亡天下则是"使天下无父无君而入禽兽者"，是"大义之不明遍于天下"。顾炎武所说的大义就是儒家的大义，是中华民族文化的代言词，可见将中华民族文化的传承置于朝代更替之上，与唐程晏的观点有相通之处，都跳出了狭隘的民族主义圈子。王时敏、吴伟业在明清之际的行为或可有指责之处，但我们也要看到他们与一隅之隔的昆山顾炎武貌似不同，实则有相通之处。这种精神也体现在娄东画派的代表人物王原祁、王鉴身上：他们在仕清的同时，也发扬了中华传统民族文化，使中华传统文化生生不息，在开放、包容中不断发展、繁荣。

四、链接

1."四代一品"的历史传统

王世贞在太仓的出现不是偶然的，它是太仓崇文尚教的结果，也是中国科举选人制度的结果。科举制度，是中国古代读书人参加人才选拔考试的制度，它是历代封建王朝通过考试选拔官吏的一种制度。由于采用分科取士的办法，所以叫作科举。科举制从隋代开始实行，到清光绪三十一年（1905年）举行最后一科进士考试为止，经历了1298年。1905年9月2日，清政府废除科举制度。

科举考试是中国古代封建统治者为选拔人才而设置的一种考试制度，是让读书人参加人才选拔考试，学而优则仕的一种制度。魏晋以来，采用九品中正制，官员大多从各地高门权贵的子弟中选拔。权贵子弟无论优劣，都可以做官。许多出身低微但有真才实学的人，却不能到中央和地方担任高官。为改变这种弊端，隋文帝开始用分科考试的方法来选拔官员。他令各州每年贡士三人，后设不同科目选拔人才。隋炀帝时期正式设置进士科，考核参选者对时事的看法，按考试成绩选拔人才，就是以应策取士。唐太宗、武则天、唐玄宗是创立完善科举的关键人物。在唐朝,考试的科目分常科和制科两类。每年分期举行的称常科,由皇帝下诏临时举行的考试称制科。常设的科目有秀才、明经、进士、俊士、明法、明字、明算等五十多种。其中明法、明算、明字等科,不为人重视。俊士等科不经常举行,秀才一科,在唐初要求很高,后来渐废。所以,明经、进士两科便成为唐代常科的主要科目(进士考时务策和诗赋、文章,明经考时务策与经义;前者难,后者易)。唐高宗以后进士科尤为时人所重。唐朝许多宰相大多是进士出身。常科的考生有两个来源,一个是生徒,一个是乡贡。由京师及州县学馆出身,而送往尚书省受试者叫生徒;不由学馆而先经州县考试,及第后再送尚书省应试者叫乡贡。由乡贡入京应试者通称举人。州县考试称为解试,尚书省的考试通称省试,或礼部试。礼部试都在春季举行,故又称春闱,闱也就是考场的意思。

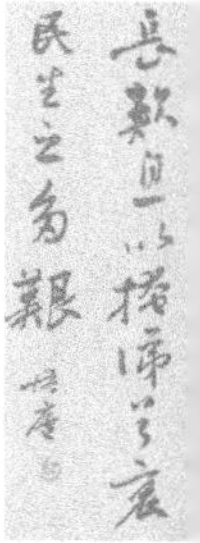

明经、进士两科,最初都只是试策,考试的内容为经义或时务。后来两种考试的科目虽有变化,但基本精神是进士重诗赋,明经重帖经、墨义。所谓帖经,就是将经书任揭一页,将左右两边蒙上,中间只开一行,再用纸帖盖三字,令试者填充。墨义是对经文的字句作简单的笔试。帖经与墨义,只要熟读经传和注释就可中试,诗赋则需要具有文学才能。进士科得第很难,所以当时流传有"三十老明经,五十少进士"的说法。宋代的科举,大体同唐代一样,有常科、制科和武举。宋代"重文轻武",所以也很重视科举考试,但后期导致选官过冗过滥。相比之下,宋代常科的科目比唐代大为减少,其中进士科仍然最受重视,进士一等多数可官至宰相,所以宋人以进士科为宰相科。宋吕祖谦说:"进士之科,往往皆为将相,皆极通显。"当时有焚香礼进士之语。进士科之外,其他科目总称诸科。宋代科举,在形式和内容上都进行了重大的改变。到明朝,科举考试形成了完备的制度:院试(即童生试)、乡试、会试和殿试,考试内容基本以"四书五经"为准,以"四书"文句为题,规定文章格式为八股文,解释必须参照朱熹《四书章句集注》。其中,乡试、会试、殿试三级是明代正式的科举考试。乡试第一名叫解元,会试第一名叫会元,加上殿试一甲第一名的状元,合称三元。连中三元,是科举场中的佳话。明代乡试、会试头场考八股文。而能否考中,主要取决于八股文的优劣。所以,一般读书人往往把毕生精力用在八股文上。八股文以四书、五经中的文句做题目,只能依照题义阐述其中的义理。措辞要用古人语气,即所谓代圣贤立言。格式也很死。结构有一定程式,字数有一定限制,句法要求对偶。八股文是由宋代的经义(主要来源于朱熹注解)演变而成。八股文的危害极大,严重束缚人们的思想,是维护封建专制统治的工具,同时也把科举考试制度本身引向绝路。明末著名学者顾炎武愤慨地说:"八股盛而《六经》微,十八房兴而二十一史废。"又说:"愚以为八股之害,甚于焚书。"

科举制度在西方人眼里是中国的"第五大发明"。当年伏尔泰在听说了科举制之后,惊呼此乃世界上最完美的制度。孙中山在《五权宪法》中曾说:"现在欧美各国的考试制度,差不多都是学英国的。穷流溯源,英国的考试制度原来还是从中国学过去的。所以,中国的考试制度,就是世界中最古最好的制度。"

过去,科举制曾影响欧美国家的观点虽然存在着争议,但许多对此问题较了解的人士还是肯定这一论点。1870 年以前记载科举制的西方文献至少有 120 种以上,有明确的史料说明英美等国建立的文官考试制度曾受到科举制的启示和影响。在 1896 年出版的英文著作《中国环行记》一书中,美国传教士丁韪良在谈到科举时便说:科举是"中国文明的最好方面"。丁韪良十分清楚西方文官考试制度系模仿中国科举制度而来。而特别值得我们注意的是,在包括丁韪良在内的一些人士不断明确指出欧美文官考试制度系从中国借鉴而来的情况下,在当时欧美国家中没有任何人否认过这一点或声称文官考试制度是其自身发明创立的,说明一般西方人皆认可这一事实。

西方人借鉴科举制,并最终建立了现代文官考试制度,深刻地影响着今天的世界。因此,我们说用科举的方法来选拔文官,是中国古人对世界作出的一大贡献。

苏州是江南文化的中心地区,江南文化重视文化教育的特点在苏州得到突出的体现,作为苏州重要辖区的太仓自然也是如此。苏州是著名的状元之乡。李嘉球所撰的《苏州状元》一书表明,按现在的辖区计算,历史上苏州曾出现过 45 位文状元、5 位武状元,其中文状元数量占全国总量 596 位的 7.55%,数量遥居全国各城市之首。最值得一提的是,清朝时期苏州一共出过 26 名状元,占全国 114 名状元的 22.81%、江苏 49 名状元的 53.03%,而同期苏州的人口只占全国的 1% 左右。太仓自宋代以来,一共出了 3 位状元,分别是毛澄、毕沅、陆增祥。宋代有进士 9 人,元代 1 人。明代太仓设州之前有进士 34 人,设州以后有进士 123 人,清代有进士 101 人。

2. 中国现代教育的创始人——唐文治

唐文治,字颖侯,号蔚芝,晚年号茹经,原籍江苏太仓,1912 年定居无锡。父亲唐若钦为清贡生,以收徒教书为业。唐文治自幼从父攻读经书,14 岁读完五经;16 岁入州学,师从太仓理学家王紫翔,潜心研读性理之学及古文辞;18 岁中举人;21 岁进江阴南菁书院,受业于东南经学大师黄元同和王先谦,从事训诂之学。

光绪二十一年(1895 年),康有为等发动"公车上书",唐文治撰写了《呈都察院请代奏拒签辱国条约》的奏章,支持康有为的爱国行动。光绪二十七年(1901 年)九月十三日,唐文治随户部侍郎出使日本。是年冬调任外务部,管理通商、关税等事务。光绪二十八年(1902 年)四月,他以参赞身份随清廷专使载振前往英国参加国王加冕典礼,途中又随同到法国、比利时、美国、日本四国考察国情,回国后为载振撰写了《英轺日记》12 卷。光绪二十九年(1903 年),唐文治改任商部右丞,不久升任左丞、左侍郎。光绪三十二年(1906 年),商部改为农工商部,唐文治任农工商部左侍郎署理尚书。不久,唐文治因母亲去世返回原籍。从此,他脱离仕途,致力于教育事业。

光绪三十三年(1907 年)八月,唐文治就任邮传部上海高等实业学堂(后改为交通部上海工业专门学校,今上海交通大学和西安交通大学前身)监督(校长)。唐文治在该校任职 14 年,精心擘画,成绩卓著。学校 50 周年校庆时,校友和师生募捐修建大礼堂,命名为"文治堂",以资纪念。

1920 年,唐文治因目疾加深,辞去上海工业专门学校校长职务,回无锡前西溪寓所休养。这年夏,应学生高阳之请,担任私立无锡中学校长;年底,又应聘任无锡国学专修馆

（后改为无锡国学专修学校）馆长。这时他已双目失明，但仍亲自授课，朗诵古文，抑扬顿挫，时称“唐调”。在教学上，他提出“厚植基础，博览专精”的原则，主张教古籍原书，使学生能掌握古典文献的基本知识。

1935 年 12 月，为庆贺唐文治 70 寿辰，交大校友和国专同学集资在无锡五里湖畔建筑了“茹经先生纪念堂”。

1937 年 11 月日军侵占无锡前夕，唐文治率领全校师生内迁，辗转到达桂林。后因患病，唐文治回到上海租界休养；1939 年春，在租界创办国专分校。1939 年，上海租界为日伪占领，国专分校改为国学专修馆，以避免向日伪登记，抗日战争胜利后，内迁桂林的无锡国专迁回无锡复校；上海分校继续开办，均由唐文治主持校务。新中国成立以后，无锡国专改名为中国文学院，仍由唐文治任院长。

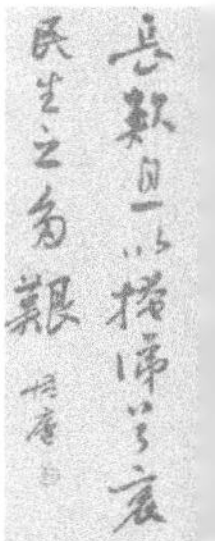

唐文治经历了甲午战争和八国联军两次帝国主义侵略，为清政府的软弱无能痛心疾首，他认为战事的惨败，在于官吏“因循玩贪”，因此多次奏请清廷整饬政纪。他还曾两次出国，到日、英、法、美等国访问考察，吸收先进思想。退出仕途后，他决心从事教育事业，期望能办成像牛津大学那样的高等学府，培养出色人才，以发展实业，振兴中国。唐文治的办学思想是“尚实”，在就职于上海高等实业学堂期间，唐文治邀请在全国各地视察的孙中山先生到学校演说，使全校师生员工了解孙中山先生的振兴实业、富强国家的宏伟计划，以鼓舞和激发师生们工作和学习的热情。为了使学生免受“学而优则仕”的旧教育思想影响，他常常勉励学生，要“求实学、务实业”，“造就学成致用，振兴中国实业”的专门人才。同时，重视体育也是他办学思想的重要组成部分。他重视国文教学，针对当时教育界有些人强调“西学”而轻视国文的偏向，增设国文科，并成立了国文研究会。他也深知，学习西方科技，必须掌握外语，“方能窥其精奥”，于是设立西文科，让学生学习英、德、法和拉丁文。他尤其重视道德教育，认为道德是基础，学问为屋宇墙垣；未筑基础的屋宇墙垣，势必在风雨飘摇中不能久固。他认为道德准则寓于经学中，亲自向全校学生讲授经学，十多年从不间断。他编的课本有《曾子大义》《国文阴阳刚柔大义》《大学大义》《中庸大义》《论语大义》《孟子大义》等；并编了《人格》一书，作为道德教育的范本。1954 年 4 月 9 日，唐文治病逝于上海，终年 89 岁。著有《茹经堂文集》《茹经堂奏书》《茹经先生自订年谱》等。

唐文治先生是中国近代高等工程教育的开拓者，中国近代著名的高等理工大学——交通大学教育体制的奠基人之一，中国近代改革封建旧教育的杰出代表。他的一生绝大部分时间都在从事教育文化和高等工程教育事业。他除旧布新，锐意改革，积极进取，勇于开拓，为发展中国教育文化和近代高等工程教育事业作出了不可磨灭的贡献，在中国近现代教育史上具有举足轻重的地位，他的教育思想作为一份珍贵的教育遗产，内涵丰富，具有重要的历史价值和现实意义。

第二章　一代文豪王世贞的“建功”与“建言”

一、经典选读

吴公宴沙头古梅下诗序

1. 原文

“嗟夫,质脆倏道,物长人短,桓司马所以泫然,庾开府因之抒叹。然夹池之修竹,无复遗青;兰亭之茂林,仅存荒址。考全树于上林,求遗卉于金谷,依稀落照之际,芜没寒烟之表。而邹、枚、司马,组锈其舌颊;太仆、右军,金石其手指。春秋云迈,览者惊其若新;陵、陆已迁,诵之意当尚在。故知召风所嘉,甘棠勿减……文章不朽,诚非虚也。”

2. 译文

哎,生命脆弱人生苦短,物是人非,宋国的司马桓魅因为这个流泪,北周的庾信因为这个抒发感慨。但是夹池的高大竹子,兰亭的茂密竹林,仅仅留下了荒芜的废址。研究上林的整个树木,探求金谷的遗留花卉,在夕阳的残照下,只剩下一堆堆残冢显示着那曾经有过的辉煌。然而枚乘 、邹阳、司马相如、钟繇、王羲之,当时的文才风流,声名煊赫转眼就是沧海桑田,对世人来说并无本质上的区别。时光流逝,看过他们文章的人不由得感叹字里行间的意思像新写的一样;李陵、陆机已经过世很久,但是他们的文章诵读起来我们依然能感受到字里行间的深刻含义。所以我们知道,好的文章历经百世依旧被称颂,不会被削弱……只有文章才能永垂不朽,这不是瞎说的。

二、解读

《左传·襄公二十四年》写道:“豹闻之,‘太上有立德,其次有立功,其次有立言’,虽久不废,此之谓三不朽。”唐人孔颖达认为:“立德谓创制垂法,博施济众”;“立功谓拯厄除难,功济于时”;“立言谓言得其要,理足可传”。通俗地说,立德并不是指个人修德,而是指为后世探索、建立法制、规则,并在实践中成功运用,惠及千秋万代。立功则侧重于为社会做出经济建设、社会稳定方面的贡献,但没有达到创建立制的高度。立言则仅限于理论方面的贡献,也就是我们现在所说的务虚的贡献。显然,立德、立功、立言是贡献社会、实现人生价值的三个层面。“三不朽”是古代中国文人士大夫人生理想的重要标杆,激励一代代有志之士为之奋斗。如司马迁在立德、立功都无法实现之后,退而求其次——立言,他之所以能够忍受屈辱，就在于完成《史记》，实现“三不朽”的最低境界：立言。其所谓“退而论书策，以舒其愤，思垂空文以自见”，并非仅抒个人愤懑，也并非“空文”，而是要“究天人之际，通古今之变，成一家之言”，流传千古。王世贞的《吴公宴沙头古梅下诗序》文章虽短，但体现了与司马迁类似的人生理想和价值追求。文章采用对比的手法，先说那些华丽、宏伟的宫廷庙宇都成为灰烬，做好引出“文章不朽，诚非虚也”的结论，显然他的人生理想也没有超出“三不朽”范畴。

当然，王世贞的贡献并不完全局限在立言。“居庙堂之宇，则建功于民事；处江湖之际，则建言于文坛”，正表明他希望超越立言，进而实现立功。王世贞在处理立功、立言的关系时，也体现了中国文人士大夫的一贯立场，即《孟子・尽心上》所说：“穷则独善其身，达则兼济天下。”儒家讲天命，孔子、孟子、朱熹都是如此。儒家认为个人的命运并不能完全由自己掌握——还有主体不能控制的天命。天命可以视为某种宿命的东西，也可视为客观世界及发展规律，总之，人不可能完全主宰外部世界，这也导致了个人命运的“穷”与“达”。不过，儒家无论在何种情况，都不会改变自己的人生追求，从这个角度上，儒家实现了命运的自主。王世贞是比较幸运的，他作为“后七子”的杰出代表、主宰文坛二十年的文学领袖和官至刑部尚书的高层官员，为老百姓、为社会做了许多实实在在地贡献，在立言、立功方面皆有建树。作为一个出身于科举世家的封建官吏，王世贞在其二十二年的官场生涯中始终实践着为民做实事的理念。他怀抱着忧患济世的主张，在治理地方、改善民瘼、决理刑狱等方面充分显示着自己的治事理想，实实在在地解决着民生问题，除此之外他还凭借自己名声的影响力积极上书提出改良时世的策略，也通过书信这样一种有效的联络途径来勉励士人，希冀借助优秀人才的努力共同改良时局。如王世贞在刑部做官的时候，为官清廉，有断案才能。一个阎姓的奸人犯法，为了躲避惩罚，躲在锦衣卫都督陆炳家，王世贞没有投鼠忌器，照样入陆炳家搜，将阎某绳之以法。陆炳没有料到王世贞竟然一点面子都不给，于是就请严嵩说情，结果还是没用。王世贞这种不畏权贵的精神，从本质上说是中国知识分子人格精神和儒家思想的体现。

三、链接

1. 王世贞其人

王世贞（1526—1590），字元美，又号弇州山人，弇州生、弇山居士、弇山人、天弢居士、天弢道人，明南直隶苏州府太仓州人，文学家，也是著名的史学家和戏剧家，生平活动时间经历嘉靖、隆庆、万历三朝。王世贞出生在衣食无忧的豪门书香家庭，天资聪颖，被称为神童，又从小受到良好的教育。王世贞 15 岁的时候，他的父亲为他聘请了山阴人骆居敬作为私塾的老师，一次，骆先生为人作《宝刀篇》以诗，顺便请王世贞也作一首，话语刚落，王世贞就脱口而出：“少年醉舞洛阳街，将军血战黄沙漠”，骆先生拍案叫绝，起身向自己的得意门生拱拱手说：子必以大雅名世哉，吾且拜下风。大约在王世贞十六七岁的时候，王世贞成州诸生。嘉靖二十二年（1543 年），年仅 18 岁的王世贞中了应天乡试，成为一名举人。第二年春天，王世贞赴京赶考，但是落榜了。三年以后，就是嘉靖二十六年（1547 年）

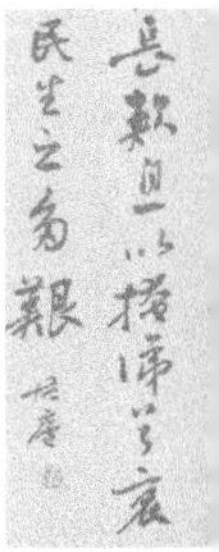

春,22 岁的王世贞第二次参加会试,终于进士及第。先后任职大理寺左寺、刑部员外郎和郎中、山东按察副使青州兵备使、浙江左参政、山西按察使,万历时期出任过湖广按察使、广西右布政使,郧阳巡抚,后因恶张居正被罢归故里,张居正死后,王世贞起复为应天府尹、南京兵部侍郎,累官至南京刑部尚书,卒赠太子少保。王世贞在文坛上与李攀龙共倡古文运动,自李攀龙殁后,他声名日盛,才名意气笼括海内外,主宰文坛 20 年。可以说,王世贞是明代中后期后七子的杰出代表人物,是明代中后期的文坛领袖。

2. 后七子

“后七子”名称首见于《明史·文苑·李攀龙传》,是明嘉靖、隆庆年间(1522—1566年)中国明代的文学流派,成员包括李攀龙、王世贞、谢榛、宗臣、梁有誉、徐中行和吴国伦,以李攀龙、王世贞为代表。因在“前七子”之后,受李梦阳、何景明等人的影响,继续提倡复古,相互呼应,彼此标榜,声势更为浩大,世称他们是“后七子”,又有“嘉靖七子”之名。“后七子”的文学主张基本上与前七子相同,强调“文必秦汉,诗必盛唐”。李攀龙、王世贞是后七子的代表作家,他们认为古文已有成法,今人作文只要“琢字成辞,属辞成篇”,模拟古人就可以了,并且武断地认为散文自西汉以后、诗歌从盛唐以后,都不值一读,把复古运动引到了极端。“后七子”在文坛上活跃的时间较长,他们的文学主张彼此间有不少差异,而且有所发展和变化。李攀龙死后,王世贞主盟文坛近 20 年之久,后来他也渐渐地觉察到复古主义的某些弊病,认识到“代不能废人,人不能废篇,篇不能废”的道理。由于“后七子”立论有的褊狭,有的通达,故其创作中的模拟仿古程度也有所区别,其中李攀龙最为严重。“后七子”在近体诗方面都有一定功力,李攀龙俊洁响亮,王世贞精切雅致,吴国伦整密沉雄,徐中行闳大雄整,谢榛神简气逸,但都带有模拟的毛病。加之才气不足,生活不厚,常有重复雷同的现象。在“后七子”复古运动后期,由于公安派、竟陵派的攻击,其影响渐弱,已不能左右文坛。但他们“墨守唐音”的部分看法仍为许多诗人所接受,明末至清代也有不少诗人仍然受到他们理论的影响。

第三章　晚明时期的思想精英：复社领袖张溥

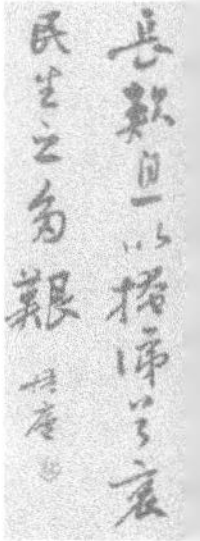

一、经典选读

五人墓碑记（节选）

张　溥

1. 原著

由是观之，则今之高爵显位，一旦抵罪，或脱身以逃，不能容于远近，而又有剪发杜门，佯狂不知所之者，其辱人贱行，视五人之死，轻重固何如哉？是以蓼洲周公忠义暴于朝廷，赠谥褒美，显荣于身后；而五人亦得以加其土封，列其姓名于大堤之上，凡四方之士无不有过而拜且泣者，斯固百世之遇也。不然，令五人者保其首领，以老于户牖之下，则尽其天年，人皆得以隶使之，安能屈豪杰之流，扼腕墓道，发其志士之悲哉？故余与同社诸君子，哀斯墓之徒有其石也，而为之记，亦以明死生之大，匹夫之有重于社稷也。

2. 译文

由此看来，如今这些高官显贵们，一旦犯罪受罚，有的脱身逃走，不能被远近各地所容纳；也有的剪发毁容、闭门不出，或假装疯狂不知逃到何处的，他们那可耻的人格，卑贱的行为，比起这五个人的死来，轻重的差别到底怎么样呢？因此周蓼洲先生的忠义显露在朝廷，赠给他的谥号美好而光荣，在死后享受到荣耀；而这五个人也能够修建一座大坟墓，在大堤之上立碑刻名，所有四方的有志之士经过这里没有不跪拜流泪的，这实在是百代难得的际遇啊。不这样的话，假使让这五个人保全性命在家中一直生活到老，尽享天年，人人都能够像奴仆一样使唤他们，又怎么能让豪杰们屈身下拜，在墓道上扼腕惋惜，抒发他们有志之士的悲叹呢？所以我和我们同社的诸位先生，惋惜这墓前空有一块石碑，就为它作了这篇碑记，也用以说明死生意义的重大，一个普通老百姓也有对国家发挥重要作用的时候啊。

二、解读

《五人墓碑记》的作者是明朝末年复社领袖张溥，该文涉及明末苏州甚至是明代历史上一个重大事件——天启六年（1626 年）苏州市民反抗阉党的一次暴动。明朝末年，宦官魏忠贤专权，阉党当政。他们网罗党羽，排斥异己，杀戮大臣，欺压人民，暴虐无道，形成了

"钩党之捕遍于天下"的局面。当时以江南士大夫为首的东林党人,主张开放言路,改良政治。他们多次上疏弹劾魏忠贤,斗争非常激烈。以魏忠贤为首的阉党对东林党人进行残酷迫害,杨涟、左光斗、魏大昌等东林党人相继被杀。天启六年,魏忠贤派爪牙到苏州逮捕东林党人周顺昌。周顺昌被捕时,群众万余人尾随。一向好打不平的商人子弟颜佩韦,高举着香火,沿途呼喊:"有愿替周吏部说话的,跟我来!"他情愿自己去代周顺昌吃官司。市民马杰也一路敲梆子,号召群众。当阉党爪牙缇骑威胁群众时,马杰破口大骂魏忠贤,杨念如、沈扬也上前仗义陈词,不许东厂缇骑逮捕周顺昌。缇骑恼羞成怒,拔出利剑,扬言要割掉马杰的舌头,聚观的市民鼓噪起来,缇骑更加凶横,首先举剑扑击沈扬、杨念如。这时周顺昌的轿夫周文元也怒不可遏,夺取了缇骑的武器,同缇骑扭打起来,结果额头受伤。聚观的市民一见缇骑动武伤人,就一起鼓噪围攻,吓得缇骑们东逃西窜,有的爬上树顶,有的躲到厕所里,有的逃上屋顶。其中两个缇骑被群众打死。颜佩韦等五人过去互不相识,而且除周文元外,其他四人同周顺昌也毫无交往,完全是激于义愤才自发参加斗争的。五人被捕后,对自己的作为,理直气壮,毫不隐讳。七月中,苏州城里布满警卫,戒备森严,就在城门外吊桥上,五位壮士大骂魏忠贤及其亲信毛一鹭,从容就义。临刑时,几万市民含泪同五人诀别。事后,为了抗议杀害五人,苏州市民曾倡议拒用天启钱达十个月之久。群众斗争的威力,惊得气焰嚣张的魏忠贤"逡巡畏义",从此"不敢复有株治"。十一个月后,熹宗去世,魏忠贤失了靠山,畏罪自杀,周顺昌得以昭雪。为了纪念五位义士,苏州百姓把他们合葬在城外虎丘山前面山塘河大堤上,称为"五人之墓"。张溥于崇祯元年(1628 年)写下了这篇脍炙人口的《五人墓碑记》。

《五人墓碑记》是一篇叙事与议论结合的散文,作品简要叙述了五位义士奋不顾身反抗阉党暴行的事情,突出表现了他们激于义愤、勇敢反抗、临危不惧、敢于担当、视死如归、英勇就义的高尚品格,同时也肯定了打击阉党上的巨大贡献。张溥对苏州市民这次自发反抗朝廷暴政事件的意义,并未做过多的说明——不像后人将其视为早期的市民反抗运动,而只是从道德立场肯定五位义士的壮举,这体现了张溥的基本的思想主张和政治立场。众所周知,复社也被称为"小东林",可见它与"东林党"之间的承继关系。"东林党"是晚明时期一支非常重要的政治力量,与魏忠贤的阉党展开了激烈的政治斗争;东林学派则是晚明时期重要的学术、思想流派。从思想上看,东林学派主要有两大特点。一是受王学的影响很深,其路子基本与王学右派相近,但他们打着"宗朱"的旗帜,对王学末流大加鞭挞。二是由道德复兴而至道德济世,开创了明末清初经世致用的先河。相对而言,东林学派是一个比较保守的学派:复兴古学是他们的政治理想,但我们也要看到他们复兴古学的道德理想中融入新的时代思想——经世之学。张溥作为有"小东林"之称的复社的领袖,自然在一定程度上继承了东林党人的思想,包括其重振道德理想的立场。张溥在《五人墓碑记》中突出体现五位义士的崇高的道德品质,不是偶然的,是他政治思想的流露。值得注意的是,张溥对五位义士的评价中带有平民倾向,或者说一定程度他突破了孟子关于"大人""小人"的思想藩篱,体现了平等思想。

关于《五人墓碑记》中提到的那次市民暴力抗法事件,不少后来的学者从中解读出了更多的东西,做出了更高的评价。一些学者认为晚明时期出现了一种新的思潮——早期人文主义思想,它主要体现在对君主政治的批评和对个性的追求,并且由精英思想转变成了大众行为。言论的大胆,是政治宽松的表现,而晚明的人有着对个性的追求,张扬个性已变成一种大众行为。西方学者也认为明中叶后思想遗产的核心价值是人文主义,对人文主义思想是给予肯定的。一些学者进一步认为,晚明早期的人文主义思想在中国思想文化史上乃是一个划时代的时期——它为新生的、处于萌芽阶段的资本主义生产关系辩护。明朝中后期,以苏州为中心的江南手工业逐渐发达,体现在手工工场即家庭作坊的数量、规模的扩大,生产工具与技术更新,产量增加。最重要的是当时在江浙一带(如苏州、松江)的丝织业出现了以出卖劳动力为生的“机工”和以生产丝绸获取利润的“机户”,即早期雇佣工人与资本家。“机户出资,机工出力”标志着资本主义雇佣关系的形成,也就表明资本主义萌芽出现了。一些学者认为晚明时期以陆王心学的内核的人文主义正是在这样的时代环境下应运而生。东林学派和受东林学派影响的复社有一个基本立场是相同的:那就是反对明中叶以来以李贽为典型的陆王心学派,他们更倾向于著作理学的程朱派。不过,我们不能因为他们具有一定的保守性质,就将违背时代潮流的帽子扣在他们头上。实际上,复兴古学与经世之学是东林党和复社的两面。一方面,他们反对以李贽为代表王学左派的逾越伦常,破坏名教,提出“欲正人心先正学术,欲振学术必宗程朱”,希望重新树立程朱正统的权威,具有一定的复古、保守意味;另一方面,他们在经世致用的思想框架下,在保护工商业、反对税监等方面确实做了不少工作,他们在这方面的思想也与前人有很大不同,表明他们的复古并非纯粹的复古,而是容纳了新的一种改良。

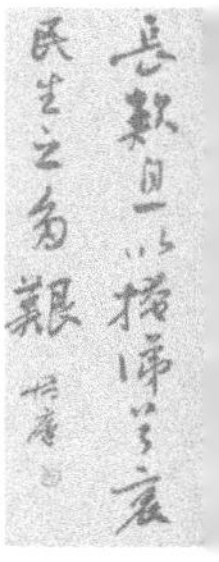

三、链接

1. 复社领袖张溥

张溥(1602—1641)明代,初字乾度,后字天如,号西铭。死后,门人私谥仁学先生,南直隶苏州太仓(今太仓市)人。

张溥出身官宦门第,惟因婢妾所生,排行第八,故“不为宗党所重,辅之家人遇之尤无礼,尝造事倾陷诩之”,当面称他“塌蒲屦儿”,意为“下贱人所生,永远无出息”,张溥遭此侮辱,勤奋好学,读书必手抄,抄后读过即焚去,如此反复七遍,冬天手冻裂,以热水浸暖继续再练。后来他把自己的读书室名为“七录斋”,自己的著作也题名为《七录斋集》,《明史》记有张溥“七录七焚”的佳话。

张溥一生历经万历、泰昌、天启、崇祯四朝,崇祯三年举人,崇祯四年进士,选庶吉士,一年后告归,不复仕出。张溥是晚明复社著名领袖、社会活动家、学者、文学家,在明末党社学术及文学活动中颇有影响。张溥在文学方面,推崇前、后七子的理论,主张复古,反对公安、竟陵两派逃避现实,只写湖光山色、细闻琐事或追求所谓“幽深孤峭”的风格。但他在提倡兴复古学的同时,又以“务为有用”相号召,与前、后七子单纯追求形式、模拟古人有所区别。由于明末复社党争问题及清代敕修《四库全书》时将其文集(即《七录斋集》)及大部分著述列为禁书等社会政治原因的干扰,以及由此带来的著作散佚等文献方面的限制，使得长期以来张溥研究较为沉寂，研究专著很少。总的说来张溥是一位在明末影响巨大而在清代和现代多少受到冷落的士人，是一个具有较大研究价值的研究对象。

用现代人的观点来看，作为复社的创始人，出身江苏太仓的张溥，乃是当时激进学生运动领袖之中的佼佼者，明末最出名的"学生运动领袖"，尚未考过科举，就已经干出了无数大事，从组织暴乱到冲击衙门，还有纵火烧城之类，其烈度绝对不亚于后世的五四运动，当真是不惜生死也要求名声。天启四年（1624 年）张溥等人开始结社评论时政，博得名望，起初取名为应社，后来改为复社，成员最多时高达三千余人；天启六年（1626 年）参与苏州抗税暴动，撰写《五人墓碑记》，痛斥阉党，名动天下；崇祯元年（1628 年），"组织群众"驱逐阉党骨干顾秉谦，从此成为天下士子当中的天皇巨星！复社的声势也从此震动朝野，号称是"春秋之集，衣冠盈路"，"一城出观，无不知有复社者"。其影响力遍及南北各省，走到哪里都是万人空巷。

2. 娄东二张与复社

明代，太仓望族中与琅琊王氏、太原王氏鼎足而三的还有清河张氏。清河张氏的代表就是复社的盟主张溥。所谓"娄东二张"，张溥称为"西张""西张先生""西张夫子"；另一个"张"，是张采，人称"南张""南张先生""南张夫子"，他们俩共同缔造了复社。

晚明时，文人兴起组建社团的风气，反映了晚明文化的多样性。天启四年（1624 年）成立于常熟县的应社，是其中的佼佼者。它是由杨廷枢创立的，以研讨五经文字为宗旨，互相分工，相得益彰。张溥与朱隗主攻《易经》，杨彝、顾梦麟主攻《诗经》，周铨、周钟主攻《春秋》，张采、王启蒙主攻《周礼》，杨廷枢、钱旃主攻《尚书》。这些人都是江南名士，影响巨大，各地文人遥相呼应，前来会合。朱彝尊在《静志居诗话》中说，晚明文人结社风气之盛，应社是一个重要的开端。崇祯初年在松江成立的几社，有后来居上的气势，大名鼎鼎的"几社六子"：杜麟征、夏允彝、周立勋、徐孚远、彭宾、陈子龙，个个都是青年才俊。之所以称为"几社"，有振兴儒学的意味。正如杜登春《社事本末》所说："几者，绝学有再兴之几。"这与后来的复社提倡的"兴复古学"有异曲同工之妙。崇祯二年（1629 年）以后的应社、几社、复社联合，组成一个社团联合体，也叫复社。声名远扬的复社有两个含义，其一作为众多文社之一的复社，其二是作为众多文社联合体的复社。朱彝尊《静志居诗话》说，崇祯初年吴江知县熊开元，网罗文人讲解文学，创建复社，以后各地文社成员在吴江县开会，"综合于复社"。

崇祯二年（1629 年），张溥在熊开元的支持下，在吴江尹山召开复社成立大会，与会者以苏州府、松江府一带文人为主，远至湖广、江西、浙江等地文士也来赴会。张溥在会上宣布了复社的宗旨、规条与课程。他在演讲中指出，张溥不自量力，希望与有识之士共同"兴复古学"，使他在今后"务为有用"，因此命名为"复社"。很显然，张溥以"兴复古学""务为有用"为宗旨，在"尊经复古"旗号下，追求经世致用之学。这与当时晚明内忧外患夹攻、岌岌可危的大环境有密切关系。他说，自从世风日趋衰落，士子们不精通经术，只凭道听途说，知道一点皮毛，就想侥幸进入仕途。这样的人，进入朝廷不能辅佐君主，出任地方官不知道恩泽人民，人才犹如江河日下，吏治日趋败落，根源就在于此。这种观点，与顾宪成、高攀龙创立的东林书院十分相似，无怪乎人们把复社看作“小东林”。

崇祯元年(1628 年)应天乡试，复社成员张溥、吴伟业、杨廷枢、陈子龙、吴昌时等纷纷中举。崇祯四年(1631 年)会试，张溥、吴伟业、夏曰瑚、杨以任、马世奇等复社成员中进士。至此，张溥等复社成员如日中天，蒸蒸日上。崇祯六年(1633 年)，复社在苏州虎丘召开大会，全国各地与会者多达几千人，出现了前所未有的盛况：虎丘寺大殿人满为患，殿外生公台、千人石一带也挤满了人，座无虚席。日本学者井上靖写的《复社姓氏校录》，统计出复社总人数是 3043 人，比复社成立时的 680 人增加了四五倍。成员遍布全国各地，主要集中于苏州、松江、常州、镇江、嘉兴、杭州、湖州七府之地，有 1226 人。早已名满海内的“娄东二张”——张溥与张采，声誉日隆，与孔夫子相提并论。士子们都以“二张”为宗师，不敢直呼其名，他们的家乡太仓，被推崇为“阙里”，与孔子故乡相攀比。明末时的这一段佳话，彰显了娄东之地太仓在当时有举足轻重的地位。

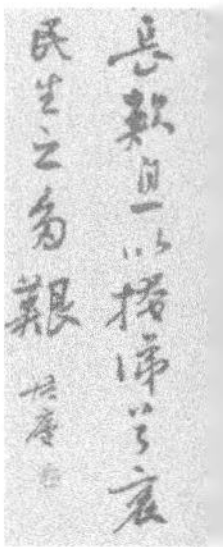

第四章　引领画坛三百年的娄东画派

一、娄东画派作品鉴赏

1. 王鉴《溪山深秀图》

王鉴《溪山深秀图》

清代娄东画派代表人物之一的王鉴，擅长模范前人画作。王鉴的作品《溪山深秀图》是模仿元代著名书画家吴镇所作，现在收藏于中国国家博物馆。这幅《溪山深秀图》纵 220.7 厘米，横 104.8 厘米，两米多高的巨大画幅让整幅画作为深山茂树的磅礴气势呼之欲出。北宋山水画追求的是一种“可游可居”的景致，用笔用墨都在点滴之间，体现山水为媒的感觉，王鉴模仿元代画家吴镇的这幅《溪山深秀图》也恰到好处地将古人的意境体现得淋漓尽致。在书画收藏大家董其昌收藏吴镇的《溪山深秀图》时，王鉴借来观看了几个月的时间，仿画出了《溪山深秀图》。原来的吴镇的那幅《溪山深秀图》就不知下落了。清中期，这幅流传于民间的王鉴仿《溪山深秀图》被收入清宫内府珍藏，仅供皇室成员欣赏，成了一件书画收藏珍品。后这幅王鉴仿《溪山深秀图》被慈禧太后赏赐给在祺祥政变中有功的军机大臣孙毓汶。多年以后孙毓汶的后代将这幅珍贵的书画收藏品捐赠给了中国国家博物馆。

在中国古代仿画是文人借鉴前人佳作的一种手段，往往还会加入自己的创作想法；可以说是二度创作。王鉴仿作的这幅《溪山深秀图》可谓仿作中的佳品——既综合前辈名家的绘画手法又有所创新。比如黄坡石模仿黄公望：画作中，几乎被山石与树木铺满了画面，笔力绵厚，气势磅礴，这是典型的黄公望的坡石画法；点苔学吴镇：笔墨着力的深浅以及晕染方式都具有吴镇苍莽的特色；用墨则依稀可见倪瓒的影子。另外他的青绿设色山水画中，同时综合了沈周、文徵明清润明洁的画风，清雅的书卷气跃然纸上。总体而言王鉴的这幅仿《溪山深秀图》最具的摹古特色之处就是宋代绘画“可游可居”的意境，酣畅淋漓的画面中，零散分布着几个村庄农舍，不但不觉得突兀与刻意，反而感觉浑然天成。房屋刻意看作是层叠而上，也可以是顺势而下。茅屋中与石桥上出现的人物让这幅画作在雄厚的笔力之中又增添了几分生动。

明末清初四王画派的摹古画风在明间悄悄兴起，私家书画收藏鉴赏的鼎盛也是出现在这个时期。王鉴与书画收藏鉴赏好友们在艺术思想上的共同特点就是仿古，他们把宋元名家的笔法视为最高标准，这种思想也得到了清朝皇帝的认可和提倡，从此王鉴等人的仿古画作被尊为了正宗。

二、娄东画派概说

在太湖进入东海的三条主要河流之一的娄江东面，是著名的历史名城太仓，也称娄东。这里不仅是郑和七下西洋的始发地，也是昆曲和江南丝竹的发源地。300多年前，这里还诞生了一个在中国美术史上举足轻重的画派——以王时敏、王原祁、王鉴为核心的“娄东画派”。娄东画派诞生于明末，是有清一代引领全国画坛的一个重要流派。娄东画派的代表人物都姓王，因此娄东画派和“四王”多有瓜葛——两个相互纠缠和重叠的概念。四王中的三王——王时敏、王鉴、王原祁都出生在太仓，是正宗的娄东画派，王翚则出生在离太仓不远的虞山。王翚年轻时就追随王鉴学画，后经王鉴介绍，到太仓做了王时敏的入室弟子，日后自成一派称为虞山画派。

明清时期的太仓，可以说是中国文化的一个重镇：在文学上有后七子代表人物、引领文坛20年之久的王世贞、复社领袖的张溥，在绘画上，有引领有清三百年的娄东画派。作为同在太仓诞生的艺术团体，它们之间自然有共同的政治主张和审美倾向。在介绍前后七子和复社的时候，我们说道：无论是前后七子还是复社，都带有一定程度的复古倾向，作为在太仓诞生的娄东画派同样带有复古倾向，而且这也是娄东画派内在的精神实质。当然，作为不同的艺术样式，娄东画派复古和在复古中创新的路径有所不同：在文学领域，前后七子倡导“诗必盛唐”“文必秦汉”，以此达到复兴儒学正统的目的；在绘画领域，娄东画派继承了董其昌文人画的审美主张，他们重视理、学的作用，同样是为儒学张目。

顺古求变是娄东画派的最重要艺术主张，其中仿古、重学是基础，求变、创新是目的。因为仿古是基础，故娄东画派特别重视向古人学习。王时敏《西庐画跋》写道：“吴门自白石翁，文、唐两公时，唐宋元名迹尚富……观其点染，即一树一石，皆有原本，故画道最盛……后有一二浅识者，古法茫然，妄以己意炫奇，流传谬种，为时所趋，遂使前辈典型荡然无存。至今而澜倒益甚，时可慨也。”从他对不师古法者的批判中，我们不难看到他对古法的重视。王原祁则更为直接，他说：“画不师古，如夜行无烛”，可见他对向古人学习的重视程度。娄东画派希望画家向古人学习构图、设色、用笔、用墨的具体技法，故此王时敏说：“画山水之法，凡间架结构位置，设色布置，全资工力，非深造精旨，不能臻妙，惟笔墨秀逸，必从胎骨中带来，非关习学，纵驰骋今古，盘礴如意，景物极其幽深，烟云极其变幻，而俗气未除，终不足贵。”但值得注意的是娄东画派强调师古并不完全在于技法等形式方面的东西，而是有更深层次的追求，这在王原祁理、气、趣兼备的理论中得到体现。王原祁说：“作画以理、气、趣兼到为重，非是三者不能入精妙神逸之品。故必于平中求奇，绵里有针，虚实相生。”王原祁所主张的“理”，虽然主要指画理、物理，但也包含了当时皇室所提倡的程朱理学的“天理”“义理”“心性”等内涵。因为王原祁自己曾说过：“画虽一艺，而气合书卷，道通心性。”那么，这个“理”，显然就不只是画理、物理了，我们也不难看出王原祁在对“理、气、趣”的追求实际上要落实在儒家的审美标准上，也与明前后七子及东林学人、复社的复古、正统思想殊途同归了。

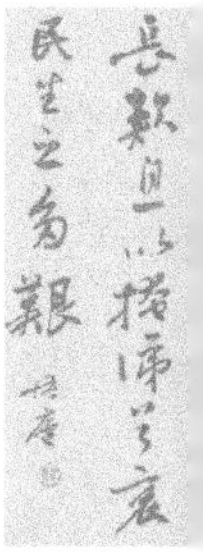

娄东画派复兴程朱理学正统的主张，得到了清朝统治阶级的认可和鼓励，娄东画派也得到清廷的重视，如王原祁得到康熙皇帝的器重，入值南书房，常与康熙皇帝赏画论墨；王翚获入京成为十二卷康熙《南巡图》巨制的主笔。重用王原祁，使之成为天下画坛的领袖，也是康熙笼络汉族知识分子的重要手段之一。康熙自己对汉文化有兴趣，从统治的角度来看，他必须精通汉文化，必须团结汉族的文化精英，他的统治地位才能够巩固。他对娄东画派的爱好，并把其放到一个相当重要的位置，都是跟他的这个观点和思想是一致的。清统治者对于汉族文人的怀柔政策逐渐得到了认同，清王朝也迎来了持续百年的康乾盛世，而发端于太仓的娄东画派也开始成为众人追随、引领中国画坛的第一画派。清廷的重视也促使娄东画派进一步朝宫廷化方面考虑，故此娄东画派也可以说是一个宫廷画派或者说趣味倾向于宫廷的画派。不过，值得注意的是娄东画派是文人画派，对中国文人画产生了深远的影响。众所周知，董其昌是中国文人画发展历史上的一个关键人物。有论者认为董其昌取舍于“‘积劫方成菩萨和一起直入如来地’，这便是董其昌绘画思想的全部基轴，也是其所谓‘文人画’的核心内容”，这也说出了文人画的根本特征。董其昌对娄东画派的影响不仅体现在他与王时敏半师半友的关系上，实际上董其昌崇南贬北的绘画思想，深刻地影响了王时敏、王原祁、王鉴，深刻地影响了整个娄东画派。董其昌对娄东画派的影响是多方面的，其中就包括文人画审美思想的影响。

20 世纪初，中西文化在新旧更迭的大革命时代剧烈地撞击和交融，这个在封建时代煊赫一时的画坛正统——娄东画派——成为美术革命中口诛笔伐的对象。不管是出于政治的还是艺术的目的，一个有目共睹的事实是，在此后的近一个世纪中，“四王”和娄东画派画一直被视为腐朽和落后的代表。这种情形一直到 21 世纪初才有所改观，在改革开放所带来的新一轮的中西文化交流中，艺术界和学术界开始重新审视“四王”和娄东画派画的价值。

三、链接

1. 娄东四王

娄东四王指的是清代四位姓王的画家——王时敏、王原祁、王鉴、王翚。娄东四王是娄东画派的奠基者，娄东画派名重于康熙(1661—1722)年间 。

王时敏(1592—1680)，初名赞虞，字逊之，号烟客，自号偶谐道人，晚号西庐老人等，江苏太仓人。崇祯初以荫官太常寺卿，故被称为“王奉常”，他是首辅王锡爵孙，翰林王衡独子。王时敏擅山水，专师黄公望，笔墨含蓄，苍润松秀，浑厚清逸，然构图较少变化。其画在清代影响极大，王翚、吴历及其孙王原祁均得其亲授。王时敏擅山水，开创了山水画的“娄东派”，与王鉴、王翚、王原祁并称四王，外加恽寿平、吴历合称“清六家”。

王　鉴(1598—1677)，字玄照，后改字园照，元照，自号湘碧、弇山后人、染香庵主。明末清初著名画家，江苏太仓人。崇祯六年举人，后仕至廉州太守，故称“王廉州”。王鉴为明代著名文人王世贞曾孙。王鉴摹古功力很深，笔法非凡，擅长山水。清后隐居不仕，为“画中九友”成员，其家中富收藏，亦画风惟摹古路子。王鉴与王时敏相交很深，画风相同并驾齐驱。王鉴在清代山水派系中，他是“娄东派”首领，与王时敏、王翚、王原祁、恽寿平、吴历齐名，他们合称清初六家，成为画坛正宗。关于他的生平事迹史籍记载很少。王鉴被人广为称道的一件事情，也是他人生华彩的一笔，就是虞山收徒。他收的徒弟就是被誉为四王之一的王翚(王石谷)，不仅提携了王翚，也奠定了自己画苑宗师的地位。后来又把王翚推荐给王时敏，王翚成为王时敏的弟子。

王　翚(1632—1717)，字象文、石谷，号颇多，常用的有耕烟散人、耕烟老人、乌目山人、天放闲人、剑门樵客、清晖主人、雪笠道人、海虞等，江苏常熟人。石谷自幼受家庭以及周边环境的影响，很早就表现出了绘画天赋，六岁时所作的画就被人啧啧称奇。21 岁时拜王鉴为师，一年后，经过王鉴的引荐，拜王时敏为师(王时敏只收过两个徒弟，一个是自己的孙子，也是四王之一的王原祁，另外一个就是石谷)，潜心学画，在名师的指导下，他悉心临摹历代佳作且游历山川，画艺终登堂入室，声誉益著。石谷一生除勤于创作外，继承老师衣钵，悉心培养学生，且都能成名于世，最大成就者就是杨晋。石谷和他的弟子及众多追随者，形成了清代山水画派重要的一支——“虞山派”，影响后世颇深。

王原祁(1642—1715)，字茂京，号麓台，别号石师道人、西庐后人等，江苏太仓人，王时敏孙。康熙九年(1670 年)进士，官至户部侍郎，人称王司农。康熙三十一年(1692 年)由王石谷“总其成”的《南巡图》完成，深受朝廷重视，为娄东画派成为朝廷的正统画派，进入宫廷创造了难得的机缘。康熙因为政治的需要，促成了王原祁作为汉族文人画正脉的代表进入宫廷这一历史机遇。王原祁在南书房供奉时，康熙皇帝时常观赏他作画，并亲笔御题“画图留与后人看”来赞扬他的画艺。王原祁为了感念皇恩，就把这“画图留与后人看”七个字刻成印章。此后，王原祁又奉命鉴定内务府收藏的古书画，并主持绘制《万寿盛典图》，为康熙帝祝寿。后来奉旨主持编纂了中国书画史上的一部类书巨著——《佩文斋书画谱》。期间二十余年，王原祁以其独特的身份地位，成了具有历史意义的清代正统绘画的典范。王原祁擅画山水，继承家法，学元四家，以黄公望为宗，喜用干笔焦墨，层层皴擦，用笔沉着，自称笔端有金刚杵。主张好画当在不生不熟之间，自出心裁，不受古法拘束，熟不甜，生不涩，淡而厚，实而清，书卷之气盎然纸墨外。在长达五十余年的绘画实践过程中，他不仅作画无数，而且著有画学著作《雨窗漫笔》一卷、《麓台题画稿》一卷。王原祁五十余年的绘画成就，为“四王”和娄东画派绘画在中国美术史上的地位做出了不可估量的贡献。

2. 朱屺瞻

朱屺瞻（1892—1996），清光绪十八年五月初二生于江苏太仓浏河新镇的一个富商家庭，名增钧，号起哉、二瞻老民，斋名：梅花草堂、癖斯居、养菖蒲室、修竹吾庐，系我国著名的寿星画家，画坛的一代宗师。曾任中国美术家协会顾问、中国书法家协会理事、上海美术家协会常务理事、上海文史研究馆馆员、西泠印社顾问、上海中国画院画师、上海师范大学艺术系教授等职。

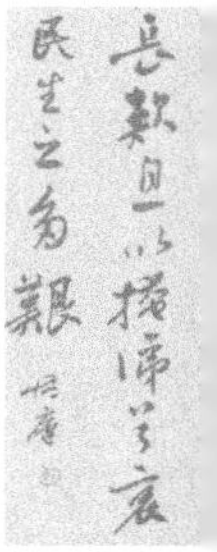

朱屺瞻从八九岁起开始学画，一生对艺术追求近一个世纪。他在《癖斯居画谭》里说：“多年来，余总以‘独’，‘力’，‘简’三字自求。‘独’者，即忠于自己的面目，不依门户；‘力’者，凝神静气，奋笔挥洒，也蕴涵作者的思想深度，即‘心力’；‘简’者，即画面练洁，简约，不受世俗束缚，不执着，不粘带。”朱屺瞻的画作显示出了他永不疲倦的追求精神，他谦和、豁达、勤奋的美德是世所公认的。他从来不认为自己的画比别人好，也从来没有满意过一张自己的画。他总是谦虚地说：“我画不来，瞎塌塌（意乱画）。”他不因名高而自封，不因年长而自大，也不为荣誉而陶醉。朱屺瞻经历了百余年激荡变化的社会风云，对社会主义国家，对中国共产党有深厚的感情。他常说：“从前画画为一口饭吃，今天画画为艺术，为国家创造精神财富。从前的生活都没有像今天这样安稳，共产党好。”1991 年 5 月 4 日，100 岁的艺术大师朱屺瞻，由中共上海市文化局委员会批准，被吸收入党，成为全国年龄最大的一位新党员。他在党旗下这样说：“白天唯有赤心存，坚定不移跟党走。”

3. 宋文治

宋文治（1919—1999），江苏太仓人，早年于上海广告社学徒，又于苏州美术专科学校肄业，后任中小学及师范美术教师。1957 年任江苏省国画院副画师，后任副院长；生前为中国美术家协会理事，中国美术家协会江苏分会副主席，南京大学教授，省国际文化交流中心副理事长，省政协常委。擅山水画，初习“四王”山水，后从师吴湖帆等；五十年代起，深入生活，探索推陈出新。作品有《山川巨变》《梅园长春江南春潮》等；先后在北京中国美术馆、江苏省美术馆、安徽省博物馆以及中国香港、日本、新加坡、德国举办个展。出版有《宋文治作品选集》《宋文治山水画小辑》《宋文治画集》《宋文治山水画选集》《宋文治画谱》及赴新加坡画展、日本西武画展有关选集等专集。

宋文治山水，先师“四王”，后转益多师，笔墨融洽南北，骨力劲健，气势高迈，善作高远、深远之景；又喜绘江南三月，风光旖旎，另具娴雅之姿，在开创山水画新貌上有声誉。他从事画艺初期由《芥子园画谱》、清初“四王”入手，笔墨精妙，品味高雅，继而又上溯明、元、宋笔墨韵致，兼学南北诸家。曾得朱屺瞻、陆俨少二老指点，又从张石圆、吴湖帆学画，得见大量名家真迹,心摹手追。特别是在新中国成立后他开始背起画夹走向自然,广师造化,进一步融合诸家诸法,致力于探究以传统笔墨表现新时代风貌,历二万三千余里,创作出大批讴歌祖国山河的、属于自己的、融入了新时代特点和现代人感情的山水画。20世纪80年代以来,宋文治受泼墨泼彩等画风影响,借鉴青绿山水、浅绛山水和西洋水彩等画法,大胆否定自我,再次开拓思变,进一步地锤炼新的绘画语言,力求探究中国画未来新路,终以没骨泼彩山水画新风貌凸现于世。他还曾被誉为“当代山水画八家”之一,因其喜绘江南水乡柔美虚灵、清新隽秀的风光,秀润中见苍茫,得有“宋太湖”之雅号,由此进一步地延续和发展了现代“金陵画派”山水画风。

第五章　江南丝竹:从太仓走出去的“国乐”

一、作品欣赏

《行街》

《行街》又名《行街四合》,为江南丝竹八大名曲之一。“行街”是指乐曲按习俗在节日庙会,或婚礼等喜庆场合边走边演奏的形式。“四合”是曲牌原名,包含由多首曲牌联合成套之意,与音乐内容无直接联系。演奏以从容的速度开始,慢板段落,曲调轻盈优美;快板段落,情绪热烈欢快,且速度层层加快,把音乐推向高潮。乐曲具有浓厚的生活气息。江南丝竹在合奏中,各个乐器声部既充分发挥个人演奏特长和乐器特点,具有鲜明的个性,又相互协调融合,从而构成了多样与统一的合奏整体。此曲运用支声复调织体写法,在纵向叠置中,各乐器声部的节奏呈现你简我繁、强弱交错的对比,乐曲逐渐加花至热烈欢快的中段以及突然收尾,全曲充满喜气洋洋的气氛。

二、江南丝竹介绍

江南丝竹是广泛流行于江苏南部、浙江西部和上海地区的丝竹乐的统称,它是用丝竹类乐器为主演奏、具有江南地域风格且流行于以太湖为中心的长江三角洲一带的民间合奏音乐。它属于民族民间音乐中“细乐”一类,旋律优美,音调和谐,韵味醇厚,特点鲜明,深受人们的喜爱,被誉为“中国的轻音乐”,甚至一度被称为“国乐”。

1. 江南丝竹的历史渊源

“丝竹”是我国对民间小型管弦乐队的统称。“丝”和“竹”最早出现于儒家经典著作、西周时期著名的政治家、思想家、文学家、军事家周公旦所著的《周礼·春官》中，当时根据乐器制作材料的不同，把众多乐器分类归纳为“八类”：即“金、石、土、革、丝、木、匏、竹”，称为“八音”。这是我国历史上第一次进行乐器分类的方法，“丝”和“竹”是其中的两大类。“丝”和“竹”始记于《周礼·春官》后，又以“金石丝竹，乐之器也”出现在《礼记乐记》中。之后，历代史书文献中均有“丝竹”的记载，如《吕氏春秋·仲夏记》的《侈乐》篇：“为丝竹，歌舞之声则若噪”；《晋书·乐志》：“相和，汉旧歌也；丝竹更相和，执节者歌”和“凡此诸曲，始皆徒歌，既而被之管弦”等。在未进行演唱之前，先演奏器乐曲的记载有：《乐府诗集》中“未歌之前，有八部弦；四部俱作，在高、下游弄之后；凡三调歌弦，一部竞，辄作送歌弦”和“未歌之前，有五部弦，又在弄后；晋、宋、齐止四器也”等。还有王羲之《兰亭集序》中有“虽无丝竹管弦之盛”；白居易的《琵琶行》中有“浔阳地僻无音乐，终岁不闻丝竹声”；刘禹锡的《陋室铭》中“无丝竹之乱耳，无案牍之劳形”；曹松的《春日自吴门之阳羡，道中书事》中有“千室绮罗浮画楫，两州丝竹会茶山；眼前便是神仙事，何必须言洞府间”关于“丝竹”的描述。还出现在《吴歌·太子夜歌》之一的歌词中所写的“丝竹发歌响，假器扬清音，不知歌谣妙，声势出口心”，证明在歌唱时，丝竹伴奏的衬托作用。

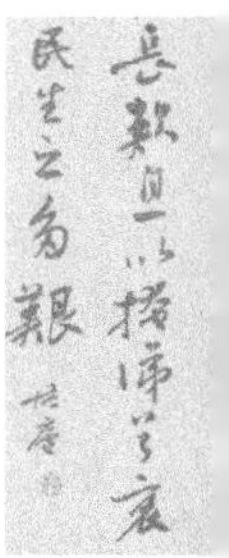

明清时期，随着戏曲音乐的发展，丝竹乐队除广泛用于戏曲音乐、说唱音乐、歌舞音乐的伴奏外，独立的丝竹乐队一直以其灵活的形式活跃于民间，在全国各地得到了普遍的流传和发展。在流传中，各地衍变派生了不少支脉，最典型的有流行于江浙沪的“江南丝竹”；北方的“二人台牌子曲”；珠江三角洲的“广东音乐”“潮州细乐”“潮州丝竹乐”；福建的“南音”；云南的“纳西古乐”等。

江南丝竹历史悠久，它衍生于明嘉靖、隆庆年间魏良辅在太仓改革昆山腔、创制昆曲的活动中，约成型于明万历年间。明代嘉靖、隆庆年间，昆曲鼻祖魏良辅携女儿流寓到时称“六国码头”的太仓，住在南关的东街，“十年不下楼”，以昆山腔为基础，吸收南北曲和双凤等地的民歌，与过适云、张野塘等戏曲音乐家群体，对昆山腔的音乐结构、演唱艺术和伴奏乐队及乐器等进行了大胆的改革创新，创制了流丽悠远、优美动听的“水磨腔”，也就是昆曲。400 多年来，江南丝竹演奏活动绵延不绝，先是在江、浙农村流传，清末民初进入上海，逐步形成了以上海为中心的发展格局，一度被称为“国乐”。中华人民共和国成立后，江南丝竹进入高等音乐院校，并被搬上文艺舞台，成为民族乐团经常演奏的乐种，同时，还承担了对外文化交流的重要任务，特别是改革开放后，江南丝竹经常作为专业或业余的音乐团体赴海外或参与接待海外朋友演出的重要乐种。

2. 班社性质及组织形式

江南丝竹班社主要分为“清客串”和“职业班”两种。“清客串”班社纯属业余性质的班社，他们经常在私宅、茶馆、学校等场合演奏，自娱自乐，以乐会友，切磋技艺，陶冶性情，即使应邀到喜庆人家演奏助兴，替主人迎送宾客，也不取报酬，只是受主人的上宾相待。有时，也在城乡的节日、出会、庙会上作义务演奏。在上海、杭州、苏州、无锡、南京的大城市中，这些班社也经常不取分文为社会谋福利的公益性活动中演奏。而“职业班”则不同，他们或亦农亦艺，或专职从艺，服务于民间的婚丧喜庆等活动，收取一定的报酬。

江南丝竹班社的乐队编制,虽然至今一直没有十分严格的规定,却形成了一个约定俗成的规律。首先,为体现江南丝竹音乐的基本特点,在乐器组合上至少要有“丝”和“竹”两类乐器,再考虑兼顾到“吹、拉、弹、打”的乐器搭配,所以,班社成员少则3至5人,多则10余人不等。其演奏形式则是根据不同场合的需要来决定的,这在《中国民族民间器乐曲集成》(江苏卷)(浙江卷)(上海卷)和《江南丝竹音乐大成》中均有记载。最小的乐队组合由“丝”类和“竹”类的两件乐器组成,如二胡和笛子,扬琴和箫等形式的组合,民间叫作“打对子”。还有一种组合形式叫“打双桥”,即除打击乐器外,所有乐音乐器加倍成双,在室内坐奏时,同一乐器相对而坐,在室外行奏时,同一乐器并排而行。

虽然江南丝竹乐队的组合具有很大的随意性,没有严格的组合规定,但在长期的实践中发现,乐队组合当以单件常用乐器组成的形式最为科学,这种组合,吹、拉、弹、打俱全,色彩丰富,音域宽广,音响丰满,各种乐器尽情发挥其性能,可以让欣赏者得到更理想的艺术享受。

3. 常用乐器及演奏特色

江南丝竹主奏乐器是被称为四大件的笛子、二胡、琵琶和扬琴,它们的演奏各具特色。

笛子——常见的有梆笛和曲笛两种,演奏江南丝竹用曲笛,在江南丝竹乐队中地位显著。演奏讲究清新的“韵味”,发音饱满,音色明亮,声音清脆,柔而不暗,明而不刚,极富光彩。大多采用连音演奏,但也经常穿插垛音、双吐、断音、打音、颤音、波音、泛音等技法润饰曲调。

二胡—— 是江南丝竹乐队中重要的主奏乐器,音色柔美、圆润、流畅、优雅、恬静。江南丝竹大师、二胡演奏家、国家级江南丝竹代表性传承人周皓先生把他七十多年来演奏江南丝竹二胡的体会总结为:左手技法有“垫指滑音、透音、左侧音、勾音、闷音、滑音、打音”;右手技法有“浪音、带音、点弓、提弓”。一般都在一个把位上翻高翻低演奏,尤其适合演奏抒情性的乐曲。

琵琶——润饰手法很丰富,左右手的吟、猱、绰、注、擞、带、板、颤、推、半轮、全轮、双弹、夹弹、扫等常用技法都可运用。低音区声音较浑厚,中音区声音圆润柔美,高音区和极高音区声音清脆明亮。

扬琴——目前江南丝竹乐队中较常用的是三码条和四码条的变音扬琴。音色浑厚、明亮、圆润、清脆。技法以双音、衬音、座音、弹轮、颤音、长轮为主,很少使用“快速密打”的奏法,力度以委婉为主,顺势渐进,避免特强特弱。在乐队中,能对各种乐器起到音响组合、音色和合的催化和烘托作用。

除四大件外江南丝竹的乐器还有箫、笙、提琴、中胡、小三弦、中阮、秦琴、板、板鼓、木鱼、哑铃等,有时还根据乐曲的风格、情绪、气氛、节奏等的需要,使用古筝、大阮及小钹、小鼓、彩盒及革胡或大提琴等乐器。

各类乐器在演奏时即兴性很强,演奏者可以根据各自的技巧水平和对音乐的理解,发挥其最佳的表现力,“你高我低、我低你高,你繁我简、我简你繁”,不在一个旋律上死板地同音齐奏,民间艺人总结为“偷加停连滑淡浓,八仙过海显神通”和“二胡一条线,笛子打打点，洞箫进又出，琵琶筛筛边，双清当板压，扬琴一蓬烟。”还有“糯胡琴，细琵琶，脆笛子，暗扬琴，十里听到凤凰箫，五里传出三弦声”等的艺诀。

著名音乐教育家、演奏家甘涛先生在《关于江南丝竹演奏艺术的几点体会》中把江南丝竹演奏特色总结为：(1)出新各献所长，独创不离集体。(2)主次虚实分明，充分运用技巧。(3)控制力度变化，掌握抑扬风格。(4)声腔宗法传统，韵味亲切感人。甘涛先生还特别指出，江南丝竹的演奏，“是继承和宗法于民间音乐和昆曲唱法这种传统基础上创造出来的、适合于本乐种各种乐器演奏特点的声腔和浓厚地方色彩的音调和韵味，”江南丝竹演奏者“如能很好地体会南方民间戏曲和昆曲唱法的一些传统特点，江南丝竹演奏的效果，也就能使人如临江南的山明水秀之境，能够引人入胜，亲切感人”。

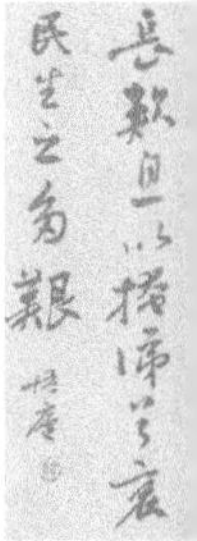

4. 音乐特点

江南丝竹行家、民族音乐教育家金祖礼先生，20 世纪 50 年代，他在上海音乐学院执教时写的《江南丝竹概述》讲义稿中将音乐特点概括为“小、细、轻、雅”四字诀：

小——指小型的乐队组织和乐曲结构；

轻——指音乐情趣侧重于轻盈明快；

细——指演奏风格细腻精妙；

雅——指音乐气质典雅柔和。

民族音乐家李民雄在《民族器乐概论》中概括为“柔、细、轻”三字诀：

柔——指乐队合奏音响柔润；

细——指演奏风格精致细腻；

轻——指乐曲侧重于表现轻快愉悦的情趣。

作曲家郑桦在《中国民族民间器乐曲集成・江苏卷》的《江南丝竹述略》中将音乐特点归纳为“花(华彩)、细(细腻)、轻(轻快)、小(小型)、活(活泼)”五字诀。

甘涛先生认为江南丝竹音乐的特色是全面秉承了昆曲的传统，他在《江南丝竹音乐》中是这样叙述的：“以魏良辅为首的许多昆曲先辈们，运用集体智慧，为昆曲艺术演唱和伴奏，精心创造，使昆曲音乐形成自己特有的秀雅、柔婉、明快清新的格调；舒缓、抒情、优美动人的旋律；婉转、圆润、细腻韵味的唱腔；鲜明、浓厚、亲切感人的音调。而江南丝竹，正是在继承和宗法于这些特别具有江南特点的优秀传统的基础上，逐渐形成自己特有的音乐曲调、声腔和韵味的。”他认为江南丝竹音乐总体上具有“优美、清新、精致、细腻”的乐种风格。

以上论述从不同角度说到江南丝竹的特点，而其最为本质的就是李民雄概括的“和合”，他在《江南丝竹音乐大成》的“江南丝竹概述”中写道：“‘和合’是中国神话中的二仙，被人们信为和谐合好之意，因而用‘和合’来描述江南丝竹音乐颇为贴切。”江南丝竹音乐以“和合见长”，20 世纪上海《申报》上登载的大美烟草公司红屋牌香烟广告就用此作为广告词：“中国之丝竹和合见长，红屋牌烟丝之拌和匀净似之”，广告图案中还有江南丝竹演奏，这充分说明江南丝竹的普及和深受人民大众欢迎的程度，才会赢得香烟公司以“和合见长”为广告词和用江南丝竹演奏图来推销其产品。

总之，江南丝竹音乐乡土气息浓郁，地方特色鲜明，概括地表现了江南人民热爱生活的乐观精神、朴实健朗的乐观性格，体现了山清水秀的江南风貌和民间节庆的风俗情景，流露出江南人民对家乡景色赞美的感情。

三、链接

1.“传统八大曲”名称的由来

“江南丝竹传统八大曲”(《三六》《行街》《中花六板》《欢乐歌》《云庆》《慢六板》《慢三六》《四合如意》)的提法，据周皓先生 2006 年 2 月 18 日在上海图书馆东方讲坛作题为“走近江南丝竹”讲座时介绍，20 世纪 30 年代中期，由上海“友声国乐会”会员、南京路闹市旁劳合路上的挂牌名医、社会活动家席时泰(扬琴演奏员)先生发起举办“纳凉晚会”，举办地点是在上海新世界商场(今南京路西藏路口中百一店对面)北部的屋顶花园。所有的联络工作由席时泰先生负责，具体的组织召集工作由沪西曹家渡“商会国乐社”会长薛孝慈(扬琴演奏员)先生负责。凡是江南丝竹的爱好者都可以自由参加演奏，清茶一杯，欢聚一堂，以乐会友，相互提高，或欣赏音乐，或参与演奏。为避免有的爱好者会演奏的曲目不多而出洋相的尴尬场面(因为江南丝竹曲目远不止这八首)，所以，主办者事先写好不同曲名的大插片，在演奏前，插片明示，起到广告的作用，能熟练演奏的就上台，不会的则在台下品茗欣赏。经过几个夏天的实践，在插片上出现次数最多，最受丝竹爱好者欢迎的就是《三六》《行街》等八首曲子，大家习惯地称其为“八大曲”。于是，约定俗成的“江南丝竹传统八大曲”的雅称就不胫而走，被丝竹界、民乐界、研究界一致公认。

2. 江南丝竹名称的来源

江南丝竹这个乐种在20 世纪50 年代之前各地称谓不一，在江苏有“吴越丝竹”“苏南丝竹”“十二细”(讹称“十女婿”，吴音“二”近“女”、“细”近“婿”)“细八派”“清音”“丝竹社”“国乐社”“乐社”等；在浙江有“吴越丝竹”“杭帮丝竹”“南词丝竹”“板头丝竹”“浙东丝竹”“十番丝竹”“清音”等；在上海有“丝竹”“清音”“仙乐”“仙鹤”“国乐”等。

据周大风先生回忆(载《杭州文艺志》)，1952 年 11 月，周大风、潘怀素、王巽之、杨大钧、程午嘉、傅蒙等人在上海东亚饭店聚会，饭后休息时谈及江浙沪地区丝竹音乐称谓众多的问题。为有别于其他地区的丝竹乐，提议把流行于江南地区称谓不一但风格相同的丝竹乐名称统一称为“江南丝竹”。这个既符合江南地域概念，又符合该地域音乐风格的“江南丝竹”称谓的提议，很快得到了上海音乐学院卫仲乐教授(上海 20 世纪 30 年代“大同乐会”琵琶演奏家)的认可。1954 年上海音乐界为欢迎中国民间古典音乐巡回演出团旅沪演出而举行的“上海民间古典音乐观摩演出”上，在演出节目单上把《行街四合》曲目的称谓明确标为“江南丝竹”。上海音乐工作者协会(即上海音乐家协会)在 1954 年 5 月请丝竹行家金祖礼牵头成立了“江南丝竹研究会”。主要成员有：周国祥、顾得人、钱珠林、徐中仪、顾启骝、柏瑞生等。1955 年夏上海乐团成立了一个江南丝竹整理研究组。从此以后，在江浙两地也把称谓众多的丝竹乐名称统一改称为“江南丝竹”。

后 记

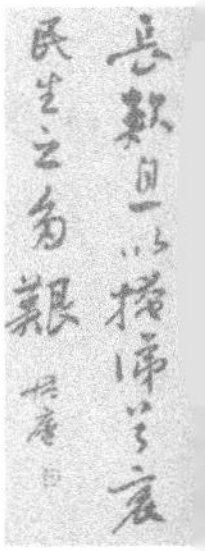

苏州健雄职业技术学院是以世界著名物理学家吴健雄而命名的一所高职院校，高度重视职业素养教育，将其作为育人为本的重要途径，为此，成立“现代职业人教育丛书”编委会，由魏晓锋担任编委会主任，盛建军、张学军担任副主任，本教材属其中一种。

2013 年，魏晓锋院长希望职业素质教育中心能开设一门国学教育方面的课程。其后，职业素质教育中心的教师对开设国学教育课程开展了相关教学科研，并于 2015 年成功申报江苏省教育科学“十二五”规划课题“基于社会主义核心价值观培养的国学教育研究”。经过一段时间的研讨和准备后，2016 年秋学期《国学教育》作为限选课正式面向全院学生开设，而《大学国学》教材也经过 1 年的编写，于 2016 年 9 月完成。该教材的编写是在学院领导的关心下，加强职业、文化素养教育的一项成果，也是职业教育中心领导、相关教师努力的结果。

教材具体分工如下：第一编哲学编：邓全明；第二编音乐篇：周敏；第二编美术篇：徐建国；第二编文学篇：杨建昌第一章，邓全明第二、三章；第二编书法篇：第一章邓全明，第二章郑健雄；第三编地方编：费晓丹；最后，由邓全明、霍彧老师对全书进行了修改、统稿。

特别感谢中国书法家协会会员、太仓书法协会副主席郑健雄对本书编写工作的支持。

本教材主要供高职院校开展国学教育使用，也可用于一般读者加强国学教育修养。教材中的第三编，不同地区的高职院校可结合本地区的文化开展教学。

由于编写人员水平有限，不足和错误之处难免，敬请读者批评指正。